2025 쉬운 휘운 행정법 | 유휘운 행정법

실전동형
모의고사

동형
모고

메가 공무원

PREFACE

- 모든 회차에 고난도 사례형 문제, 최신 제·개정 조문 문제, 최신 판례 문제를 수록했습니다.
- 전공 과목 강화 경향에 따라 최근 시험보다 약간 높은 난이도로 구성하여, 보다 철저한 대비가 가능하도록 하였습니다.
- 본 모의고사에서 획득한 점수+(5~25점)이 실제 시험장에서의 점수와 유사할 것입니다.

1. 최신 출제경향

여러분들이 실제 시험장에서 만나게 될 지문은 다음과 같습니다.

유형	내용
기출 동일	기출지문을 그대로 다시 출제하는 경우 (판례·조문을 그대로 복붙해 동일하게 재출제하는 케이스, 주로 옳은 지문)
기출 변형	기출지문과 문구는 일부 다르나 사실상 같은 지문을 출제하는 경우 (정오 여부, 이유·결론, 법리·사례, 사소한 문구 등을 변경해 출제)
처음 등장	최신 판례, 개정법령 등으로 완전히 처음 출제되는 지문

본서는 이와 거의 동일한 구성으로 실제 시험에 가장 가깝게 구현함으로써 여러분들의 실력과 약점을 정확히 측정하고 실전 감각을 극대화하는 데 주안점을 두었습니다.

2. 본서의 지문 구성

본서의 지문 구성은 다음과 같이 최신 출제경향을 따르며, 이들을 실제 시험과 가장 유사한 비율로 안배하였습니다.

유형	내용
기출 동일	기출지문과 거의 동일하게 출제한 지문
기출 변형	OX 여부(정오) 변경, 이유·결론 변경, 법리 문제·사례 문제를 상호변경, 문구 변경한 지문
처음 등장	기존 기출지문을 응용하거나, 제·개정법령, 최신 판례 등

3. 본서의 문제 특징

- 실제 시험과 발문의 형태, 문제 구성(조문/판례/사례 문제), 문제 유형(선택형/조합형), 지문 길이까지 최대한 유사하게 출제하였습니다.
- 요행으로 정답을 찍기 어렵도록 선택지를 정교하게 배열하였습니다.
- 아래와 같이 고득점을 위한 필수유형 문제들을 적극 수록하였습니다.

유형	내용
고난도 사례	진정한 의미의 고난도 사례 문제를 매회 1문항 이상 출제
최신 제·개정 조문	소홀해지기 쉬운 최신 제·개정 조문 문제를 매회 독립 문제로 1문항 이상 출제
최신 판례	새롭게 출제될 수 있는 최신 판례 문제를 매회 독립 문제로 1문항 이상 출제
조합형	"모두 고르시오" 형식의 문제를 매회 1문항 이상 출제

저자의 글

- 시범경기는 시험 당일에 최고의 점수를 내기 위한 실전 연습의 장입니다.
- 본서는 최고의 시범경기를 제공하기 위하여 실제 시험지와 가장 유사한 느낌을 가지도록 문제지를 구성했습니다.
- 신설된 메가공무원의 '온라인 채점·성적분석 서비스'를 통해 자신의 객관적 위치를 파악하고 약점을 보완하시기 바랍니다.

4. 본서의 해설 특징 및 활용방법

그간의 제 교재(「기출문제 풀어주는 기본서」, 「진도별 기출문제집」 등)는 시중의 교재보다 압도적으로 상세하고 정확한 해설을 담는 것을 목표이자 특징으로 하였습니다. 그러나 본서는 그 성격상 되도록 콤팩트한 해설을 담도록 하였습니다. 다만, 보다 상세한 해설이나, 간단한 정리과정이 필요한 부분에서는 해당 해설의 앞 혹은 뒤에 'plus' 설명이나 간단한 정리해설을 덧붙이는 방법으로 도움을 드리고자 하였습니다. 그리고 여러분들이 처음 접할 최신판례 지문에서는 기본서에 준하는 상세한 해설을 담는 방법으로 본서만으로도 해당 지문에 대한 충분한 대비가 되도록 하였습니다.

또한 해설지에도 문제를 한 번 더 실음으로써 학습의 편의성과 효율성을 도모하였습니다. 문제지와 해설지의 문제들을 각각 풀어보며 실력을 점검할 수 있고, 해설지를 학습할 때에도 문제지를 따로 펼쳐 확인하는 시간을 줄일 수 있습니다.

마지막으로 모든 문제에 지문별 출제단원을 표시하고, 제 교재의 테마번호를 부기함으로써 취약 단원을 손쉽게 파악하여 충분히 학습할 수 있도록 하였습니다.

5. 난이도 및 점수 측정법 & 온라인 채점·성적분석 서비스

전공 과목 강화 경향에 맞추어 난이도를 실제 시험보다 약간 높였습니다. 또한 매회 사례 문제가 있고, 최신 판례나 개정법령 문제도 필수적으로 포함되어 있어 체감 난이도가 다소 높을 수 있습니다(실제 시험보다 2~3문제 전후가 더 어려울 것입니다).

개인차가 있겠지만, 시험 3주 전후 시점에 본 모의고사를 치렀고, 실제 시험은 지금까지와 유사한 수준으로 출제된다고 가정할 때, 본 모의고사에서 얻은 점수에 5~25점을 더하면 실제 시험에서 받을 점수와 유사할 것입니다.

그리고 자신의 객관적 위치를 파악하고 약점을 보완할 수 있도록 메가공무원에서 '온라인 채점·성적분석 서비스'를 제공하오니, 이를 적극 활용해 시험 직전 최종 점검의 수단으로써도 본서를 이용해 보시기 바랍니다.

6. 마치며

수험은 올림픽과 같습니다. 시범경기에서 잘 하는 것도, 못 하는 것도 별 의미가 없습니다. 시험 당일에 최고의 점수를 내면 그만이고, 또 그것이 전부입니다. 여러분들에게 시험 당일과 가장 유사한 느낌을 드리면서도, 난이도 변화에도 대응하실 수 있도록 노력하였습니다. 여러분들은 시험 당일 최고의 점수를 획득하기 위한 수단으로 이 모의고사를 가져다 쓰시면 됩니다.

세상의 모든 수험생분들, 자기 자신을 극기하며 꿈을 갖고 노력하는 모든 분들을 응원합니다. 꿈을 이루는 그 길에서 제가 조금이나마 도움이 되는 사람이길 바랍니다.

감사합니다.

2025년 2월
저자 **유휘운** 드림

CONTENTS

문제편

제1회	실전동형 모의고사	……… 008
제2회	실전동형 모의고사	……… 016
제3회	실전동형 모의고사	……… 023
제4회	실전동형 모의고사	……… 029
제5회	실전동형 모의고사	……… 037
제6회	실전동형 모의고사	……… 045

| 이 책의 차례 |

제1회 실전동형 모의고사 ······· 004

제2회 실전동형 모의고사 ······· 019

제3회 실전동형 모의고사 ······· 034

제4회 실전동형 모의고사 ······· 047

제5회 실전동형 모의고사 ······· 060

제6회 실전동형 모의고사 ······· 074

빠른 정답

문제편

행정법총론

지문의 내용에 대해 학설의 대립 등 다툼이 있는 경우 판례에 의함

1. 운전병인 군인 甲이 군용차량을 운전하여 이동하다가 민간인 乙이 운전하던 차량과 충돌하였다. 甲과 乙의 공동과실로 발생한 이 사고로 甲이 운전하던 차량에 탑승하고 있던 같은 부대 소속 군인 丙이 상해를 입었다. 이에 대한 설명으로 옳은 것만을 모두 고르면? (다툼이 있는 경우 판례에 의하고, 자동차손해보험과 관련된 법적 책임은 고려하지 않음)

   ㄱ. 甲이 전투·훈련 중에 사고를 낸 것이 아니라 훈련장소로의 이동을 위해 군용차량을 운전하다 사고가 발생한 것이라면 丙은 다른 법령에 따라 재해보상금 등의 보상을 받은 경우에도 국가배상청구를 할 수 있다.
   ㄴ. 甲이 다른 법령에 의하여 보상금을 지급받을 수 있었으나 해당 보상금청구권이 시효로 소멸된 경우에도 「국가배상법」 제2조 제1항 단서 규정이 여전히 적용된다.
   ㄷ. 헌법재판소에 따르면 만일 乙이 손해배상액 전부를 丙에게 배상한 경우에도 자신의 귀책부분을 넘는 금액에 대해 국가에 구상청구를 할 수 없다.
   ㄹ. 사안과 달리 丙이 사망한 경우라면, 丙의 유족이 다른 법령에 따라 유족연금 등 보상을 받을 수 있을 때에도 국가에 대하여 자신의 정신적 고통에 대한 위자료를 청구할 수 있다.

   ① ㄱ, ㄴ
   ② ㄱ, ㄴ, ㄷ
   ③ ㄴ, ㄹ
   ④ ㄷ, ㄹ

2. 통치행위에 관한 다음 설명 중 옳은 것은?

   ① 대통령이 2016.2.10.경 개성공단의 운영을 즉시 전면중단하기로 결정하고, 피청구인 통일부장관은 피청구인 대통령의 지시에 따라 철수계획을 마련하여 관련 기업인들에게 통보한 다음 개성공단 전면중단 성명을 발표하고, 이에 대응한 북한의 조치에 따라 개성공단에 체류 중인 국민들 전원을 대한민국 영토 내로 귀환하도록 한 일련의 행위로 이루어진 개성공단 전면중단 조치는 고도의 정치적 결단에 기한 조치로서 이른바 통치행위에 해당하므로 이로 인하여 기본권제한이 발생하더라도 사법심사의 대상이 될 수 없다.
   ② 대통령의 비상계엄의 선포는 고도의 정치적·군사적 성격을 지니고 있는 행위라 할 것이므로, 그 요건 구비 여부나 당·부당을 판단할 권한이 사법부에는 없다고 할 것이고, 비상계엄의 선포나 확대가 국헌문란의 목적을 달성하기 위하여 행하여진 경우라도 법원은 그 자체가 범죄행위에 해당하는지의 여부에 관하여 심사할 수 없다.
   ③ 통치행위의 개념을 인정한다고 하더라도 과도한 사법심사의 자제가 기본권을 보장하고 법치주의이념을 구현하여야 할 법원의 책무를 태만히 하거나 포기하는 것이 되지 않도록 그 인정을 지극히 신중하게 하여야 하며, 그 판단은 오로지 사법부만에 의하여 이루어져야 한다.
   ④ 대통령이 국가원수로서 행하는 서훈취소행위는 법원이 사법심사를 자제하여야 할 고도의 정치성을 띤 행위로서 이른바 통치행위에 해당한다.

3. 영업양도에 대한 설명으로 옳지 않은 것만을 모두 고르면?

   ㄱ. 甲과 乙이 영업양도계약을 체결하고 양수인 乙이 행정청에 양도사실을 신고한 것에 대해 행정청이 수리를 하는 경우 처분의 상대방은 乙이 되므로 甲에 대해 사전통지 등을 하여야 하는 것은 아니다.
   ㄴ. 양도인에게 음주운전으로 인한 운전면허취소사유가 있었지만 아직 운전면허가 취소되지 않은 상태에서 개인택시운송사업면허를 양도하고 이에 대한 관할관청의 인가가 있은 후에서야 비로소 양도인의 운전면허가 취소되었다면 관할관청은 양수인을 상대로 개인택시운송사업면허를 취소할 수 없다.
   ㄷ. 속임수나 그 밖의 부당한 방법으로 보험자에게 요양급여비용을 부담하게 한 요양기관이 폐업한 경우, 그 요양기관 및 폐업 후 그 요양기관의 개설자가 새로 개설한 요양기관에 대하여 업무정지처분을 할 수 있다.
   ㄹ. 불법증차된 차량을 양수한 경우 양수인은 불법증차 차량이라는 물적 자산과 그에 대한 운송사업자로서의 책임까지 포괄적으로 승계하므로 관할행정청은 양수인의 선의 · 악의를 불문하고 양수인에 대하여 불법증차 차량에 관하여 지급된 유가보조금의 반환을 명할 수 있으며 그에 따른 양수인의 책임범위는 지위승계 후 발생한 유가보조금 부정수급액에 한정되는 것이 아니라 지위승계 전에 발생한 유가보조금 부정수급액을 포함한다.

   ① 모두 옳지 않음
   ② ㄱ, ㄴ, ㄷ
   ③ ㄱ, ㄹ
   ④ ㄴ, ㄷ

4. 행정행위의 하자승계에 관한 설명으로 옳지 않은 것은?

   ① 선행처분과 후행처분이 서로 독립하여 별개의 법률효과를 발생시키는 경우에는 선행처분에 불가쟁력이 생겨 그 효력을 다툴 수 없게 되면 선행처분의 하자가 중대하고 명백하여 선행처분이 당연무효인 경우를 제외하고는 특별한 사정이 없는 한 선행처분의 하자를 이유로 후행처분의 효력을 다툴 수 없는 것이 원칙이지만, 선행처분의 불가쟁력이나 구속력이 그로 인하여 불이익을 입게 되는 자에게 수인한도를 넘는 가혹함을 가져오고, 그 결과가 당사자에게 예측가능한 것이 아니라면 선행처분의 후행처분에 대한 구속력을 인정할 수 없다.
   ② 도시 · 군계획시설결정과 실시계획인가는 도시 · 군계획시설사업을 위하여 이루어지는 단계적 행정절차에서 별도의 요건과 절차에 따라 별개의 법률효과를 발생시키는 독립적인 행정처분이므로 선행처분인 도시 · 군계획시설결정에 하자가 있더라도 그것이 당연무효가 아닌 한 원칙적으로 후행처분인 실시계획인가에 승계되지 않는다.
   ③ 표준지 소유자는 토지 등에 관한 재산세 등 부과처분의 취소를 구하는 소송에서 재산세 과세표준 산정의 기초가 되는 표준지공시지가결정의 위법을 주장할 수 있다.
   ④ 근로복지공단이 사업종류 변경결정을 하면서 실질적으로 「행정절차법」에서 정한 처분절차를 준수하지 않아 사업주에게 방어권행사 및 불복의 기회가 보장되지 않은 경우에는 사업주가 사업종류 변경결정에 대해 제소기간 내에 취소소송을 제기하지 않았다고 하더라도 후행처분인 각각의 산재보험료부과처분에 대한 쟁송절차에서 비로소 선행처분인 사업종류 변경결정의 위법성을 다투는 것이 허용되어야 한다.

5. 행정행위의 취소 및 철회에 관한 설명 중 옳은 것은?
① 수익적 행정처분에 대한 취소권 등의 행사는 기득권의 침해를 정당화할 만한 중대한 공익상의 필요 또는 제3자의 이익보호의 필요가 있는 때에 한하여 허용될 수 있는바 이러한 법리는 처분청이 수익적 행정처분을 직권으로 취소하는 경우뿐만 아니라 쟁송취소의 경우에도 적용된다.
② 운전면허취소처분에는 공정력이 인정되므로 운전면허취소처분을 받은 자가 이후 당해 처분에 대한 취소소송기간 중 자동차를 운전하였다면, 그 이후 판결에 의해 운전면허취소처분이 취소된 경우에도 여전히 무면허운전에 해당한다.
③ 점용료부과처분에 취소사유에 해당하는 흠이 있는 경우 도로관리청으로서는 당초 처분 자체를 취소하고 흠을 보완하여 새로운 부과처분을 하거나, 흠 있는 부분에 해당하는 점용료를 감액하는 처분을 할 수 있는데, 흠 있는 부분에 해당하는 점용료를 감액하는 것은 당초 처분 자체를 일부 취소하는 변경처분이 아니라 흠의 치유에 해당한다.
④ 처분청은 처분 후에 원래의 처분을 그대로 존속시킬 수 없게 된 사정변경이 생긴 경우 처분을 철회할 수 있지만, 처분청에게 철회권이 부여된다는 사정만으로 처분의 상대방 등에게 그 철회·변경을 요구할 신청권이 인정되는 것은 아니다.

6. 행정지도에 관한 설명으로 옳지 않은 것은?
① 행정지도는 그 목적달성에 필요한 최소한도에 그쳐야 하며, 상대방의 의사에 반하여 부당하게 강요하여서는 아니 된다.
② 행정지도의 상대방은 해당 행정지도의 방식·내용 등에 관하여 행정기관에 의견제출을 할 수 있다.
③ 교육부장관의 국·공립대학총장에 대한 학칙시정요구는 행정지도의 일종이지만, 그것이 규제적·구속적 성격을 상당히 강하게 갖는다면 헌법소원의 대상이 되는 공권력행사라고 볼 수 있다.
④ 행정관청이 (구)「국토이용관리법」 소정의 토지거래계약 신고에 관하여 공시된 기준지가를 기준으로 매매가격을 신고하도록 행정지도를 하여 그에 따라 피고인이 허위 신고를 한 것이라면 이 같은 행위가 사회상규에 위배된다고 볼 수 없다.

7. 행정행위의 부관에 관한 설명으로 옳은 것은?
① 고시에서 정하여진 허가기준에 따라 보존음료수 제조업의 허가에 부가된 조건과 같은 이른바 법정부관은 본래의 의미에서 행정행위의 부관은 아니지만, 이와 같은 법정부관에 대하여도 행정행위에 부관을 붙일 수 있는 한계에 관한 일반적인 원칙은 적용된다고 보아야 한다.
② 행정처분에 붙인 부담인 부관에 제소기간 도과로 불가쟁력이 생긴 경우라면 그 부담의 이행으로 한 사법상 법률행위의 효력을 다툴 수는 없다.
③ 행정청이 특정 개발사업의 시행자를 지정하는 처분을 하면서 상대방에게 지정처분의 취소에 대한 소권을 포기하도록 하는 내용의 부관을 붙이는 것은 허용될 수 없다.
④ 행정행위의 효력을 성취가 불확실한 사실에 의존시키는 부관을 불확정기한이라고 하고, 도래가 확실한 사실에 의존시키는 부관을 확정기한이라고 한다.

8. 행정대집행에 대한 설명으로 옳은 것은?
① 「공익사업을 위한 토지 등의 취득 및 보상에 관한 법률」상 토지소유자가 수용 또는 사용의 개시일까지 토지를 사업시행자에게 인도하지 않을 경우 「행정대집행법」에 의한 대집행의 대상이 된다.
② 건물의 소유자에게 위법건축물을 일정 기간까지 철거할 것을 명함과 아울러 불이행할 때에는 대집행한다는 내용의 철거대집행 계고처분을 고지한 후 이에 불응하자 다시 제2차, 제3차 계고서를 발송하여 일정 기간까지의 자진철거를 촉구하고 불이행하면 대집행을 한다는 뜻을 고지한 경우, 제2차, 제3차의 계고처분은 새로운 철거의무를 부과한 것이 아니므로 항고소송의 대상이 되지 않는다.
③ 철거명령과 대집행의 계고는 동시에 행해질 수는 없으므로 계고서라는 명칭의 1장의 문서로서 일정 기간 내에 위법건축물의 자진철거를 명함과 동시에 그 소정 기한 내에 자진철거를 하지 않을 때에는 대집행할 뜻을 미리 계고한 것은 적법한 계고로 볼 수 없다.
④ 「행정대집행법」상 건물철거 대집행은 다른 방법으로는 이행의 확보가 어렵고 불이행을 방치함이 심히 공익을 해하는 것으로 인정될 때에 한하여 허용되고 이러한 사정이 없다는 주장·입증책임은 대집행의 상대방이 부담한다.

9. 항고소송의 대상이 되는 행정처분에 관한 설명으로 옳지 않은 것은?
   ① 검찰총장이 검사 甲에 대하여 대검찰청 내부규정에 근거하여 경고조치를 한 경우, 해당 내부규정에서 검찰총장의 경고조치를 받은 검사에 대하여 직무성과금 지급이나 승진·전보인사에서 불이익을 주도록 규정하고 있다면, 甲은 검찰총장의 경고조치에 대하여 취소소송을 제기할 수 있다.
   ② 「교육공무원법」상 승진후보자 명부에 의한 승진심사방식으로 행해지는 승진임용에서 승진후보자 명부에 포함되어 있던 후보자를 승진임용인사발령에서 제외하는 행위는 항고소송의 대상인 처분에 해당한다.
   ③ A광역시립합창단원으로서 위촉기간이 만료되는 甲의 재위촉신청에 대하여 A광역시문화예술회관장이 실기와 근무성적에 대한 평정을 실시하여 재위촉을 하지 않은 경우 甲이 항고소송으로 다툴 수 없다.
   ④ 방위사업법령 및 「국방전력발전업무훈령」에 따른 연구개발확인서 발급은 사업관리기관이 개발업체에게 해당 품목의 양산과 관련하여 수의계약의 방식으로 국방조달계약을 체결할 수 있는 지위가 있음을 인정해 주는 대등한 당사자의 계약일 뿐이므로 항고소송의 대상이 되지 않는다.

10. 행정절차에 대한 설명으로 옳은 것은?
    ① 하나의 납세고지서로 본세와 여러 종류의 가산세를 함께 부과하는 경우에 납세고지서에 가산세의 종류와 세액의 산출근거 등을 따로 구별하지 않고 가산세의 합계액만을 기재하였더라도 그 부과처분은 위법하지 않다.
    ② 교육부장관이 관련법령에 따른 부적격사유가 없는 A와 B 총장후보자 가운데 A후보자가 상대적으로 더욱 적합하다고 판단하여 대통령에게 총장으로 A후보자를 임용제청을 하였다면, 그러한 임용제청행위 자체로서 이유제시의무를 다한 것이다.
    ③ 외국인의 출입국에 관한 사항은 「행정절차법」이 적용되지 않으므로, 미국 국적을 가진 교민에 대한 사증거부처분에 대해서도 처분의 방식에 관한 「행정절차법」제24조는 적용되지 않는다.
    ④ 영업시간제한 등 처분의 대상인 대규모점포 중 개설자의 직영매장 이외에 개설자로부터 임차하여 운영하는 임대매장이 병존하는 경우에는, 점포 개설자뿐만 아니라 임대매장의 임차인에게도 사전통지, 의견청취절차를 거쳐야 한다.

11. 행정벌에 관한 설명으로 옳지 않은 것은?
    ① 양벌규정에 의한 영업주의 처벌은 독립하여 그 자신의 종업원에 대한 선임·감독상의 과실로 인하여 처벌되는 것이 아니라 금지위반행위자인 종업원의 처벌에 종속하는 것이므로 종업원의 범죄성립이나 처벌은 영업주 처벌의 전제조건이 된다.
    ② 종업원 등의 범죄행위와 관련하여 선임·감독상의 주의의무를 다하여 아무런 잘못이 없는 영업주도 처벌하도록 규정하고 있는 양벌규정은 법치국가의 원리 및 죄형법정주의로부터 도출되는 형벌에 관한 책임원칙에 반한다.
    ③ 지방자치단체 소속 공무원이 지방자치단체 고유의 자치사무를 수행하던 중 구 「도로법」에 위반하는 행위를 한 경우 지방자치단체는 구 「도로법」상 양벌규정에 따라 처벌대상이 되는 법인에 해당한다.
    ④ 지방자치단체 소속 공무원이 지정항만순찰 등의 업무를 위해 관할관청의 승인 없이 개조한 승합차를 운행함으로써 구 「자동차관리법」을 위반한 경우, 해당 지방자치단체는 구 「자동차관리법」 제83조의 양벌규정에 따른 처벌대상이 될 수 없다.

12. 사인의 공법행위에 대한 설명으로 옳지 않은 것만을 모두 고르면?

> ㄱ. 사인의 공법행위에 하자가 있는 경우에도 그에 따른 행정처분의 효력은 별도로 그 효력을 판단해야 하므로 노인의료복지시설의 폐지신고에 위조 등의 사유가 있어 신고행위 자체가 효력이 없는 경우라도 그 수리행위가 당연히 무효가 되는 것은 아니다.
> ㄴ. 「행정절차법」에 따르면, 행정청은 신청에 구비서류의 미비 등 흠이 있는 경우에는 보완에 필요한 상당한 기간을 정하여 지체 없이 신청인에게 보완을 요구하여야 하므로, 행정청은 신청에 대하여 거부처분을 하기 전에 반드시 신청인에게 신청의 내용이나 처분의 실체적 발급요건에 관한 사항까지 보완할 기회를 부여하여야 한다.
> ㄷ. 기존에 다른 사람이 숙박업 신고를 한 적이 있는 숙박시설에 새로 숙박업을 하려는 자가 그 시설 등의 소유권 등 정당한 사용권한을 취득하여 법령에서 정한 요건을 갖추어 신고한 경우에, 행정청은 해당 시설 등에 관한 기존의 숙박업 신고가 외관상 남아 있다는 이유만으로 수리를 거부할 수 있다.
> ㄹ. 「건축법」상의 착공신고의 경우에는 신고 그 자체로서 법적 절차가 완료되므로, 행정청의 착공신고 반려행위는 항고소송의 대상인 처분으로 볼 수 없다.

① ㄱ, ㄴ
② ㄴ, ㄷ
③ ㄷ, ㄹ
④ 모두 옳지 않음

13. 정보공개에 관한 설명으로 옳지 않은 것은?

① 정보공개를 요구받은 공공기관이 공개를 거부하는 경우에는 비공개사유에 해당하는지를 주장·입증하지 아니한 채 개괄적인 사유만을 들어 공개를 거부할 수 없다.
② 정보공개청구권자의 권리구제 가능성은 정보공개청구를 받은 공공기관 등이 정보의 공개 여부를 결정함에 있어 고려되어야 한다.
③ 문제은행 출제방식을 채택하고 있는 치과의사 국가시험의 문제지는 공개될 경우 시험업무의 공정한 수행 등에 현저한 지장을 초래한다고 인정할 만한 상당한 이유가 있으므로 공개하지 않을 수 있다.
④ 교도소에 수용 중이던 재소자가 담당 교도관들을 상대로 가혹행위를 이유로 형사고소 및 민사소송을 제기하면서 그 증명자료 확보를 위해 정보공개를 요청한 '근무보고서'는 공개대상정보에 해당한다.

14. 공법상 당사자소송에 관한 설명 중 옳은 것은?

① 당사자소송에 대하여는 「행정소송법」 제23조 제2항의 집행정지에 관한 규정이 준용되지 아니하므로, 이를 본안으로 하는 가처분에 대하여는 「민사집행법」상의 가처분에 관한 규정이 준용되어야 한다.
② 국가의 부가가치세 환급세액 지급의무는 정의와 공평의 관념에서 수익자와 손실자 사이의 재산상태조정을 위해 인정되는 부당이득반환의무이므로 국가에 대한 납세의무자의 부가가치세 환급세액 지급청구는 당사자소송에 의한다.
③ 공법상 당사자소송과 민사소송은 서로 다른 소송절차에 해당하여 청구기초의 동일성이 없으므로 양자 간의 소변경은 허용되지 않는다.
④ 재개발조합은 공법인이므로 재개발조합과 그 조합장 또는 조합임원 사이의 선임·해임 등을 둘러싼 법률관계는 공법상 법률관계로서 그 조합장 또는 조합임원의 지위를 다투는 소송은 공법상 당사자소송에 의하여야 한다.

15. 재량행위와 기속행위에 관한 설명으로 옳지 않은 것은?

① 기속행위의 경우 법원이 사실인정과 관련법규의 해석·적용을 통하여 일정한 결론을 도출한 후 그 결론에 비추어 행정청이 한 판단의 적법 여부를 독자의 입장에서 판정하는 방식에 의하게 되나, 재량행위의 경우 행정청의 재량에 기한 공익판단의 여지를 감안하여 법원은 독자의 결론을 도출함이 없이 당해 행위에 재량권의 일탈·남용이 있는지 여부만을 심사하게 된다.

② 육아휴직 중 복직요건인 '휴직사유가 없어진 때'에 하는 복직명령은 기속행위이므로, 국가공무원이 휴직사유가 소멸하였음을 이유로 복직신청을 한 경우 임용권자는 지체 없이 복직명령을 하여야 한다.

③ 재외동포에 대한 사증발급은 행정청의 재량행위에 속하는 것으로서, 재외동포가 사증발급을 신청한 경우에 「출입국관리법 시행령」[별표 1의2]에서 정한 재외동포체류자격의 요건을 갖추었다고 해서 무조건 사증을 발급해야 하는 것은 아니다.

④ 처분의 근거법령이 행정청에 처분의 요건과 효과판단에 관하여 일정한 재량을 부여하였는데도, 행정청이 자신에게 재량권이 없다고 오인하여 전혀 비교·형량하지 않은 채 처분을 하였다면, 이는 재량권 불행사로서 그 자체로 재량권 일탈·남용으로 당연무효인 처분이 된다.

16. 항고소송에 관한 설명으로 옳지 않은 것은?

① 지방자치단체가 건축물을 건축하기 위해 건축물 소재지 관할 허가권자인 지방자치단체의 장과 건축협의를 하였는데 허가권자인 지방자치단체의 장이 그 협의를 취소한 경우, 지방자치단체는 건축협의취소의 취소를 구할 원고적격이 있다.

② 일반면허를 받은 시외버스운송사업자에 대한 사업계획변경인가처분으로 인하여 노선 및 운행계통의 일부 중복으로 기존에 한정면허를 받은 시외버스운송사업자의 수익감소가 예상된다면, 기존의 한정면허를 받은 시외버스운송사업자는 일반면허 시외버스운송사업자에 대한 사업계획변경인가처분의 취소를 구할 법률상의 이익이 있다.

③ 미얀마 국적의 甲이 위명(僞名)인 乙 명의의 여권으로 대한민국에 입국한 뒤 乙 명의로 난민신청을 하였으나 법무부장관이 乙 명의를 사용한 甲을 직접 면담하여 조사한 후 甲에 대하여 난민불인정처분을 한 경우 甲은 난민불인정처분의 취소를 구할 법률상 이익이 있다.

④ 상수원보호구역 설정의 근거가 되는 「수도법」은 상수원의 오염을 막아 양질의 급수를 받을 직접적이고 구체적인 지역주민들의 이익을 보호하고 있으므로 그 주민들에게는 상수원보호구역변경처분의 취소를 구할 법률상의 이익이 있다.

17. 「공익사업을 위한 토지 등의 취득 및 보상에 관한 법률」상 손실보상에 관한 내용으로 옳지 않은 것은?

① 사업인정은 공익사업의 시행자에게 일정한 절차를 거칠 것을 조건으로 일정한 내용의 수용권을 설정하여 주는 형성행위이며, 사업시행자에게 해당 공익사업을 수행할 의사와 능력이 있어야 한다는 것도 사업인정의 한 요건이 된다.

② 사업인정고시가 있은 후 협의가 성립되지 아니한 때에는 토지소유자 및 관계인은 토지수용위원회에 수용재결을 신청할 수 있다.

③ 「공익사업을 위한 토지 등의 취득 및 보상에 관한 법률」에 의하면 동일한 소유자에게 속하는 일단의 토지의 일부가 협의에 의하여 매수되거나 수용됨으로 인하여 잔여지를 종래의 목적에 사용하는 것이 현저히 곤란할 때에는 해당 토지소유자는 사업시행자에게 잔여지를 매수하여 줄 것을 청구할 수 있으며, 사업인정 이후에는 관할 토지수용위원회에 수용을 청구할 수 있다.

④ 수용재결에 대한 취소소송의 제기는 사업의 진행 및 토지의 수용 또는 사용을 정지시키지 아니한다.

18. 甲은 관할행정청 A에게 주택건설사업승인을 신청하였으나 거부되자 거부처분취소소송을 제기하여 인용판결을 받아 그 판결이 확정되었다. 이에 대한 설명으로 옳은 것만을 모두 고르면?

ㄱ. 거부처분 이후에 도시계획법령이 개정된 경우 A가 개정된 법령 및 허가기준을 새로운 사유로 들어 다시 이전의 신청에 대한 거부처분을 하였다면 甲은 간접강제를 신청할 수 있다.

ㄴ. 만약 개정된 도시계획법령에 이 법령 시행 당시 신청 중인 사건에는 종전 규정에 따른다는 경과규정이 있는데도 A가 개정된 법령을 적용하여 다시 거부처분을 하였다면 甲은 간접강제를 신청할 수 있다.

ㄷ. A가 재처분의무를 이행하지 않아 간접강제결정이 행하여진 경우, 간접강제결정에서 정한 의무이행기한이 경과한 후라도 A가 판결의 취지에 따른 재처분의무를 이행하면 더 이상 배상금의 추심은 허용되지 않는다.

ㄹ. 만약 甲이 A의 거부처분에 대해 무효확인소송을 제기하여 무효확인판결이 확정된 경우, 취소판결의 재처분의무에 관한 규정과 간접강제에 관한 규정이 준용된다.

① ㄱ, ㄴ ② ㄱ, ㄷ
③ ㄴ, ㄷ ④ ㄷ, ㄹ

19. 甲은 식품위생법령상 적합한 시설을 갖추어 유흥주점 영업허가를 받아 업소를 경영하던 중 청소년을 출입시켜 주류를 제공하였음을 이유로 서초구청장으로부터 영업정지 1개월의 처분을 받았다. 이에 대한 설명으로 옳지 않은 것만을 모두 고르면?

    ㄱ. 甲은 영업정지처분이 있음을 알게 된 날로부터 90일 이내, 처분이 있었던 날로부터 180일 이내에 서초구청장에게 「행정기본법」상 이의신청을 할 수 있으며 서초구청장은 이의신청을 받으면 그 신청을 받은 날부터 14일 이내에 그 이의신청에 대한 결과를 甲에게 통지하여야 한다.
    ㄴ. 甲이 「행정기본법」상 이의신청을 한 경우에는 행정심판이나 행정소송을 제기할 수 없다.
    ㄷ. 甲이 「행정기본법」상 이의신청을 하여 그 결과를 통지받은 경우에는 그 통지를 받은 날부터 90일 이내에 행정소송을 제기할 수 있다.
    ㄹ. 만일 甲이 영업정지처분이 아니라 과태료부과처분을 받은 경우라면 「행정기본법」상의 이의신청은 허용되지 않는다.

    ① ㄱ, ㄴ
    ② ㄱ, ㄴ, ㄷ
    ③ ㄴ, ㄷ
    ④ ㄷ, ㄹ

20. 항고소송에 대한 판례의 입장으로 옳지 않은 것은?
    ① 처분청이 거부처분에 대한 항고소송에서 기존의 처분사유와 기본적 사실관계가 동일하지 않은 사유를 처분사유로 추가·변경한 것에 대하여 처분상대방이 추가·변경된 처분사유의 실체적 당부에 관하여 해당 소송과정에서 심리·판단하는 것에 명시적으로 동의하는 경우에는, 법원은 그 처분사유가 기존의 처분사유와 기본적 사실관계가 동일한지와 무관하게 예외적으로 이를 허용할 수 있다.
    ② 과세처분에 대한 무효확인소송에서 원고가 당초의 처분사유에 대하여 무효사유를 증명하였지만, 피고인 과세관청에 의한 처분사유의 변경이 있는 경우라면, 변경된 처분사유에 대하여도 원고가 무효사유를 주장·증명할 책임을 진다.
    ③ 방송통신위원회가 jtbc에 대해 행한 고지방송명령은 권고적 효력만을 가지는 비권력적 사실행위에 해당할 뿐이므로 항고소송의 대상이 되는 행정처분에 해당하지 않는다.
    ④ 공정거래위원회가 구 「하도급거래 공정화에 관한 법률」 제26조 제2항 후단에 따라 관계행정기관의 장에게 한 원사업자 또는 수급사업자에 대한 입찰참가자격의 제한을 요청한 결정은 항고소송의 대상이 되는 처분이다.

행정법총론

지문의 내용에 대해 학설의 대립 등 다툼이 있는 경우 판례에 의함

1. 인·허가의제에 관한 설명으로 옳지 않은 것은?
   ① 대기환경보전법령에 대기오염물질배출시설 설치허가를 받으면 악취배출시설 설치·운영신고가 수리된 것으로 의제하는 규정을 두고 있지 않다면「대기환경보전법」에 따른 대기오염물질배출시설 설치허가를 받았다고 하더라도「악취방지법」상 악취배출시설 설치·운영신고가 수리된 것으로 볼 수 없다.
   ② 주된 인·허가 행정청은 주된 인·허가를 하기 전에 관련 인·허가에 관하여 미리 관련 인·허가 행정청과 협의하여야 한다.
   ③ 채광계획인가로 공유수면점용허가가 의제될 경우, 공유수면점용불허가결정을 사유로 들어 채광계획을 인가하지 아니할 수 있다.
   ④ 주택건설사업계획 승인처분에 의해 의제되는 인·허가는 주택건설사업계획 승인처분과 별도로 항고소송의 대상이 되는 처분에 해당하지 않으므로 의제된 인·허가가 위법함을 다투고자 하는 이해관계인은 주택건설사업계획 승인처분의 취소를 구하면서 의제된 인·허가의 위법사유를 주장해야 한다.

2. 행정계획에 관한 설명 중 옳지 않은 것은?
   ① 행정주체가 행정계획을 입안·결정하면서 이익형량을 전혀 행하지 않거나 이익형량의 고려대상에 마땅히 포함시켜야 할 사항을 빠뜨린 경우 또는 이익형량을 하였으나 정당성과 객관성이 결여된 경우에는 행정계획결정은 형량에 하자가 있어 위법하게 된다.
   ② 구 도시계획법령상 도시계획안의 내용에 대한 공고 및 공람 절차에 하자가 있는 도시계획결정은 위법하다.
   ③ 행정주체가 구체적인 행정계획을 입안·결정할 때 가지는 형성의 자유의 한계에 관한 법리는 주민의 입안 제안 또는 변경신청을 받아들여 도시관리계획결정을 하거나 도시계획시설을 변경할 것인지를 결정할 때에는 적용되지 않는다.
   ④「산업입지 및 개발에 관한 법률」에 따른 산업단지개발계획상 산업단지 안의 토지소유자로서 산업단지개발계획에 적합한 시설을 설치하여 입주하려는 자는 산업단지 지정권자에 대하여 산업단지개발계획의 변경을 요청할 수 있는 법규상 또는 조리상 신청권이 있다.

3. 「행정절차법」상 의견청취절차에 대한 설명으로 옳지 않은 것만을 모두 고르면?

   ㄱ. 행정청은 당사자에게 의무를 부과하거나 권익을 제한하는 처분을 하는 경우에는 미리 처분하려는 원인이 되는 사실과 처분의 내용 및 법적 근거에 대한 의견을 제출할 수 있다는 뜻과 그 제출기한 등을 당사자 등에게 통지하여야 하는데, 이 경우 의견제출에 필요한 기간은 10일 이상으로 고려하여 정하여야 한다.
   ㄴ. 행정청은 청문을 실시하거나 공청회를 개최하는 경우라도 그 처분이 당사자에게 의무를 부과하거나 권익을 제한하는 처분의 경우에는 적어도 당사자 등에게 의견제출의 기회를 주어야 한다.
   ㄷ. 행정청이 당사자와 사이에 도시계획사업의 시행과 관련한 협약을 체결하면서 관계법령 및「행정절차법」에 규정된 청문의 실시 등 의견청취절차를 배제하는 조항을 둔 경우, 청문을 실시하지 않아도 되는 예외적인 경우에 해당한다.
   ㄹ. 행정청은 일반적인 공청회와 병행하여서만 온라인공청회를 실시할 수 있지만 공청회가 행정청이 책임질 수 없는 사유로 개최되지 못하거나 개최는 되었으나 정상적으로 진행되지 못하고 무산된 횟수가 3회 이상인 경우에는 온라인공청회를 단독으로 개최할 수 있다.

   ① ㄱ, ㄴ
   ② ㄱ, ㄷ, ㄹ
   ③ ㄴ, ㄷ
   ④ ㄷ, ㄹ

4. 시민단체 甲은 A사립대학교 총장 乙에게 최근 3년간 A대학교의 체육특기생 입학과정과 출석 및 학점관리에 관한 자료를 공개해 줄 것을 문서로 청구하였다. 이에 대한 설명으로 옳지 않은 것만을 모두 고르면?

> ㄱ. A사립대학은 정보공개의무기관인 공공기관에 해당된다.
> ㄴ. 만일 甲이 말로 정보공개청구를 하였다면 甲의 공개청구는 정보공개청구방법을 위반한 청구이다.
> ㄷ. 甲의 정보공개청구가 적법하다면 乙은 원칙적으로 10일 내에 공개 여부의 결정을 하여야 하며, 부득이한 경우 10일의 범위 내에서 기간을 연장할 수 있다.
> ㄹ. 乙이 정보공개를 거부한 경우, 甲은 乙을 피고로 하여 정보공개의무를 이행할 것을 요구하는 이행소송을 항고소송으로 제기할 수 있다.
> ㅁ. 乙이 정보공개를 거부한 경우, 甲은 체육특기생 입학과정과 출석 및 학점관리에 관한 자료와는 직접적인 이해관계가 없으므로 정보공개거부처분 취소소송을 제기할 법률상 이익이 없다.

① ㄱ, ㄴ, ㅁ
② ㄴ, ㄷ, ㄹ
③ ㄴ, ㄹ, ㅁ
④ ㄷ, ㄹ

5. 행정상 강제에 관한 설명으로 옳지 않은 것은?

① 사용자가 이행하여야 할 행정법상 의무의 내용을 초과하는 것을 불이행내용으로 기재한 이행강제금 부과예고서에 의하여 이행강제금 부과예고를 한 다음 이를 이행하지 않았다는 이유로 이행강제금을 부과하였다면, 초과한 정도가 근소하다는 등의 특별한 사정이 없는 한 이행강제금 부과예고는 이행강제금제도의 취지에 반하는 것으로서 위법하고, 이에 터잡은 이행강제금부과처분 역시 위법하다.
② 하천유수인용허가신청이 불허되었음을 이유로 하천유수인용행위를 중단할 것과 이를 불이행할 경우 「행정대집행법」에 의하여 대집행을 하겠다는 내용의 계고처분은 대집행의 대상이 될 수 없는 부작위의무에 대한 것으로서 그 자체로 위법하다.
③ 아무런 권원 없이 국유재산에 설치한 시설물에 대하여 행정청은 행정대집행의 방법으로 이 시설물을 철거할 수 있고, 이러한 행정대집행이 인정되는 경우에는 민사소송의 방법으로 시설물의 철거를 구하는 것은 허용되지 않으므로 그 국유재산에 대한 사용청구권을 가지고 있는 자가 국가를 대위하여 민사소송으로 그 시설물의 철거를 구하는 것도 허용되지 않는다.
④ 공공사업에 필요한 토지와 건물을 사업시행자가 협의취득할 때 건물소유자가 매매대상 건물에 대한 철거의무를 부담하겠다는 취지의 약정을 하였다고 하더라도 이러한 철거의무는 대집행의 대상이 되는 공법상의 의무가 아니다.

6. 행정조사에 관한 설명으로 옳지 않은 것은?
   ① 행정조사를 실시하고자 하는 행정기관의 장은 원칙적으로 출석요구서를 조사개시 7일 전까지 조사대상자에게 서면으로 통지하여야 하지만 행정조사를 실시하기 전에 관련 사항을 미리 통지하는 때에는 증거인멸 등으로 행정조사의 목적을 달성할 수 없다고 판단되는 경우에는 행정조사의 목적 등을 구두로 통지할 수 있다.
   ② 당해 행정기관 내의 2 이상의 부서가 동일하거나 유사한 업무분야에 대하여 동일한 조사대상자에게 행정조사를 실시하는 경우에는 공동조사를 하여야 한다.
   ③ 음주운전 여부에 대한 조사과정에서 운전자 본인의 동의를 받지 아니하고 법원의 영장 없이 채혈조사를 한 결과를 근거로 한 운전면허 정지·취소처분은 특별한 사정이 없는 한 위법한 처분이다.
   ④ 사무실 또는 사업장 등의 업무시간에 행정조사를 실시하는 경우에도 해가 뜨기 전이나 해가 진 뒤에는 현장조사를 할 수 없다.

7. 행정상 손해배상에 관한 설명으로 옳은 것은?
   ① 경과실이 있는 공무원이 피해자에게 손해를 배상하였다면 피해자는 공무원에 대하여 이를 반환할 의무가 없고, 그 공무원은 특별한 사정이 없는 한 국가에 대하여 국가의 피해자에 대한 손해배상책임의 범위 내에서 자신이 변제한 금액에 관하여 구상권을 취득한다.
   ② 행정처분이 후에 항고소송에서 취소되면 그 기판력에 의하여 당해 행정처분은 공무원의 고의·과실 여부와 관계없이 곧바로 불법행위를 구성한다.
   ③ 법관의 재판에 법령규정을 따르지 않은 잘못이 있다면 이로써 바로 재판상 직무행위가 「국가배상법」 제2조 제1항에서 말하는 위법한 행위로 되어 국가의 손해배상책임이 발생한다.
   ④ 유신헌법에 근거한 대통령의 긴급조치권행사는 고도의 정치성을 띤 국가행위로서 대통령은 국가긴급권의 행사에 관하여 원칙적으로 국민 전체에 대한 관계에서 정치적 책임을 질 뿐 국민 개개인의 권리에 대응하여 법적 의무를 지는 것은 아니므로, 대통령의 이러한 권력행사가 국민 개개인에 대한 관계에서 민사상 불법행위를 구성한다고는 볼 수 없다.

8. A는 대전광역시에서 공익사업을 시행하려는 사업시행자로서 「공익사업을 위한 토지 등의 취득 및 보상에 관한 법률」에 따라 사업인정을 받았다. 한편, 甲은 해당 공익사업구역 내에 토지를 소유하고 있다. 이에 대한 설명으로 옳지 않은 것만을 모두 고르면?

   ㄱ. A가 甲과 협의하여 甲 소유의 토지를 취득한 경우 그 협의취득은 공법상 계약에 해당하고, 이에 대한 분쟁은 당사자소송에 의한다.
   ㄴ. A와 甲 사이에 협의가 성립되지 않아 대전광역시토지수용위원회의 수용재결이 있었다면 A와 甲이 다시 협의하여 토지의 취득과 보상에 관하여 임의로 계약을 체결할 수 없다.
   ㄷ. 甲이 대전광역시토지수용위원회의 수용재결에 대하여 취소소송을 제기하려면 이의신청을 거쳐야 하며, 중앙토지수용위원회의 이의재결을 대상으로 하여야 한다.
   ㄹ. 만일 甲이 토지보상금이 너무 적다는 이유로 수용재결에 불복하는 경우, 수용재결서를 받은 날부터 90일 이내에, 이의신청을 거쳤을 때에는 이의신청에 대한 재결서를 받은 날부터 60일 이내에 A를 상대로 보상금증액소송을 제기해야 한다.

   ① ㄱ, ㄴ　　② ㄱ, ㄴ, ㄷ
   ③ ㄴ, ㄷ　　④ ㄷ, ㄹ

9. 공법상 당사자소송에 대한 설명 중 옳지 않은 것은?
   ① 「광주민주화운동 관련자 보상 등에 관한 법률」에 의거하여 관련자 및 유족들이 갖게 되는 보상 등에 관한 권리는 법률이 특별히 인정하고 있는 공법상의 권리라고 하여야 할 것이므로 그에 관한 소송은 당사자소송에 의하여야 한다.
   ② 명예퇴직한 법관이 명예퇴직수당액의 차액 지급을 신청한 것에 대해 법원행정처장이 거부하는 의사표시를 한 경우, 위 의사표시는 행정처분에 해당하지 아니하므로 항고소송이 아니라 당사자소송으로 이를 다투어야 한다.
   ③ 사업주가 당연가입자가 되는 고용보험 및 산재보험에서 보험료납부의무 부존재확인소송은 당사자소송의 대상이 된다.
   ④ 택시회사들의 자발적 감차와 그에 따른 감차보상금의 지급 및 자발적 감차조치의 불이행에 따른 행정청의 직권감차명령을 내용으로 하는 택시회사들과 행정청 간의 합의는 대등한 당사자 사이에서 체결한 공법상 계약에 해당하므로, 그에 따른 감차명령에 대해서는 당사자소송을 제기하여야 한다.

10. 법치행정에 관한 다음 설명 중 옳지 않은 것은?
    ① 행정작용은 법률에 위반되어서는 아니 되며, 국민의 권리를 제한하거나 의무를 부과하는 경우와 그 밖에 국민생활에 중요한 영향을 미치는 경우에는 법률에 근거해야 한다.
    ② 국회가 형식적 법률로 직접 규정할 필요성은 규율대상이 국민의 기본권 및 기본적 의무와 관련한 중요성을 가질수록, 그에 관한 공개적 토론의 필요성 또는 상충하는 이익 사이의 조정 필요성이 클수록 더 증대된다.
    ③ 법외노조 통보는 적법하게 설립된 노동조합의 법적 지위를 박탈하는 중대한 침익적 처분으로서 원칙적으로 국민의 대표자인 입법자가 스스로 형식적 법률로써 규정하여야 할 사항이고, 행정입법으로 이를 규정하기 위하여는 반드시 법률의 명시적이고 구체적인 위임이 있어야 한다.
    ④ '법률유보원칙'은 국민의 기본권실현에 관련된 영역에 있어서 국민의 대표자인 입법자가 그 본질적 사항에 대해서 스스로 결정하여야 한다는 요구까지 내포하지만, 지방의회의원에 대하여 유급보좌인력을 두는 것이 국회의 법률로써 규정하여야 할 입법사항이라고 볼 수는 없다.

11. 항고소송에서 처분사유의 추가·변경에 대한 설명으로 옳지 않은 것은?
    ① 행정처분의 취소를 구하는 항고소송에서 처분청은 당초 처분의 근거로 삼은 사유와 기본적 사실관계가 동일성이 있다고 인정되는 한도 내에서만 다른 사유를 추가하거나 변경할 수 있으며, 처분사유의 추가·변경은 사실심의 변론종결시까지만 허용된다.
    ② 처분청이 처분의 근거법령만을 추가·변경하는 것은 새로운 처분사유의 추가라고 볼 수 없으므로 처분의 근거법령을 변경하는 것이 종전 처분과 동일성을 인정할 수 없는 별개의 처분을 하는 것과 다름없는 경우에도 법원은 행정청이 처분 당시에 적시한 구체적 사실에 대하여 처분 후에 추가·변경한 법령을 적용하여 그 처분의 적법 여부를 판단할 수 있다.
    ③ 이동통신요금 원가 관련 정보공개청구에 대해 행정청이 별다른 이유를 제시하지 아니한 채 통신요금과 관련한 총괄원가액수만을 공개한 후, 정보공개거부처분 취소소송에서 원가 관련 정보가 법인의 영업상 비밀에 해당한다는 비공개사유를 주장하는 것은, 그 기본적 사실관계가 동일하다고 볼 수 없는 사유를 추가하는 것이므로 허용되지 않는다.
    ④ 컨테이너를 설치하여 사무실 등으로 사용하는 甲에게 관할 시장이 건축허가를 받지 않고 건축하였다는 이유로 원상복구명령 및 계고처분을 하였다가 이에 대한 취소소송에서 컨테이너가 가설건축물에 해당함에도 축조신고를 하지 아니하고 축조하였다는 처분사유를 추가하는 것은 그 기초인 사회적 사실관계가 동일하다고 볼 수 없어 허용되지 않는다.

12. 항고소송의 소송요건에 관한 설명으로 옳은 것은?
   ① 거부처분의 처분성을 인정하기 위한 전제요건이 되는 신청권의 존부는 구체적 사건에서 관계법규의 해석에 의하여 구체적으로 결정되는 것이고, 신청인이 그 신청에 따른 단순한 응답을 받을 권리를 넘어서 신청의 인용이라는 만족적 결과를 얻을 권리를 의미한다.
   ② 근로복지공단이 사업주에 대하여 하는 '개별 사업장의 사업종류 변경결정'만으로는 사업주의 권리·의무에 직접적인 변동이나 불이익이 발생한다고 볼 수 없고, 국민건강보험공단이 산재보험료부과처분을 함으로써 비로소 사업주에게 현실적인 불이익이 발생하게 되므로, 위 사업종류 변경결정은 항고소송의 대상이 되는 처분에 해당하지 않는다.
   ③ 허가 등 처분을 신청한 甲과 乙이 서로 경원관계에 있는 경우, 행정청이 甲에게 허가 등을 거부하는 처분을 함과 동시에 乙에게 허가 등 처분을 하였다면, 거부처분에 대한 취소판결이 확정되더라도 乙에 대한 허가 등 처분이 취소되거나 효력이 소멸되는 것은 아니므로, 甲은 거부처분의 취소를 구할 소의 이익이 없다.
   ④ 「법무사규칙」이 이의신청절차를 규정한 것은 채용승인을 신청한 법무사뿐만 아니라 사무원이 되려는 사람의 이익도 보호하려는 취지로 볼 수 있으므로, 지방법무사회의 사무원 채용승인 거부처분에 대해서는 처분상대방인 법무사뿐만 아니라 그 때문에 사무원이 될 수 없게 된 사람도 이를 다툴 원고적격이 인정된다.

13. 「행정심판법」에 관한 설명으로 옳지 않은 것은?
   ① 법인이 아닌 사단 또는 재단으로서 대표자나 관리인이 정하여져 있는 경우에는 그 사단이나 재단의 이름으로 심판청구를 할 수 있다.
   ② 행정심판위원회는 심판청구서에 타인을 비방하거나 모욕하는 내용 등이 기재되어 청구내용을 특정할 수 없고 그 흠을 보정할 수 없다고 인정되는 경우에는 보정요구 없이도 그 심판청구를 각하할 수 있다.
   ③ 행정심판의 청구는 서면으로 하여야 하는 엄격한 요식행위이므로 심판청구서의 표제가 진정서라고 기재되어 있다면 비록 그 내용이 처분의 취소를 구하는 행정심판의 청구를 구하는 것이라도 행정심판청구는 부적법하다.
   ④ 대통령의 처분 또는 부작위에 대하여는 다른 법률에서 행정심판을 청구할 수 있도록 정한 경우 외에는 행정심판을 청구할 수 없다.

14. 항고소송의 피고에 관한 설명으로 옳은 것은?
   ① 상급행정청의 지시에 의해 하급행정청이 자신의 명의로 처분을 하였다면, 취소소송의 피고는 상급행정청이 된다.
   ② 중앙노동위원회의 처분의 경우, 중앙노동위원회가 피고가 된다.
   ③ 처분이 있은 뒤에 그 처분에 관계되는 권한이 다른 행정청에 승계된 때에는 이를 승계한 행정청을 피고로 한다.
   ④ 대리관계를 명시적으로 밝히지는 아니하였다 하더라도 처분명의자가 피대리 행정청 산하의 행정기관으로서 실제로 피대리 행정청으로부터 대리권한을 수여받아 피대리 행정청을 대리한다는 의사로 행정처분을 하였고 처분명의자는 물론 그 상대방도 그 행정처분이 피대리 행정청을 대리하여 한 것임을 알고서 이를 받아들인 예외적인 경우에도 대리권을 수여받은 행정청이 항고소송의 피고가 된다.

15. 행정입법에 관한 다음 설명 중 옳지 않은 것은?
   ① 법령의 규정이 특정 행정기관에 법령내용의 구체적 사항을 정할 수 있는 권한을 부여하면서 권한행사의 절차나 방법을 특정하지 아니한 경우에는, 수임 행정기관은 행정규칙이나 규정 형식으로 법령내용이 될 사항을 구체적으로 정할 수 있으며, 이 경우 행정규칙 등은 당해 법령의 위임한계를 벗어나지 않는 한 대외적 구속력이 있는 법규명령으로서 효력을 가지게 된다.
   ② 법률의 위임에 따라 효력을 갖는 법규명령이 위임의 근거가 없어 무효였더라도 나중에 위임명령의 근거법령이 제정되어 위임의 근거가 부여되었다면 당해 법규명령은 그때부터는 유효한 법규명령으로 취급된다.
   ③ 집행명령은 근거가 된 상위법령이 단순히 개정됨에 그친 경우 그 개정법령과 성질상 모순·저촉되지 아니하고 개정된 상위법령의 시행에 필요한 사항을 규정하고 있는 이상 그 개정법령의 시행을 위한 집행명령이 제정·발효될 때까지는 효력을 유지한다.
   ④ 법령에 반하는 위법한 행정규칙일지라도 이를 위반하면 징계사유가 된다.

16. 행정행위의 하자에 관한 다음 내용 중 옳지 않은 것은?
   ① 행정처분에 사실관계를 오인한 하자가 있는 경우 그 하자가 중대하더라도 객관적으로 명백하지 않다면 그 처분을 당연무효라고 할 수 없는바, 하자가 명백하다고 하기 위하여는 그 사실관계 오인의 근거가 된 자료가 외형상 상태성을 결여하거나 또는 객관적으로 그 성립이나 내용의 진정을 인정할 수 없는 것임이 명백한 경우라야 한다.
   ② 행정청이 사전환경성검토협의를 거쳐야 할 대상사업에 관하여 법의 해석을 잘못한 나머지 세부용도지역이 지정되지 않은 개발사업부지에 대하여 사전환경성검토협의를 할지 여부를 결정하는 절차를 생략한 채 행한 승인 등의 처분은 당연무효이다.
   ③ 조례 제정권의 범위를 벗어나 국가사무를 대상으로 한 무효인 서울특별시행정권한위임조례의 규정에 근거하여 구청장이 한 건설업영업정지처분은 당연무효라고 볼 수 없다.
   ④ 임면권자가 아닌 국가정보원장이 5급 이상의 국가정보원 직원에 대하여 한 의원면직처분은 당연무효라고 볼 수 없다.

17. 취소소송에 관한 설명으로 옳은 것은?
   ① 취소소송에도 처분권주의가 준용되므로 법원은 당사자가 신청하지 아니한 사항에 대하여는 판결할 수 없지만, 직권심리주의를 규정하고 있는 「행정소송법」 제26조의 규정을 고려할 때, 법원은 원고의 청구범위를 초월하여 그 이상의 청구를 인용할 수도 있다.
   ② 사실심에서 변론종결시까지 당사자가 주장하지 않던 직권조사사항에 해당하는 사항을 상고심에서 비로소 주장하는 경우 그 직권조사사항에 해당하는 사항은 상고심의 심판범위에 해당하지 않는다.
   ③ 어떠한 처분에 법령상 근거가 있는지, 「행정절차법」에서 정한 처분절차를 준수하였는지는 소송요건심사단계에서 고려해야 할 요소이다.
   ④ 해당 처분을 다툴 법률상 이익이 있는지 여부는 직권조사사항으로 이에 관한 당사자의 주장은 직권발동을 촉구하는 의미밖에 없으므로, 원심법원이 이에 관하여 판단하지 않았다고 하여 판단유탈의 상고이유로 삼을 수 없다.

18. 甲은 「식품위생법」상 유흥주점 영업허가를 받아 영업에 종사하는 자이다. 甲과 乙은 甲의 영업을 乙에게 양도하기로 하고 사업양도·양수계약을 체결한 후, 관련 법령에 따라 乙이 관할행정청 A에 지위승계신고를 하였다. 이에 대한 설명으로 옳지 않은 것만을 모두 고르면?

   ㄱ. 乙이 한 신고는 행위요건적 신고로서 「행정절차법」 제40조 제1항에서 규정하는 신고에 해당한다.
   ㄴ. 乙이 한 신고에 대한 수리 또는 그 거부는 항고소송의 대상인 행정처분이다.
   ㄷ. 甲과 乙의 사업양도·양수계약이 무효라고 하더라도 그것만으로 수리가 당연히 무효로 되는 것은 아니다.
   ㄹ. 甲과 乙의 사업양도·양수계약이 무효인 경우 甲은 계약무효확인소송을 제기하여야 할 것이고 곧바로 수리처분무효확인소송을 제기할 수는 없다.
   ㅁ. 지위승계신고가 있기 전에 甲에 대하여 유흥주점 영업허가가 취소된 경우, 乙은 甲에 대한 허가 취소를 다툴 수 있는 원고적격이 있다.

   ① ㄱ, ㄴ
   ② ㄱ, ㄷ, ㄹ
   ③ ㄴ, ㄷ, ㅁ
   ④ ㄷ, ㄹ, ㅁ

19. 「행정기본법」의 내용으로 옳은 것은?
   ① 「행정기본법」에 따르면, 인·허가의제의 경우 관련 인·허가 행정청은 관련 인·허가의 처분기준을 주된 인·허가 행정청에 제출하여야 하고, 주된 인·허가 행정청은 제출받은 관련 인·허가의 처분기준을 통합하여 공표하여야 한다.
   ② 「행정기본법」에 따르면, 행정에 관한 나이는 다른 법령 등에 특별한 규정이 있는 경우를 제외하고는 출생일을 산입하지 않고 만(滿) 나이로 계산하고, 연수(年數)로 표시한다. 다만, 1세에 이르지 아니한 경우에는 월수(月數)로 표시할 수 있다.
   ③ 「행정기본법」에 따르면, 즉시강제를 실시하기 위하여 현장에 파견되는 집행책임자는 그가 집행책임자임을 표시하는 증표를 보여 주어야 하며, 즉시강제의 이유와 내용을 고지하여야 한다. 다만, 즉시강제를 하려는 재산의 소유자 또는 점유자를 알 수 없거나 현장에서 그 소재를 즉시 확인하기 어려운 경우에는 즉시강제를 실시한 후 집행책임자의 이름 및 그 이유와 내용을 고지할 수 있으며, 재산의 소유자 또는 점유자가 국외에 거주하거나 행방을 알 수 없는 경우 등에는 게시판이나 인터넷 홈페이지에 게시하는 등 적절한 방법에 의한 공고로써 고지를 갈음할 수 있다.
   ④ 「행정기본법」에 따르면, 법령 등으로 정하는 바에 따라 행정청에 일정한 사항을 통지하여야 하는 신고로서 법률에 신고의 수리가 필요하다고 명시되어 있는 경우에는 행정청이 수리하여야 효력이 발생하며, 이는 행정기관의 내부업무처리절차로서 수리를 규정한 경우도 마찬가지이다.

20. 항고소송에 관한 설명으로 옳지 않은 것은?
   ① 공용부분의 대수선으로 인하여 공용부분의 소유·사용에 제한을 받을 수 있는 구분소유자는 집합건물 공용부분의 대수선과 관련한 행정청의 허가, 사용승인 등 일련의 처분에 관하여 취소를 구할 원고적격이 인정된다.
   ② 사립학교 직원들은 교육감의 학교법인 이사장 및 학교장에 대한 호봉정정 및 급여환수명령을 다툴 개별적·직접적·구체적 이해관계가 있다고 볼 수 있으므로 위 명령을 다툴 원고적격이 있다.
   ③ 사립학교 교원이 소청심사청구를 하여 해임처분의 효력을 다투던 중 형사판결 확정 등 당연퇴직사유가 발생하여 교원의 지위를 회복할 수 없더라도 해임처분이 취소되거나 변경되면 해임처분일부터 당연퇴직사유발생일까지 기간에 대한 보수지급을 구할 수 있는 경우, 소청심사청구를 기각한 교원소청심사위원회 결정의 취소를 구할 법률상 이익이 있다.
   ④ 취소소송계속 중 해당 행정처분이 기간의 경과 등으로 그 효과가 소멸한 경우라도, 그 행정처분과 동일한 사유로 위법한 처분이 반복될 위험성이 있어 행정처분의 위법성 확인 내지 불분명한 법률문제에 대한 해명이 필요한 경우에는 예외적으로 그 처분의 취소를 구할 소의 이익을 인정할 수 있으며, 여기에서 '그 행정처분과 동일한 사유로 위법한 처분이 반복될 위험성이 있는 경우'란 반드시 '해당 사건의 동일한 소송당사자 사이에서' 반복될 위험이 있는 경우만을 의미한다.

행정법총론

지문의 내용에 대해 학설의 대립 등 다툼이 있는 경우 판례에 의함

1. 「행정기본법」상 기간의 계산에 관한 설명으로 옳지 않은 것은?
   ① 법령 등 또는 처분에서 국민의 권익을 제한하거나 의무를 부과하는 경우, 권익이 제한되거나 의무가 지속되는 기간을 일, 주, 월 또는 연으로 정한 경우에는 국민에게 불리한 경우가 아니라면 기간의 첫날을 산입한다.
   ② 법령 등 또는 처분에서 국민의 권익을 제한하거나 의무를 부과하는 경우 권익이 제한되거나 의무가 지속되는 기간의 말일이 토요일 또는 공휴일인 경우에는 국민에게 불리한 경우가 아니라면 기간은 그 익일로 만료한다.
   ③ 법령 등을 공포한 날부터 시행하는 경우에는 공포한 날을 시행일로 하고, 법령 등을 공포한 날부터 일정 기간이 경과한 날부터 시행하는 경우 법령을 공포한 날을 첫날에 산입하지 아니하되, 그 기간의 말일이 토요일 또는 공휴일인 때에는 그 말일로 기간이 만료한다.
   ④ 대통령령, 총리령 및 부령과 조례·규칙은 그 시행일에 관하여 특별한 규정이 없으면, 공포한 날로부터 20일을 경과함으로써 효력을 발생한다. 다만, 국민의 권리제한, 의무부과와 직접 관련되는 법률, 대통령령, 총리령 및 부령은 긴급히 시행하여야 할 특별한 사유가 있는 경우를 제외하고는 공포일로부터 적어도 30일이 경과한 날로부터 시행되도록 하여야 한다.

2. 행정행위에 대한 설명으로 옳은 것만을 모두 고르면?

   ㄱ. 토지거래허가는 토지거래허가구역 내의 토지거래를 일반적으로 금지시키고 특정한 경우에 예외적으로 토지거래계약을 체결할 수 있는 자격을 부여하는 점에서 강학상 예외적 허가에 해당한다.
   ㄴ. 법령이 규정하는 산림훼손 금지 또는 제한지역에 해당하는 경우는 물론 금지 또는 제한지역에 해당하지 않더라도 허가관청은 산림훼손허가신청 대상토지의 현상과 위치 및 주위의 상황 등을 고려하여 국토 및 자연의 유지와 환경의 보전 등 중대한 공익상 필요가 있다고 인정될 때에는 허가를 거부할 수 있다.
   ㄷ. 허가대상건축물의 양수인이 형식적 요건을 갖추어 시장·군수에게 적법하게 건축주의 명의변경을 신고한 경우라도 건축물의 소유권을 둘러싸고 소송이 계속 중인 경우에는 시장·군수는 판결로 소유권의 귀속이 확정될 때까지 그 신고의 수리를 거부할 수 있다.
   ㄹ. 재단법인의 임원취임은 사법인인 재단법인의 정관에 근거한 것이므로 재단법인의 임원취임승인 신청이 있는 경우 주무관청은 이를 당연히 승인(인가)하여야 한다.

   ① ㄱ, ㄴ
   ② ㄱ, ㄴ, ㄷ
   ③ ㄴ, ㄷ
   ④ ㄷ, ㄹ

3. 행정행위의 하자승계에 관한 설명으로 옳은 것은?
   ① 「공인중개사법」 위반으로 업무정지처분을 받고 그 업무정지기간 중 중개업무를 하였다는 이유로 중개사무소개설등록취소처분을 받은 경우, 양 처분은 그 내용과 효과를 달리하는 독립된 행정처분에 해당하지만 업무정지처분의 불가쟁력이나 구속력이 원고에게 수인한도를 넘는 가혹함을 가져오고 그 결과가 예측가능하지 않았던 경우에 해당하므로 하자가 승계된다.
   ② 도시·군계획시설결정과 실시계획인가는 도시·군계획시설사업을 위하여 이루어지는 단계적 행정절차에서 서로 결합하여 하나의 법률효과를 발생시키므로 도시·군계획시설결정의 하자를 이유로 실시계획인가처분의 효력을 다툴 수 있다.
   ③ 甲을 친일반민족행위자로 결정한 친일반민족행위진상규명위원회의 최종결정(선행처분)과 지방보훈지청장이 「독립유공자예우에 관한 법률」 적용대상자로 보상금 등의 예우를 받던 甲의 유가족 乙 등에 대하여 행한 「독립유공자예우에 관한 법률」 적용배제자 결정(후행처분)의 경우, 선행처분과 후행처분은 별개의 법적 효과발생을 목적으로 하는 것이지만 선행처분의 위법을 이유로 후행처분의 효력을 다툴 수 있다.
   ④ 조세부과처분과 압류 등의 체납처분은 별개의 행정처분으로서 독립성을 가지므로 그 부과처분에 중대하고도 명백한 하자가 있는 경우에도 그 부과처분의 집행을 위한 체납처분이 무효가 되는 것은 아니다.

4. 행정계획에 관한 설명 중 옳지 않은 것은?
   ① 행정청은 행정청이 수립하는 계획 중 국민의 권리·의무에 직접 영향을 미치는 계획을 수립하거나 변경·폐지할 때에는 관련된 여러 이익을 정당하게 형량하여야 한다.
   ② 국토이용계획과 같이 장기성·종합성이 요구되는 행정계획에 있어서는 그 계획이 확정된 후에 사정의 변동이 있는 경우 지역주민에게 그 계획의 변경을 청구할 권리가 인정되고, 그 변경거부행위는 행정소송의 대상이 되는 행정처분에 해당한다.
   ③ '4대강 살리기 마스터플랜'과 같이 구체적인 계획을 입안함에 있어 지침이 되거나 특정 사업의 기본방향을 제시하는 내용의 행정계획은 항고소송의 대상인 행정처분에 해당하지 않는다.
   ④ 후행 도시·군계획을 결정하는 행정청이 선행 도시·군계획의 결정·변경 권한을 가지고 있지 아니한 경우 선행 도시·군계획과 양립할 수 없는 후행 도시·군계획을 결정하는 것은 그 하자가 중대하고도 명백하다.

5. 개인적 공권과 공의무에 관한 설명으로 옳지 않은 것은?
   ① 사회적 기본권의 성격을 가지는 연금수급권은 국가에 대하여 적극적으로 급부를 요하는 것이므로 헌법규정만으로는 이를 실현할 수 없고, 법률에 의한 형성을 필요로 한다.
   ② 구 「산림법」에 의해 형질변경허가를 받지 아니하고 산림을 형질변경한 자가 사망한 경우, 해당 토지의 소유권을 승계한 상속인은 그 복구의무를 부담하지 않으므로 행정청은 그 상속인에 대하여 복구명령을 할 수 없다.
   ③ 당사자 사이에 「석탄산업법 시행령」 제41조 제4항 제5호 소정의 재해위로금에 대한 지급청구권에 관한 부제소합의가 있는 경우 그러한 합의는 효력이 인정되지 않는다.
   ④ 행정처분에 있어서 불이익처분의 상대방은 직접 개인적 이익의 침해를 받은 자로서 원고적격이 인정되지만, 수익처분의 상대방은 그의 권리나 법률상 보호되는 이익이 침해되었다고 볼 수 없으므로 달리 특별한 사정이 없는 한 취소를 구할 이익이 없다.

6. 「행정절차법」상 처분기준의 설정·공표에 대한 설명으로 옳은 것은?
   ① 행정청은 필요한 처분기준을 해당 처분의 성질에 비추어 되도록 구체적으로 정하여 공표하여야 한다. 다만, 이미 공표된 '종전 처분기준'을 다시 변경하는 경우에 '변경된 처분기준'을 다시 공표할 의무는 없으며, 처분기준을 공표하는 것이 해당 처분의 성질상 현저히 곤란하거나, 공공의 안전 또는 복리를 현저히 해치는 것으로 인정될 만한 상당한 이유가 있는 경우에는 처분기준을 공표하지 아니할 수 있다.
   ② 공표한 처분기준은 그것이 해당 처분의 근거법령에서 구체적 위임을 받아 제정·공포되지 않았더라도 원칙적으로 대외적 구속력이 있는 법규명령에 해당한다.
   ③ 행정청이 「행정절차법」 제20조 제1항의 처분기준 사전공표의무를 위반하여 미리 공표하지 아니한 기준을 적용하여 처분을 하였다면, 그러한 사정만으로 곧바로 해당 처분에 취소사유가 존재한다.
   ④ 사전에 공표한 갱신기준을 심사대상기간이 이미 경과하였거나 상당 부분 경과한 시점에서 처분상대방의 갱신 여부를 좌우할 정도로 중대하게 변경하는 것은 특별한 사정이 없는 한 허용되지 않는다.

7. 행정상 손실보상에 대한 설명으로 옳지 않은 것은?
   ① 장기미집행 도시계획시설결정의 실효제도는 도시계획시설부지로 하여금 도시계획시설결정으로 인한 사회적 제약으로부터 벗어나게 하는 것이기는 하나 이와 같은 보호는 법률에 기한 권리일 뿐 헌법상 재산권으로부터 당연히 도출되는 권리는 아니다.
   ② 공익사업의 시행자는 해당 공익사업을 위한 공사에 착수하기 이전에 토지소유자에게 보상액 전액을 지급하여야 하며, 사업시행자가 보상액을 지급하지 않고 승낙도 받지 않은 채 공사에 착수하여 토지소유자에 대하여 손해를 입혔다면 불법행위로 인한 손해배상책임을 지게 된다.
   ③ 공익사업으로 인하여 영업을 폐지하거나 휴업하는 자가 「공익사업을 위한 토지 등의 취득 및 보상에 관한 법률」상 재결절차를 거치지 않은 채 사업시행자를 상대로 영업손실보상청구소송을 제기할 수는 없다.
   ④ 「공익사업을 위한 토지 등의 취득 및 보상에 관한 법률」상 공익사업에 해당하고 해당 공익사업으로 폐업하거나 휴업하게 된 것이어서 토지보상법령에서 정한 영업손실 보상대상에 해당하는 경우에도, 사업인정고시가 없다면 영업손실을 보상할 의무가 없다.

8. 항고소송에 관한 설명으로 옳지 않은 것은?
   ① 행정처분의 취소를 구하는 소에서, 비록 행정처분의 위법을 이유로 취소판결을 받더라도 그 처분에 의하여 발생한 위법상태를 원상으로 회복시키는 것이 불가능한 경우에는 원칙적으로 그 취소를 구할 법률상 이익이 없다.
   ② 건축허가가 「건축법」 소정의 이격거리를 두지 않아 위법하더라도 이미 건축이 완료된 경우에는 위 처분의 취소를 구할 법률상 이익이 없다.
   ③ 구 「주택법」상 입주자나 입주예정자는 사용검사처분의 취소 여부에 의하여 법률적인 지위가 달라진다고 할 수 없어 사용검사처분의 취소를 구할 법률상 이익이 없다.
   ④ 가중요건이 법령에 규정되어 있는 경우, 업무정지처분을 받은 후 새로운 제재처분을 받음이 없이 법률이 정한 기간이 경과하여 실제로 가중된 제재처분을 받을 우려가 없어졌더라도 업무정지처분의 취소를 구할 법률상 이익이 인정된다.

9. 항고소송의 대상에 관한 설명으로 옳지 않은 것은?
   ① 공기업·준정부기관이 법령 또는 계약에 근거하여 선택적으로 입찰참가자격제한조치를 할 수 있는 경우, 공기업·준정부기관이 계약에 근거한 권리행사로서 입찰참가자격제한조치를 하였다면 입찰참가자격제한조치는 행정처분이 아니다.
   ② 한국철도시설공단이 甲주식회사에 대하여 시설공사 입찰참가 당시 허위 실적증명서를 제출하였다는 이유로 향후 2년간 공사낙찰적격심사시 종합취득점수의 10/100을 감점한다는 내용의 통보를 한 것은 항고소송의 대상이 되는 행정처분이 아니다.
   ③ 지방자치단체의 장이 「공유재산 및 물품 관리법」에 근거하여 기부채납 및 사용·수익허가방식으로 민간투자사업을 추진하는 과정에서 이루어지는 민간투자사업 '우선협상대상자 선정행위'나 '우선협상대상자 지위배제행위'는 모두 항고소송의 대상이 되는 행정처분에 해당한다.
   ④ 甲시장이 감사원으로부터 「감사원법」에 따라 乙에 대하여 징계의 종류를 정직으로 정한 징계요구를 받게 되자 감사원에 징계요구에 대한 재심의를 청구하였는데 감사원이 재심의청구를 기각한 경우, 감사원의 징계요구와 재심의결정은 항고소송의 대상이 되는 행정처분이다.

10. 항고소송의 제소기간과 관련하여 甲이 제기한 소송이 적법하지 않은 것만을 모두 고르면?

> ㄱ. 행정청이 甲에 대한 처분을 주소불명을 이유로 송달할 수 없어 관보에 공고하였고, 공고가 효력을 발생한 날부터 70일째 처분이 있었음을 현실적으로 알게 된 甲이 이로부터 30일째에 취소소송을 제기한 경우
> ㄴ. A처분에 대한 제소기간이 도과한 이후 행정청이 행정심판청구를 할 수 있다고 잘못 알려 甲이 행정심판을 제기하였고, 행정심판재결서 정본을 송달받은 날부터 30일째에 甲이 제기한 A처분 취소소송
> ㄷ. 甲이 행정청의 부작위에 대해 의무이행심판을 거쳤으나 기각되어 여전히 부작위가 계속되자 재결서 정본을 송달받은 날부터 100일째에 甲이 제기한 부작위위법확인소송
> ㄹ. 甲이 당초 처분이 있은 날부터 60일째 행정심판을 제기하여 행정심판에서 처분에 대한 변경명령재결이 내려지자 행정심판재결서 정본을 송달받은 날부터 40일째에 변경된 내용의 당초 처분에 대해 甲이 제기한 취소소송

① ㄱ, ㄴ
② ㄱ, ㄷ
③ ㄴ, ㄷ
④ ㄴ, ㄹ

11. 행정대집행에 관한 설명으로 옳지 않은 것은?
① 관계법령에 위반하여 장례식장 영업을 하고 있는 자의 장례식장 사용중지의무는 비대체적 부작위의무로서 「행정대집행법」에 따른 대집행의 대상이 되지 않는다.
② 대집행을 하기 위해서는 대체적 작위의무의 불이행을 방치함이 심히 공익을 해할 것으로 인정될 때이어야 하며, 또한 다른 수단으로써 그 이행을 확보하기 곤란할 필요도 그 요건이 된다.
③ 행정청은 해가 지기 전에 대집행을 착수한 경우라도 해가 진 후에는 대집행을 중단해야 한다.
④ 대집행에 요한 비용은 「국세징수법」의 예에 의하여 징수할 수 있고, 행정청은 사무비의 소속에 따라 국세에 다음가는 순위의 선취득권을 가진다.

12. 甲은 행정청 A가 보유·관리하는 정보 중 乙과 관련이 있는 정보를 사본교부의 방법으로 공개하여 줄 것을 청구하였다. 이에 대한 설명으로 옳은 것은?
① A는 공개대상정보의 양이 너무 많아 정상적인 업무수행에 현저한 지장을 초래할 우려가 있는 경우에는 공개를 거부할 수 있다.
② A는 乙에게 공개청구된 사실을 지체 없이 통지하여야 하며 乙의 의견을 들어야 한다.
③ A가 乙에게 공개청구된 사실을 통지한 경우 乙은 통지받은 날부터 3일 이내에 A에 대해 공개하지 아니할 것을 요청할 수 있고 乙의 비공개요청이 있는 경우에도 A는 정보를 공개할 수 있다.
④ 乙의 비공개요청을 받은 A가 정보공개를 거부하여, 甲이 취소소송을 제기하였는데 소송 중에 A가 그 정보를 더 이상 보유·관리하지 않게 되었다고 하더라도 정보공개거부처분의 취소를 구할 법률상 이익이 없다고는 볼 수 없다.

13. 국가배상에 관한 다음 설명 중 옳은 것은?
① 국가 또는 지방자치단체가 법령이 정하는 상수원수 수질기준 유지의무를 다하지 못하고, 법령이 정하는 고도의 정수처리방법이 아닌 일반적 정수처리방법으로 수돗물을 생산·공급하였다면 국민 일반의 건강을 보호할 의무를 위반한 것으로서 원칙적으로 그 수돗물을 마신 개인에 대하여 손해배상책임을 부담한다.
② 대한민국에 거주하는 외국인이 피해자인 경우, 속지주의원칙에 의해 국민과 동일하게 국가배상청구권이 발생한다.
③ 헌법재판소 재판관이 잘못된 각하결정을 하여 청구인으로 하여금 본안판단을 받을 기회를 상실하게 된 경우, 본안판단을 하였더라도 어차피 청구가 기각되었을 것이라는 사정이 있다고 하더라도 청구인의 합리적인 기대를 침해한 것이고, 그 침해로 인한 정신상의 고통에 대하여는 위자료를 지급할 의무가 있다.
④ 국가와 지방자치단체장 간의 기관위임이 있을 때 위임받은 지방자치단체장이 위임사무를 처리하면서 고의로 타인에게 손해를 가한 경우 사무귀속주체는 국가이므로 그 사무에 필요한 경비를 대외적으로 지출하는 자에 불과한 지방자치단체는 손해배상책임을 지지 않는다.

14. 「행정기본법」상 제재처분과 행정상 강제에 대한 설명으로 옳지 않은 것은?
   ① 행정청은 법령 등의 위반행위가 종료된 날부터 5년이 지나면 해당 위반행위에 대하여 제재처분을 할 수 없는데, 다른 법률에서 5년의 기간보다 긴 기간을 규정하고 있으면 5년을 제척기간으로 한다.
   ② 행정심판의 재결이나 법원의 판결에 따라 제재처분이 취소·철회된 경우에는, 법령 등의 위반행위가 종료된 날부터 5년이 지난 이후에도 재결이나 판결이 확정된 날부터 1년(합의제 행정기관은 2년)이 지나기 전까지는 그 취지에 따른 새로운 제재처분을 할 수 있다.
   ③ 행정청은 행정목적을 달성하기 위하여 필요한 경우에는 법률로 정하는 바에 따라 필요한 최소범위에서 행정대집행, 이행강제금의 부과, 직접강제, 강제징수, 즉시강제 등의 조치를 취할 수 있다.
   ④ 난민인정·귀화·국적회복에 관한 사항에 관하여는 「행정기본법」상 행정상 강제에 관한 규정을 적용하지 아니한다.

15. 취소소송의 판결에 관한 설명으로 옳지 않은 것은?
   ① 어떤 행정처분을 위법하다고 판단하여 취소하는 판결이 확정되면 행정청은 취소판결의 기속력에 따라 행정청은 해당 판결에서 확인된 위법사유를 배제한 상태에서 다시 처분을 하거나 그 밖의 위법한 결과를 제거하는 조치를 할 의무를 진다.
   ② 신청에 따른 처분이 절차의 위법을 이유로 취소되는 경우에는 그 처분을 행한 행정청은 판결의 취지에 따라 다시 이전의 신청에 대한 처분을 하여야 한다.
   ③ 처분의 취소판결이 확정된 후 새로운 처분을 하는 경우, 새로운 처분의 사유가 취소된 처분의 사유와 기본적 사실관계에서 동일하지 않다면 취소된 처분과 같은 내용의 처분을 하는 것은 기속력에 반하지 않지만, 해당 처분사유가 종전 처분 당시 이미 존재하고 있었고 당사자가 이를 알고 있었다면 이를 내세워 다시 처분을 하는 것은 확정판결의 기속력에 저촉된다.
   ④ 취소확정판결의 기판력은 소송물인 행정처분의 위법성 존부에 관한 판단 그 자체에만 미치는 것이므로 전소와 후소가 그 소송물을 달리하는 경우에는 전소확정판결의 기판력이 후소에 미치지 아니한다.

16. 행정입법에 관한 다음 설명 중 옳지 않은 것은?
   ① 행정처분이 법규성이 없는 내부지침 등의 규정에 위배된다고 하더라도 그 이유만으로 처분이 위법하게 되는 것은 아니고, 또 그 내부지침 등에서 정한 요건에 부합한다고 하여 반드시 그 처분이 적법한 것이라고 할 수도 없다.
   ② 대법원은 구 「여객자동차 운수사업법 시행규칙」 제31조 제2항 제1호, 제2호, 제6호는 구 「여객자동차 운수사업법」 제11조 제4항의 위임에 따라 시외버스운송사업의 사업계획변경에 관한 절차, 인가기준 등을 구체적으로 규정한 것으로서 행정청 내부의 사무처리준칙을 규정한 행정규칙이라고 본다.
   ③ 법령의 위임이 없음에도 법령에 규정된 처분요건에 해당하는 사항을 부령에서 변경하여 규정한 경우에는 그 부령의 규정은 행정청 내부의 사무처리기준 등을 정한 것으로서 행정조직 내에서 적용되는 행정명령의 성격을 지닐 뿐 국민에 대한 대외적 구속력은 없다.
   ④ 행정규칙의 내용이 상위법령이나 법의 일반원칙에 반하는 것이라면 행정내부적 효력도 인정될 수 없다.

17. 행정행위의 취소와 철회에 관한 다음 내용 중 옳은 것은?
   ① 행정행위의 취소는 일단 유효하게 성립한 행정행위를 그 행위에 위법 또는 부당한 하자가 있음을 이유로 소급하여 그 효력을 소멸시키는 별도의 행정처분이므로 행정청은 위법 또는 부당한 처분의 전부나 일부를 소급하여 취소할 수 있지만 장래를 향하여 취소할 수는 없다.
   ② 처분에 대한 취소소송이 진행 중이라면 행정청은 처분을 스스로 취소할 수 없다.
   ③ 행정청은 중대한 공익을 위하여 필요한 경우 적법한 처분의 전부 또는 일부를 장래를 향하여 철회할 수 있으며, 이 경우 철회로 인하여 처분의 상대방이 입게 될 불이익과 철회로 달성되는 공익을 비교·형량하여야 한다.
   ④ 행정처분을 한 처분청은 처분의 성립에 하자가 있는 경우 별도의 법적 근거가 없더라도 직권으로 이를 취소할 수 있다고 봄이 원칙이므로, 「국민연금법」이 정한 수급요건을 갖추지 못하였음에도 연금지급결정이 이루어진 경우에는 이미 지급된 급여 부분에 대한 환수처분과 별도로 연금지급결정을 취소할 수 있고, 만약 연금지급결정을 취소하는 처분이 적법하다면 환수처분도 적법하다고 판단하여야 한다.

18. 행정청 A는 편의점을 운영하는 甲이 청소년인 乙에게 주류를 판매하였다는 이유로 甲에게 3개월의 영업정지처분을 하였다. 甲은 이에 불복하여 행정소송을 제기하려고 한다. 이에 대한 설명으로 옳은 것만을 모두 고르면?

> ㄱ. 甲은 영업정지처분에 대한 무효확인소송과 취소소송을 단순병합하여 제기할 수 있다.
> ㄴ. 甲이 영업정지처분에 대하여 무효확인의 소를 제기하는 경우, 무효확인의 소에는 그 처분의 취소를 구하는 취지도 포함되어 있다고 볼 수 있지만, 그와 같은 경우에 취소청구를 인용하려면 취소소송으로서의 제소요건을 구비하여야 한다.
> ㄷ. 甲이 영업정지처분의 하자가 취소사유임에도 취소소송의 제소기간이 경과한 후에 A를 상대로 무효확인의 소를 제기한 경우 법원은 각하판결을 해야 한다.
> ㄹ. 甲이 영업정지처분에 대하여 무효확인의 소를 제기하였다가 그 후 취소청구의 소를 추가적으로 병합한 경우, 무효확인의 소가 적법한 제소기간 내에 제기되었다면 추가로 병합된 취소청구의 소도 적법하게 제기된 것이다.

① ㄱ, ㄴ
② ㄱ, ㄷ
③ ㄴ, ㄷ
④ ㄴ, ㄹ

19. 행정소송절차에 관한 다음 내용 중 옳지 않은 것은?
① 대법원은 재판의 전제가 된 명령·규칙이 헌법 또는 법률에 위배된다는 것이 법원의 판결에 의하여 확정된 경우에는 그 취지를 명령·규칙의 소관 행정청이 아닌 행정안전부장관에게 통보하여야 한다.
② 행정소송에 관하여 「행정소송법」에 특별한 규정이 없는 사항에 대하여는 「법원조직법」과 「민사소송법」 및 「민사집행법」의 규정을 준용한다.
③ 재판장은 신속하고 공정한 분쟁 해결과 국민의 권익 구제를 위하여 필요하다고 인정하는 경우에는 소송계속 중인 사건에 대하여 직권으로 소의 취하, 처분 등의 취소 또는 변경, 그 밖에 다툼을 적정하게 해결하기 위해 필요한 사항을 서면으로 권고할 수 있다.
④ 법원은 부작위위법확인소송계속 중 행정청이 당사자의 신청에 대하여 상당한 기간이 지난 후 처분 등을 함에 따라 소를 각하하는 경우에는 소송비용의 전부 또는 일부를 피고가 부담하게 할 수 있다.

20. 정보공개에 대한 최근 판례의 입장으로 옳지 않은 것만을 모두 고르면?

> ㄱ. 외교부장관이 '2015.12.28. 일본군위안부 피해자 합의와 관련하여 한일 외교장관 공동발표문의 문안을 도출하기 위하여 진행한 협의 협상에서 일본군과 관헌에 의한 위안부 강제연행의 존부 및 사실인정 문제에 대해 협의한 협상 관련 외교부장관 생산 문서'에 대한 정보공개청구에 대해 "공개청구정보가 「공공기관의 정보공개에 관한 법률」 제9조 제1항 제2호에 해당한다."는 이유로 비공개결정을 한 것은 적법하다.
> ㄴ. 정보공개청구인이 공공기관의 비공개결정 또는 부분공개결정에 대한 이의신청을 하여 공공기관이 이의신청을 각하 또는 기각하는 결정을 한 경우, 청구인은 이의신청에 대한 결과를 통지받은 날이 아니라 비공개결정 등이 있음을 안 날부터 90일 이내에 행정심판을 청구하거나 취소소송을 제기하여야 한다.
> ㄷ. 「군사법원법」 제309조의3은 「공공기관의 정보공개에 관한 법률」 제4조 제1항에서 정한 '정보의 공개에 관하여 다른 법률에 특별한 규정이 있는 경우'에 해당하므로 군검사가 공소제기된 사건과 관련하여 보관하고 있는 서류 또는 물건에 관하여는 「공공기관의 정보공개에 관한 법률」에 의한 정보공개청구가 허용되지 않는다.
> ㄹ. 견책의 징계처분을 받은 甲이 사단장에게 징계위원회에 참여한 징계위원의 성명과 직위에 대한 정보공개청구를 하였으나 공개가 거부된 경우, 징계처분에 대한 취소소송에서 甲의 청구를 기각하는 판결이 확정되었다면, 더 이상 정보공개거부처분의 취소를 구할 법률상 이익이 없다.

① ㄱ, ㄴ
② ㄱ, ㄷ
③ ㄴ, ㄹ
④ ㄷ, ㄹ

행정법총론

지문의 내용에 대해 학설의 대립 등 다툼이 있는 경우 판례에 의함

1. 신뢰보호의 원칙에 대한 설명으로 옳은 것은?
   ① 정구장시설 설치의 도시계획결정을 청소년수련시설 설치의 도시계획으로 변경한 경우, 이는 사업시행자로 지정받을 것을 예상하고 정구장 설계비용 등을 지출한 자의 신뢰이익을 침해한 것이다.
   ② 신뢰보호의 원칙은 행정청이 공적인 견해를 표명할 당시의 사정이 그대로 유지됨을 전제로 적용되는 것이 원칙이라고는 볼 수 없으므로, 공적 견해표명 당시의 사정이 사후에 변경된 경우라도 특별한 사정이 없는 한 행정청이 그 견해표명에 반하는 처분을 하였다면 신뢰보호 원칙에 위반된다고 보아야 한다.
   ③ 폐기물처리업에 대하여 관할관청의 사전 적정통보를 받고 막대한 비용을 들여 요건을 갖춘 다음 허가신청을 한 경우, 행정청이 청소업자의 난립으로 효율적인 청소업무의 수행에 지장이 있다는 이유로 불허가처분을 한 것은 신뢰보호의 원칙에 반하여 위법하다.
   ④ 헌법재판소의 위헌결정은 기속력이 있으므로 신뢰의 대상이 되는 공적인 견해를 표명한 것이라고 할 수 있다.

2. 다음 중 선행처분의 위법을 이유로 후행처분의 효력을 다툴 수 없는 것으로만 모두 고르면?

   ㄱ. 선행 재개발사업인정과 후행 수용재결
   ㄴ. 선행 개별공시지가결정과 후행 과세처분
   ㄷ. 선행 직위해제처분과 후행 직권면직처분
   ㄹ. 신고납세방식의 취득세 신고행위와 징수처분

   ① ㄱ, ㄴ, ㄷ
   ② ㄱ, ㄷ, ㄹ
   ③ ㄴ, ㄷ
   ④ ㄴ, ㄹ

3. 행정법상 의무의 위반이나 불이행에 대한 금전적 제재수단에 대한 설명으로 옳은 것만을 모두 고르면?

   ㄱ. 전형적 과징금은 행정법상의 의무를 위반한 자에 대하여 당해 위반행위로 얻게 된 경제적 이익을 박탈하기 위한 목적으로 부과하는 금전적인 제재이나, 변형된 과징금은 인·허가사업에 관한 법률상의 의무위반이 있음에도 불구하고 공익상 필요하여 그 인·허가사업을 취소·정지시키지 않고 사업을 계속하되, 이에 갈음하여 사업을 계속함으로써 얻은 이익을 박탈하는 행정제재금이다.
   ㄴ. 과징금채무는 대체적 급부가 가능한 의무이므로 과징금을 부과받은 자가 사망한 경우 그 상속인에게 포괄승계된다.
   ㄷ. 세법상 가산세는 납세자가 법에 규정된 신고, 납세 등의 의무를 위반한 경우에 부과되는 행정상의 제재로서 납세자의 고의·과실이 있는 경우에 부과되며, 다만 그 의무해태를 탓할 수 없는 정당한 사유가 있는 경우에는 부과할 수 없다.
   ㄹ. '강제징수'란 의무자가 행정상 의무를 이행하지 아니하는 경우 행정청이 적절한 이행기간을 부여하고, 그 기한까지 행정상 의무를 이행하지 아니하면 금전급부의무를 부과하는 것을 말한다.

   ① ㄱ, ㄴ
   ② ㄱ, ㄹ
   ③ ㄴ, ㄹ
   ④ ㄷ, ㄹ

4. 「행정절차법」상 위반사실 등의 공표에 대한 설명으로 옳지 않은 것은?
   ① 행정청은 법령에 따른 의무를 위반한 자의 성명·법인명, 위반사실, 의무위반을 이유로 한 처분사실 등을 법률로 정하는 바에 따라 일반에게 공표할 수 있다.
   ② 행정청은 위반사실 등의 공표를 할 때에는 특별한 사정이 없는 한 미리 당사자에게 그 사실을 통지하고 의견제출의 기회를 주어야 하며, 의견제출의 기회를 받은 당사자는 공표 전에 관할행정청에 서면이나 말 또는 정보통신망을 이용하여 의견을 제출할 수 있다.
   ③ 행정청은 위반사실 등의 공표를 하기 전에 당사자가 공표와 관련된 의무의 이행, 원상회복, 손해배상 등의 조치를 마친 경우에는 위반사실 등의 공표를 하여서는 아니 된다.
   ④ 행정청은 공표된 내용이 사실과 다른 것으로 밝혀진 경우에도 당사자가 원하지 아니하면 정정한 내용을 공표하지 아니할 수 있다.

5. 「국가배상법」 제5조 책임에 관한 설명으로 옳은 것은?
   ① 「국가배상법」 제5조 제1항 소정의 '공공의 영조물'에는 행정주체 자신의 사용에 제공되는 공용물도 포함되지만 국가 또는 지방자치단체가 사실상의 관리를 하고 있는 경우는 포함되지 않는다.
   ② 「국가배상법」 제5조 제1항의 '영조물의 설치 또는 관리의 하자'에는 영조물의 물적 시설 자체의 물리적 흠결 등으로 이용자에게 위해를 끼칠 위험성이 있는 경우뿐만 아니라 영조물이 공공의 목적에 이용됨에 있어 그 이용상태 및 정도가 일정한 한도를 초과하여 제3자에게 사회통념상 수인할 것이 기대되는 한도를 넘는 피해를 입히는 경우까지 포함된다.
   ③ 영조물이 안전성을 갖추었는지 여부는 영조물의 설치자 또는 관리자가 그 영조물의 위험성에 비례하여 사회통념상 일반적으로 요구되는 정도의 방호조치의무를 다하였는지를 기준으로 판단하여야 하고, 그 설치자 또는 관리자의 재정적·인적·물적 제약 등은 고려하지 않는다.
   ④ 가변차로에 설치된 2개의 신호등에서 서로 모순된 신호가 들어오는 오작동이 발생하였고 그 고장이 현재의 기술수준상 부득이하다는 사정이 있다면 영조물의 하자를 인정할 수 없다.

6. 행정행위의 부관에 대한 설명으로 옳은 것만을 모두 고르면?

   ㄱ. 사회복지법인의 임시이사를 선임하면서 그 임기를 '후임 정식이사가 선임될 때까지'로 기재한 것은 부관으로서 기한을 정한 것이므로 후임 정식이사가 선임되었다면 그로써 임시이사의 임기가 자동적으로 만료되어 임시이사의 지위가 상실되는 효과가 발생하는 것이지 관할행정청이 후임 정식이사가 선임되었음을 이유로 임시이사를 해임하는 행정처분을 해야만 비로소 임시이사의 지위가 상실되는 효과가 발생한다고 볼 수 없다.
   ㄴ. 당사자의 동의가 없는 경우라도 사정변경이 있어 부관을 새로 붙이거나 종전의 부관을 변경하지 아니하면 해당 행정처분의 목적을 달성할 수 없는 경우에는 부관을 새로 부가하거나 종전의 부관을 변경할 수 있다.
   ㄷ. 행정처분에 붙인 부담인 부관이 무효인 경우 그 처분을 받은 사람이 부담의 이행으로 사법상 매매 등의 법률행위를 한 때에는 그 부담은 특별한 사정이 없는 한 법률행위를 하게 된 동기로 작용하였을 뿐이므로 이는 법률행위의 취소사유가 될 수 있음은 별론으로 하고 그 법률행위 자체를 당연히 무효화하는 것은 아니다.
   ㄹ. 행정청이 공유수면매립준공인가처분을 하면서 매립지 일부를 국가 소유로 귀속하게 한 것은 법률효과 일부를 배제하는 부관에 해당하고, 이러한 부관은 독립하여 행정소송의 대상이 될 수 있다.

   ① ㄱ, ㄴ
   ② ㄱ, ㄷ
   ③ ㄴ, ㄷ
   ④ ㄷ, ㄹ

7. 행정절차에 대한 설명으로 옳지 않은 것은?
   ① 보건복지부장관이 국민건강보험법령상 '요양급여의 상대가치점수 변경 또는 조정 고시'에 의하여 수정체수술과 관련한 질병군의 상대가치점수를 종전보다 약 10~25% 정도 인하하는 내용의 처분을 하면서 대한안과의사회에게 의견제출의 기회를 주지 않았다면 위법하다.
   ② 국가나 지방자치단체가 행정절차를 진행하는 과정에서 주민들의 의견제출 등 절차적 권리를 보장하지 않은 위법이 있다고 하더라도 그 후 이를 시정하여 절차를 다시 진행한 경우, 종국적으로 행정처분단계까지 이르지 않거나 처분을 직권으로 취소하거나 철회한 경우, 행정소송을 통하여 처분이 취소되거나 처분의 무효를 확인하는 판결이 확정된 경우 등에는 특별한 사정이 없는 한 절차적 권리침해로 인한 정신적 고통에 대한 배상은 인정되지 않는다.
   ③ 행정지도방식에 의한 사전고지나 그에 따른 당사자의 자진폐공의 약속 등의 사유가 있었던 경우라도 행정청이 온천지구임을 간과하여 지하수개발·이용신고를 수리하였다가「행정절차법」상의 사전통지를 하거나 의견제출의 기회를 주지 아니한 채 그 신고수리처분을 취소하고 원상복구명령의 처분을 한 것은 위법하다.
   ④ 육군3사관학교의 사관생도에 대한 징계절차에서 징계심의대상자가 대리인으로 선임한 변호사가 징계위원회 심의에 출석하여 진술하려고 하였음에도, 징계권자나 그 소속 직원이 변호사가 징계위원회의 심의에 출석하는 것을 막았다면 그 징계의결에 따른 징계처분은 위법하여 원칙적으로 취소되어야 한다.

8. 손실보상에 대한 설명으로 옳은 것은?
   ① 공공사업시행지구 밖에서 발생한 간접손실에 관하여 그 피해자와 사업시행자 사이에 협의가 이루어지지 아니하고, 그 보상에 관한 명문의 근거법령이 없는 경우에는 공공사업의 시행으로 인하여 그러한 손실이 발생하리라는 것을 쉽게 예견할 수 있고, 그 손실의 범위도 구체적으로 특정할 수 있는 경우라도 손실보상의 대상이 될 수 없다.
   ② 손실보상이 인정되기 위해서는 재산권에 대한 침해가 현실적으로 발생하여야 하는데 공유수면매립면허의 고시가 있는 경우 그 사업이 시행되고 그로 인하여 직접 손실이 발생한다고 할 수 있으므로, 관행어업권자는 공유수면매립면허의 고시를 이유로 손실보상을 청구할 수 있다.
   ③ 「공익사업을 위한 토지 등의 취득 및 보상에 관한 법률」 제85조 제2항에 따른 보상금 증액청구의 소는 실질적으로는 재결을 다투는 항고소송의 성질을 가지므로 토지소유자 등에 대하여 금전채권을 가지고 있는 제3자는 재결에 대하여 간접적이거나 사실적·경제적 이해관계를 가질 뿐, 재결을 다툴 법률상의 이익이 있다고 할 수 없어 직접 또는 토지소유자 등을 대위하여 보상금증액청구의 소를 제기할 수 없다.
   ④ 「공익사업을 위한 토지 등의 취득 및 보상에 관한 법률」(이하 '토지보상법')에 의한 보상을 하면서 손실보상금에 관한 당사자 간의 합의가 성립한 경우에도 그 합의내용이 토지보상법에서 정하는 손실보상기준에 맞지 않는다면 추가로 토지보상법상 기준에 따른 손실보상금청구를 할 수 있다.

9. 항고소송에 관한 설명으로 옳은 것은?
   ① 중국 국적의 외국인 甲이 결혼이민(F-6) 사증발급을 신청하였다가 중국 소재 한국총영사관 총영사로부터 사증발급을 거부당한 경우 甲은 취소소송을 제기할 원고적격을 가진다.
   ② 행정처분의 근거법규 또는 관련법규에 그 처분으로써 이루어지는 행위 등 사업으로 인하여 환경상 침해를 받으리라고 예상되는 영향권의 범위가 구체적으로 규정되어 있는 경우, 영향권 내의 주민은 환경상 이익에 대한 침해 또는 침해우려가 있는 것을 입증하여야만 원고적격이 인정된다.
   ③ 현역병입영대상자로 병역처분을 받은 자가 그 취소소송 도중에 모병에 응하여 현역병으로 자진입대한 경우에는 권리보호의 필요가 없는 경우로서 소의 이익을 인정할 수 없다.
   ④ 환경영향평가구역 안의 주민이 아니더라도 그 영향권 내에서 농작물을 경작하는 등 현실적으로 환경상 이익을 향유하는 사람은 물론 그 영향권 내의 건물·토지를 소유하거나 환경상 이익을 일시적으로 향유하는 데 그치는 사람도 원고적격이 인정된다.

10. A지역에 토지 등을 소유한 甲 등은 「도시 및 주거환경정비법」에 따라 주택재건축사업을 하기 위해 조합을 설립하여 행정청의 인가를 받은 후, 사업시행계획안을 작성하여 조합총회의 의결을 거쳐 사업시행계획인가를 받았다. 이에 대한 설명으로 옳지 않은 것만을 모두 고르면?

   ㄱ. 조합설립에 대한 행정청의 인가처분은 단순히 사인들의 조합설립행위에 대한 보충행위로서의 성질을 갖는 것에 그치는 것이 아니라 법령상 요건을 갖출 경우 「도시 및 주거환경정비법」상 주택재건축사업을 시행할 수 있는 권한을 갖는 행정주체로서의 지위를 부여하는 일종의 설권적 처분이다.
   ㄴ. 행정청의 조합설립인가처분이 있은 후에 조합설립결의의 하자를 이유로 그 결의부분만을 다투는 경우 당사자소송으로 무효등확인의 소를 제기하여야 한다.
   ㄷ. 사업시행계획이 무효인 경우 그에 대한 인가처분이 있다 하여도 하자가 치유될 수 없다.
   ㄹ. 인가처분에는 고유한 하자가 없는데 사업시행계획에 하자가 있다면 사업시행계획의 무효를 주장하면서 곧바로 그에 대한 인가처분의 무효확인이나 취소를 구하여야 한다.
   ㅁ. 사업시행계획이 무효인 경우라도 조합원지위를 상실한 토지소유자는 사업시행계획의 무효확인 또는 취소를 구할 법률상 이익이 없다.

   ① ㄱ, ㄴ, ㄹ, ㅁ
   ② ㄴ, ㄷ, ㅁ
   ③ ㄴ, ㄹ, ㅁ
   ④ ㄷ, ㄹ

11. 항고소송의 대상에 관한 설명으로 옳은 것은?
   ① 어떠한 처분의 근거나 법적인 효과가 행정규칙에 규정되어 있다고 하더라도, 그 처분이 행정규칙의 내부적 구속력에 의하여 상대방에게 권리의 설정 또는 의무의 부담을 명하거나 기타 법적인 효과를 발생하게 하는 등으로 그 상대방의 권리·의무에 직접 영향을 미치는 행위라면, 항고소송의 대상이 되는 처분에 해당한다고 보아야 한다.
   ② 국가인권위원회의 성희롱결정과 이에 따른 시정조치의 권고는 단순한 행정지도에 불과하므로 행정소송의 대상이 되는 행정처분이 아니다.
   ③ 한국마사회가 조교사 및 기수의 면허를 부여하거나 취소하는 것은 국가 기타 행정기관으로부터 위탁받은 행정권한의 행사로서 항고소송의 대상이 되는 처분에 해당한다고 보아야 한다.
   ④ 자동차운송사업양도·양수계약에 기한 양도·양수 인가신청에 대하여 행하여진 내인가의 취소행위는 확약의 취소에 불과하므로 항고소송의 대상이 되는 처분이 아니다.

12. 항고소송에 관한 설명으로 옳은 것은?
   ① 부작위위법확인소송의 계속 중 행정청의 거부처분이 있다고 하여 부작위위법확인의 소가 소의 이익을 잃게 되는 것은 아니다.
   ② 법원은 부작위위법확인의 소에서 단순히 행정청의 방치행위의 적부에 관한 절차적 심리만 하는 게 아니라, 신청의 실체적 내용이 이유 있는지도 심리하며 그에 대한 적정한 처리방향에 관한 법률적 판단을 해야 한다.
   ③ 무효인 과세처분에 의하여 세금을 납부한 자는 납부한 금액을 반환받기 위하여 부당이득반환청구소송을 제기하지 않고 곧바로 과세처분무효확인소송을 제기할 수 있다.
   ④ 과세처분의 취소소송에서 청구기각 확정판결의 기판력은 그 과세처분의 무효확인을 구하는 소송에는 미치지 아니한다.

13. 행정입법부작위에 관한 다음 설명 중 옳은 것은?
   ① 입법부가 법률로써 행정부에게 특정한 사항을 위임했음에도 불구하고 행정부가 정당한 이유 없이 이를 이행하지 않더라도 그것만으로 권력분립의 원칙과 법치국가 내지 법치행정의 원칙에 위배된다고 볼 수는 없다.
   ② 상위법령이 행정입법에 위임하고 있는 이상, 하위 행정입법의 제정 없이 상위법령의 규정만으로도 법률의 집행이 이루어질 수 있는 경우라도 하위 행정입법을 하여야 할 작위의무가 인정되지 않는다고 해석할 수는 없다.
   ③ 입법부가 법률로써 행정부에게 특정한 사항을 위임했음에도 불구하고 행정부가 정당한 이유 없이 이를 이행하지 않는 경우라도 부작위위법확인소송을 제기하여 구제받을 수는 없다.
   ④ 입법자가 불충분하게 규율한 이른바 부진정입법부작위에 대하여 헌법소원을 제기하려면 그것이 평등의 원칙에 위배된다는 등 헌법위반을 내세워 적극적인 헌법소원을 제기하여야 하며, 이 경우에는 기본권침해상태가 계속되고 있으므로 「헌법재판소법」 소정의 제소기간을 준수할 필요는 없다.

14. 다음 중 특정인에 대하여 새로운 권리·능력 또는 포괄적 법률관계를 설정하는 행정행위가 아닌 것은?
   ① 「여객자동차 운수사업법」에 따른 개인택시운송사업 면허
   ② 사립학교 법인임원취임에 대한 승인
   ③ 「도시 및 주거환경정비법」상 토지 등 소유자들이 조합을 따로 설립하지 않고 직접 시행하는 도시환경정비사업 시행인가
   ④ 국가의 공증인 인가·임명행위

15. 행정행위의 하자와 그 치유에 대한 설명으로 옳지 않은 것만을 모두 고르면?

> ㄱ. 과세관청이 과세예고통지 후 과세전적부심사청구나 그에 대한 결정이 있기 전에 과세처분을 한 경우, 원칙적으로 절차상 하자가 중대·명백하여 과세처분은 무효가 된다.
> ㄴ. 「지방공무원법」상의 도지사의 인사교류안 작성과 그에 따른 인사교류의 권고가 전혀 이루어지지 않은 상태에서, 관할구역 내 A시의 시장이 인사교류로서 소속 지방공무원인 甲에게 B시 지방공무원으로 전출을 명한 처분은 그 하자가 중대하지만 객관적으로 명백하다고 볼 수 없어 취소사유로 보아야 한다.
> ㄷ. 토지등급결정내용의 개별통지가 있었다고 볼 수 없어 토지등급결정이 무효라면, 토지소유자가 그 결정 이전이나 이후에 토지등급결정내용을 알았다 하더라도 개별통지의 하자가 치유되지 않는다.
> ㄹ. 재건축주택조합설립인가처분 당시 동의율을 충족하지 못한 하자의 경우라도 후에 추가동의서가 제출되었다면 그 하자는 치유된다.

① ㄱ, ㄴ
② ㄱ, ㄴ, ㄷ
③ ㄴ, ㄹ
④ ㄷ, ㄹ

16. 「공공기관의 정보공개에 관한 법률」에 따른 정보공개에 관한 설명 중 옳지 않은 것은?

① 공개청구의 대상이 되는 정보가 이미 다른 사람에게 공개되어 널리 알려져 있다거나 인터넷 등을 통하여 공개되어 인터넷 검색 등을 통하여 쉽게 알 수 있다면 행정청의 정보비공개결정의 취소를 구할 소의 이익은 없다.
② 공공기관이 공개청구의 대상이 된 정보를 공개는 하되, 청구인이 신청한 공개방법 이외의 방법으로 공개하기로 하는 결정을 하였다면, 이는 정보공개청구 중 정보공개방법에 관한 부분에 대하여 일부 거부처분을 한 것이고, 청구인은 그에 대하여 항고소송으로 다툴 수 있다.
③ 다른 법률 또는 법률에서 위임한 대통령령 및 조례에 따라 비밀이나 비공개사항으로 규정된 정보는 비공개대상이 된다.
④ '독립유공자서훈 공적심사위원회의 심의·의결 과정 및 그 내용을 기재한 회의록'은 공개될 경우에 업무의 공정한 수행에 현저한 지장을 초래한다고 인정할 만한 상당한 이유가 있는 정보에 해당한다.

17. 행정심판에 대한 설명으로 옳은 것은?

① 항고소송과 달리 행정기관 내부의 시정절차인 행정심판에서는 당초 처분의 근거로 삼은 사유와 기본적 사실관계가 동일성이 인정되지 아니하는 사유라고 하더라도 처분의 적법성과 합목적성을 뒷받침하는 처분사유로 추가 또는 변경할 수 있다.
② 처분을 취소하는 재결이 있는 경우 처분청은 이에 불복하여 취소소송을 제기할 수 있다.
③ 처분을 취소하는 재결이 있는 경우 그 대상이 된 행정처분의 효력은 별도의 취소처분이 없어도 당연히 소멸한다.
④ 행정심판위원회는 피청구인이 의무이행재결 중 처분명령재결의 취지에 따른 처분을 하지 아니하는 경우에, 직권에 의하여 결정으로 상당한 기간을 정하고 피청구인이 그 기간 내에 이행하지 아니하는 경우에는 그 지연기간에 따라 일정한 배상을 하도록 명하거나 즉시 배상을 할 것을 명할 수 있다.

18. A구청장 乙은 甲이 유흥주점 영업허가를 받아 업소를 경영하던 중 청소년유해업소에 청소년을 출입하게 하는 행위를 하였음을 이유로 「식품위생법 시행규칙」 [별표 23]의 기준에 따라 1개월 영업정지처분을 부과하였다. 이에 甲은 乙을 상대로 취소소송을 제기하였다. 이에 대한 설명으로 옳은 것만을 모두 고르면?

〈참조조문〉
※ 아래 조항은 현행 법령 중 필요한 부분만 발췌한 것임.
「식품위생법」 제44조(영업자 등의 준수사항) ② 식품접객영업자는 「청소년 보호법」 제2조에 따른 청소년(이하 이 항에서 '청소년'이라 한다)에게 다음 각 호의 어느 하나에 해당하는 행위를 하여서는 아니 된다.
 2. 「청소년 보호법」 제2조 제5호 가목 3)에 따른 청소년출입·고용 금지업소에 청소년을 출입시키거나 고용하는 행위

제75조(허가취소 등) ① 구청장은 영업자가 다음 각 호의 어느 하나에 해당하는 경우에는 대통령령으로 정하는 바에 따라 영업허가를 취소하거나 6개월 이내의 기간을 정하여 그 영업의 전부 또는 일부를 정지할 수 있다.
 13. 제44조 제1항·제2항 및 제4항을 위반한 경우
⑤ 제1항 및 제2항에 따른 행정처분의 세부기준은 그 위반행위의 유형과 위반 정도 등을 고려하여 총리령으로 정한다.

「식품위생법 시행규칙」 [별표 23] 행정처분기준(제89조 관련)

위반사항	근거 법령	행정처분기준		
		1차 위반	2차 위반	3차 위반
11. 법 제44조 제2항을 위반한 경우 다. 청소년유해업소에 청소년을 출입하게 하는 행위를 한 경우	법 제75조	영업 정지 1개월	영업 정지 2개월	영업 정지 3개월

ㄱ. 「식품위생법 시행규칙」 [별표 23]은 「식품위생법」 제75조 제5항의 위임에 따라 규정되어 있으므로, 위임입법의 한계를 벗어나지 않는 한 법규성을 가지므로 사례의 1개월 영업정지처분은 적법하다.
ㄴ. 취소소송계속 중 1개월의 영업정지처분 기간이 도과한 경우라면 취소소송의 소의 이익이 소멸하여 부적법하게 된다.
ㄷ. 「식품위생법 시행규칙」 [별표 23] 행정처분기준이 되풀이 시행되어 행정기관이 이에 따라야 할 자기구속을 당하게 되는 때에는 특별한 사정이 없는 한 그를 위반하는 처분은 평등의 원칙이나 신뢰보호의 원칙에 위배되어 재량권을 일탈·남용한 위법한 처분이 된다.
ㄹ. 만약, 「식품위생법」에서 총리령이 아니라 대통령령에 위임하여 「식품위생법 시행령」에서 제재처분의 기준을 정하고 있다면, 대외적으로 국민이나 법원을 구속한다.

① ㄱ, ㄴ
② ㄱ, ㄴ, ㄷ, ㄹ
③ ㄴ, ㄷ, ㄹ
④ ㄷ, ㄹ

19. 「행정기본법」상 처분의 재심사에 관한 설명으로 옳은 것은?

① 법령 등에 따른 의무를 위반하거나 이행하지 아니하였음을 이유로 당사자에게 의무를 부과하거나 권익을 제한하는 처분에 불가쟁력이 발생하여 더 이상 행정쟁송을 통해 다툴 수 없게 된 경우라도 당사자에게 유리한 결정을 가져다주었을 새로운 증거가 있는 경우에는 해당 처분을 한 행정청에 처분을 취소·철회하거나 변경하여 줄 것을 신청할 수 있다.

② 당사자는 처분에 대하여 법원의 확정판결이 있는 경우에도 처분의 근거가 된 사실관계 또는 법률관계가 추후에 당사자에게 유리하게 바뀐 경우에는 해당 처분을 한 행정청이 처분을 취소·철회하거나 변경하여 줄 것을 신청할 수 있다.

③ 처분의 재심사신청은 당사자가 해당 처분의 절차, 행정심판, 행정소송 및 그 밖의 쟁송에서 경과실로 신청사유를 주장하지 못한 경우에는 할 수 있지만, 처분이 있은 날부터 5년이 지나면 할 수 없다.

④ 재심사신청을 받은 행정청은 재심사와 별도로 처분을 취소 또는 철회를 할 수 없으며, 당사자는 처분을 유지하는 재심사결과에 대하여 행정심판, 행정소송 및 그 밖의 쟁송수단을 통하여 불복할 수 있다.

20. 판례의 입장으로 옳지 않은 것은?

① 행정청이 내부준칙을 제정하여 그에 따라 장기간 일정한 방향으로 행정행위를 함으로써 행정관행이 확립된 경우라 하더라도, 그러한 내부준칙이나 확립된 행정관행을 통한 행정행위에 대해서는 헌법상 평등원칙이 적용되지 않는다.

② 국민건강보험공단이 직장가입자와 사실상 혼인관계에 있는 사람인 이성 동반자와 달리 동성 동반자인 甲을 피부양자로 인정하지 않고 보험료부과처분을 한 것은 합리적 이유 없이 甲에게 불이익을 주어 그를 사실상 혼인관계에 있는 사람과 차별하는 것으로 헌법상 평등원칙을 위반하여 위법하다.

③ 과세대상이 되지 아니하는 법률관계나 사실관계에 대하여 이를 과세대상으로 오인할 만한 객관적인 사정이 있고 그것이 과세대상이 되는지가 사실관계를 정확히 조사하여야 비로소 밝혀질 수 있는 경우, 이에 대한 과세처분은 당연무효라고 볼 수 없다.

④ 손실보상을 받기 위해서는 그 사인에게 특별한 희생 내지 손실이 발생해야 하고, 재산상의 특별한 희생이나 손실이 발생했다고 할 수 없는 경우에는 손실보상을 청구할 수 없다.

행정법총론

지문의 내용에 대해 학설의 대립 등 다툼이 있는 경우 판례에 의함

1. A시장은 2024년 12월 24일 甲에 대해 건축허가를 하였는데 관련법령에 어긋난 위법한 건축허가임을 이유로 2025년 1월 25일 甲의 건축허가를 취소하였다. 이에 관한 설명 중 옳은 것은?
   ① A시장의 건축허가취소의 효과는 2025년 1월 25일 이후 장래를 향하여 발생함이 원칙이다.
   ② 만약 甲에 대한 건축허가의 권한이 B시장에 있는 것임에도 A시장이 허가를 한 경우라면, A시장은 무권한자이므로 甲에 대한 건축허가를 취소할 수 없다.
   ③ 만약 甲이 건축허가를 신청하면서 관련 서류를 위조하여 허가를 받았음을 이유로 건축허가를 취소하는 경우라면, A시장은 「행정절차법」상 사전통지절차를 거치지 않아도 甲에 대해 건축허가를 취소할 수 있다.
   ④ 건축허가의 하자가 甲의 사실은폐나 기타 사위의 방법에 의한 신청행위에 기인한 것이라면, A시장이 甲에 대해 건축허가를 취소하면서 甲의 신뢰이익을 고려하지 않고 취소하여도 재량권의 남용이 되지 않는다.

2. 「공공기관의 정보공개에 관한 법률」에 따른 정보공개에 관한 설명 중 옳은 것은?
   ① 정보공개에 관한 정책의 수립 및 제도개선에 관한 사항을 심의·조정하기 위하여 국무총리 소속으로 정보공개위원회를 둔다.
   ② 정보공개를 청구하는 자가 공공기관에 대해 정보의 사본 또는 출력물의 교부방법으로 공개방법을 선택하여 정보공개청구를 한 경우, 원칙적으로 공개청구를 받은 공공기관은 그 공개방법을 선택할 재량권이 없다.
   ③ 법원 이외의 공공기관이 「공공기관의 정보공개에 관한 법률」 제9조 제1항 제4호에서 정한 '진행 중인 재판에 관련된 정보'에 해당한다는 사유로 정보공개를 거부하기 위하여는 그 정보가 진행 중인 재판의 소송기록 자체에 포함된 내용으로서 재판의 심리 또는 재판결과에 구체적으로 영향을 미칠 위험이 있어야 한다.
   ④ 공공기관은 '전자적 형태로 보유·관리하지 아니하는 정보'에 대하여 청구인이 전자적 형태로 공개하여 줄 것을 요청한 경우에는 그 정보의 성질상 현저히 곤란한 경우를 제외하고는 청구인의 요청에 따라야 한다.

3. 신뢰보호원칙에 대한 설명으로 옳지 않은 것만을 모두 고르면?

   ㄱ. 행정청은 공익 또는 제3자의 이익을 현저히 해칠 우려가 있는 경우에도 행정에 대한 국민의 정당하고 합리적인 신뢰를 보호하여야 한다.
   ㄴ. 행정청의 확약 또는 공적 견해표명이 있은 후에 사실적·법률적 상태가 변경된 경우, 그와 같은 공적 견해표명이 당연히 실효되는 것은 아니며 행정청의 의사표시가 있어야 한다.
   ㄷ. 운전면허취소사유에 해당하는 음주운전을 적발한 경찰관의 소속 경찰서장이 사무착오로 위반자에게 운전면허정지처분을 한 상태에서 위반자의 주소지 관할 경찰청장이 위반자에게 운전면허취소처분을 한 것은 신뢰보호원칙에 반한다.
   ㄹ. 폐기물관리법령에 의한 폐기물처리업 사업계획에 대한 적정통보와 국토이용관리법령에 의한 국토이용계획변경은 각기 그 제도적 취지와 결정단계에서 고려해야 할 사항들이 다르므로 폐기물처리업 사업계획에 대하여 적정통보를 한 것만으로는 그 사업부지 토지에 대한 국토이용계획변경신청을 승인하여 주겠다는 취지의 공적인 견해표명을 한 것으로 볼 수 없다.

   ① ㄱ, ㄴ   ② ㄱ, ㄴ, ㄷ
   ③ ㄴ, ㄷ   ④ ㄷ, ㄹ

4. 행정행위의 효력에 대한 설명으로 옳지 않은 것만을 모두 고르면?

ㄱ. 甲이 자신에 대한 영업허가취소처분에 대한 취소소송을 제기한 이후에 국가를 상대로 손해배상청구소송을 제기한 경우, 손해배상청구소송의 수소법원이 심리한 결과 영업허가취소처분에 취소사유가 있는 것을 인정하더라도 그 처분의 취소판결이 없는 한 손해배상청구를 인용할 수 없다.
ㄴ. 위 ㄱ.의 경우에 손해배상청구소송의 수소법원은 직권으로 손해배상청구소송을 영업허가취소처분의 취소소송이 계속된 법원으로 이송할 수 있다.
ㄷ. 乙이 「자동차관리법」상 운행정지명령을 위반하여 자동차를 운행하였다는 이유로 기소된 경우 수소법원은 그 운행정지명령이 위법한 처분으로 인정되는 경우에도 취소판결이 없는 한 乙에게 무죄판결을 할 수 없다.
ㄹ. 음주운전으로 자동차운전면허취소처분을 받은 丙이 자동차를 운전하였으나 음주운전에 대하여 범죄사실의 증명이 없는 때에 해당한다는 이유로 무죄판결이 확정된 경우, 아직 운전면허취소처분이 취소되지 않았다면 수소법원은 丙을 무면허운전의 죄로 처벌할 수 있다.

① ㄱ, ㄴ
② ㄴ, ㄷ
③ ㄴ, ㄹ
④ ㄱ, ㄷ, ㄹ

5. 과징금에 관한 설명 중 옳은 것은?

① 과징금의 납부는 한꺼번에 하여야 하므로 납부기한을 연기하거나 분할납부를 할 수는 없다.
② 법령상에 과징금의 임의적 감경사유가 있는 경우에 부과관청이 감경사유를 고려하고도 감경하지 않은 채 전액을 부과하는 처분을 하는 것은 특별한 사정이 없는 한 재량권을 일탈·남용한 위법한 처분이다.
③ 재량행위인 과징금부과처분이 법이 정한 한도액을 초과하여 위법한 경우 법원은 그 초과된 부분만을 취소할 수 있다.
④ 관할행정청이 여객자동차운송사업자의 여러 가지 위반행위를 인지한 경우, 인지한 여러 가지 위반행위 중 일부에 대해서만 우선 과징금부과처분을 하고 나머지에 대해서 차후에 별도의 과징금부과처분을 하는 것은 다른 특별한 사정이 없는 한 허용되지 않는다.

6. 「공익사업을 위한 토지 등의 취득 및 보상에 관한 법률」상 생활보상에 대한 설명으로 옳은 것만을 모두 고르면?

ㄱ. 사업시행자 스스로 공익사업의 원활한 시행을 위하여 생활대책을 수립·실시할 수 있도록 하는 내부규정을 두고 이에 따라 생활대책대상자 선정기준을 마련하여 생활대책을 수립·실시하는 경우, 생활대책대상자 선정기준에 해당하는 자가 자신을 생활대책대상자에서 제외하거나 선정을 거부한 사업시행자를 상대로 항고소송을 제기할 수 없다.
ㄴ. 이주대책은 이른바 생활보상에 해당하는 것으로서 헌법 제23조 제3항이 규정하는 손실보상의 한 형태로 보아야 하므로, 법률이 사업시행자에게 이주대책의 수립·실시의무를 부과하였다면 이로부터 사업시행자가 수립한 이주대책상의 택지분양권 등의 구체적 권리가 이주자에게 직접 발생한다.
ㄷ. 이주대책대상자 선정에서 배제되어 수분양권을 취득하지 못한 이주자는 사업시행자를 상대로 공법상 당사자소송으로 이주대책상의 수분양권의 확인을 구할 수 있다.
ㄹ. 공익사업법령이 이주대책대상자의 범위를 정하고 이주대책대상자에게 시행할 이주대책수립 등의 내용에 관하여 구체적으로 규정하고 있는 경우, 그 규정취지는 사업시행자가 시행하는 이주대책수립 등의 대상자를 법이 정한 이주대책대상자로 한정하는 것이므로, 공익사업의 시행자는 법이 정한 이주대책대상자 외에 그 밖의 이해관계인에게까지 대상자를 넓혀 이주대책수립 등을 시행할 수 없다.

① 없음
② ㄱ
③ ㄴ, ㄷ
④ ㄹ

7. 행정상 손해배상에 관한 설명으로 옳지 않은 것은?

① 공법인이 국가로부터 위탁받은 공행정사무를 집행하는 과정에서 공법인의 임직원이나 피용인이 고의 또는 과실로 법령을 위반하여 타인에게 손해를 입힌 경우에는, 공법인은 위탁받은 공행정사무에 관한 행정주체의 지위에서 배상책임을 부담한다.

② 공법인이 국가로부터 위탁받은 공행정사무를 집행하는 과정에서 공법인의 임직원이 고의 또는 과실로 법령을 위반하여 타인에게 손해를 입힌 경우 공법인의 임직원은 「국가배상법」 제2조에서 정한 공무원에 해당하므로 고의 또는 중과실이 있는 경우에만 배상책임을 부담한다.

③ 甲이 乙과 동일한 이름으로 개명허가를 받은 것처럼 호적등본을 위조하여 주민등록상 성명을 위법하게 정정하고, 乙 명의의 주민등록증을 발급받아 乙의 부동산에 관하여 근저당권설정등기를 마친 경우, 주민등록사무를 담당하는 공무원이 위와 같은 성명정정사실을 甲의 본적지 관할관청에 통보하지 아니한 직무상 의무위배행위와 乙이 입은 손해 사이에 상당인과관계를 인정할 수 있다.

④ 공무원 甲이 내부전산망을 통해 乙에 대한 범죄경력자료를 조회하여 (구)「공직선거 및 선거부정방지법」 위반죄로 실형을 선고받는 등 실효된 4건의 금고형 이상의 전과가 있음을 확인하고도 乙의 공직선거 후보자용 범죄경력조회 회보서에 이를 기재하지 않은 경우, 「공직선거법」상 수사기관의 전과기록의 회보의무는 공공의 이익을 위한 것이지 후보자가 되고자 하는 자나 그 소속 정당의 개별적 이익까지 보호하기 위한 것은 아니므로 국가는 乙이 속한 정당에 대해 국가배상책임을 지지 않는다.

8. 구청장 A는 허가 없이 불법으로 건축물을 축조한 甲에게 시정명령을 내렸으나, 甲이 이를 이행하지 않자 「건축법」 제80조 제1항에 근거하여 이행강제금을 부과하였다. 이와 관련한 설명 중에서 옳은 것은?

① A는 이행강제금 대신 행정대집행을 선택적으로 활용할 수 없다.

② 甲이 이행강제금부과에 불복하여 재판절차를 진행하던 중 사망한 경우, 甲의 상속인이 재판절차를 승계받는다.

③ 만약 A가 甲에게 이행강제금을 부과하기 전에 甲이 시정명령을 이행하였다면 시정명령에서 정한 기간을 지나서 이행한 경우라도 A는 이행강제금을 부과할 수 없다.

④ A의 이행강제금부과 후 甲이 시정명령을 이행하면 A는 이행강제금의 부과를 즉시 중지해야 하며, 이미 부과된 이행강제금을 징수할 수 없다.

9. 항고소송에 관한 설명으로 옳은 것은?

① 교육부장관이 사학분쟁조정위원회의 심의를 거쳐 학교법인의 이사와 임시이사를 선임한 데 대하여 그 대학교의 교수협의회, 총학생회 그리고 직원으로 구성된 노동조합은 이사선임처분을 다툴 법률상 이익을 가진다.

② 퇴학처분을 받은 후 고등학교 졸업학력 검정고시에 합격한 경우, 대학입학자격을 회복한 이상 퇴학처분을 받은 자는 퇴학처분의 위법을 주장하여 퇴학처분의 취소를 구할 소송상의 이익이 없다.

③ 인·허가 등 수익적 처분을 신청한 여러 사람이 상호 경쟁관계에 있다면, 그 처분이 타방에 대한 불허가 등으로 될 수밖에 없는 때에도 수익적 처분을 받지 못한 사람은 처분의 직접 상대방이 아니므로 원칙적으로 당해 수익적 처분의 취소를 구할 수 없다.

④ 대학에 대한 국가연구개발사업의 협약해지통보에 불복하여 협약해지통보의 효력을 다투는 그 연구개발사업의 연구팀장인 교수는 취소를 구할 원고적격이 있다.

10. A시장은 공원시설을 조성하는 도시계획시설사업의 사업시행자로 甲을 선정하였고, 甲과 A시는 甲이 공원시설을 설치한 다음 A시에 기부채납을 하되 투자한 자본 및 적정 이윤을 회수할 수 있는 기간만큼 甲이 공원시설을 무상(無償) 사용하도록 한다는 내용의 협약을 체결하였다. 이에 따라 甲이 A시장으로부터 도시계획사업(공원조성)시행허가를 받아 시설물을 설치하고 이를 A시에 기부한 다음 20년간 무상사용·수익의 허가를 신청하였다. 그러나 A시장은 기간을 10년으로 하여 무상사용·수익허가를 하였다. A는 10년의 기간은 투자한 자본을 회수하기에 너무 짧다고 보아 이에 불복하고 있다. 사안과 관련된 다음 설명 중 옳은 것은?

① 사안에서 기부채납은 사법상 증여계약에 해당하므로 A시장이 기부채납받은 공원시설을 기부자에게 무상사용하도록 하는 것도 사경제주체로서의 행위이다. 따라서 이에 대한 분쟁은 민사소송에 의하여야 한다.

② 기부채납받은 공원시설의 사용·수익허가에서 부관인 허가기간에 위법사유가 있다면 이로써 허가 전부가 위법하게 된다.

③ 甲은 10년의 허가기간에 대하여 독립하여 취소소송을 제기할 수 있다.

④ 부담은 그 성질상 일방적으로 부과할 수 있을 뿐이므로, 사전에 상대방과 협의하여 부담의 내용을 협약의 형식으로 미리 정한 다음 행정처분을 하면서 이를 부가하는 것은 허용되지 않는다.

11. 행정행위의 하자에 대한 설명으로 옳지 않은 것은?

① 단속경찰관이 자신의 명의로 운전면허정지처분 통지서를 작성·교부하였다면 권한 없는 자에 의하여 행하여진 점에서 무효의 처분에 해당한다.

② 지방병무청장이 현역병입영대상편입처분을 보충역편입처분이나 제2국민역편입처분으로 변경한 후 변경된 새로운 병역처분의 성립에 하자가 있었음을 이유로 하여 이를 취소한다면, 종전의 병역처분의 효력이 되살아난다.

③ 일반적으로 조례가 법률 등 상위법령에 위배된다는 사정은 그 조례의 규정을 위법하여 무효라고 선언한 대법원의 판결이 선고되지 아니한 상태에서는 그 조례규정의 위법 여부가 해석상 다툼의 여지가 없을 정도로 명백하였다고 인정되지 아니하는 이상 객관적으로 명백한 것이라 할 수 없으므로, 이러한 조례에 근거한 행정처분의 하자는 취소사유에 해당할 뿐이다.

④ 「환경영향평가법」상 환경영향평가를 실시하여야 할 사업에 대하여 환경영향평가를 거치지 않고 행한 승인처분은 무효이지만, 환경영향평가를 거쳐야 할 사업에 대해 환경영향평가절차를 거쳤으나 그 내용이 다소 부실한 경우라면 그 부실의 정도가 환경영향평가를 하지 아니한 것과 같은 정도가 아닌 한 당해 승인 등 처분이 위법하게 되는 것은 아니다.

12. 취소소송의 소송요건에 관한 설명으로 옳지 않은 것은?
   ① 취소소송은 처분 등이 있음을 안 날부터 90일 이내, 처분 등이 있은 날부터 1년 이내에 제기하여야 하며 둘 중 하나의 기간이라도 도래하면 그 소제기는 부적법하다.
   ② 불특정 다수인에 대한 행정처분을 고시에 의하여 하는 경우, 그 행정처분에 이해관계를 갖는 자는 고시가 있었다는 사실을 현실적으로 알았는지 여부에 관계없이 고시가 효력을 발생하는 날부터 90일 이내에 취소소송을 제기하여야 한다.
   ③ 필요적 행정심판전치주의가 적용되는 경우, 원고가 전심절차에서 주장하지 아니한 처분의 위법사유를 소송절차에서 새로이 주장한 경우에는 다시 그 처분에 대하여 별도의 전심절차를 거쳐야 한다.
   ④ 필요적 행정심판전치주의가 적용되는 경우에도 서로 내용상 관련되는 처분 또는 같은 목적을 위하여 단계적으로 진행되는 처분 중 어느 하나가 이미 행정심판의 재결을 거친 때는 행정심판을 제기함이 없이 취소소송을 제기할 수 있다.

13. 「행정절차법」상 사전통지에 대한 설명으로 옳지 않은 것만을 모두 고르면?

   ㄱ. 처분의 사전통지의무가 면제되는 경우라도 의견청취의무는 면제되지 않는다.
   ㄴ. 처분의 전제가 되는 '일부' 사실만 증명된 경우이거나 의견청취에 따라 행정청의 처분 여부나 처분 수위가 달라질 수 있는 경우도 「행정절차법 시행령」에서 정한 '법원의 재판 또는 준사법적 절차를 거치는 행정기관의 결정 등에 따라 처분의 전제가 되는 사실이 객관적으로 증명되어 처분에 따른 의견청취가 불필요하다고 인정되는 경우'에 해당하므로 사전통지를 하지 않을 수 있다.
   ㄷ. 「국가공무원법」상 직위해제처분은 당해 행정작용의 성질상 행정절차를 거치기 곤란하거나 불필요하다고 인정되는 사항 또는 행정절차에 준하는 절차를 거친 사항에 해당하지 않으므로, 처분의 사전통지 및 의견청취 등에 관한 「행정절차법」의 규정이 적용되어야 한다.
   ㄹ. 무단으로 용도변경된 건물에 대해 건물주에게 시정명령이 있을 것과 불이행시 이행강제금이 부과될 것이라는 점을 설명한 후, 다음 날 시정명령을 한 경우, 비록 현장조사에서 원고가 위반사실을 시인하였거나 위반경위를 진술하였다고 하여도 처분의 사전통지 혹은 의견제출의 기회를 부여하지 않았다면 위법하다.

   ① ㄱ, ㄴ, ㄷ
   ② ㄱ, ㄷ, ㄹ
   ③ ㄴ, ㄷ
   ④ ㄷ, ㄹ

14. 행정법관계에 대한 설명 중 옳지 않은 것은?
   ① 지방자치단체가 일반재산을 「지방자치단체를 당사자로 하는 계약에 관한 법률」에 따라 입찰이나 수의계약을 통해 매각할 때에는 사적 자치와 계약자유의 원칙이 적용된다.
   ② 대부료 징수에 관하여 「국세징수법」 중 체납처분에 관한 규정을 준용하고 있다고 하여도 일반재산인 국유림의 대부료 납입고지는 행정소송의 대상이 아니다.
   ③ 지방자치단체가 A주식회사를 자원회수시설과 부대시설의 운영·유지관리 등을 위탁할 민간사업자로 선정하고 A주식회사와 체결한 위 시설에 관한 위·수탁 운영협약은 사법상 계약에 해당한다.
   ④ 「국가를 당사자로 하는 계약에 관한 법률」상 입찰보증금의 국고귀속조치의 무효를 주장하며 입찰보증금의 반환을 구하는 것은 공법상 당사자소송의 대상이다.

15. 판례의 입장으로 옳지 않은 것은?
   ① 집행명령의 경우 법률의 구체적·개별적 위임 여부 등이 문제되지 않지만 상위법의 집행과 무관한 독자적인 내용을 정할 수 없다는 한계가 있다.
   ② 「국토의 계획 및 이용에 관한 법률 시행령」 제56조 제4항의 위임에 따라 국토교통부장관이 국토교통부 훈령으로 정한 '개발행위허가운영지침'은 법령보충규칙으로서 상위법령과 결합하여 대외적 구속력이 있다. 따라서 행정처분이 위 지침에 따라 이루어졌다면, 해당 처분이 적법한지는 위 지침에 위배되는지 여부를 1차적으로 고려하여 판단해야 한다.
   ③ 학교법인이 용도변경이나 의무부담을 내용으로 하는 계약을 체결한 경우 반드시 계약 전에 「사립학교법」 제28조 제1항에 따른 관할청의 허가를 받아야만 하는 것은 아니고 계약 후라도 관할청의 허가를 받으면 유효하게 될 수 있다.
   ④ 건축신고수리처분 당시 건축주가 장래에도 「국토의 계획 및 이용에 관한 법률」상 개발행위(토지형질변경)허가를 받지 않거나 받지 못할 것이 명백하였음에도 '부지확보' 요건을 완비하지 못한 상태에서 건축신고 수리처분이 이루어진 경우, 그 건축신고수리처분은 위법하다.

16. 「행정소송법」상 가구제에 관한 설명 중 옳지 않은 것은?
   ① 거부처분은 그 효력이 정지되더라도 그 처분이 없었던 것과 같은 상태를 만드는 것에 지나지 아니하는 것이므로 집행정지를 신청할 이익이 없다.
   ② 항고소송의 대상이 되는 행정처분의 효력이나 집행 혹은 절차속행 등의 정지를 구하는 신청은 「행정소송법」상 집행정지신청의 방법으로만 가능할 뿐 「민사소송법」상 가처분의 방법으로는 허용될 수 없다.
   ③ 본안소송에서 처분의 취소가능성이 없음에도 처분의 효력이나 집행의 정지를 인정한다는 것은 제도의 취지에 반하므로 효력정지나 집행정지사건 자체에 의하여도 신청인의 본안청구가 이유 없음이 명백하지 않아야 한다는 것도 효력정지나 집행정지의 요건에 포함시켜야 한다.
   ④ 「행정소송법」 제23조에 규정된 집행정지의 요건으로서의 '회복하기 어려운 손해'라 함은 특별한 사정이 없는 한 금전으로 보상할 수 없는 손해를 말하므로 과징금을 납부하기 위하여 무리하게 외부자금을 차입할 경우 자금사정이 악화되어 회사의 존립 자체가 위태롭게 될 정도의 중대한 경영상의 위기를 맞게 될 우려가 있다는 사정은 집행정지요건인 회복하기 어려운 손해에 해당하지 않는다.

17. 항고소송에 대한 설명으로 옳은 것만을 모두 고르면?

ㄱ. 「하도급거래 공정화에 관한 법률」상 벌점 부과행위는 입찰참가자격의 제한 요청 등의 기초자료로 사용하기 위한 것이고 사업자의 권리·의무에 직접 영향을 미치는 행위라고 볼 수 없으므로 항고소송의 대상이 되는 행정처분에 해당하지 아니한다.

ㄴ. 기존의 행정처분을 변경하는 내용의 행정처분이 뒤따르는 경우, 후속처분의 내용이 종전 처분의 유효를 전제로 그 내용 중 일부만을 추가·철회·변경하는 것이고 그 추가·철회·변경된 부분이 그 내용과 성질상 나머지 부분과 불가분적인 것이 아닌 경우에는, 후속처분에도 불구하고 종전 처분이 여전히 항고소송의 대상이 되지만, 후속처분이 종전 처분을 완전히 대체하는 것이거나 그 주요 부분을 실질적으로 변경하는 내용인 경우에는 특별한 사정이 없는 한 종전 처분은 그 효력을 상실하고 후속처분만이 항고소송의 대상이 된다.

ㄷ. 「총포·도검·화약류 등의 안전관리에 관한 법률」에 따른 총포·화약안전기술협회가 회비납부의무자에 대하여 한 회비납부통지는 사실상의 안내에 불과하여 항고소송의 대상이 되는 처분에 해당하지 않는다.

ㄹ. 행정소송에서 증명책임은 원칙적으로 민사소송의 일반원칙에 따라 당사자 간에 분배되고, 항고소송은 그 특성에 따라 해당 처분의 적법성을 주장하는 피고에게 적법사유에 대한 증명책임이 있으나, 처분의 무효확인을 구하는 행정소송에서는 원고에게 무효인 사유를 주장·증명할 책임이 있고, 이는 무효확인을 구하는 뜻에서 행정처분의 취소를 구하는 소송에 있어서도 마찬가지이다.

① ㄱ, ㄴ, ㄷ
② ㄱ, ㄴ, ㄹ
③ ㄱ, ㄷ, ㄹ
④ ㄴ, ㄷ, ㄹ

18. 甲과 乙은 A시에서 「국토의 계획 및 이용에 관한 법률」이 정한 용도지역 안에서 각각 건축을 하고자 한다. 甲은 「건축법」상 건축허가를 신청하였으며 乙은 「건축법」상 건축신고를 하였다. 이에 대한 설명으로 옳지 않은 것만을 모두 고르면?

「건축법」 제11조(건축허가) ⑤ 제1항에 따른 건축허가를 받으면 다음 각 호의 허가 등을 받거나 신고를 한 것으로 본다.
  3. 「국토의 계획 및 이용에 관한 법률」 제56조에 따른 개발행위허가

제14조(건축신고) ① 제11조에 해당하는 허가대상 건축물이라 하더라도 다음 각 호의 어느 하나에 해당하는 경우에는 미리 특별자치시장·특별자치도지사 또는 시장·군수·구청장에게 국토교통부령으로 정하는 바에 따라 신고를 하면 건축허가를 받은 것으로 본다.

② 제1항에 따른 건축신고에 관하여는 제11조 제5항을 준용한다.

※ 위 법조항은 사안에 맞추어 수정된 것임.

ㄱ. 甲과 乙은 「건축법」상 건축허가신청 또는 건축신고를 하면서 관련 인·허가의제처리를 신청할 의무가 있다.

ㄴ. 甲의 건축허가신청을 받은 A시장은 허가를 할 때에 건축주 또는 토지소유자가 누구인지 등 인적 요소에 관하여도 실질적으로 심사하여야 한다.

ㄷ. A시장은 乙의 건축신고가 「건축법」에서 정하는 명시적인 제한에 배치되지 않는 경우에도 건축을 허용하지 않아야 할 중대한 공익상 필요가 있는 경우에는 건축신고의 수리를 거부할 수 있다.

ㄹ. 乙의 건축신고는 수리를 요하는 신고로서, 乙이 건축신고를 하면서 개발행위허가 관련서류도 함께 제출하였으나 乙의 건축신고가 「국토의 계획 및 이용에 관한 법률」상 개발행위허가기준을 갖추지 못한 경우 A시장은 건축신고의 수리를 거부할 수 있다.

① ㄱ, ㄴ
② ㄱ, ㄷ
③ ㄴ, ㄷ
④ ㄴ, ㄷ, ㄹ

19. 「행정절차법」에 관한 내용으로 옳은 것은?
   ① 「행정절차법」은 처분, 신고, 행정상 입법예고, 행정예고, 행정지도의 절차에 관하여 명문의 규정을 두고 있으나, 확약, 공법상 계약, 행정계획, 행정조사절차 등에 대해서는 규정하지 않고 있다.
   ② 행정청은 주요 정책 등에 관한 국민과 전문가의 의견을 듣거나 국민이 참여할 수 있는 온라인 또는 오프라인 창구를 설치·운영하여야 한다.
   ③ 행정예고기간은 예고내용의 성격 등을 고려하여 정하되, 20일 이상으로 하며 단축할 수 없다.
   ④ 「행정절차법」은 '청문'뿐만 아니라 '의견제출'의 경우에도 문서의 열람을 인정하고 있다.

20. 판례의 입장으로 옳지 않은 것은?
   ① 하천관리청이 하천점용허가를 받지 않고 무단으로 하천을 점용·사용한 자에 대하여 변상금을 부과하면서 여러 필지 토지에 대하여 외형상 하나의 변상금부과처분을 하였으나, 여러 필지 토지 중 일부에 대한 변상금부과만이 위법한 경우에는 변상금부과처분 중 위법한 토지에 대한 부분만을 취소하여야 하고, 그 부과처분 전부를 취소할 수는 없다.
   ② 소송판결의 기판력은 그 판결에서 확정한 소송요건의 흠결에 관하여 미치는 것이지만, 당사자가 그러한 소송요건의 흠결이 보완된 상태에서 다시 소를 제기한 경우에는 그 기판력의 제한을 받지 않는다.
   ③ 「산업기술혁신 촉진법」상 산업기술개발사업에 관하여 체결된 협약은 공법상 계약에 해당하고 그에 따른 계약상 정산의무의 존부·범위에 관한 분쟁은 공법상 당사자소송의 대상이다.
   ④ 사립학교의 교원이 교원소청심사위원회의 소청심사 기각결정에 불복하여 교원소청심사위원회를 피고로 하여 행정소송을 제기한 경우, 소청심사의 피청구인이었던 사립학교의 장은 학교법인의 기관일 뿐 당사자능력이 인정되지 않으므로 피고보조참가인으로서 소송에 참여할 수 없다.

행정법총론

지문의 내용에 대해 학설의 대립 등 다툼이 있는 경우 판례에 의함

1. 행정절차에 관한 설명으로 옳은 것은?
   ① 행정에 대한 국민의 신뢰성 보호라는 「행정절차법」의 입법취지를 고려해 보면, 행정기관의 처분에 의하여 불이익을 입게 되는 국가를 일반국민과 달리 취급할 합리적인 이유가 있으므로 국가에 대해 행정처분을 할 때에는 사전통지, 의견청취, 이유제시와 관련한 「행정절차법」이 그대로 적용된다고 볼 수 없다.
   ② 법령에서 주민들의 행정절차참여에 관하여 정하는 것은 주민들에게 자신의 의사와 이익을 반영할 기회를 보장하고 행정의 공정성, 투명성과 신뢰성을 확보하며 국민의 권익을 보호하기 위한 것이므로, 행정절차에 참여할 권리 그 자체가 사적 권리로서의 성질을 가진다.
   ③ 행정청이 처분을 하면서 당사자에게 그 처분에 관하여 행정심판 및 행정소송을 제기할 수 있는지 여부, 그 밖에 불복을 할 수 있는지 여부, 청구절차 및 청구기간 그 밖에 필요한 사항을 고지하지 않았다면 그 처분은 위법하다.
   ④ 「행정절차법」의 적용이 제외되는 공무원 인사관계법령에 의한 처분에 관한 사항이란 성질상 행정절차를 거치기 곤란하거나 불필요하다고 인정되는 처분이나 행정절차에 준하는 절차를 거치도록 하고 있는 처분에 관한 사항만을 말하므로 군인사법령에 의하여 진급예정자명단에 포함된 자에 대하여 「행정절차법」상 의견제출의 기회를 부여하지 아니한 채 진급선발을 취소한 처분은 위법하다.

2. 행정조사에 관한 설명으로 옳지 않은 것은?
   ① 행정청의 세무조사결정이 있는 경우 납세의무자는 세무공무원의 과세자료수집을 위한 질문에 대답하고 검사를 수인하여야 할 법적 의무를 부담하게 되는 점 등을 종합하면, 세무조사결정은 납세의무자의 권리·의무에 직접 영향을 미치는 공권력의 행사에 따른 행정작용으로서 항고소송의 대상이 된다.
   ② 세무조사가 과세자료의 수집 또는 신고내용의 정확성 검증이라는 본연의 목적이 아니라 부정한 목적을 위하여 행하여진 것이라 하더라도, 이러한 세무조사에 의하여 수집된 과세자료를 기초로 한 과세처분이 정당한 세액의 범위 내에 있는 한 위법하다고 볼 수는 없다.
   ③ 수출입물품을 검사하는 과정에서 마약류가 감추어져 있다고 밝혀지거나 그러한 의심이 드는 경우 「마약류 불법거래 방지에 관한 특례법」에 따른 조치의 일환으로 세관장이 특정한 수출입물품을 개봉하여 검사하고 그 내용물의 점유를 취득한 행위에는 영장주의원칙이 적용된다.
   ④ 우편물 통관검사절차에서 이루어지는 우편물의 개봉, 시료채취, 성분분석 등의 검사는 행정조사의 성격을 가지는 것으로서 압수·수색영장 없이 우편물의 개봉, 시료채취, 성분분석 등 검사가 진행되었다 하더라도 특별한 사정이 없는 한 위법하다고 볼 수 없다.

3. 행정행위의 취소와 철회에 관한 설명으로 옳지 않은 것은?
   ① 조세부과처분의 취소에 하자가 있는 경우, 과세관청은 부과의 취소를 다시 취소함으로써 원부과처분을 소생시킬 수는 없고 납세의무자에게 종전의 과세대상에 대한 납부의무를 지우려면 다시 법률에서 정한 부과절차에 좇아 동일한 내용의 새로운 처분을 하는 수밖에 없다.
   ② 면허의 취소처분에는 그 근거가 되는 법령이나 취소권 유보의 부관 등을 명시하여야 함은 물론 처분을 받은 자가 어떠한 위반사실에 대하여 당해 처분이 있었는지를 알 수 있을 정도로 사실을 적시할 것을 요하지만, 이와 같은 취소처분의 근거와 위반사실의 적시를 빠뜨린 하자는 피처분자가 처분 당시 그 취지를 알고 있었거나 그 후 알게 되었다면 그 하자는 치유될 수 있다.
   ③ 일정한 행정처분에 의하여 국민이 일정한 이익과 권리를 취득하였을 경우에 종전의 행정처분을 취소하는 행정처분은 이미 취득한 국민의 기존 이익과 권리를 박탈하는 별개의 행정처분으로 그 취소될 행정처분에 하자 또는 취소하여야 할 공공의 필요가 있어야 하고, 나아가 행정처분에 하자 등이 있다 하더라도 취소하여야 할 공익상 필요와 취소로 인하여 당사자가 입게 될 기득권과 신뢰보호 및 법률생활안정의 침해 등 불이익을 비교·교량한 후 공익상 필요가 당사자가 입을 불이익을 정당화할 만큼 강한 경우에 한하여 취소할 수 있는 것이며, 그 하자나 취소하여야 할 필요성에 대한 증명책임은 기존의 이익과 권리를 침해하는 처분을 한 그 행정청에 있다.
   ④ 당사자가 처분의 위법성을 중대한 과실로 알지 못한 경우에는, 행정청이 수익적 처분을 취소함에 있어서 취소로 인하여 당사자가 입게 될 불이익과 취소로 달성되는 공익을 비교·형량하지 않아도 무방하다.

4. 항고소송의 대상에 관한 설명으로 옳지 않은 것은?
   ① 행정심판을 청구하여 기각재결을 받은 후 재결 자체에 고유한 위법이 있음을 주장하며 그 기각재결에 대하여 취소소송을 제기한 경우, 수소법원은 심리결과 재결 자체에 고유한 위법이 없다면 각하판결을 하여야 한다.
   ② 행정심판청구가 부적법하지 않음에도 각하한 재결은 심판청구인의 실체심리를 받을 권리를 박탈한 것으로서 원처분에 없는 고유한 하자가 있는 경우에 해당하므로 그 재결은 취소소송의 대상이 된다.
   ③ 이른바 복효적 행정행위, 특히 제3자효를 수반하는 행정행위에 대한 행정심판청구에 있어서 그 청구를 인용하는 내용의 재결로 인하여 비로소 권리이익을 침해받게 되는 자는 재결의 당사자가 아니라고 하더라도 그 인용재결의 취소를 구하는 소를 제기할 수 있다.
   ④ 행정심판의 재결에 이유모순이 있다는 사유는 재결처분 자체에 고유한 하자로서 재결처분의 취소를 구하는 소송에서는 그 위법사유로서 주장할 수 있으나, 원처분의 취소를 구하는 소송에서는 그 취소를 구할 위법사유로서 주장할 수 없다.

5. 「국가배상법」상 손해배상에 관한 설명으로 옳은 것은?
   ① 국가배상청구권은 피해자나 그 법정대리인이 그 손해 및 가해자를 안 날로부터 5년간 이를 행사하지 아니하면 시효로 인하여 소멸한다.
   ② 국가배상청구소송을 제기하기 위해서는 법무부 소속의 배상심의회에 배상신청을 먼저 하여야 하며, 배상심의회의 결정에 불복하는 경우 항고소송을 제기할 수 있다.
   ③ 영조물의 설치·관리를 맡은 자와 영조물의 설치·관리 비용을 부담하는 자가 동일하지 아니한 경우에 피해자는 영조물의 설치·관리자 또는 설치·관리의 비용부담자에게 선택적으로 손해배상을 청구할 수 있다.
   ④ 지방자치단체장이 설치하여 관할 지방경찰청장(현 시·도경찰청장)에게 관리권한이 위임된 교통신호기의 고장으로 인하여 교통사고가 발생한 경우, 국가는 사무귀속 주체로서 손해배상책임을 부담하고, 경찰관 등에게 봉급을 지급하는 지방자치단체는 비용부담자로서 국가배상책임을 진다.

6. 행정법의 일반원칙에 대한 설명으로 옳지 않은 것만을 모두 고르면?

ㄱ. 근로복지공단의 요양불승인처분에 대한 취소소송을 제기하여 승소확정판결을 받은 근로자가 요양으로 인하여 취업하지 못한 기간의 휴업급여를 청구한 경우, 그 휴업급여청구권이 시효완성으로 소멸하였다는 근로복지공단의 항변은 신의성실의 원칙에 반하지 않는다.
ㄴ. 국가가 임용결격자에 대하여 결격사유가 있는 것을 알지 못하고 공무원으로 임용하였다가 사후에 결격사유가 있음을 발견하고 당초의 임용처분을 취소하는 것은 신뢰보호원칙에 반한다.
ㄷ. 평등의 원칙에 따라 본질적으로 같은 것은 같게 취급할 것이 요구되므로, 위법한 행정처분이더라도 수차례에 걸쳐 반복적으로 행하여졌다면 그러한 위법한 처분은 행정청에 대하여 자기구속력을 갖게 된다.
ㄹ. 공무원 임용신청 당시 잘못 기재된 호적상 출생연월일을 생년월일로 기재하고, 임용 후 36년 동안 이의를 제기하지 않다가, 정년을 1년 3개월 앞두고 정정된 출생연월일을 기준으로 정년연장을 요구하는 것은 신의성실의 원칙에 반한다.

① ㄱ, ㄴ
② ㄱ, ㄴ, ㄷ, ㄹ
③ ㄴ, ㄷ
④ ㄷ, ㄹ

7. 「행정소송법」상의 가구제에 대한 설명으로 옳지 않은 것만을 모두 고르면?

ㄱ. 「행정심판법」은 집행정지의 요건 중 하나로 '회복하기 어려운 손해'를 예방할 필요성에 관하여 규정하고 있는 반면 「행정소송법」은 집행정지의 요건 중 하나로 '중대한 손해'를 예방할 필요성에 관하여 규정하고 있다.
ㄴ. 집행정지의 요건으로 규정하고 있는 '공공복리에 중대한 영향을 미칠 우려'가 없을 것이라고 할 때의 '공공복리'는 그 처분의 집행과 관련된 구체적이고 개별적인 공익을 말하며 그 요건충족 여부가 다투어지는 경우 소명책임은 행정청에게 있다.
ㄷ. 집행정지의 결정 또는 기각의 결정에 대하여는 즉시항고할 수 있으며 집행정지의 결정에 대한 즉시항고에는 결정의 집행을 정지하는 효력이 있다.
ㄹ. 집행정지결정을 한 후에라도 행정사건의 본안소송이 취하되어 그 소송이 계속하지 아니한 것으로 되면 이에 따라 집행정지결정은 당연히 그 효력이 소멸되며 별도의 취소조치가 필요한 것은 아니다.

① ㄱ, ㄴ
② ㄱ, ㄷ
③ ㄴ, ㄷ
④ ㄷ, ㄹ

8. 행정행위의 효력과 관련된 다음 설명 중 옳은 것은?

① 민사소송에 있어서 어느 행정처분의 당연무효 여부가 선결문제로 되는 때에는 반드시 행정소송 등의 절차에 의하여 무효확인을 받아야 하는 것이고, 당해 수소법원이 행정처분의 무효 여부를 판단하여 당연무효임을 전제로 판결할 수는 없다.
② 연령미달의 결격자 甲이 자신의 형의 이름으로 운전면허시험에 응시, 합격하여 교부받은 운전면허로 운전을 하다 적발된 경우 甲의 운전행위는 무면허운전죄에 해당한다.
③ 부정한 방법으로 수입면허를 받았다 하더라도 그 수입면허가 당연무효가 아닌 한 「관세법」 소정의 무면허수입죄가 성립될 수 없다.
④ 과세대상이 아닌 것을 세무공무원이 직무상 과실로 과세대상으로 오인하여 과세처분을 행함으로 인하여 손해가 발생된 경우, 동 과세처분이 취소되지 아니하였다면 국가는 이로 인한 손해를 배상할 책임이 없다.

9. 「공익사업을 위한 토지 등의 취득 및 보상에 관한 법률」상 손실보상에 관한 설명으로 옳은 것은?
   ① 공익사업시행지구 밖 영업손실보상의 요건인 '공익사업의 시행으로 인한 그 밖의 부득이한 사유로 일정 기간 동안 휴업이 불가피한 경우'란 공익사업의 시행 또는 시행 당시 발생한 사유로 휴업이 불가피한 경우만을 의미하는 것이 아니라 공익사업의 시행결과, 즉 그 공익사업의 시행으로 설치되는 시설 등의 문제로 휴업이 불가피한 경우도 포함된다.
   ② 영업손실에 관한 보상에서 영업의 폐지와 휴업의 구별기준은 영업을 다른 장소로 이전하는 것이 가능한지가 아니라 실제로 이전하였는지에 달려 있다.
   ③ 토지수용으로 인한 손실보상액을 산정함에 있어서, 당해 공공사업의 시행과 관련이 없는 다른 사업으로 인한 개발이익도 배제해야 한다.
   ④ 어떤 보상항목이 공익사업을 위한 토지 등의 취득 및 보상에 관한 법령상 손실보상대상에 해당함에도 관할 토지수용위원회가 손실보상대상에 해당하지 않는다고 잘못된 내용의 재결을 한 경우, 피보상자는 관할 토지수용위원회를 상대로 재결취소소송을 제기하여야 한다.

10. 행정심판에 관한 설명 중 옳은 것은?
    ① 행정심판청구에 대한 재결이 있더라도 그 재결 자체에 고유한 위법이 있다면 다시 행정심판을 청구할 수 있다.
    ② 행정심판은 불고불리의 원칙과 불이익변경금지의 원칙이 적용된다.
    ③ 재결이 확정된 경우 처분의 기초가 되는 사실관계나 법률적 판단이 확정되고, 당사자나 법원은 이에 기속되어 모순되는 주장이나 판단을 할 수 없다.
    ④ 행정심판에 있어서 행정처분의 위법·부당 여부는 원칙적으로 처분시를 기준으로 판단하여야 하므로, 재결기관은 처분 당시 존재하였거나 행정청에 제출되었던 자료만을 기초로 하여 처분의 위법·부당 여부를 판단하여야 하며, 재결 당시까지 제출된 모든 자료를 종합하여 처분 당시 존재하였던 객관적 사실을 확정하고 그 사실에 기초하여 처분의 위법·부당 여부를 판단할 수 있는 것은 아니다.

11. 행정행위의 하자에 관한 다음 내용 중 옳지 않은 것은?
    ① 입지선정위원회의 구성방법과 절차가 주민대표나 주민대표 추천에 의한 전문가의 참여 없이 이루어지는 등 위법한 경우, 입지선정위원회의 의결에 터잡아 이루어진 폐기물처리시설 입지결정처분의 하자는 중대한 것이고 객관적으로도 명백하므로 그러한 하자는 무효사유에 해당한다.
    ② 국토계획법령이 정한 도시계획시설사업의 대상토지의 소유와 동의요건을 갖추지 못하였음에도 행한 도시계획시설사업의 사업시행자 지정처분은 당연무효이다.
    ③ 절차상 하자로 인하여 무효인 행정처분이 있은 후 행정청이 관계법령에서 정한 절차를 갖추어 다시 동일한 행정처분을 한 경우, 당해 행정처분은 종전의 무효인 행정처분과 관계없는 새로운 행정처분이라고 볼 수 있다.
    ④ 신청에 대하여 거부처분을 한 후에 그 거부처분이 적법한 절차에 의하여 취소되기 전에 사유를 추가하여 거부처분을 반복하는 것은 당연무효라고 볼 수 없다.

12. 甲은 「도로교통법」 제32조에 규정된 주차금지구역에 주차하였다는 이유로 동법 제160조 제3항에 의하여 관할경찰서장 乙로부터 5만원의 과태료를 부과받았다. 이에 대한 설명으로 옳지 않은 것은?
    ① 만일 甲에게 고의 또는 과실이 없다면 乙은 甲에게 과태료를 부과할 수 없다.
    ② 甲은 과태료 부과통지를 받은 날부터 60일 이내에 乙에게 서면으로 이의제기를 할 수 있고 이의제기가 있는 경우에는 과태료부과처분은 효력을 상실한다.
    ③ 甲은 이의제기를 거치지 않고도 과태료 부과통지를 받은 날부터 90일 이내에 乙을 피고로 하여 관할법원에 취소소송을 제기할 수 있다.
    ④ 과태료의 부과·징수, 재판 및 집행 등의 절차에 관한 다른 법률의 규정 중 「질서위반행위규제법」의 규정에 저촉되는 것은 「질서위반행위규제법」이 정하는 바에 따른다.

13. 신고에 대한 설명 중 옳지 않은 것은?
   ① 주민등록의 신고는 행정청에 도달하기만 하면 신고로서의 효력이 발생하는 것이 아니라 행정청이 수리한 경우에 비로소 신고의 효력이 발생한다.
   ② 구「체육시설의 설치·이용에 관한 법률」의 규정에 따라 체육시설의 회원을 모집하고자 하는 자의 '회원모집계획서 제출'은 수리를 요하는 신고이며, 이에 대하여 회원모집계획을 승인하는 시·도지사 등의 검토결과 통보는 수리행위로서 행정처분에 해당한다.
   ③ 건축주 등은 건축신고가 반려될 경우 건축물의 건축을 개시하면 시정명령, 이행강제금, 벌금의 대상이 되거나 당해 건축물을 사용하여 행할 행위의 허가가 거부될 우려가 있어 불안정한 지위에 놓이게 되므로, 건축신고에 대한 반려처분은 항고소송의 대상이 된다.
   ④ 「수산업법」소정의 어업의 신고는 이른바 자기완결적 신고라 할 것이므로 관할관청의 적법한 수리가 없었다 하더라도 적법한 어업신고가 있는 것으로 볼 수 있다.

14. 판례의 입장으로 옳지 않은 것은?
   ① 법적으로 혼인한 상태가 아닌 대한민국 국적인 부와 중화인민공화국 국적인 모 사이에 출생한 甲과 乙이 출생신고에 따라 주민등록번호를 부여받고 가족관계등록부에 등록되었으며 각각 17세 때 주민등록증을 발급받았는데, 관할행정청이 '외국인 모와의 혼인외자 출생신고'라며 가족관계등록부를 말소하고 출입국관리 행정청이 부모들에게 甲과 乙에 대한 국적취득절차를 안내했음에도 이를 진행하지 않다가 성년이 된 후「국적법」에 따라 국적보유판정을 신청했으나, 법무부장관이 대한민국 국적보유자가 아니라는 이유로 甲과 乙에게 국적비보유판정을 한 것은 신뢰보호의 원칙에 위배된다.
   ② 회사가 분할된 경우, 분할 전 회사가「하도급거래 공정화에 관한 법률」위반을 이유로 받은 벌점은 신설회사에 대하여 승계되지 않는다.
   ③ 효력기간이 정해져 있는 제재적 행정처분에 대한 취소소송에서 법원이 본안소송의 판결선고시까지 집행정지결정을 한 경우, 처분에서 정해 둔 효력기간은 판결선고시까지 진행하지 않다가 선고된 때에 다시 진행한다.
   ④ 국유재산 또는 공유재산에 대한 점유나 사용·수익을 정당화할 법적 지위에 있는 자에 대하여 이루어진 변상금 부과처분은 그 하자가 중대·명백하여 당연무효이다.

15. 「공공기관의 정보공개에 관한 법률」에 관한 설명으로 옳지 않은 것은?
   ① 비공개결정을 통지받은 청구인은 통지를 받은 날로부터 30일 이내에 당해 공공기관에 서면으로 이의신청을 할 수 있다.
   ② 정보공개청구인이 정보공개와 관련한 공공기관의 비공개결정 또는 부분공개결정에 대하여 불복하여 행정심판을 청구하려면「공공기관의 정보공개에 관한 법률」상 이의신청절차를 거쳐야 한다.
   ③ 정보공개거부처분에 대하여 행정소송이 제기된 경우에 재판장은 필요하다고 인정할 때에는 비공개로 해당 정보를 열람·심사할 수 있다.
   ④ 공개를 구하는 정보를 공공기관이 보유·관리하고 있을 상당한 개연성이 있다는 점에 대하여는 공개청구자에게 증명책임이 있지만, 공개대상정보를 공공기관이 한때 보유·관리하였으나 후에 그 문서 등이 폐기되어 존재하지 않게 된 것이라면, 그 정보를 더 이상 보유·관리하고 있지 아니하다는 점에 대한 입증책임은 공공기관에 있다.

16. 행정상 제재처분에 대한 설명으로 옳지 않은 것만을 모두 고르면?

   ㄱ. 「행정기본법」상 '제재처분'이란 법령 등에 따른 의무를 위반하거나 이행하지 아니하였음을 이유로 당사자에게 의무를 부과하거나 권익을 제한하는 처분으로서 행정상 강제를 포함한다.
   ㄴ. 행정법규위반에 대한 제재처분은 행정목적의 달성을 위하여 행정법규위반이라는 객관적 사실에 착안하여 가하는 제재이므로, 반드시 현실적인 행위자가 아니라도 법령상 책임자로 규정된 자에게 부과되고, 특별한 사정이 없는 한 위반자에게 고의나 과실이 없더라도 부과할 수 있다.
   ㄷ. 행정청이 여러 개의 위반행위에 대하여 하나의 제재처분을 하였으나, 위반행위별로 제재처분의 내용을 구분하는 것이 가능하고 여러 개의 위반행위 중 일부의 위반행위에 대한 제재처분 부분만이 위법한 경우라도, 법원은 제재처분 전부를 취소할 수 있다.
   ㄹ. 법령위반행위가 2025년 1월 20일에 있은 후 법령이 개정되어 그 위반행위에 대한 제재처분기준이 감경된 경우, 특별한 규정이 없다면 해당 제재처분에 대해서는 개정된 법령을 적용한다.

   ① ㄱ, ㄴ, ㄹ   ② ㄱ, ㄷ
   ③ ㄴ, ㄷ   ④ ㄷ, ㄹ

17. 행정계획에 관한 설명 중 옳은 것은?
   ① 국토이용계획변경신청을 거부하는 것이 실질적으로 당해 행정처분 자체를 거부하는 결과가 되는 경우라도 주민이 국토이용계획의 변경에 대하여 신청을 할 수 있다는 규정이 없으므로 그 변경신청을 거부하는 행위가 항고소송의 대상이 된다고 볼 수 없다.
   ② 도시계획결정이 고시되면 도시계획구역 안의 토지나 건물소유자의 권리행사가 일정한 제한을 받지만, 고시된 도시계획결정은 특정 개인의 권리 내지 법률상의 이익을 개별적이고 구체적으로 규제하는 것은 아니므로 항고소송의 대상이 되는 처분이라고 볼 수 없다.
   ③ 「도시 및 주거환경정비법」에 따라 인가·고시된 관리처분계획은 구속적 행정계획으로서 독립된 처분성을 가진다.
   ④ 도시기본계획은 도시의 장기적 개발방향과 미래상을 제시하는 도시계획의 입안의 지침이 되는 장기적·종합적인 개발계획이므로 일반국민에 대한 직접적 구속력을 가진다.

18. 甲은 2024년 9월 10일에 관할행정청 A에 하천점용허가를 신청하였으나 A는 거부처분을 하였고 그 처분서가 2024년 9월 20일 甲에게 송달되었다. 이에 甲이 행정심판을 청구하고자 하는 경우에 대한 설명으로 옳지 않은 것만을 모두 고르면?

   ┌───┐
   │ ㄱ. 甲은 의무이행심판을 제기할 수도 있고 취소심판을 │
   │   제기할 수도 있다.   │
   │ ㄴ. 만약 甲이 2025년 1월 10일에 의무이행심판을 제 │
   │   기한 경우에도 행정심판위원회는 본안심리에 들어 │
   │   가야 한다.   │
   │ ㄷ. 의무이행심판에서 인용재결이 있는 경우 행정청은 │
   │   그 재결의 취지에 따라 다시 이전의 신청에 대한 처│
   │   분을 하여야 하므로 A는 종전 거부처분 후에 발생 │
   │   한 새로운 사유를 내세워 다시 하천점용허가를 거 │
   │   부할 수 없다.   │
   │ ㄹ. 행정심판위원회가 하천점용허가의 이행을 명하는   │
   │   재결을 하였음에도 불구하고 A가 그 허가를 하지   │
   │   아니하는 경우에는, 행정심판위원회는 직권으로 기 │
   │   간을 정하여 서면으로 A에게 시정을 명하고 그 기 │
   │   간에 이행하지 아니하면 직접처분을 할 수 있다.   │
   └───┘

   ① ㄱ, ㄴ
   ② ㄴ, ㄷ, ㄹ
   ③ ㄴ, ㄹ
   ④ ㄷ, ㄹ

19. 「개인정보 보호법」에 대한 설명으로 옳지 않은 것은?
   ① 정보주체는 자신의 개인정보처리와 관련하여 완전히 자동화된 개인정보처리에 따른 결정을 거부하거나 그에 대한 설명 등을 요구할 권리를 가진다.
   ② 개인정보처리자의 고의 또는 중대한 과실로 인하여 개인정보가 분실·도난·유출·위조·변조 또는 훼손된 경우로서 정보주체에게 손해가 발생한 때에는 법원은 그 손해액의 3배를 넘지 아니하는 범위에서 손해배상액을 정할 수 있다.
   ③ 개인정보처리자는 만 14세 미만 아동의 개인정보를 처리하기 위하여 이 법에 따른 동의를 받아야 할 때에는 그 법정대리인의 동의를 받아야 하며, 법정대리인이 동의하였는지를 확인하여야 한다.
   ④ 고정형 영상정보처리기기운영자는 고정형 영상정보처리기기의 설치목적과 다른 목적으로 고정형 영상정보처리기기를 임의로 조작하거나 다른 곳을 비춰서는 아니 되며, 녹음기능은 사용할 수 없다.

20. 판례의 입장으로 옳은 것은?
   ① 한국방송공사가 수신료 징수업무를 위탁하는 경우, 수탁자가 수신료를 징수할 때 고유업무와 관련된 고지행위와 결합하여 이를 행하지 않도록 하는 「방송법 시행령」 제43조 제2항은 의회유보원칙에 위반된다고 볼 수 없다.
   ② 국가공무원인 교원의 보수에 관한 구체적인 내용(보수체계, 보수내용, 지급방법 등)은 '기본적인 사항'으로서 반드시 법률의 형식으로 정하여야 한다.
   ③ 甲광역시장이 관내 코로나바이러스감염증-19 누적 확진자 수 급증과 특정 교회에서의 집단감염 사례 등 확진자 증가 사실을 알리면서, 사회적 거리두기를 2단계로 유지하되 사실상 3단계에 준하는 집합금지 확대 등의 조치를 취한다는 취지의 발표와 함께, 구 「감염병의 예방 및 관리에 관한 법률」 제49조 제1항 제2호에 따라 '관내 종교시설에 대한 집합금지' 등을 명하는 예방조치를 한 것은 비례의 원칙, 평등의 원칙을 위반한 것으로서 재량권의 범위를 일탈·남용하여 위법하다.
   ④ 코로나19의 예방을 위한 집합제한조치로 인하여 일반음식점업을 운영하는 청구인들의 영업권이 제한되었음에도 이에 관한 보상규정을 두지 않은 것은 청구인들의 재산권을 침해한다.

2025

쉬운 휘운 행정법 | 유휘운 행정법

동형
모고

정답·해설

실전동형
모의고사

메가 공무원

2025 쉬운 휘운 행정법 | 유휘운 행정법

유휘운

동형
모고

정답·해설

실전동형
모의고사

메가 공무원

CONTENTS

| 이 책의 차례 |

제1회	실전동형 모의고사	………	004
제2회	실전동형 모의고사	………	019
제3회	실전동형 모의고사	………	034
제4회	실전동형 모의고사	………	047
제5회	실전동형 모의고사	………	060
제6회	실전동형 모의고사	………	074

(빠른 정답)

해설편

제01회 정답 및 문제해설

정답 모아보기

01	02	03	04	05	06	07	08	09	10
③	③	①	③	④	④	③	②	④	②
11	12	13	14	15	16	17	18	19	20
①	④	②	①	④	④	②	③	①	②

01 「국가배상법」 – 배상책임(73), 제2조(71)

운전병인 군인 甲이 군용차량을 운전하여 이동하다가 민간인 乙이 운전하던 차량과 충돌하였다. 甲과 乙의 공동과실로 발생한 이 사고로 甲이 운전하던 차량에 탑승하고 있던 같은 부대 소속 군인 丙이 상해를 입었다. 이에 대한 설명으로 옳은 것만을 모두 고르면? (다툼이 있는 경우 판례에 의하고, 자동차손해보험과 관련된 법적 책임은 고려하지 않음)

> ㄱ. 甲이 전투·훈련 중에 사고를 낸 것이 아니라 훈련장 소로의 이동을 위해 군용차량을 운전하다 사고가 발생한 것이라면 丙은 다른 법령에 따라 재해보상금 등의 보상을 받은 경우에도 국가배상청구를 할 수 있다.
> ㄴ. 甲이 다른 법령에 의하여 보상금을 지급받을 수 있었으나 해당 보상금청구권이 시효로 소멸된 경우에도 「국가배상법」 제2조 제1항 단서 규정이 여전히 적용된다.
> ㄷ. 헌법재판소에 따르면 만일 乙이 손해배상액 전부를 丙에게 배상한 경우에도 자신의 귀책부분을 넘는 금액에 대해 국가에 구상청구를 할 수 없다.
> ㄹ. 사안과 달리 丙이 사망한 경우라면, 丙의 유족이 다른 법령에 따라 유족연금 등 보상을 받을 수 있을 때에도 국가에 대하여 자신의 정신적 고통에 대한 위자료를 청구할 수 있다.

① ㄱ, ㄴ
② ㄱ, ㄴ, ㄷ
③ ㄴ, ㄹ
④ ㄷ, ㄹ

정답 ③

ㄱ. ✕ 판례는 '일반 직무집행'에 관하여도 이중배상금지조항이 적용되는 것으로 보므로 丙이 다른 법령에 따라 재해보상금 등의 보상을 받은 경우에는 국가배상청구를 할 수 없다.
- 경찰공무원이 낙석사고 현장 주변 교통정리를 위하여 사고현장 부근으로 이동하던 중 대형 낙석이 순찰차를 덮쳐 사망하자, 도로를 관리하는 지방자치단체가 「국가배상법」 제2조 제1항 단서에 따른 면책을 주장한 사안에서, 경찰공무원 등이 '전투·훈련 등 직무집행과 관련하여' 순직 등을 한 경우 같은 법 및 「민법」에 의한 손해배상책임을 청구할 수 없다고 정한 「국가배상법」 제2조 제1항 단서의 면책조항은 구 「국가배상법」 제2조 제1항 단서의 면책조항과 마찬가지로 전투·훈련 또는 이에 준하는 직무집행뿐만 아니라 '일반 직무집행'에 관하여도 국가나 지방자치단체의 배상책임을 제한하는 것이라고 해석해야 한다(대판 2011.3.10. 2010다85942).

ㄴ. ○ 「국가배상법」 제2조 제1항 단서 규정은 다른 법령에 보상제도가 규정되어 있고, 그 법령에 규정된 상이등급 또는 장애등급 등의 요건에 해당되어 그 권리가 발생한 이상, 실제로 그 권리를 행사하였는지 또는 그 권리를 행사하고 있는지 여부에 관계없이 적용된다고 보아야 하고, 각 법률에 의한 보상금청구권이 시효로 소멸되었다 하여 적용되지 않는다고 할 수는 없다(대판 2002.5.10. 2000다39735).

ㄷ. ✕ 헌법재판소에 따르면 乙은 자신의 부담부분을 넘는 금액을 배상한 경우, 국가에 구상청구를 할 수 있다.
- 「국가배상법」 제2조 제1항 단서 중 군인에 관련되는 부분을, 일반국민이 직무집행 중인 군인과의 공동불법행위로 직무집행 중인 다른 군인에게 공상을 입혀 그 피해자에게 공동의 불법행위로 인한 손해를 배상한 다음 공동불법행위자인 군인의 부담부분에 관하여 국가에 대하여 구상권을 행사하는 것을 허용하지 않는다고 해석한다면, 헌법에 위반된다(편저자: 즉, 국가에 대한 구상권행사가 허용된다)(헌재 1994.12.29. 93헌바21).

> **⊕ PLUS** 〈비교〉 헌법재판소와 달리 대법원은 민간인인 공동불법행위자는 자신의 부담부분(과실부분)에 한하여 손해배상의무를 부담하고, 이를 넘는 금액을 배상한 경우에도 국가에 구상청구를 할 수 없다고 본다(대판 2001.2.15. 96다42420 전합).

ㄹ. ○ 종래는 군인·군무원·경찰공무원 또는 예비군대원이 전투·훈련 등 직무집행과 관련하여 전사·순직한 경우 다른 법령에 따라 재해보상금 등의 보상을 지급받을 수 있는 때에는 본인뿐만 아니라 유족의 손해배상청구도 인정하지 않았으나, 2025년 개정 「국가배상법」은 전사하거나 순직한 군인 등의 **유족**은 다른 법령에 따라 보상을 지급받을 수 있는 경우에도 자신의 정신적 고통에 대한 **위자료**만큼은 청구할 수 있도록 하고 있다(동법 제2조 제3항). 따라서 丙의 유족이 다른 법령에 따라 유족연금 등 보상을 받을 수 있을 때에도 국가에 대하여 자신의 정신적 고통에 대한 위자료를 청구할 수 있다.

> 「국가배상법」 제2조(배상책임) ① 국가나 지방자치단체는 공무원 또는 공무를 위탁받은 사인(이하 '공무원'이라 한다)이 직무를 집행하면서 고의 또는 과실로 법령을 위반하여 타인에게 손해를 입히거나, 「자동차손해배상 보장법」에 따라 손해배상의 책임이 있을 때에는 이 법에 따라 그 손해를 배상하여야 한다. 다만, 군인·군무원·경찰공무원 또는 예비군대원이 전투·훈련 등 직무집행과 관련하여 전사(戰死)·순직(殉職)하거나 공상(公傷)을 입은 경우에 본인이나 그 유족이 다른 법령에 따라 재해보상금·유족연금·상이연금 등의 보상을 지급받을 수 있을 때에는 이 법 및 「민법」에 따른 손해배상을 청구할 수 없다.
> ③ 제1항 단서에도 불구하고 전사하거나 순직한 군인·군무원·경찰공무원 또는 예비군대원의 유족은 자신의 정신적 고통에 대한 위자료를 청구할 수 있다. 〈신설 2025.1.7.〉

02 통치행위(02)

통치행위에 관한 다음 설명 중 옳은 것은?

① 대통령이 2016.2.10.경 개성공단의 운영을 즉시 전면 중단하기로 결정하고, 피청구인 통일부장관은 피청구인 대통령의 지시에 따라 철수계획을 마련하여 관련 기업인들에게 통보한 다음 개성공단 전면중단 성명을 발표하고, 이에 대응한 북한의 조치에 따라 개성공단에 체류 중인 국민들 전원을 대한민국 영토 내로 귀환하도록 한 일련의 행위로 이루어진 개성공단 전면중단 조치는 고도의 정치적 결단에 기한 조치로서 이른바 통치행위에 해당하므로 이로 인하여 기본권제한이 발생하더라도 사법심사의 대상이 될 수 없다.

② 대통령의 비상계엄의 선포는 고도의 정치적·군사적 성격을 지니고 있는 행위라 할 것이므로, 그 요건 구비 여부나 당·부당을 판단할 권한이 사법부에는 없다고 할 것이고, 비상계엄의 선포나 확대가 국헌문란의 목적을 달성하기 위하여 행하여진 경우라도 법원은 그 자체가 범죄행위에 해당하는지의 여부에 관하여 심사할 수 없다.

③ 통치행위의 개념을 인정한다고 하더라도 과도한 사법심사의 자제가 기본권을 보장하고 법치주의이념을 구현하여야 할 법원의 책무를 태만히 하거나 포기하는 것이 되지 않도록 그 인정을 지극히 신중하게 하여야 하며, 그 판단은 오로지 사법부만에 의하여 이루어져야 한다.

④ 대통령이 국가원수로서 행하는 서훈취소행위는 법원이 사법심사를 자제하여야 할 고도의 정치성을 띤 행위로서 이른바 통치행위에 해당한다.

정답 ③

① ✗ 피청구인 대통령이 2016.2.10.경 개성공단의 운영을 즉시 전면 중단하기로 결정하고, 피청구인 통일부장관은 피청구인 대통령의 지시에 따라 철수계획을 마련하여 관련 기업인들에게 통보한 다음 개성공단 전면중단 성명을 발표하고, 이에 대응한 북한의 조치에 따라 개성공단에 체류 중인 국민들 전원을 대한민국 영토 내로 귀환하도록 한 일련의 행위로 이루어진 개성공단 전면중단 조치가 헌법소원심판의 대상이 되는지 여부(적극)

- **개성공단 전면중단 조치**가 고도의 정치적 결단을 요하는 문제이기는 하나, 조치 결과 개성공단 투자기업인 청구인들에게 기본권제한이 발생하였고, 국민의 **기본권제한과 직접 관련**된 공권력의 행사는 고도의 정치적 고려가 필요한 행위라도 헌법과 법률에 따라 결정하고 집행하도록 견제하는 것이 헌법재판소 본연의 임무이므로, 그 한도에서 **헌법소원심판의 대상이 될 수 있다**(헌재 2022.1.27. 2016헌마364).

② ✗ 대통령의 비상계엄의 선포나 확대 행위는 고도의 정치적·군사적 성격을 지니고 있는 행위라 할 것이므로, 그것이 누구에게도 일견하여 헌법이나 법률에 위반되는 것으로서 명백하게 인정될 수 있는 등 특별한 사정이 있는 경우라면 몰라도, 그러하지 아니한 이상 그 **계엄선포의 요건 구비 여부나 선포의 당·부당을 판단할 권한**이 **사법부에는 없다**고 할 것이나, **비상계엄의 선포나 확대가 국헌문란의 목적**을 달성하기 위해 행해진 경우에는 법원은 그 **자체가 범죄행위에 해당하는지 여부에 대해 심사할 수 있다**(대판 1997.4.17. 96도3376).

③ ○ **통치행위의 개념을 인정한다고 하더라도 과도한 사법심사의 자제가 기본권**을 보장하고 법치주의이념을 구현하여야 할 법원의 책무를 태만히 하거나 포기하는 것이 되지 않도록 그 인정을 지극히 **신중**하게 하여야 하며, 그 **판단은 오로지 사법부만에 의하여 이루어져야 한다**(대판 2004.3.26. 2003도7878).

④ ✗ 서훈취소는 서훈수여의 경우와는 달리 이미 발생된 서훈대상자 등의 권리 등에 영향을 미치는 행위로서 관련 당사자에게 미치는 불이익의 내용과 정도 등을 고려하면 사법심사의 필요성이 크다. 따라서 기본권의 보장 및 법치주의의 이념에 비추어 보면, 비록 **서훈취소**가 대통령이 국가원수로서 행하는 행위라고 하더라도 법원이 **사법심사를 자제하여야 할 고도의 정치성을 띤 행위라고 볼 수는 없다**(대판 2015.4.23. 2012두26920).

03 영업양도(25), 사전통지·의견청취(39)

영업양도에 대한 설명으로 옳지 않은 것만을 모두 고르면?

> ㄱ. 甲과 乙이 영업양도계약을 체결하고 양수인 乙이 행정청에 양도사실을 신고한 것에 대해 행정청이 수리를 하는 경우 처분의 상대방은 乙이 되므로 甲에 대해 사전통지 등을 하여야 하는 것은 아니다.
>
> ㄴ. 양도인에게 음주운전으로 인한 운전면허취소사유가 있었지만 아직 운전면허가 취소되지 않은 상태에서 개인택시운송사업면허를 양도하고 이에 대한 관할관청의 인가가 있은 후에서야 비로소 양도인의 운전면허가 취소되었다면 관할관청은 양수인을 상대로 개인택시운송사업면허를 취소할 수 없다.
>
> ㄷ. 속임수나 그 밖의 부당한 방법으로 보험자에게 요양급여비용을 부담하게 한 요양기관이 폐업한 경우, 그 요양기관 및 폐업 후 그 요양기관의 개설자가 새로 개설한 요양기관에 대하여 업무정지처분을 할 수 있다.
>
> ㄹ. 불법증차된 차량을 양수한 경우 양수인은 불법증차 차량이라는 물적 자산과 그에 대한 운송사업자로서의 책임까지 포괄적으로 승계하므로 관할행정청은 양수인의 선의·악의를 불문하고 양수인에 대하여 불법증차 차량에 관하여 지급된 유가보조금의 반환을 명할 수 있으며 그에 따른 양수인의 책임범위는 지위승계 후 발생한 유가보조금 부정수급액에 한정되는 것이 아니라 지위승계 전에 발생한 유가보조금 부정수급액을 포함한다.

① 모두 옳지 않음 ② ㄱ, ㄴ, ㄷ
③ ㄱ, ㄹ ④ ㄴ, ㄷ

정답 ①

ㄱ. ✗ 영업자지위승계신고를 수리하는 처분은 종전 영업자의 권익을 제한하는 처분으로서 종전 영업자인 甲에 대해 사전통지 등 행정절차를 실시하고 처분을 하여야 한다.

- 그 영업자의 지위를 승계한 자가 관계행정청에 이를 신고하여 행정청이 이를 수리하는 경우에는 종전의 영업자에 대한 영업허가 등은 그 효력을 잃는다 할 것인데, 위 규정들을 종합하면 위 행정청이 구 「식품위생법」 규정에 의하여 **영업자지위승계신고를 수리하는 처분은 종전의 영업자의 권익을 제한하는 처분**이라 할 것이고 따라서 종전의 영업자는 그 처분에 직

접 그 상대가 되는 자에 해당한다고 봄이 상당하므로, 행정청으로서는 위 신고를 수리하는 처분을 함에 있어서「행정절차법」규정 소정의 당사자에 해당하는 **종전의 영업자에 대하여** 위 규정 소정의 **행정절차를 실시**하고 처분을 하여야 한다(대판 2003.2.14. 2001두7015).

ㄴ. ✕ 양도인의 제재사유가 현실적으로 발생하지 않았더라도 그 원인되는 사실이 이미 존재하였다면 양도 후 제재사유로 양수인에게 제재처분을 할 수 있다.
- 구「여객자동차 운수사업법」제15조 제4항에 의하면 개인택시운송사업을 양수한 사람은 양도인의 운송사업자로서의 지위를 승계하는 것이므로, 관할관청은 개인택시운송사업의 양도·양수에 대한 인가를 한 후에도 그 양도·양수 이전에 있었던 양도인에 대한 운송사업면허 취소사유를 들어 양수인의 사업면허를 취소할 수 있는 것이고, 가사 **양도·양수 당시**에는 양도인에 대한 운송사업면허 **취소사유가 현실적으로 발생하지 않은 경우라도** 그 **원인되는 사실이 이미 존재하였다면**, 관할관청으로서는 **그 후 발생한** 운송사업면허 **취소사유에 기하여 양수인의 사업면허를 취소할 수 있는 것이다**(대판 2010.4.8. 2009두17018).

ㄷ. ✕ 요양기관 업무정지처분은 그 요양기관의 업무를 대상으로 하는 대물적 처분으로서 대상이 된 요양기관이 아닌 새로 개설된 요양기관에 대해서는 할 수 없다.
- 요양기관이 속임수나 그 밖의 부당한 방법으로 보험자에게 요양급여비용을 부담하게 한 때에 구「국민건강보험법」제85조 제1항 제1호에 의해 받게 되는 **요양기관 업무정지처분은** 의료인 개인의 자격에 대한 제재가 아니라 **요양기관의 업무 자체에 대한** 것으로서 **대물적 처분**의 성격을 갖는다. 따라서 속임수나 그 밖의 부당한 방법으로 보험자에게 요양급여비용을 부담하게 한 **요양기관이 폐업한** 때에는 그 요양기관은 업무를 할 수 없는 상태일 뿐만 아니라 그 처분대상도 없어졌으므로 **그 요양기관 및 폐업 후 그 요양기관의 개설자가 새로 개설한 요양기관**에 대하여 **업무정지처분을 할 수는 없다**(대판 2022.1.27. 2020두39365).

ㄹ. ✕ 불법증된 화물자동차를 양수한 사업자에 대하여 유가보조금 환수처분을 할 수 있다. 다만, 그 범위는 지위승계 후 발생한 부정수급액에 한정된다 (지위승계 전 발생한 부정수급액은 양도인에게 반환책임이 있음).
- 불법증차를 실행한 운송사업자로부터 운송사업을 양수하고「화물자동차 운수사업법」(이하 화물자동차법) 제16조 제1항에 따른 신고를 하여 화물자동차법 제16조 제4항에 따라 운송사업자의 지위를 승계한 경우에는 설령 양수인이 영업양도·양수대상에 불법증차 차량이 포함되어 있는지를 구체적으로 알지 못하였다 할지라도, 양수인은 불법증차 차량이라는 물적 자산과 그에 대한 운송사업자로서의 책임까지 포괄적으로 승계한다. 따라서 관할행정청은 양수인의 선의·악의를 불문하고 양수인에 대하여 불법증차 차량에 관하여 지급된 유가보조금의 반환을 명할 수 있다. 다만 그에 따른 양수인의 책임범위는 **지위승계 후** 발생한 유가보조금 **부정수급액에 한정**되고, 지위승계 전에 발생한 유가보조금 부정수급액에 대해서까지 양수인을 상대로 반환명령을 할 수는 없다. 유가보조금 반환명령은 '운송사업자 등'이 유가보조금을 지급받을 요건을 충족하지 못함에도 유가보조금을 청구하여 부정수급하는 행위를 처분사유로 하는 '대인적 처분'으로서, '운송사업자'가 불법증차 차량이라는 물적 자산을 보유하고 있음을 이유로 한 운송사업 허가취소 등의 '대물적 제재처분'과는 구별되고, 양수인은 영업양도·양수 전에 벌어진 양도인의 불법증차 차량의 제공 및 유가보조금 부정수급이라는 결과발생에 어떠한 책임이 있다고 볼 수 없기 때문이다(대판 2021.7.29. 2018두55968).

04 하자의 승계(30), 대상적격(52)

행정행위의 하자승계에 관한 설명으로 옳지 않은 것은?

① 선행처분과 후행처분이 서로 독립하여 별개의 법률효과를 발생시키는 경우에는 선행처분에 불가쟁력이 생겨 그 효력을 다툴 수 없게 되면 선행처분의 하자가 중대하고 명백하여 선행처분이 당연무효인 경우를 제외하고는 특별한 사정이 없는 한 선행처분의 하자를 이유로 후행처분의 효력을 다툴 수 없는 것이 원칙이지만, 선행처분의 불가쟁력이나 구속력이 그로 인하여 불이익을 입게 되는 자에게 수인한도를 넘는 가혹함을 가져오고, 그 결과가 당사자에게 예측가능한 것이 아니라면 선행처분의 후행처분에 대한 구속력을 인정할 수 없다.

② 도시·군계획시설결정과 실시계획인가는 도시·군계획시설사업을 위하여 이루어지는 단계적 행정절차에서 별도의 요건과 절차에 따라 별개의 법률효과를 발생시키는 독립적인 행정처분이므로 선행처분인 도시·군계획시설결정에 하자가 있더라도 그것이 당연무효가 아닌 한 원칙적으로 후행처분인 실시계획인가에 승계되지 않는다.

③ 표준지 소유자는 토지 등에 관한 재산세 등 부과처분의 취소를 구하는 소송에서 재산세 과세표준 산정의 기초가 되는 표준지공시지가결정의 위법을 주장할 수 있다.

④ 근로복지공단이 사업종류 변경결정을 하면서 실질적으로「행정절차법」에서 정한 처분절차를 준수하지 않아 사업주에게 방어권행사 및 불복의 기회가 보장되지 않은 경우에는 사업주가 사업종류 변경결정에 대해 제소기간 내에 취소소송을 제기하지 않았다고 하더라도 후행처분인 각각의 산재보험료 부과처분에 대한 쟁송절차에서 비로소 선행처분인 사업종류 변경결정의 위법성을 다투는 것이 허용되어야 한다.

정답 ③

① O 2개 이상의 행정처분이 연속적 또는 단계적으로 이루어지는 경우 선행처분과 후행처분이 서로 합하여 1개의 **법률효과**를 완성하는 때에는 선행처분에 하자가 있으면 그 하자는 후행처분에 **승계된다**(대판 2019.1.31. 2017두40372). 이러한 경우에는 선행처분에 불가쟁력이 생겨 그 효력을 다툴 수 없게 되더라도 선행처분의 하자를 이유로 후행처분의 효력을 다툴 수 있다. 그러나 선행처분과 후행처분이 서로 독립하여 **별개의 법률효과**를 발생시키는 경우에는 선행처분에 불가쟁력이 생겨 그 효력을 다툴 수 없게 되면 선행처분의 하자가 중대하고 명백하여 선행처분이 당연무효인 경우를 제외하고는 특별한 사정이 없는 한 선행 처분의 하자를 이유로 후행처분의 효력을 **다툴 수 없는 것이 원칙**이다. 다만 그 경우에도 선행처분의 불가쟁력이나 구속력이 그로 인하여 불이익을 입게 되는 자에게 **수인한도를 넘는 가혹함**을 가져오고, 그 결과가 당사자에게 **예측가능한 것이 아니라면**, 국민의 재판받을 권리를 보장하고 있는 헌법의 이념에 비추어 선행처분의 후행처분에 대한 구속력을 인정할 수 없다(대판 2019.1.31. 2017두40372).

② O 도시·군계획시설결정과 도시·군계획시설사업실시계획인가는 하자가 승계되지 않는다.
- 도시·군계획시설결정과 실시계획인가는 도시·군계획시설사업을 위하여 이루어지는 단계적 행정절차에서 별도의 요건과 절차에 따라 별개의 법률

효과를 발생시키는 독립적인 행정처분이다. 그러므로 선행처분인 도시·군계획시설결정에 하자가 있더라도 그것이 당연무효가 아닌 한 원칙적으로 후행처분인 실시계획인가에 승계되지 않는다(대판 2017.7.18. 2016두49938).

③ ✗ 표준지공시지가결정과 재산세부과처분 간에는 하자가 승계되지 않는다.
- 표준지로 선정된 토지의 표준지공시지가를 다투기 위해서는 처분청인 국토교통부장관에게 이의를 신청하거나 국토교통부장관을 상대로 공시지가결정의 취소를 구하는 행정심판이나 행정소송을 제기해야 한다. 그러한 절차를 밟지 않은 채 토지 등에 관한 재산세 등 부과처분의 취소를 구하는 소송에서 표준지공시지가결정의 위법성을 다투는 것은 원칙적으로 허용되지 않는다(대판 2022.5.13. 2018두50147).

④ ○ 사업종류 변경결정을 하면서 방어 및 불복의 기회가 보장되지 않은 경우에는 후행 산재보험료 부과처분으로 하자의 승계가 인정된다.
- 근로복지공단이 사업종류 변경결정을 하면서 개별 사업주에 대하여 사전통지 및 의견청취, 이유제시 및 불복방법 고지가 포함된 처분서를 작성하여 교부하는 등 **실질적으로 「행정절차법」에서 정한 처분절차를 준수함으로써 사업주에게 방어권행사 및 불복의 기회가 보장된 경우에는**, 그 사업종류 변경결정은 그 내용·형식·절차의 측면에서 단순히 조기의 권리구제를 가능하게 하기 위하여 「행정소송법」상 처분으로 인정되는 소위 '**쟁송법적 처분**'이 아니라, 개별·구체적 사안에 대한 규율로서 외부에 대하여 직접적 법적 효과를 갖는 행정청의 의사표시인 소위 '**실체법적 처분**'에 해당하는 것으로 보아야 한다. 이 경우 사업주가 「행정심판법」 및 「행정소송법」에서 정한 기간 내에 불복하지 않아 불가쟁력이 발생한 때에는 그 사업종류 변경결정이 중대·명백한 하자가 있어 당연무효가 아닌 한, 사업주는 그 사업종류 변경결정에 기초하여 이루어진 각각의 산재보험료부과처분에 대한 쟁송절차에서는 선행처분인 사업종류 변경결정의 위법성을 주장할 수 없다고 봄이 타당하다. 반면에 **근로복지공단이 사업종류 변경결정을 하면서 실질적으로 「행정절차법」에서 정한 처분절차를 준수하지 않아 사업주에게 방어권행사 및 불복의 기회가 보장되지 않은 경우에는** 이를 항고소송의 대상인 처분으로 인정하는 것은 사업주에게 조기의 권리구제기회를 보장하기 위한 것일 뿐이므로, 이 경우에는 사업주가 사업종류 변경결정에 대해 제소기간 내에 취소소송을 제기하지 않았다고 하더라도 **후행처분인 각각의 산재보험료부과처분에 대한 쟁송절차에서 비로소 선행처분인 사업종류 변경결정의 위법성을 다투는 것이 허용**되어야 한다(대판 2020.4.9. 2019두61137).

05 VA의 취소·철회(31), 공정력(27), 하자의 치유(30)

행정행위의 취소 및 철회에 관한 설명 중 옳은 것은?

① 수익적 행정처분에 대한 취소권 등의 행사는 기득권의 침해를 정당화할 만한 중대한 공익상의 필요 또는 제3자의 이익보호의 필요가 있는 때에 한하여 허용될 수 있는바 이러한 법리는 처분청이 수익적 행정처분을 직권으로 취소하는 경우뿐만 아니라 쟁송취소의 경우에도 적용된다.

② 운전면허취소처분에는 공정력이 인정되므로 운전면허취소처분을 받은 자가 이후 당해 처분에 대한 취소소송기간 중 자동차를 운전하였다면, 그 이후 판결에 의해 운전면허취소처분이 취소된 경우에도 여전히 무면허운전에 해당한다.

③ 점용료부과처분에 취소사유에 해당하는 흠이 있는 경우 도로관리청으로서는 당초 처분 자체를 취소하고 흠을 보완하여 새로운 부과처분을 하거나, 흠 있는 부분에 해당하는 점용료를 감액하는 처분을 할 수 있는데, 흠 있는 부분에 해당하는 점용료를 감액하는 것은 당초 처분 자체를 일부 취소하는 변경처분이 아니라 흠의 치유에 해당한다.

④ 처분청은 처분 후에 원래의 처분을 그대로 존속시킬 수 없게 된 사정변경이 생긴 경우 처분을 철회할 수 있지만, 처분청에게 철회권이 부여된다는 사정만으로 처분의 상대방 등에게 그 철회·변경을 요구할 신청권이 인정되는 것은 아니다.

정답 ④

① ✗ 수익적 행정처분의 취소제한에 관한 법리는 처분청이 수익적 행정처분을 직권으로 취소하는 경우에 적용되는 법리일 뿐 쟁송취소의 경우에는 적용되지 않는다.
- 수익적 행정처분에 대한 취소권 등의 행사는 기득권의 침해를 정당화할 만한 중대한 공익상의 필요 또는 제3자의 이익보호의 필요가 있는 때에 한하여 허용될 수 있다는 법리는, 처분청이 수익적 행정처분을 직권으로 취소·철회하는 경우에 적용되는 법리일 뿐 쟁송취소의 경우에는 적용되지 않는다(대판 2019.10.17. 2018두104).

② ✗ 운전면허취소처분을 받은 후 자동차를 운전하였으나 취소처분이 행정쟁송절차에 의하여 취소된 경우, 무면허운전이 성립되지 않는다.
- 피고인이 행정청으로부터 자동차운전면허취소처분을 받았으나 나중에 그 행정처분 자체가 행정쟁송절차에 의하여 취소되었다면, 위 운전면허취소처분은 그 처분시에 소급하여 효력을 잃게 되고, 피고인은 위 운전면허취소처분에 복종할 의무가 원래부터 없었음이 후에 확정되었다고 봄이 타당할 것이고, 행정행위에 공정력의 효력이 인정된다고 하여 행정소송에 의하여 적법하게 취소된 운전면허취소처분이 단지 장래에 향하여서만 효력을 잃게 된다고 볼 수는 없는 것이다. 따라서 피고인이 1997.3.1. 자동차운전면허취소처분을 받은 후 처분청을 상대로 운전면허취소처분의 취소소송을 제기하여 1997.11.27. 서울고등법원에서 승소판결을 받았고 그 판결이 대법원의 상고기각 판결로 확정되었다면, 피고인이 1997.11.18. 자동차를 운전한 행위는 「도로교통법」에 규정된 무면허운전의 죄에 해당하지 아니한다(대판 1999.2.5. 98도4239).

③ ✗ 도로관리청이 도로점용허가를 하면서 특별사용의 필요가 없는 부분을 점용장소 및 점용면적에 포함하는 것은 그 재량권행사의 기초가 되는 사실인정

에 잘못이 있는 경우에 해당하므로 그 도로점용허가 중 특별사용의 필요가 없는 부분은 위법하다. 점용료부과처분에 취소사유에 해당하는 흠이 있는 경우 도로관리청으로서는 당초 처분 자체를 취소하고 흠을 보완하여 새로운 부과처분을 하거나, 흠 있는 부분에 해당하는 점용료를 감액하는 처분을 할 수 있다. **흠 있는 부분에 해당하는 점용료를 감액하는 처분은 당초 처분 자체를 일부 취소하는 변경처분에 해당하고, 그 실질은 종래의 위법한 부분을 제거하는 것으로서 흠의 치유와는 차이가 있다**(대판 2019.1.17. 2016두56721 · 56738).

④ ○ 처분청이 처분 후에 원래의 처분을 그대로 존속시킬 필요가 없게 된 사정변경이 생겼거나 중대한 공익상의 필요가 발생한 경우에는 별도의 법적 근거가 없어도 별개의 행정행위로 이를 철회·변경할 수 있지만 이는 그러한 철회·변경의 권한을 처분청에게 부여하는 데 그치는 것일 뿐 상대방 등에게 그 철회·변경을 요구할 신청권까지를 부여하는 것은 아니라 할 것이다(대판 1997.9.12. 96누6219).

06 행정지도(35)

행정지도에 관한 설명으로 옳지 않은 것은?

① 행정지도는 그 목적달성에 필요한 최소한도에 그쳐야 하며, 상대방의 의사에 반하여 부당하게 강요하여서는 아니 된다.
② 행정지도의 상대방은 해당 행정지도의 방식·내용 등에 관하여 행정기관에 의견제출을 할 수 있다.
③ 교육부장관의 국·공립대학총장에 대한 학칙시정요구는 행정지도의 일종이지만, 그것이 규제적·구속적 성격을 상당히 강하게 갖는다면 헌법소원의 대상이 되는 공권력행사라고 볼 수 있다.
④ 행정관청이 (구)「국토이용관리법」 소정의 토지거래계약신고에 관하여 공시된 기준지가를 기준으로 매매가격을 신고하도록 행정지도를 하여 그에 따라 피고인이 허위신고를 한 것이라면 이 같은 행위가 사회상규에 위배된다고 볼 수 없다.

정답 ④

① ○

「행정절차법」 제48조(행정지도의 원칙) ① 행정지도는 그 목적달성에 필요한 최소한도에 그쳐야 하며, 행정지도의 상대방의 의사에 반하여 부당하게 강요하여서는 아니 된다.

② ○

「행정절차법」 제50조(의견제출) 행정지도의 상대방은 해당 행정지도의 방식·내용 등에 관하여 행정기관에 의견제출을 할 수 있다.

③ ○ 교육인적자원부장관(현 교육부장관)의 대학총장들에 대한 이 사건 **학칙시정요구**는 「고등교육법」 제6조 제2항, 동법 시행령 제4조 제3항에 따른 것으로서 그 법적 성격은 대학총장의 임의적인 협력을 통하여 사실상의 효과를 발생시키는 행정지도의 일종이지만, 그에 따르지 않을 경우 일정한 불이익조치를 예정하고 있어 사실상 상대방에게 그에 따를 의무를 부과하는 것과 다를 바 없으므로 단순한 행정지도의 한계를 넘어 규제적·구속적 성격을 상당

히 강하게 갖는 것으로서 **헌법소원의 대상**이 되는 공권력의 행사라고 볼 수 있다(헌재 2003.6.26. 2002헌마337 · 2003헌마7 · 8 병합).

④ ✗ 행정관청이 토지거래계약신고에 관하여 공시된 기준지가를 기준으로 매매가격을 신고하도록 행정지도하여 왔고 그 기준가격 이상으로 매매가격을 신고한 경우에는 거래신고서를 접수하지 않고 반려하는 것이 관행화되어 있다 하더라도 이는 법에 어긋나는 관행이라 할 것이므로 그와 같은 **위법한 관행에 따라 허위신고행위에 이르렀다고 하여 그 범법행위가 사회상규에 위배되지 않는 정당한 행위라고는 볼 수 없다**(편저자: 위법성이 조각되지 않아 처벌가능하다)(대판 1992.4.24. 91도1609).

07 부관(32)

행정행위의 부관에 관한 설명으로 옳은 것은?

① 고시에서 정하여진 허가기준에 따라 보존음료수 제조업의 허가에 부가된 조건과 같은 이른바 법정부관은 본래의 의미에서 행정행위의 부관은 아니지만, 이와 같은 법정부관에 대하여도 행정행위에 부관을 붙일 수 있는 한계에 관한 일반적인 원칙은 적용된다고 보아야 한다.
② 행정처분에 붙인 부담인 부관에 제소기간 도과로 불가쟁력이 생긴 경우라면 그 부담의 이행으로 한 사법상 법률행위의 효력을 다툴 수는 없다.
③ 행정청이 특정 개발사업의 시행자를 지정하는 처분을 하면서 상대방에게 지정처분의 취소에 대한 소권을 포기하도록 하는 내용의 부관을 붙이는 것은 허용될 수 없다.
④ 행정행위의 효력을 성취가 불확실한 사실에 의존시키는 부관을 불확정기한이라고 하고, 도래가 확실한 사실에 의존시키는 부관을 확정기한이라고 한다.

정답 ③

① ✗ 고시에 정한 허가기준에 따라 보존음료수 제조업의 허가에 붙여진 전량수출 또는 주한외국인에 대한 판매에 한한다는 내용의 조건은 이른바 법정부관으로서 행정청의 의사에 기하여 붙여지는 본래의 의미에서 행정행위의 부관은 아니므로, 이와 같은 법정부관에 대하여는 행정행위에 부관을 붙일 수 있는 한계에 관한 일반적인 원칙이 적용되지는 않는다(대판 1994.3.8. 92누1728).

② ✗ 부담인 부관에 제소기간 도과로 불가쟁력이 생긴 경우에도 그 부담의 이행으로 한 사법상 법률행위의 효력을 다툴 수 있다.

• 행정처분에 붙은 부담인 부관이 제소기간의 도과로 확정되어 이미 불가쟁력이 생겼다면 그 하자가 중대하고 명백하여 당연무효로 보아야 할 경우 외에는 누구나 그 효력을 부인할 수 없을 것이지만, 부담의 이행으로서 하게 된 사법상 매매 등의 법률행위는 부담을 붙인 행정처분과는 어디까지나 별개의 법률행위이므로 그 부담의 불가쟁력의 문제와는 별도로 법률행위가 사회질서위반이나 강행규정에 위반되는지 여부 등을 따져보아 그 법률행위의 유효 여부를 판단하여야 한다(대판 2009.6.25. 2006다18174).

③ ○ 행정소송에 관한 부제소특약의 효력(무효)

• 지방자치단체장이 도매시장법인의 대표이사에 대하여 위 지방자치단체장이 개설한 농수산물도매시장의 도매시장법인으로 다시 지정함에 있어서 그 지정조건으로 "지정기간 중이라도 개설자가 농수산물 유통정책의 방침에 따라 도매시장법인 이전 및 지정취소 또는 폐쇄지시에도 일체 소송이나 손실보상을 청구할 수 없다."라는 부관을 붙였으나, 그중 부제소특약에 관한

부분은 당사자가 임의로 처분할 수 없는 공법상의 권리관계를 대상으로 하여 사인의 국가에 대한 공권인 소권을 당사자의 합의로 포기하는 것으로서 허용될 수 없다(대판 1998.8.21. 98두8919).
④ ✗ 행정행위의 효력을 성취가 불확실한 사실에 의존시키는 것은 불확정기한이 아니라 '조건'이고, 도래가 확실한 사실에 의존시키는 것은 확정기한이 아니라 '기한'이다. 따라서 지문은 전단과 후단이 모두 틀렸다. '불확정기한'과 '확정기한'은 기한의 세부분류로서, 도래 자체는 확실하나 그 시점은 불확실한 경우를 '불확정기한'이라고 하고(예 사망시까지 연금지급), 도래 시점마저도 확실한 경우를 '확정기한'이라 한다(예 2025.12.31.까지 도로점용허가).

08 대집행(43)

행정대집행에 대한 설명으로 옳은 것은?

① 「공익사업을 위한 토지 등의 취득 및 보상에 관한 법률」상 토지소유자가 수용 또는 사용의 개시일까지 토지를 사업시행자에게 인도하지 않을 경우 「행정대집행법」에 의한 대집행의 대상이 된다.
② 건물의 소유자에게 위법건축물을 일정 기간까지 철거할 것을 명함과 아울러 불이행할 때에는 대집행한다는 내용의 철거대집행 계고처분을 고지한 후 이에 불응하자 다시 제2차, 제3차 계고서를 발송하여 일정 기간까지의 자진철거를 촉구하고 불이행하면 대집행을 한다는 뜻을 고지한 경우, 제2차, 제3차의 계고처분은 새로운 철거의무를 부과한 것이 아니므로 항고소송의 대상이 되지 않는다.
③ 철거명령과 대집행의 계고는 동시에 행해질 수는 없으므로 계고서라는 명칭의 1장의 문서로서 일정 기간 내에 위법건축물의 자진철거를 명함과 동시에 그 소정 기한 내에 자진철거를 하지 않을 때에는 대집행할 뜻을 미리 계고한 것은 적법한 계고로 볼 수 없다.
④ 「행정대집행법」상 건물철거 대집행은 다른 방법으로는 이행의 확보가 어렵고 불이행을 방치함이 심히 공익을 해하는 것으로 인정될 때에 한하여 허용되고 이러한 사정이 없다는 주장·입증책임은 대집행의 상대방이 부담한다.

정답 ②

① ✗ 구 「토지수용법」상 피수용자 등이 기업자에 대하여 부담하는 수용대상토지의 인도의무는 대집행의 대상이 되지 않는다.
• 피수용자 등이 기업자에 대하여 부담하는 수용대상토지의 인도의무에 관한 구 「토지수용법」(2002.2.4. 법률 제6656호 「공익사업을 위한 토지 등의 취득 및 보상에 관한 법률」 부칙 제2조로 폐지) 제63조, 제64조, 제77조 규정에서의 '인도'에는 명도도 포함되는 것으로 보아야 하고, 이러한 명도의무는 그것을 강제적으로 실현하면서 직접적인 실력행사가 필요한 것이지 대체적 작위의무라고 볼 수 없으므로 특별한 사정이 없는 한 「행정대집행법」에 의한 대집행의 대상이 될 수 있는 것이 아니다(대판 2005.8.19. 2004다2809).
② ○ 2차·3차 계고처분은 행정처분이 아니다.
• 건물의 소유자에게 위법건축물을 일정 기간까지 철거할 것을 명함과 아울러 불이행할 때에는 대집행한다는 내용의 철거대집행 계고처분을 고지한 후 이에 불응하자 다시 제2차, 제3차 계고서를 발송하여 일정 기간까지의 자진철거를 촉구하고 불이행하면 대집행을 한다는 뜻을 고지하였다면 「행정대집행법」상의 건물철거의무는 제1차 철거명령 및 계고처분으로서 발생하였고 제2차, 제3차의 계고처분은 새로운 철거의무를 부과한 것이 아니고 다만 대집행기한의 연기통지에 불과하므로 행정처분이 아니다(대판 1994.10.28. 94누5144).
③ ✗ 1장의 문서로 철거명령 및 계고처분을 할 수 있다.
• 계고서라는 명칭의 1장의 문서로써 일정 기간 내에 위법건축물의 자진철거를 명함과 동시에 그 소정 기한 내에 자진철거를 하지 아니할 때에는 대집행할 뜻을 미리 계고한 경우라도 위 「건축법」에 의한 철거명령과 「행정대집행법」에 의한 계고처분은 독립하여 있는 것으로서 각 그 요건이 충족되었다고 볼 것이고, 이 경우 철거명령에서 주어진 일정 기간이 자진철거에 필요한 상당한 기간이라면 그 기간 속에는 계고시에 필요한 '상당한 이행기간'도 포함되어 있다고 보아야 할 것이다(대판 1992.6.12. 91누13564).
④ ✗ 대집행요건 구비에 관한 주장·입증책임은 처분행정청에 있다.
• 「건축법」에 위반하여 건축한 것이어서 철거의무가 있는 건물이라 하더라도 그 철거의무를 대집행하기 위한 계고처분을 하려면 다른 방법으로는 이행의 확보가 어렵고 불이행을 방치함이 심히 공익을 해하는 것으로 인정될 때에 한하여 허용되고 이러한 요건의 주장·입증책임은 **처분행정청**에 있다(대판 1996.10.11. 96누8086).

09 대상적격(53), 확인(21)

항고소송의 대상이 되는 행정처분에 관한 설명으로 옳지 않은 것은?

① 검찰총장이 검사 甲에 대하여 대검찰청 내부규정에 근거하여 경고조치를 한 경우, 해당 내부규정에서 검찰총장의 경고조치를 받은 검사에 대하여 직무성과금 지급이나 승진·전보인사에서 불이익을 주도록 규정하고 있다면, 甲은 검찰총장의 경고조치에 대하여 취소소송을 제기할 수 있다.
② 「교육공무원법」상 승진후보자 명부에 의한 승진심사방식으로 행해지는 승진임용에서 승진후보자 명부에 포함되어 있던 후보자를 승진임용인사발령에서 제외하는 행위는 항고소송의 대상인 처분에 해당한다.
③ A광역시립합창단원으로서 위촉기간이 만료되는 甲의 재위촉신청에 대하여 A광역시문화예술회관장이 실기와 근무성적에 대한 평정을 실시하여 재위촉을 하지 않은 경우 甲이 항고소송으로 다툴 수 없다.
④ 방위사업법령 및 「국방전력발전업무훈령」에 따른 연구개발확인서 발급은 사업관리기관이 개발업체에게 해당 품목의 양산과 관련하여 수의계약의 방식으로 국방조달계약을 체결할 수 있는 지위가 있음을 인정해 주는 대등한 당사자의 계약일 뿐이므로 항고소송의 대상이 되지 않는다.

정답 ④

① ○ 검찰총장의 경고조치는 항고소송의 대상이 되는 행정처분이다.
• 검사에 대한 경고조치 관련규정을 위 법리에 비추어 살펴보면, 검찰총장이 사무검사 및 사건평정을 기초로 「대검찰청 자체감사규정」 제23조 제3항, 「검찰공무원의 범죄 및 비위 처리지침」 제4조 제2항 제2호 등에 근거하여 검사에 대하여 하는 '경고조치'는 일정한 서식에 따라 검사에게 개별 통지

를 하고 이의신청을 할 수 있으며, 검사가 검찰총장의 경고를 받으면 1년 이상 감찰관리대상자로 선정되어 특별관리를 받을 수 있고, 경고를 받은 사실이 인사자료로 활용되어 복무평정, 직무성과금 지급, 승진·전보인사에서도 불이익을 받게 될 가능성이 높아지며, 향후 다른 징계사유로 징계처분을 받게 될 경우에 징계양정에서 불이익을 받게 될 가능성이 높아지므로, 검사의 권리·의무에 영향을 미치는 행위로서 항고소송의 대상이 되는 처분이라고 보아야 한다(대판 2021.2.10. 2020두47564).

② ○ 승진후보자 명부에 포함된 자를 승진임용인사발령에서 제외하는 것은 항고소송의 대상이 되는 행정처분이다.
- 승진후보자 명부에 포함된 후보자는 임용권자로부터 정당한 심사를 받게 될 것에 관한 절차적 기대를 하게 된다. 그런데 임용권자 등이 자의적인 이유로 승진후보자 명부에 포함된 후보자를 승진임용에서 제외하는 처분을 한 경우에, 이러한 승진임용제외처분을 항고소송의 대상이 되는 처분으로 보지 않는다면, 달리 이에 대하여는 불복하여 침해된 권리 또는 법률상 이익을 구제받을 방법이 없다. 따라서 「교육공무원법」상 승진후보자 명부에 의한 승진심사방식으로 행해지는 승진임용에서 승진후보자 명부에 포함되어 있던 후보자를 승진임용인사발령에서 제외하는 행위는 불이익처분으로서 항고소송의 대상인 처분에 해당한다고 보아야 한다(대판 2018.3.27. 2015두47492).

③ ○ 시립합창단원 재위촉거부는 항고소송의 대상이 되는 행정처분이 아니다.
- 광주광역시문화예술회관장의 단원 위촉은 광주광역시문화예술회관장이 행정청으로서 공권력을 행사하여 행하는 행정처분이 아니라 공법상의 근무관계의 설정을 목적으로 하여 광주광역시와 단원이 되고자 하는 자 사이에 대등한 지위에서 의사가 합치되어 성립하는 공법상 근로계약에 해당한다고 보아야 할 것이므로, 광주광역시립합창단원으로서 위촉기간이 만료되는 자들의 재위촉신청에 대하여 광주광역시문화예술회관장이 실기와 근무성적에 대한 평정을 실시하여 재위촉을 하지 아니한 것을 항고소송의 대상이 되는 불합격처분이라고 할 수는 없다(대판 2001.12.11. 2001두7794).

④ ✕ 방위사업법령 및 「국방전력발전업무훈령」에 따른 연구개발확인서 발급 및 그 거부는 항고소송의 대상이 되는 행정처분이다.
- 「국방전력발전업무훈령」 제113조의5 제1항에 의한 연구개발확인서 발급은 개발업체가 '업체투자연구개발' 방식 또는 '정부·업체공동투자연구개발' 방식으로 전력지원체계 연구개발사업을 성공적으로 수행하여 군사용 적합 판정을 받고 국방규격이 제·개정된 경우에 사업관리기관이 개발업체에게 해당 품목의 양산과 관련하여 경쟁입찰에 부치지 않고 수의계약의 방식으로 국방조달계약을 체결할 수 있는 지위(경쟁입찰의 예외사유)가 있음을 인정해 주는 '확인적 행정행위'로서 공권력의 행사인 '처분'에 해당하고, 연구개발확인서 발급거부는 신청에 따른 처분발급을 거부하는 '거부처분'에 해당한다(대판 2020.1.16. 2019다264700).

10 「행정절차법」 – 적용범위(3조), 이유제시(23조), 사전통지·의견청취(21조, 22조)

행정절차에 대한 설명으로 옳은 것은?

① 하나의 납세고지서로 본세와 여러 종류의 가산세를 함께 부과하는 경우에 납세고지서에 가산세의 종류와 세액의 산출근거 등을 따로 구별하지 않고 가산세의 합계액만을 기재하였더라도 그 부과처분은 위법하지 않다.

② 교육부장관이 관련법령에 따른 부적격사유가 없는 A와 B 총장후보자 가운데 A후보자가 상대적으로 더욱 적합하다고 판단하여 대통령에게 총장으로 A후보자를 임용제청을 하였다면, 그러한 임용제청행위 자체로서 이유제시의무를 다한 것이다.

③ 외국인의 출입국에 관한 사항은 「행정절차법」이 적용되지 않으므로, 미국 국적을 가진 교민에 대한 사증거부처분에 대해서도 처분의 방식에 관한 「행정절차법」 제24조는 적용되지 않는다.

④ 영업시간제한 등 처분의 대상인 대규모점포 중 개설자의 직영매장 이외에 개설자로부터 임차하여 운영하는 임대매장이 병존하는 경우에는, 점포 개설자뿐만 아니라 임대매장의 임차인에게도 사전통지, 의견청취절차를 거쳐야 한다.

정답 ②

① ✕ 본세와 가산세 부과시 각각의 산출근거를 구분하여 기재해야 한다.
- 하나의 납세고지서에 의하여 본세와 가산세를 함께 부과할 때에는 납세고지서에 본세와 가산세 각각의 세액과 산출근거 등을 구분하여 기재하여야 하고, 여러 종류의 가산세를 함께 부과하는 경우에는 그 가산세 상호 간에도 종류별로 세액과 산출근거 등을 구분하여 기재하여야 하므로, 본세와 가산세 각각의 세액과 산출근거 및 가산세 상호 간의 종류별 세액과 산출근거 등을 제대로 구분하여 기재하지 아니한 채 본세와 가산세의 합계액 등만을 기재한 경우에도 그 과세처분은 위법하다(대판 2012.10.18. 2010두12347 전합).

② ○ 교육부장관이 어떤 후보자를 총장으로 임용제청하는 행위 자체로 이유제시의무를 다한 것이다.
- 교육부장관이 어떤 후보자를 총장 임용에 부적격하다고 판단하여 배제하고 다른 후보자를 임용제청하는 경우라면 배제한 후보자에게 연구윤리 위반, 선거부정, 그 밖의 비위행위 등과 같은 부적격사유가 있다는 점을 구체적으로 제시할 의무가 있다. 그러나 부적격사유가 없는 후보자들 사이에서 어떤 후보자를 상대적으로 더욱 적합하다고 판단하여 임용제청하는 경우라면, 이는 후보자의 경력, 인격, 능력, 대학운영계획 등 여러 요소를 종합적으로 고려하여 총장 임용의 적격성을 정성적으로 평가하는 것으로 그 판단결과를 수치화하거나 이유제시를 하기 어려울 수 있다. 이 경우에는 교육부장관이 어떤 후보자를 총장으로 임용제청하는 행위 자체에 그가 총장으로 더욱 적합하다는 정성적 평가결과가 당연히 포함되어 있는 것으로, 이로써 「행정절차법」상 이유제시의무를 다한 것이라고 보아야 한다. 여기에서 나아가 교육부장관에게 개별 심사항목이나 고려요소에 대한 평가결과를 더 자세히 밝힐 의무까지는 없다(대판 2018.6.15. 2016두57564).

③ ✕ 외국인의 사증발급신청에 대한 거부처분에는 처분의 방식에 관한 「행정절차법」 제24조가 적용된다.
- 「행정절차법」 제3조 제2항 제9호, 「행정절차법 시행령」 제2조 제2호 등 관련규정들의 내용을 행정의 공정성, 투명성, 신뢰성을 확보하고 처분상대

방의 권익보호를 목적으로 하는 「행정절차법」의 입법목적에 비추어 보면, 「행정절차법」의 적용이 제외되는 '외국인의 출입국에 관한 사항'이란 해당 행정작용의 성질상 행정절차를 거치기 곤란하거나 거칠 필요가 없다고 인정되는 사항이나 행정절차에 준하는 절차를 거친 사항으로서 「행정절차법 시행령」으로 정하는 사항만을 가리킨다. '외국인의 출입국에 관한 사항'이라고 하여 행정절차를 거칠 필요가 당연히 부정되는 것은 아니다. 외국인의 사증발급 신청에 대한 거부처분은 당사자에게 의무를 부과하거나 적극적으로 권익을 제한하는 처분이 아니므로, 「행정절차법」 제21조 제1항에서 정한 '처분의 사전통지'와 제22조 제3항에서 정한 '의견제출 기회 부여'의 대상은 아니다. 그러나 사증발급 신청에 대한 거부처분이 성질상 「행정절차법」 제24조에서 정한 '처분서 작성·교부'를 할 필요가 없거나 곤란하다고 일률적으로 단정하기 어렵다. 또한 출입국관리법령에 사증발급거부처분서 작성에 관한 규정을 따로 두고 있지 않으므로, 외국인의 사증발급 신청에 대한 거부처분을 하면서 「행정절차법」 제24조에 정한 절차를 따르지 않고 '행정절차에 준하는 절차'로 대체할 수도 없다(대판 2019.7.11. 2017두38874).

④ ✗ 대형마트 영업시간제한 등 처분시 그 처분의 상대방은 대규모점포 개설자이다.
- 영업시간제한 등 처분의 대상인 대규모점포 중 개설자의 직영매장 이외에 개설자로부터 임차하여 운영하는 임대매장이 병존하는 경우에도, 전체 매장에 대하여 법령상 대규모점포 등의 유지·관리 책임을 지는 개설자만이 처분상대방이 되고, 임대매장의 임차인이 이와 별도로 처분상대방이 되는 것은 아니라고 할 것이다. 따라서 사전통지·의견청취절차는 원고들(편저자: 대규모점포 개설자)을 상대로 거치면 충분하고, 그 밖에 임차인들을 상대로 별도의 사전통지 등 절차를 거칠 필요가 없다(대판 2015.11.19. 2015두295 전합).

11 행정형벌(46)

행정벌에 관한 설명으로 옳지 않은 것은?

① 양벌규정에 의한 영업주의 처벌은 독립하여 그 자신의 종업원에 대한 선임·감독상의 과실로 인하여 처벌되는 것이 아니라 금지위반행위자인 종업원의 처벌에 종속하는 것이므로 종업원의 범죄성립이나 처벌은 영업주 처벌의 전제조건이 된다.
② 종업원 등의 범죄행위와 관련하여 선임·감독상의 주의의무를 다하여 아무런 잘못이 없는 영업주도 처벌하도록 규정하고 있는 양벌규정은 법치국가의 원리 및 죄형법정주의로부터 도출되는 형벌에 관한 책임원칙에 반한다.
③ 지방자치단체 소속 공무원이 지방자치단체 고유의 자치사무를 수행하던 중 구 「도로법」에 위반하는 행위를 한 경우 지방자치단체는 구 「도로법」상 양벌규정에 따라 처벌대상이 되는 법인에 해당한다.
④ 지방자치단체 소속 공무원이 지정항만순찰 등의 업무를 위해 관할관청의 승인 없이 개조한 승합차를 운행함으로써 구 「자동차관리법」을 위반한 경우, 해당 지방자치단체는 구 「자동차관리법」 제83조의 양벌규정에 따른 처벌대상이 될 수 없다.

정답 ①

① ✗ 양벌규정상 영업주의 처벌은 종업원의 처벌을 전제로 하지 않는다.
- 양벌규정에 의한 영업주의 처벌은 금지위반행위자인 종업원의 처벌에 종속하는 것이 아니라 독립하여 그 자신의 종업원에 대한 선임·감독상의 과실로 인하여 처벌되는 것이므로 종업원의 범죄성립이나 처벌이 영업주 처벌의 전제조건이 될 필요는 없다(대판 2006.2.24. 2005도7673).

② ○ 종업원의 범죄행위로 법인을 무조건 처벌하는 것은 책임주의원칙에 반한다.
- '종업원' 관련 부분은 법인이 고용한 종업원 등의 범죄행위에 관하여 비난할 근거가 되는 법인의 의사결정 및 행위구조, 즉 종업원 등이 저지른 행위의 결과에 대한 법인의 독자적인 책임에 관하여 전혀 규정하지 않은 채, 단순히 법인이 고용한 종업원 등이 업무에 관하여 범죄행위를 하였다는 이유만으로 법인에 대하여 형사처벌을 과하고 있는바, 이는 다른 사람의 범죄에 대하여 그 책임 유무를 묻지 않고 형벌을 부과함으로써 법치국가의 원리 및 죄형법정주의로부터 도출되는 책임주의원칙에 반한다(헌재 2010.7.29. 2009헌가25).

③ ○ 자치사무 수행 중 법위반이 있으면 지방자치단체는 양벌규정에 의해 처벌된다.
- 지방자치단체가 그 고유의 자치사무를 처리하는 경우에는 지방자치단체는 국가기관의 일부가 아니라 국가기관과는 별도의 독립한 공법인이므로, 지방자치단체 소속 공무원이 지방자치단체 고유의 자치사무를 수행하던 중 「도로법」 제81조 내지 제85조의 규정에 의한 위반행위를 한 경우에는 지방자치단체는 「도로법」 제86조의 양벌규정에 따라 처벌대상이 되는 법인에 해당한다. 지방자치단체 소속 공무원이 압축트럭 청소차를 운전하여 고속도로를 운행하던 중 제한축중을 초과 적재 운행함으로써 도로관리청의 차량운행제한을 위반한 사안에서, 해당 지방자치단체는 「도로법」 제86조의 양벌규정에 따른 처벌대상이 된다(대판 2005.11.10. 2004도2657).

④ ○ 기관위임사무를 수행하는 지방자치단체는 양벌규정에 의한 처벌대상이 되지 않는다.
- 국가가 본래 그의 사무의 일부를 지방자치단체의 장에게 위임하여 처리하게 하는 기관위임사무의 경우 지방자치단체는 국가기관의 일부로 볼 수 있고, 지방자치단체가 그 고유의 자치사무를 처리하는 경우 지방자치단체는 국가기관의 일부가 아니라 국가기관과는 별도의 독립한 공법인으로서 양벌규정에 의한 처벌대상이 되는 법인에 해당한다. … 지방자치단체 소속 공무원이 지정항만순찰 등의 업무를 위해 관할관청의 승인 없이 개조한 승합차를 운행함으로써 구 「자동차관리법」을 위반한 사안에서, 「지방자치법」, 구 「항만법」, 구 「항만법 시행령」 등에 비추어 위 항만순찰 등의 업무가 지방자치단체의 장이 국가로부터 위임받은 기관위임사무에 해당하여, 해당 지방자치단체가 구 「자동차관리법」 제83조의 양벌규정에 따른 처벌대상이 될 수 없다(대판 2009.6.11. 2008도6530).

12 사인의 공법행위(23), 「행정절차법」 - 조문(37), 건축 관련 쟁점(24)

사인의 공법행위에 대한 설명으로 옳지 않은 것만을 모두 고르면?

> ㄱ. 사인의 공법행위에 하자가 있는 경우에도 그에 따른 행정처분의 효력은 별도로 그 효력을 판단해야 하므로 노인의료복지시설의 폐지신고에 위조 등의 사유가 있어 신고행위 자체가 효력이 없는 경우라도 그 수리행위가 당연히 무효가 되는 것은 아니다.
>
> ㄴ. 「행정절차법」에 따르면, 행정청은 신청에 구비서류의 미비 등 흠이 있는 경우에는 보완에 필요한 상당한 기간을 정하여 지체 없이 신청인에게 보완을 요구하여야 하므로, 행정청은 신청에 대하여 거부처분을 하기 전에 반드시 신청인에게 신청의 내용이나 처분의 실체적 발급요건에 관한 사항까지 보완할 기회를 부여하여야 한다.
>
> ㄷ. 기존에 다른 사람이 숙박업 신고를 한 적이 있는 숙박시설에 새로 숙박업을 하려는 자가 그 시설 등의 소유권 등 정당한 사용권한을 취득하여 법령에서 정한 요건을 갖추어 신고한 경우에, 행정청은 해당 시설 등에 관한 기존의 숙박업 신고가 외관상 남아 있다는 이유만으로 수리를 거부할 수 있다.
>
> ㄹ. 「건축법」상의 착공신고의 경우에는 신고 그 자체로서 법적 절차가 완료되므로, 행정청의 착공신고 반려행위는 항고소송의 대상인 처분으로 볼 수 없다.

① ㄱ, ㄴ   ② ㄴ, ㄷ
③ ㄷ, ㄹ   ④ 모두 옳지 않음

[정답] ④

ㄱ. ✕ 신고가 무효이면 수리행위도 당연무효이다.
- 장기요양기관의 폐업신고와 노인의료복지시설의 폐지신고는, 행정청이 관계법령이 규정한 요건에 맞는지를 심사한 후 수리하는 이른바 '수리를 필요로 하는 신고'에 해당한다. 그러나 행정청이 그 신고를 수리하였다고 하더라도, 신고서 위조 등의 사유가 있어 신고행위 자체가 효력이 없다면, 그 수리행위는 유효한 대상이 없는 것으로서, 수리행위 자체에 중대·명백한 하자가 있는지를 따질 것도 없이 당연히 무효이다(대판 2018.6.12. 2018두33593).

ㄴ. ✕ 「행정절차법」상 보완요구규정이 신청내용이나 실체적 요건 사항까지 보완할 기회를 부여할 의무를 정한 것은 아니다.
- 「행정절차법」제17조가 '구비서류의 미비 등 흠의 보완'과 '신청내용의 보완'을 분명하게 구분하고 있는 점에 비추어 보면, 「행정절차법」제17조 제5항은 신청인이 신청할 때 관계법령에서 필수적으로 첨부하여 제출하도록 규정한 서류를 첨부하지 않은 경우와 같이 쉽게 보완이 가능한 사항을 누락하는 등의 흠이 있을 때 행정청이 곧바로 거부처분을 하는 것보다는 신청인에게 보완할 기회를 주도록 함으로써 행정의 공정성·투명성 및 신뢰성을 확보하고 국민의 권익을 보호하려는 「행정절차법」의 입법목적을 달성하고자 함이지, 행정청으로 하여금 신청에 대하여 거부처분을 하기 전에 반드시 신청인에게 신청의 내용이나 처분의 실체적 발급요건에 관한 사항까지 보완할 기회를 부여하여야 할 의무를 정한 것은 아니라고 보아야 한

다(대판 2020.7.23. 2020두36007).

ㄷ. ✕ 숙박업을 하고자 하는 자가 법령이 정하는 시설과 설비를 갖추고 행정청에 신고를 하면, 행정청은 공중위생관리법령의 위 규정에 따라 원칙적으로 이를 수리하여야 한다.
- 행정청이 법령이 정한 요건 이외의 사유를 들어 수리를 거부하는 것은 위 법령의 목적에 비추어 이를 거부해야 할 중대한 공익상의 필요가 있다는 등 특별한 사정이 있는 경우에 한한다. 이러한 법리는 이미 다른 사람 명의로 숙박업 신고가 되어 있는 시설 등의 전부 또는 일부에서 새로 숙박업을 하고자 하는 자가 신고를 한 경우에도 마찬가지이다. 기존에 다른 사람이 숙박업 신고를 한 적이 있더라도 새로 숙박업을 하려는 자가 그 시설 등의 소유권 등 정당한 사용권한을 취득하여 법령에서 정한 요건을 갖추어 신고하였다면, 행정청으로서는 특별한 사정이 없는 한 이를 수리하여야 하고, 단지 해당 시설 등에 관한 기존의 숙박업 신고가 외관상 남아 있다는 이유만으로 이를 거부할 수 없다(대판 2017.5.30. 2017두34087).

ㄹ. ✕ 행정청의 「건축법」상 착공신고 반려행위는 항고소송의 대상이 되는 처분이다.
- 건축주 등으로서는 착공신고가 반려될 경우, 당해 건축물의 착공을 개시하면 시정명령, 이행강제금, 벌금의 대상이 되거나 당해 건축물을 사용하여 행할 행위의 허가가 거부될 우려가 있어 불안정한 지위에 놓이게 된다. 따라서 착공신고 반려행위가 이루어진 단계에서 당사자로 하여금 반려행위의 적법성을 다투어 법적 불안을 해소한 다음 건축행위에 나아가도록 함으로써 장차 있을지도 모르는 위험에서 미리 벗어날 수 있도록 길을 열어 주고, 위법한 건축물의 양산과 철거를 둘러싼 분쟁을 조기에 근본적으로 해결할 수 있게 하는 것이 법치행정의 원리에 부합한다. 그러므로 행정청의 **착공신고 반려행위**는 항고소송의 대상이 된다고 보는 것이 옳다(대판 2011.6.10. 2010두7321).

13 정보공개법 - 비공개대상정보(79), 정보공개대상(78)

정보공개에 관한 설명으로 옳지 않은 것은?

① 정보공개를 요구받은 공공기관이 공개를 거부하는 경우에는 비공개사유에 해당하는지를 주장·입증하지 아니한 채 개괄적인 사유만을 들어 공개를 거부할 수 없다.
② 정보공개청구권자의 권리구제 가능성은 정보공개청구를 받은 공공기관 등이 정보의 공개 여부를 결정함에 있어 고려되어야 한다.
③ 문제은행 출제방식을 채택하고 있는 치과의사 국가시험의 문제지는 공개될 경우 시험업무의 공정한 수행 등에 현저한 지장을 초래한다고 인정할 만한 상당한 이유가 있으므로 공개하지 않을 수 있다.
④ 교도소에 수용 중이던 재소자가 담당 교도관들을 상대로 가혹행위를 이유로 형사고소 및 민사소송을 제기하면서 그 증명자료 확보를 위해 정보공개를 요청한 '근무보고서'는 공개대상정보에 해당한다.

[정답] ②

① ○ 정보공개를 요구받은 공공기관은 법률 제 몇 호의 비공개사유에 해당하는지를 주장·입증하여야 하며, 개괄적 사유만을 들어 공개를 거부할 수 없다.
- 만일 정보공개를 거부하는 경우라 할지라도 대상이 된 정보의 내용을 구체

적으로 확인·검토하여 어느 부분이 어떠한 법익 또는 기본권과 충돌되어 정보공개법 제9조 제1항 몇 호에서 정하고 있는 비공개사유에 해당하는지를 주장·입증하여야만 할 것이며, 그에 이르지 아니한 채 개괄적인 사유만을 들어 공개를 거부하는 것은 허용되지 아니한다(대판 2003.12.11. 2001두8827).

② ✕ 정보공개청구권자의 권리구제 가능성 등이 정보의 공개 여부 결정에 영향을 미치는 것은 아니다.

- 「공공기관의 정보공개에 관한 법률」은 국민의 알권리를 보장하고 국정에 대한 국민의 참여와 국정운영의 투명성을 확보함을 목적으로 하고(제1조), 공공기관이 보유·관리하는 정보는 국민의 알권리 보장 등을 위하여 적극적으로 공개하여야 한다는 정보공개의 원칙을 선언하고 있으며(제3조), 모든 국민은 정보의 공개를 청구할 권리를 가진다고 하면서(제5조 제1항) 비공개대상정보에 해당하지 않는 한 공공기관이 보유·관리하는 정보는 공개대상이 된다고 규정하고 있을 뿐(제9조 제1항) 정보공개청구권자가 공개를 청구하는 정보와 어떤 관련성을 가질 것을 요구하거나 정보공개청구의 목적에 특별한 제한을 두고 있지 아니하므로 **정보공개청구권자의 권리구제 가능성** 등은 정보의 공개 여부 결정에 아무런 영향을 미치지 못한다(대판 2017.9.7. 2017두44558).

③ ○ 문제은행 출제방식을 채택하고 있는 치과의사 국가시험의 문제지와 정답지는 「공공기관의 정보공개에 관한 법률」상 비공개대상정보에 해당한다.

- 치과의사 국가시험에서 채택하고 있는 **문제은행 출제방식**이 출제의 시간·비용을 줄이면서도 양질의 문항을 확보할 수 있는 등 많은 장점을 가지고 있는 점, 그 시험문제를 공개할 경우 발생하게 될 결과와 시험업무에 초래될 부작용 등을 감안하면, 위 시험의 **문제지와 그 정답지**를 공개하는 것은 시험업무의 공정한 수행이나 연구·개발에 현저한 지장을 초래한다고 인정할 만한 상당한 이유가 있는 경우에 해당하므로, 「공공기관의 정보공개에 관한 법률」 제9조 제1항 제5호에 따라 이를 공개하지 않을 수 있다(대판 2007.6.15. 2006두15936).

④ ○ '교도관의 근무보고서'는 비공개대상정보에 해당한다고 볼 수 없다.

- 교도소에 수용 중이던 재소자가 담당 교도관들을 상대로 가혹행위를 이유로 형사고소 및 민사소송을 제기하면서 그 증명자료 확보를 위해 '근무보고서'와 '징벌위원회 회의록' 등의 정보공개를 요청하였으나 교도소장이 이를 거부한 사안에서, **근무보고서**는 「공공기관의 정보공개에 관한 법률」 제9조 제1항 제4호에 정한 비공개대상정보에 해당한다고 볼 수 없다(대판 2009.12.10. 2009두12785).

14 가구제(62), 대상적격(53), 심리(64), 정비사업(20)

공법상 당사자소송에 관한 설명 중 옳은 것은?

① 당사자소송에 대하여는 「행정소송법」 제23조 제2항의 집행정지에 관한 규정이 준용되지 아니하므로, 이를 본안으로 하는 가처분에 대하여는 「민사집행법」상의 가처분에 관한 규정이 준용되어야 한다.
② 국가의 부가가치세 환급세액 지급의무는 정의와 공평의 관념에서 수익자와 손실자 사이의 재산상태조정을 위해 인정되는 부당이득반환의무이므로 국가에 대한 납세의무자의 부가가치세 환급세액 지급청구는 당사자소송에 의한다.
③ 공법상 당사자소송과 민사소송은 서로 다른 소송절차에 해당하여 청구기초의 동일성이 없으므로 양자 간의 소변경은 허용되지 않는다.
④ 재개발조합은 공법인이므로 재개발조합과 그 조합장 또는 조합임원 사이의 선임·해임 등을 둘러싼 법률관계는 공법상 법률관계로서 그 조합장 또는 조합임원의 지위를 다투는 소송은 공법상 당사자소송에 의하여야 한다.

정답 ①

① ○ **당사자소송**에 대하여는 「행정소송법」 제23조 제2항의 집행정지에 관한 규정이 준용되지 아니하므로, 이를 본안으로 하는 가처분에 대하여는 「행정소송법」 제8조 제2항에 따라 「민사집행법」상 가처분에 관한 규정이 준용되어야 한다(대결 2015.8.21. 2015무26).

② ✕ 국가의 부가가치세 환급세액 지급의무는 부당이득반환의무가 아니라 특별한 공법상 의무이고 납세의무자의 부가가치세 환급세액 지급청구는 당사자소송에 의한다.

- 납세의무자에 대한 국가의 부가가치세 환급세액 지급의무는 그 납세의무자로부터 어느 과세기간에 과다하게 거래징수된 세액 상당을 국가가 실제로 납부받았는지와 관계없이 부가가치세법령의 규정에 의하여 직접 발생하는 것으로서, 그 법적 성질은 정의와 공평의 관념에서 수익자와 손실자 사이의 재산상태조정을 위해 인정되는 부당이득반환의무가 아니라 부가가치세법령에 의하여 그 존부나 범위가 구체적으로 확정되고 조세정책적 관점에서 특별히 인정되는 공법상 의무라고 봄이 타당하다. 그렇다면 국가에 대한 납세의무자의 부가가치세 환급세액 지급청구는 민사소송이 아니라 당사자소송의 절차에 따라야 한다(대판 2013.3.21. 2011다95564 전합).

③ ✕ 공법상 당사자소송의 경우 그 청구의 기초가 바뀌지 아니하는 한도 안에서 민사소송으로 소변경이 가능하다.

- 「행정소송법」 제8조 제2항은 행정소송에 관하여 「민사소송법」을 준용하도록 하고 있으므로, 행정소송의 성질에 비추어 적절하지 않다고 인정되는 경우가 아닌 이상 공법상 당사자소송의 경우도 「민사소송법」 제262조에 따라 청구의 기초가 바뀌지 아니하는 한도 안에서 변론을 종결할 때까지 청구의 취지를 변경할 수 있다. 이처럼 민사소송에서 항고소송으로의 소변경이 허용되는 이상, 공법상 당사자소송과 민사소송이 서로 다른 소송절차에 해당한다는 이유만으로 청구기초의 동일성이 없다고 해석하여 양자 간의 소변경을 허용하지 않을 이유가 없다. 일반국민으로서는 공법상 당사자소송의 대상과 민사소송의 대상을 구분하기가 쉽지 않고 소송진행 도중의 사정변경 등으로 인해 공법상 당사자소송으로 제기된 소를 민사소송으로 변경할 필요가 발생하는 경우도 있다. 소변경 필요성이 인정됨에도, 단지 소

변경에 따라 소송절차가 달라진다는 이유만으로 이미 제기한 소를 취하하고 새로 민사상의 소를 제기하도록 하는 것은 당사자의 권리구제나 소송경제의 측면에서도 바람직하지 않다. 따라서 공법상 당사자소송에 대하여도 그 청구의 기초가 바뀌지 아니하는 한도 안에서 민사소송으로 소변경이 가능하다고 해석하는 것이 타당하다(대판 2023.6.29. 2022두44262).

④ ✗ 재개발조합과 조합장 또는 조합임원 사이의 선임·해임을 둘러싼 법률관계는 사법상의 법률관계이므로 민사소송에 의한다.
- 구 「도시 및 주거환경정비법」상 재개발조합이 공법인이라는 사정만으로 재개발조합과 조합장 또는 조합임원 사이의 선임·해임 등을 둘러싼 법률관계가 공법상의 법률관계에 해당한다거나 그 조합장 또는 조합임원의 지위를 다투는 소송이 당연히 공법상 당사자소송에 해당한다고 볼 수는 없고, 구 「도시 및 주거환경정비법」의 규정들이 재개발조합과 조합장 및 조합임원과의 관계를 특별히 공법상의 근무관계로 설정하고 있다고 볼 수도 없으므로, 재개발조합과 조합장 또는 조합임원 사이의 선임·해임 등을 둘러싼 법률관계는 사법상의 법률관계로서 그 조합장 또는 조합임원의 지위를 다투는 소송은 민사소송에 의하여야 할 것이다(대결 2009.9.24. 2009마168·169).

15 VA의 개념·분류(16)

재량행위와 기속행위에 관한 설명으로 옳지 않은 것은?

① 기속행위의 경우 법원이 사실인정과 관련법규의 해석·적용을 통하여 일정한 결론을 도출한 후 그 결론에 비추어 행정청이 한 판단의 적법 여부를 독자의 입장에서 판정하는 방식에 의하게 되나, 재량행위의 경우 행정청의 재량에 기한 공익판단의 여지를 감안하여 법원은 독자의 결론을 도출함이 없이 당해 행위에 재량권의 일탈·남용이 있는지 여부만을 심사하게 된다.

② 육아휴직 중 복직요건인 '휴직사유가 없어진 때'에 하는 복직명령은 기속행위이므로, 국가공무원이 휴직사유가 소멸하였음을 이유로 복직신청을 한 경우 임용권자는 지체 없이 복직명령을 하여야 한다.

③ 재외동포에 대한 사증발급은 행정청의 재량행위에 속하는 것으로서, 재외동포가 사증발급을 신청한 경우에 「출입국관리법 시행령」[별표 1의2]에서 정한 재외동포체류자격의 요건을 갖추었다고 해서 무조건 사증을 발급해야 하는 것은 아니다.

④ 처분의 근거법령이 행정청에 처분의 요건과 효과판단에 관하여 일정한 재량을 부여하였는데도, 행정청이 자신에게 재량권이 없다고 오인하여 전혀 비교·형량하지 않은 채 처분을 하였다면, 이는 재량권 불행사로서 그 자체로 재량권 일탈·남용으로 당연무효인 처분이 된다.

정답 ④

① ○ 행정행위가 그 재량성의 유무 및 범위와 관련하여 이른바 기속행위 내지 기속재량행위와 재량행위 내지 자유재량행위로 구분된다고 할 때, 그 구분은 당해 행위의 근거가 된 법규의 체재·형식과 그 문언, 당해 행위가 속하는 행정 분야의 주된 목적과 특성, 당해 행위 자체의 개별적 성질과 유형 등을 모두 고려하여 판단하여야 하고, 이렇게 구분되는 양자에 대한 사법심사는, 전자(편저자: **기속행위**)의 경우 그 법규에 대한 원칙적인 기속성으로 인하여 법원이 사실인정과 관련법규의 해석·적용을 통하여 **일정한 결론을 도출**한 후 그 결론에 비추어 행정청이 한 판단의 적법 여부를 독자의 입장에서 판정하는 방식에 의하게 되나, 후자(편저자: **재량행위**)의 경우 행정청의 재량에 기한 공익판단의 여지를 감안하여 법원은 **독자의 결론을 도출함이 없이** 당해 행위에 재량권의 일탈·남용이 있는지 여부만을 심사하게 되고, 이러한 재량권의 일탈·남용 여부에 대한 심사는 사실오인, 비례·평등의 원칙 위배, 당해 행위의 목적위반이나 동기의 부정 유무 등을 그 판단대상으로 한다(대판 2001.2.9. 98두17593).

② ○ 구 「교육공무원법」 제44조 제1항 제7호는 '만 6세 이하의 초등학교 취학 전 자녀'를 양육대상으로 하여 '교육공무원이 그 자녀를 양육하기 위하여 필요한 경우'를 육아휴직의 사유로 규정하고 있으므로, **육아휴직** 중 그 사유가 소멸하였는지는 해당 자녀가 사망하거나 초등학교에 취학하는 등으로 양육대상에 관한 요건이 소멸한 경우뿐만 아니라 육아휴직 중인 교육공무원에게 해당 자녀를 더 이상 양육할 수 없거나, 양육을 위하여 휴직할 필요가 없는 사유가 발생하였는지 여부도 함께 고려하여야 하고, 「국가공무원법」 제73조 제2항의 문언에 비추어 **복직명령**은 **기속행위**이므로 휴직사유가 소멸하였음을 이유로 신청하는 경우 임용권자는 지체 없이 복직명령을 하여야 한다(대판 2014.6.12. 2012두4852).

③ ○ **재외동포에 대한 사증발급**은 행정청의 **재량행위**에 속하는 것으로서, 재외동포가 사증발급을 신청한 경우에 「출입국관리법 시행령」[별표 1의2]에서 정한 재외동포체류자격의 요건을 갖추었다고 해서 무조건 사증을 발급해야 하는 것은 아니다. 재외동포에게 「출입국관리법」 제11조 제1항 각 호에서 정한 입국금지사유 또는 「재외동포의 출입국과 법적 지위에 관한 법률」(이하 '재외동포법') 제5조 제2항에서 정한 재외동포체류자격 부여 제외사유(예컨대 '대한민국 남자가 병역을 기피할 목적으로 외국 국적을 취득하고 대한민국 국적을 상실하여 외국인이 된 경우')가 있어 그의 국내 체류를 허용하지 않음으로써 달성하고자 하는 공익이 그로 말미암아 발생하는 불이익보다 큰 경우에는 행정청이 재외동포체류자격의 사증을 발급하지 않을 재량을 가진다(대판 2019.7.11. 2017두38874).

④ ✗ 처분의 근거법령이 행정청에 처분의 요건과 효과판단에 일정한 재량을 부여하였는데도, 행정청이 자신에게 재량권이 없다고 오인한 나머지 처분으로 달성하려는 공익과 그로써 처분상대방이 입게 되는 불이익의 내용과 정도를 전혀 **비교·형량하지 않은 채** 처분을 하였다면, 이는 **재량권 불행사**로서 그 자체로 재량권 일탈·남용으로 해당 처분을 **취소**하여야 할 위법사유가 된다(대판 2019.7.11. 2017두38874).

16 제3자 - 경업·경원·주민(56), 원고적격(55)

항고소송에 관한 설명으로 옳지 않은 것은?

① 지방자치단체가 건축물을 건축하기 위해 건축물 소재지 관할 허가권자인 지방자치단체의 장과 건축협의를 하였는데 허가권자인 지방자치단체의 장이 그 협의를 취소한 경우, 지방자치단체는 건축협의취소의 취소를 구할 원고적격이 있다.

② 일반면허를 받은 시외버스운송사업자에 대한 사업계획변경인가처분으로 인하여 노선 및 운행계통의 일부 중복으로 기존에 한정면허를 받은 시외버스운송사업자의 수익감소가 예상된다면, 기존의 한정면허를 받은 시외버스운송사업자는 일반면허 시외버스운송사업자에 대한 사업계획변경인가처분의 취소를 구할 법률상의 이익이 있다.

③ 미얀마 국적의 甲이 위명(僞名)인 乙 명의의 여권으로 대한민국에 입국한 뒤 乙 명의로 난민신청을 하였으나 법무부장관이 乙 명의를 사용한 甲을 직접 면담하여 조사한 후 甲에 대하여 난민불인정처분을 한 경우 甲은 난민불인정처분의 취소를 구할 법률상 이익이 있다.

④ 상수원보호구역 설정의 근거가 되는 「수도법」은 상수원의 오염을 막아 양질의 급수를 받을 직접적이고 구체적인 지역주민들의 이익을 보호하고 있으므로 그 주민들에게는 상수원보호구역변경처분의 취소를 구할 법률상의 이익이 있다.

정답 ④

① ○ **건축협의취소**는 상대방이 다른 지방자치단체 등 행정주체라 하더라도 '행정청이 행하는 구체적 사실에 관한 법집행으로서의 공권력행사'(「행정소송법」 제2조 제1항 제1호)로서 처분에 해당한다고 볼 수 있고, 지방자치단체인 원고가 이를 다툴 실효적 해결수단이 없는 이상, 원고는 건축물 소재지 관할 허가권자인 지방자치단체의 장을 상대로 항고소송을 통해 건축협의취소의 취소를 구할 수 있다(대판 2014.2.27. 2012두22980).

② ○ 한정면허를 받은 시외버스운송사업자도 일반면허 시외버스운송사업자에 대한 사업계획변경인가처분의 취소를 구할 법률상 이익이 있다.

• 한정면허를 받은 시외버스운송사업자라고 하더라도 다 같이 운행계통을 정하고 여객을 운송하는 노선여객자동차운송사업을 한다는 점에서 일반면허를 받은 시외버스운송사업자와 본질적인 차이가 없으므로, 일반면허를 받은 시외버스운송사업자에 대한 사업계획변경인가처분으로 인하여 기존에 한정면허를 받은 시외버스운송사업자의 노선 및 운행계통과 일반면허를 받은 시외버스운송사업자의 그것이 일부 중복되게 되고 기존업자의 수익감소가 예상된다면, 기존의 한정면허를 받은 시외버스운송사업자와 일반면허를 받은 시외버스운송사업자는 경업관계에 있는 것으로 보는 것이 타당하고, 따라서 기존의 한정면허를 받은 시외버스운송사업자는 일반면허 시외버스운송사업자에 대한 사업계획변경인가처분의 취소를 구할 법률상의 이익이 있다(대판 2018.4.26. 2015두53824).

③ ○ 미얀마 국적의 甲이 위명(僞名)인 '乙' 명의의 여권으로 대한민국에 입국한 뒤 乙 명의로 난민신청을 하였으나 법무부장관이 乙 명의를 사용한 甲을 직접 면담하여 조사한 후 甲에 대하여 난민불인정처분을 한 사안에서, 처분의 상대방은 허무인이 아니라 '乙'이라는 위명을 사용한 甲이므로, 甲은 처분의 취소를 구할 법률상 이익이 있다(대판 2017.3.9. 2013두16852).

⊕PLUS 위명(乙)으로 난민신청 → 위명을 사용한 자(甲)에 원고적격 有

④ ✕ 상수원보호구역 내 주민은 상수원보호구역변경의 취소를 구할 원고적격이 부정된다.

• 상수원보호구역 설정의 근거가 되는 「수도법」 제5조 제1항 및 동 시행령 제7조 제1항이 보호하고자 하는 것은 상수원의 확보와 수질보전일 뿐이고, 그 상수원에서 급수를 받고 있는 지역주민들이 가지는 상수원의 오염을 막아 양질의 급수를 받을 이익은 직접적이고 구체적으로는 보호하고 있지 않음이 명백하여 위 지역주민들이 가지는 이익은 상수원의 확보와 수질보호라는 공공의 이익이 달성됨에 따라 반사적으로 얻게 되는 이익에 불과하므로 지역주민들에 불과한 원고들에게는 위 상수원보호구역변경처분의 취소를 구할 법률상의 이익이 없다(대판 1995.9.26. 94누14544).

17 손실보상(75)

「공익사업을 위한 토지 등의 취득 및 보상에 관한 법률」상 손실보상에 관한 내용으로 옳지 않은 것은?

① 사업인정은 공익사업의 시행자에게 일정한 절차를 거칠 것을 조건으로 일정한 내용의 수용권을 설정하여 주는 형성행위이며, 사업시행자에게 해당 공익사업을 수행할 의사와 능력이 있어야 한다는 것도 사업인정의 한 요건이 된다.

② 사업인정고시가 있은 후 협의가 성립되지 아니한 때에는 토지소유자 및 관계인은 토지수용위원회에 수용재결을 신청할 수 있다.

③ 「공익사업을 위한 토지 등의 취득 및 보상에 관한 법률」에 의하면 동일한 소유자에게 속하는 일단의 토지의 일부가 협의에 의하여 매수되거나 수용됨으로 인하여 잔여지를 종래의 목적에 사용하는 것이 현저히 곤란할 때에는 해당 토지소유자는 사업시행자에게 잔여지를 매수하여 줄 것을 청구할 수 있으며, 사업인정 이후에는 관할 토지수용위원회에 수용을 청구할 수 있다.

④ 수용재결에 대한 취소소송의 제기는 사업의 진행 및 토지의 수용 또는 사용을 정지시키지 아니한다.

정답 ②

① ○ **사업인정**이란 공익사업을 토지 등을 수용 또는 사용할 사업으로 결정하는 것으로서 공익사업의 시행자에게 그 후 일정한 절차를 거칠 것을 조건으로 일정한 내용의 수용권을 설정하여 주는 **형성행위**이다. … 해당 공익사업을 수행하여 공익을 실현할 의사나 능력이 없는 자에게 타인의 재산권을 공권력적·강제적으로 박탈할 수 있는 수용권을 설정하여 줄 수는 없으므로, **사업시행자에게 해당 공익사업을 수행할 의사와 능력**이 있어야 한다는 것도 **사업인정의 한 요건**이라고 보아야 한다(대판 2011.1.27. 2009두1051).

② ✕ 토지소유자 및 관계인은 사업시행자에게 재결을 신청할 것을 청구할 수 있을 뿐 직접 수용재결을 신청할 수는 없다.

> 「공익사업을 위한 토지 등의 취득 및 보상에 관한 법률」 제28조(재결의 신청) ① 제26조에 따른 협의가 성립되지 아니하거나 협의를 할 수 없을 때(제26조 제2항 단서에 따른 협의요구가 없을 때를 포함한다)에는 사업시행자는 사업인정고시가 된 날부터 1년 이내에 대통령령으로 정하는 바에 따라 관할 토지수용위원회에 재결을 신청할 수 있다.

제30조(재결신청의 청구) ① 사업인정고시가 된 후 협의가 성립되지 아니하였을 때에는 토지소유자와 관계인은 대통령령으로 정하는 바에 따라 서면으로 사업시행자에게 재결을 **신청할 것을 청구**할 수 있다.

③ ○

「공익사업을 위한 토지 등의 취득 및 보상에 관한 법률」 제74조(잔여지 등의 매수 및 수용 청구) ① 동일한 소유자에게 속하는 일단의 토지의 일부가 협의에 의하여 매수되거나 수용됨으로 인하여 잔여지를 종래의 목적에 사용하는 것이 현저히 곤란할 때에는 해당 토지소유자는 사업시행자에게 잔여지를 매수하여 줄 것을 청구할 수 있으며, 사업인정 이후에는 관할 토지수용위원회에 수용을 청구할 수 있다. 이 경우 수용의 청구는 매수에 관한 협의가 성립되지 아니한 경우에만 할 수 있으며, 사업완료일까지 하여야 한다.

④ ○

「공익사업을 위한 토지 등의 취득 및 보상에 관한 법률」 제88조(처분효력의 부정지) 제83조에 따른 이의의 신청이나 제85조에 따른 행정소송의 제기는 사업의 진행 및 토지의 수용 또는 사용을 정지시키지 아니한다.

18 거부처분(54)

甲은 관할행정청 A에게 주택건설사업승인을 신청하였으나 거부되자 거부처분취소소송을 제기하여 인용판결을 받아 그 판결이 확정되었다. 이에 대한 설명으로 옳은 것만을 모두 고르면?

ㄱ. 거부처분 이후에 도시계획법령이 개정된 경우 A가 개정된 법령 및 허가기준을 새로운 사유로 들어 다시 이전의 신청에 대한 거부처분을 하였다면 甲은 간접강제를 신청할 수 있다.
ㄴ. 만약 개정된 도시계획법령에 이 법령 시행 당시 신청 중인 사건에는 종전 규정에 따른다는 경과규정이 있는데도 A가 개정된 법령을 적용하여 다시 거부처분을 하였다면 甲은 간접강제를 신청할 수 있다.
ㄷ. A가 재처분의무를 이행하지 않아 간접강제결정이 행하여진 경우, 간접강제결정에서 정한 의무이행기한이 경과한 후라도 A가 판결의 취지에 따른 재처분의무를 이행하면 더 이상 배상금의 추심은 허용되지 않는다.
ㄹ. 만약 甲이 A의 거부처분에 대해 무효확인소송을 제기하여 무효확인판결이 확정된 경우, 취소판결의 재처분의무에 관한 규정과 간접강제에 관한 규정이 준용된다.

① ㄱ, ㄴ ② ㄱ, ㄷ
③ ㄴ, ㄷ ④ ㄷ, ㄹ

정답 ③

ㄱ. ✕ 거부처분취소의 확정판결을 받은 행정청이 거부처분 후에 법령이 개정·시행된 경우 이를 새로운 사유로 내세워 다시 거부처분을 한 것은 기속력에 반하는 처분이 아니다. 따라서 甲은 간접강제를 신청할 수 없다.

• 행정처분의 적법 여부는 그 행정처분이 행하여진 때의 법령과 사실을 기준으로 하여 판단하는 것이므로 거부처분 후에 법령이 개정·시행된 경우에는 **개정된 법령 및 허가기준을 새로운 사유로** 들어 다시 이전의 신청에 대한 **거부처분**을 할 수 있으며 그러한 처분도 「행정소송법」 제30조 제2항에 규정된 재처분에 해당된다(대결 1998.1.7. 97두22).

「행정소송법」 제30조(취소판결 등의 기속력) ① 처분 등을 취소하는 확정판결은 그 사건에 관하여 당사자인 행정청과 그 밖의 관계행정청을 기속한다.
② 판결에 의하여 취소되는 처분이 당사자의 신청을 거부하는 것을 내용으로 하는 경우에는 그 처분을 행한 행정청은 판결의 취지에 따라 다시 이전의 신청에 대한 처분을 하여야 한다.

제34조(거부처분취소판결의 간접강제) ① 행정청이 제30조 제2항의 규정에 의한 처분을 하지 아니하는 때에는 제1심 수소법원은 당사자의 신청에 의하여 결정으로써 상당한 기간을 정하고 행정청이 그 기간 내에 이행하지 아니하는 때에는 그 지연기간에 따라 일정한 배상을 할 것을 명하거나 즉시 손해배상을 할 것을 명할 수 있다.

ㄴ. ○ 기속력에 반하는 재처분으로서 당연무효에 해당하므로 甲은 간접강제를 신청할 수 있다.

• 거부처분에 대한 취소의 확정판결이 있음에도 행정청이 아무런 재처분을 하지 아니하거나, 재처분을 하였다 하더라도 그것이 종전 거부처분에 대한 취소의 확정판결의 기속력에 반하는 등 당연무효라면 이는 아무런 재처분을 하지 아니한 때와 마찬가지이므로, 이러한 경우에는 「행정소송법」 제30조 제2항, 제34조 제1항 등에 의한 간접강제신청에 필요한 요건을 갖춘 것으로 보아야 한다. 주택건설사업 승인신청 거부처분의 취소를 명하는 판결이 확정되었음에도 행정청이 그에 따른 재처분을 하지 않은 채 위 취소소송계속 중에 도시계획법령이 개정되었다는 이유를 들어 다시 거부처분을 한 사안에서, 개정된 도시계획법령에 그 시행 당시 이미 개발행위허가를 신청 중인 경우에는 **종전 규정에 따른다는** 경과규정을 두고 있으므로 위 사업승인신청에 대하여는 **종전 규정에 따른 재처분을 하여야 함**에도 불구하고 개정법령을 적용하여 새로운 거부처분을 한 것은 확정된 종전 거부처분 취소판결의 기속력에 저촉되어 당연무효이다(대결 2002.12.11. 2002무22).

ㄷ. ○ 기간이 경과된 후에라도 재처분을 이행하면 배상금 추심은 불가능하다.

• 「행정소송법」 제34조 소정의 **간접강제결정에 기한 배상금**의 성질은 확정판결의 취지에 따른 재처분의 지연에 대한 제재나 **손해배상이 아니고** 재처분의 이행에 관한 **심리적 강제수단**에 불과한 것으로 보아야 한다. 확정판결의 취지에 따른 **재처분이** 간접강제결정에서 정한 의무이행**기한이 경과한 후에 이루어진 경우**, 간접강제결정에 기한 **배상금의 추심은 허용되지 않는다**(대판 2004.1.15. 2002두2444).

ㄹ. ✕ **무효확인소송**에서는 취소소송의 재처분의무에 관한 규정은 준용되지만 **간접강제**에 관한 규정은 **준용되지 않는다**.

• 「행정소송법」 제38조 제1항이 무효확인판결에 관해 취소판결에 관한 규정을 준용함에 있어서 같은 법 제30조 제2항을 준용한다고 규정하면서도 같은 법 제34조는 이를 준용한다는 규정을 두지 않고 있으므로, 행정처분에 대하여 무효확인판결이 내려진 경우에는 그 행정처분이 거부처분인 경우에도 행정청에 판결의 취지에 따른 재처분의무가 인정될 뿐 그에 대하여 간접강제까지 허용되는 것은 아니다(대결 1998.12.24. 98무37).

19 「행정기본법」상 이의신청(69)

甲은 식품위생법령상 적합한 시설을 갖추어 유흥주점 영업허가를 받아 업소를 경영하던 중 청소년을 출입시켜 주류를 제공하였음을 이유로 서초구청장으로부터 영업정지 1개월의 처분을 받았다. 이에 대한 설명으로 옳지 않은 것만을 모두 고르면?

> ㄱ. 甲은 영업정지처분이 있음을 알게 된 날로부터 90일 이내, 처분이 있었던 날로부터 180일 이내에 서초구청장에게 「행정기본법」상 이의신청을 할 수 있으며 서초구청장은 이의신청을 받으면 그 신청을 받은 날부터 14일 이내에 그 이의신청에 대한 결과를 甲에게 통지하여야 한다.
> ㄴ. 甲이 「행정기본법」상 이의신청을 한 경우에는 행정심판이나 행정소송을 제기할 수 없다.
> ㄷ. 甲이 「행정기본법」상 이의신청을 하여 그 결과를 통지받은 경우에는 그 통지를 받은 날부터 90일 이내에 행정소송을 제기할 수 있다.
> ㄹ. 만일 甲이 영업정지처분이 아니라 과태료부과처분을 받은 경우라면 「행정기본법」상의 이의신청은 허용되지 않는다.

① ㄱ, ㄴ
② ㄱ, ㄴ, ㄷ
③ ㄴ, ㄷ
④ ㄷ, ㄹ

정답 ①

ㄱㄴ ✕ ㄷㄹ ○

「행정기본법」제36조(처분에 대한 이의신청) ① 행정청의 처분(「행정심판법」제3조에 따라 같은 법에 따른 행정심판의 대상이 되는 처분을 말한다. 이하 이 조에서 같다)에 이의가 있는 당사자는 처분을 받은 날부터 **30일** 이내에 해당 행정청에 이의신청을 할 수 있다(ㄱ).
② 행정청은 제1항에 따른 이의신청을 받으면 그 신청을 받은 날부터 14일 이내에 그 이의신청에 대한 결과를 신청인에게 통지하여야 한다(ㄱ). 다만, 부득이한 사유로 14일 이내에 통지할 수 없는 경우에는 그 기간을 만료일 다음 날부터 기산하여 10일의 범위에서 한 차례 연장할 수 있으며, 연장사유를 신청인에게 통지하여야 한다.
③ 제1항에 따라 **이의신청을 한 경우에도** 그 이의신청과 관계없이 「행정심판법」에 따른 **행정심판** 또는 「행정소송법」에 따른 **행정소송을 제기할 수 있다**(ㄴ).
④ 이의신청에 대한 결과를 통지받은 후 행정심판 또는 행정소송을 제기하려는 자는 그 결과를 통지받은 날(제2항에 따른 통지기간 내에 결과를 통지받지 못한 경우에는 같은 항에 따른 통지기간이 만료되는 날의 다음 날을 말한다)부터 90일 이내에 행정심판 또는 행정소송을 제기할 수 있다(ㄷ).
⑤ 다른 법률에서 이의신청과 이에 준하는 절차에 대하여 정하고 있는 경우에도 그 법률에서 규정하지 아니한 사항에 관하여는 이 조에서 정하는 바에 따른다.
⑥ 제1항부터 제5항까지에서 규정한 사항 외에 이의신청의 방법 및 절차 등에 관한 사항은 대통령령으로 정한다.
⑦ 다음 각 호의 어느 하나에 해당하는 사항에 관하여는 이 조를 적용하지 아니한다.
 1. 공무원 인사관계법령에 따른 징계 등 처분에 관한 사항
 2. 「국가인권위원회법」제30조에 따른 진정에 대한 국가인권위원회의 결정
 3. 「노동위원회법」제2조의2에 따라 노동위원회의 의결을 거쳐 행하는 사항
 4. 형사, 행형 및 보안처분 관계법령에 따라 행하는 사항
 5. 외국인의 출입국·난민인정·귀화·국적회복에 관한 사항
 6. 과태료 부과 및 징수에 관한 사항(ㄹ)

20 심리(63, 64), 대상적격(52, 53)

항고소송에 대한 판례의 입장으로 옳지 않은 것은?

① 처분청이 거부처분에 대한 항고소송에서 기존의 처분사유와 기본적 사실관계가 동일하지 않은 사유를 처분사유로 추가·변경한 것에 대하여 처분상대방이 추가·변경된 처분사유의 실체적 당부에 관하여 해당 소송과정에서 심리·판단하는 것에 명시적으로 동의하는 경우에는, 법원은 그 처분사유가 기존의 처분사유와 기본적 사실관계가 동일한지와 무관하게 예외적으로 이를 허용할 수 있다.
② 과세처분에 대한 무효확인소송에서 원고가 당초의 처분사유에 대하여 무효사유를 증명하였지만, 피고인 과세관청에 의한 처분사유의 변경이 있는 경우라면, 변경된 처분사유에 대하여도 원고가 무효사유를 주장·증명할 책임을 진다.
③ 방송통신위원회가 jtbc에 대해 행한 고지방송명령은 권고적 효력만을 가지는 비권력적 사실행위에 해당할 뿐이므로 항고소송의 대상이 되는 행정처분에 해당하지 않는다.
④ 공정거래위원회가 구 「하도급거래 공정화에 관한 법률」제26조 제2항 후단에 따라 관계행정기관의 장에게 한 원사업자 또는 수급사업자에 대한 입찰참가자격의 제한을 요청한 결정은 항고소송의 대상이 되는 처분이다.

정답 ②

① ○ 항고소송절차에서 처분청이 기존 처분사유와 기본적 사실관계의 동일성이 인정되지 않는 내용으로 처분사유를 추가·변경한다고 주장하는 경우, 원고가 그 실체적 당부에 관하여 해당 소송과정에서 심리·판단하는 것에 명시적으로 동의한다면 법원은 추가·변경된 처분사유의 실체적 당부에 대하여 심리·판단할 수 있다.

• 처분청이 기본적 사실관계의 동일성이 인정되지 않는 별개의 사실을 들어 처분사유로 주장하는 것이 허용되지 않는다고 해석하는 이유는 행정처분의 상대방의 방어권을 보장함으로써 실질적 법치주의를 구현하고 행정처분의 상대방에 대한 신뢰를 보호하고자 함에 그 취지가 있음을 고려하면, 처분청이 거부처분에 대한 항고소송에서 기존의 처분사유와 **기본적 사실관계가 동일하지 않은 사유를 처분사유로 추가·변경한 것에 대하여 처분상대방이** 추가·변경된 처분사유의 실체적 당부에 관하여 해당 소송과정에서 심리·판단하는 것에 명시적으로 **동의하는 경우에는**, 법원으로서는 그 처분사유가 기존의 처분사유와 **기본적 사실관계가 동일한지와 무관하게** 예외적으로 이를 **허용**할 수 있다. 처분상대방으로서는 처분청이 별개의 사실을 바탕으로 새롭게 주장하는 처분사유까지 동일 소송절차 내에서 판단을 받음으로써 분쟁을 한꺼번에 해결하는 것을 유효·적절한 수단으로서 선택할 수도 있으므로, 처분상대방의 그러한 절차적 선택을 존중하는 것이 처분사유 추가·변경 제한 법리의 기본취지와도 부합하기 때문이다. 그렇다면 법원은, 처분

상대방의 명시적 동의에 따라 처분사유의 추가·변경을 허용할 경우, 추가·변경된 거부처분사유가 당초 거부처분사유와 기본적 사실관계의 동일성이 인정되지 않더라도 처분사유 추가·변경 제한 법리에 따라 처분청의 주장을 형식적으로 배척할 것이 아니라 추가·변경된 거부처분사유의 실체적 당부에 관하여 심리·판단하여야 한다. 그 결과 추가·변경된 거부처분사유도 실체적으로 위법하여 처분을 취소하는 판결이 선고·확정되는 경우 추가·변경된 거부처분사유에 관한 법원의 판단에 대해서까지 취소판결의 기속력이 미친다고 보아야 한다. 이와 달리 처분상대방의 명시적인 동의가 없다면, 법원으로서는 처분사유 추가·변경 제한 법리의 원칙으로 돌아가 처분청의 거부처분사유 추가·변경을 허용하여서는 아니 된다.

따라서 처분청이 거부처분에 대한 항고소송에서 당초 거부처분사유와 기본적 사실관계의 동일성이 인정되지 않는 다른 거부처분사유를 주장한 것에 대하여 처분상대방이 아무런 의견을 밝히지 않고 있다면 법원은 적절하게 석명권을 행사하여 처분상대방에게 처분사유 추가·변경 제한 법리의 원칙이 그대로 적용될 것을 주장하는지, 아니면 추가·변경된 거부처분사유의 실체적 당부에 관한 법원의 판단을 구하는지에 관하여 의견을 진술할 수 있도록 기회를 주어야 한다. 그리고 법원이 기본적 사실관계가 동일하지 않은 사유의 실체적 당부에 관한 처분상대방의 명시적인 동의 없이 추가·변경된 거부처분사유를 심리·판단하여 이를 근거로 거부처분이 적법하다고 판단하는 것은 「행정소송법」상 직권심리주의의 한계를 벗어난 것으로 허용될 수 없다(대판 2024.11.28. 2023두61349).

② ✗ 무효확인소송에서 원고가 당초의 처분사유에 대하여 무효사유를 증명한 경우, 과세관청이 교환·변경된 처분사유를 근거로 하는 처분의 적법성에 대한 증명책임을 부담한다.

- 과세처분의 무효확인소송에서 소송물은 객관적인 조세채무의 존부확인이므로, 과세관청은 소송 중이라도 사실심 변론종결시까지 해당 처분에서 인정한 과세표준 또는 세액의 정당성을 뒷받침하기 위하여 처분의 동일성이 유지되는 범위 내에서 처분사유를 교환·변경할 수 있다. 그런데 과세처분의 적법성에 대한 증명책임은 과세관청에 있는바, 위와 같이 교환·변경된 사유를 근거로 하는 처분의 적법성 또는 그러한 처분사유의 전제가 되는 사실관계에 관한 증명책임 역시 과세관청에 있고, 특히 무효확인소송에서 원고가 당초의 처분사유에 대하여 무효사유를 증명한 경우에는 **과세관청이 그처럼 교환·변경된 처분사유를 근거로 하는 처분의 적법성에 대한 증명책임을 부담**한다(대판 2023.6.29. 2020두46073).

③ ○ 방송통신위원회가 jtbc에 대해 행한 고지방송명령은 항고소송의 대상이 되는 처분이 아니다.

- 행정청 내부에서의 행위나 알선, 권유, 사실상의 통지 등과 같이 상대방 또는 기타 관계자들의 법률상 지위에 직접적인 법률적 변동을 일으키지 아니하는 행위는 항고소송의 대상이 아니다. **방송통신위원회가 jtbc에 대해 행한 고지방송명령**은 권고적 효력만을 가지는 비권력적 사실행위에 해당할 뿐, 항고소송의 대상이 되는 행정**처분에 해당하지 않**는다(대판 2023.7.13. 2016두34257).

④ ○ 공정거래위원회의 입찰참가자격제한 요청 결정은 항고소송의 대상이 되는 처분에 해당한다.

- 구 「하도급거래 공정화에 관한 법률」 제26조 제2항은 입찰참가자격제한 요청의 요건을 구 「하도급거래 공정화에 관한 법률 시행령」으로 정하는 기준에 따라 부과한 벌점의 누산점수가 일정 기준을 초과하는 경우로 구체화하고, 위 요건을 충족하는 경우 공정거래위원회는 법 제26조 제2항 후단에 따라 관계행정기관의 장에게 해당 사업자에 대한 입찰참가자격제한 요청 결정을 하게 되며, 이를 요청받은 관계행정기관의 장은 특별한 사정이 없는 한 그 사업자에 대하여 입찰참가자격을 제한하는 처분을 해야 하므로, 사업자로서는 입찰참가자격제한 요청 결정이 있으면 장차 후속처분으로 입찰참가자격이 제한될 수 있는 법률상 불이익이 존재한다. 이때 입찰참가자격제한 요청 결정이 있음을 알고 있는 사업자로 하여금 입찰참가자격제한처분에 대하여만 다툴 수 있도록 하는 것보다는 그에 앞서 직접 입찰참가자격제한 요청 결정의 적법성을 다툴 수 있도록 함으로써 분쟁을 조기에 근본적으로 해결하도록 하는 것이 법치행정의 원리에도 부합한다. 따라서 **공정거래위원회의 입찰참가자격제한 요청 결정**은 항고소송의 대상이 되는 **처분에 해당한다**(대판 2023.2.2. 2020두48260).

제02회 정답 및 문제해설

정답 모아보기

01	02	03	04	05	06	07	08	09	10
④	③	③	③	③	④	①	②	④	④
11	12	13	14	15	16	17	18	19	20
②	④	③	③	④	②	④	②	③	④

01 인·허가의제(18)

인·허가의제에 관한 설명으로 옳지 않은 것은?

① 대기환경보전법령에 대기오염물질배출시설 설치허가를 받으면 악취배출시설 설치·운영신고가 수리된 것으로 의제하는 규정을 두고 있지 않다면 「대기환경보전법」에 따른 대기오염물질배출시설 설치허가를 받았다고 하더라도 「악취방지법」상 악취배출시설 설치·운영신고가 수리된 것으로 볼 수 없다.

② 주된 인·허가 행정청은 주된 인·허가를 하기 전에 관련 인·허가에 관하여 미리 관련 인·허가 행정청과 협의하여야 한다.

③ 채광계획인가로 공유수면점용허가가 의제될 경우, 공유수면점용불허가결정을 사유로 들어 채광계획을 인가하지 아니할 수 있다.

④ 주택건설사업계획 승인처분에 의해 의제되는 인·허가는 주택건설사업계획 승인처분과 별도로 항고소송의 대상이 되는 처분에 해당하지 않으므로 의제된 인·허가가 위법함을 다투고자 하는 이해관계인은 주택건설사업계획 승인처분의 취소를 구하면서 의제된 인·허가의 위법사유를 주장해야 한다.

정답 ④

① ○ **인·허가의제제도**는 관련 인·허가 행정청의 권한을 제한하거나 박탈하는 효과를 가진다는 점에서 **법률 또는 법률의 위임에 따른 법규명령의 근거가 있어야** 한다. 그런데 대기환경보전법령에서는 대기오염물질배출시설 설치허가를 받으면 악취배출시설 설치·운영신고가 수리된 것으로 의제하는 규정을 두고 있지 않다. 따라서 「대기환경보전법」에 따른 대기오염물질배출시설 설치허가를 받았다고 하더라도 「악취방지법」상 악취배출시설 설치·운영신고가 수리되어 그 효력이 발생한다고 볼 수 없다(대판 2022.9.7. 2020두40327).

② ○

「행정기본법」 제24조(인·허가의제의 기준) ③ 주된 인·허가 행정청은 주된 인·허가를 하기 전에 관련 인·허가에 관하여 미리 관련 인·허가 행정청과 협의하여야 한다.

③ ○ 구 「광업법」 제47조의2 제5호에 의하여 채광계획인가를 받으면 공유수면점용허가를 받은 것으로 의제되고, 이 공유수면점용허가는 공유수면관리청이 공공위해의 예방 경감과 공공복리의 증진에 기여함에 적당하다고 인정하는 경우에 그 자유재량에 의하여 허가의 여부를 결정하여야 할 것이므로, 공유수면점용허가를 필요로 하는 채광계획인가신청에 대하여도, 공유수면관리청이 재량적 판단에 의하여 공유수면점용의 허가 여부를 결정할 수 있고, 그 결과 공유수면점용을 허용하지 않기로 결정하였다면, 채광계획인가관청은 이를 사유로 하여 채광계획을 인가하지 아니할 수 있는 것이다(대판 2002.10.11. 2001두151).

④ ✕ 의제된 인·허가의 위법함을 다투는 경우 의제된 인·허가가 취소소송의 대상이다.

• 의제된 인·허가는 통상적인 인·허가와 동일한 효력을 가지므로, 적어도 '부분 인·허가의제'가 허용되는 경우에는 그 효력을 제거하기 위한 법적 수단으로 의제된 인·허가의 취소나 철회가 허용될 수 있고, 이러한 직권취소·철회가 가능한 이상 그 의제된 인·허가에 대한 쟁송취소 역시 허용된다. 따라서 **주택건설사업계획 승인처분에 따라 의제된 인·허가가 위법함을 다투고자 하는 이해관계인은**, 주택건설사업계획 승인처분의 취소를 구할 것이 아니라 **의제된 인·허가의 취소**를 구하여야 하며, 의제된 인·허가는 주택건설사업계획 승인처분과 별도로 항고소송의 대상이 되는 처분에 **해당한다**(대판 2018.11.29. 2016두38792).

02 행정계획(34)

행정계획에 관한 설명 중 옳지 않은 것은?

① 행정주체가 행정계획을 입안·결정하면서 이익형량을 전혀 행하지 않거나 이익형량의 고려대상에 마땅히 포함시켜야 할 사항을 빠뜨린 경우 또는 이익형량을 하였으나 정당성과 객관성이 결여된 경우에는 행정계획결정은 형량에 하자가 있어 위법하게 된다.

② 구 도시계획법령상 도시계획안의 내용에 대한 공고 및 공람 절차에 하자가 있는 도시계획결정은 위법하다.

③ 행정주체가 구체적인 행정계획을 입안·결정할 때 가지는 형성의 자유의 한계에 관한 법리는 주민의 입안 제안 또는 변경신청을 받아들여 도시관리계획결정을 하거나 도시계획시설을 변경할 것인지를 결정할 때에는 적용되지 않는다.

④ 「산업입지 및 개발에 관한 법률」에 따른 산업단지개발계획상 산업단지 안의 토지소유자로서 산업단지개발계획에 적합한 시설을 설치하여 입주하려는 자는 산업단지지정권자에 대하여 산업단지개발계획의 변경을 요청할 수 있는 법규상 또는 조리상 신청권이 있다.

정답 ③

① ○ 행정주체가 가지는 이와 같은 형성의 자유는 무제한적인 것이 아니라 그 행정계획에 관련되는 자들의 이익을 공익과 사익 사이에서는 물론이고 공익 상호 간과 사익 상호 간에도 정당하게 비교·형량하여야 한다는 제한이 있는

것이고, 행정주체가 행정계획을 입안·결정함에 있어서 **이익형량을 전혀 행하지 아니하거나**, 이익형량의 **고려대상**에 마땅히 포함시켜야 할 사항을 **누락**한 경우 또는 이익형량을 하였으나 **정당성과 객관성이 결여**된 경우에는 그 행정계획결정은 **형량에 하자**가 있어 위법하다(대판 2006.9.8. 2003두5426).

② O 도시계획의 입안에 있어 해당 도시계획안의 내용을 공고 및 공람하게 한 것은 다수 이해관계자의 이익을 합리적으로 조정하여 국민의 권리자유에 대한 부당한 침해를 방지하고 행정의 민주화와 신뢰를 확보하기 위하여 국민의 의사를 그 과정에 반영시키는 데 있는 것이므로 이러한 **공고 및 공람 절차에 하자**가 있는 도시계획결정은 위법하다(대판 2000.3.23. 98두2768).

③ X 형량명령의 원칙은 주민의 입안 제안 또는 변경신청을 받아들여 도시관리계획결정을 하거나 도시계획시설을 변경할 것인지를 결정할 때에도 동일하게 적용된다.

- 행정주체가 구체적인 행정계획을 입안·결정할 때에 가지는 비교적 광범위한 형성의 자유는 무제한적인 것이 아니라 행정계획에 관련되는 자들의 이익을 공익과 사익 사이에서는 물론이고 공익 상호 간과 사익 상호 간에도 정당하게 비교·교량하여야 한다는 제한이 있는 것이므로(편저자: 형량명령), 행정주체가 행정계획을 입안·결정하면서 이익형량을 전혀 행하지 않거나 이익형량의 고려대상에 마땅히 포함시켜야 할 사항을 빠뜨린 경우 또는 이익형량을 하였으나 정당성과 객관성이 결여된 경우에는 행정계획결정은 형량에 하자가 있어 위법하게 된다. 이러한 법리는 행정주체가 주민의 도시관리계획 입안 제안을 받아들여 도시관리계획결정을 할 것인지를 결정할 때에도 마찬가지이고, 나아가 도시계획시설구역 내 토지 등을 소유하고 있는 주민이 장기간 집행되지 아니한 도시계획시설의 결정권자에게 도시계획시설의 변경을 신청하고, 결정권자가 이러한 신청을 받아들여 도시계획시설을 변경할 것인지를 결정하는 경우에도 동일하게 적용된다고 보아야 한다(대판 2012.1.12. 2010두5806).

④ O **산업단지개발계획**상 산업단지 안의 토지소유자로서 산업단지개발계획에 적합한 시설을 설치하여 입주하려는 자에게 산업단지지정권자 또는 그로부터 권한을 위임받은 기관에 대하여 산업단지개발계획의 변경을 요청할 수 있는 법규상 또는 조리상 신청권이 있으며 따라서 이러한 신청에 대한 거부행위는 항고소송의 대상이 되는 행정처분에 해당한다(대판 2017.8.29. 2016두44186).

03 「행정절차법」 – 조문(37), 사전통지·의견청취(39)

「행정절차법」상 의견청취절차에 대한 설명으로 옳지 않은 것만을 모두 고르면?

> ㄱ. 행정청은 당사자에게 의무를 부과하거나 권익을 제한하는 처분을 하는 경우에는 미리 처분하려는 원인이 되는 사실과 처분의 내용 및 법적 근거에 대한 의견을 제출할 수 있다는 뜻과 그 제출기한 등을 당사자 등에게 통지하여야 하는데, 이 경우 의견제출에 필요한 기간은 10일 이상으로 고려하여 정하여야 한다.
> ㄴ. 행정청은 청문을 실시하거나 공청회를 개최하는 경우라도 그 처분이 당사자에게 의무를 부과하거나 권익을 제한하는 처분의 경우에는 적어도 당사자 등에게 의견제출의 기회를 주어야 한다.
> ㄷ. 행정청이 당사자와 사이에 도시계획사업의 시행과 관련한 협약을 체결하면서 관계법령 및 「행정절차법」에 규정된 청문의 실시 등 의견청취절차를 배제하는 조항을 둔 경우, 청문을 실시하지 않아도 되는 예외적인 경우에 해당한다.
> ㄹ. 행정청은 일반적인 공청회와 병행하여서만 온라인공청회를 실시할 수 있지만 공청회가 행정청이 책임질 수 없는 사유로 개최되지 못하거나 개최는 되었으나 정상적으로 진행되지 못하고 무산된 횟수가 3회 이상인 경우에는 온라인공청회를 단독으로 개최할 수 있다.

① ㄱ, ㄴ　　　　② ㄱ, ㄷ, ㄹ
③ ㄴ, ㄷ　　　　④ ㄷ, ㄹ

정답 ③

ㄱ. O

> 「행정절차법」 제21조(처분의 사전통지) ① 행정청은 당사자에게 의무를 부과하거나 권익을 제한하는 처분을 하는 경우에는 미리 다음 각 호의 사항을 당사자 등에게 통지하여야 한다.
> 1. 처분의 제목
> 2. 당사자의 성명 또는 명칭과 주소
> 3. 처분하려는 원인이 되는 사실과 처분의 내용 및 법적 근거
> 4. 제3호에 대하여 의견을 제출할 수 있다는 뜻과 의견을 제출하지 아니하는 경우의 처리방법
> 5. 의견제출기관의 명칭과 주소
> 6. 의견제출기한
> 7. 그 밖에 필요한 사항
> ③ 제1항 제6호에 따른 기한은 의견제출에 필요한 기간을 10일 이상으로 고려하여 정하여야 한다.

ㄴ. X 청문이나 공청회를 개최한 경우에는 권익을 제한하거나 의무를 부과하는 처분을 함에 있어서 의견제출의 기회를 주지 않아도 된다.

> 「행정절차법」 제22조(의견청취) ① 행정청이 처분을 할 때 다음 각 호의 어느 하나에 해당하는 경우에는 청문을 한다. (각 호 생략)

② 행정청이 처분을 할 때 다음 각 호의 어느 하나에 해당하는 경우에는 공청회를 개최한다.
1. 다른 법령 등에서 공청회를 개최하도록 규정하고 있는 경우
2. 해당 처분의 영향이 광범위하여 널리 의견을 수렴할 필요가 있다고 행정청이 인정하는 경우
3. 국민생활에 큰 영향을 미치는 처분으로서 대통령령으로 정하는 처분에 대하여 대통령령으로 정하는 수 이상의 당사자 등이 공청회 개최를 요구하는 경우

③ 행정청이 당사자에게 의무를 부과하거나 권익을 제한하는 처분을 할 때 제1항 또는 제2항의 경우 외에는 당사자 등에게 의견제출의 기회를 주어야 한다.

ㄷ. ✕ 행정청이 당사자와 사이에 도시계획사업의 시행과 관련한 협약을 체결하면서 관계법령 및 「행정절차법」에 규정된 청문의 실시 등 의견청취절차를 배제하는 조항을 두었다고 하더라도, … 위와 같은 협약의 체결로 청문의 실시에 관한 규정의 적용을 배제할 수 있다고 볼 만한 법령상의 규정이 없는 한, 이러한 협약이 체결되었다고 하여 청문의 실시에 관한 규정의 적용이 배제된다거나 청문을 실시하지 않아도 되는 예외적인 경우에 해당한다고 할 수 없다(대판 2004.7.8. 2002두8350).

ㄹ. ◯

「행정절차법」 제38조의2(온라인공청회) ① 행정청은 제38조에 따른 공청회와 병행하여서만 정보통신망을 이용한 공청회(이하 '온라인공청회'라 한다)를 실시할 수 있다.
② 제1항에도 불구하고 다음 각 호의 어느 하나에 해당하는 경우에는 온라인공청회를 단독으로 개최할 수 있다.
1. 국민의 생명·신체·재산의 보호 등 국민의 안전 또는 권익보호 등의 이유로 제38조에 따른 공청회를 개최하기 어려운 경우
2. 제38조에 따른 공청회가 행정청이 책임질 수 없는 사유로 개최되지 못하거나 개최는 되었으나 정상적으로 진행되지 못하고 무산된 횟수가 3회 이상인 경우
3. 행정청이 널리 의견을 수렴하기 위하여 온라인공청회를 단독으로 개최할 필요가 있다고 인정하는 경우. 다만, 제22조 제2항 제1호 또는 제3호에 따라 공청회를 실시하는 경우는 제외한다.

04 정보공개법 - 정보공개대상(78), 조문(76), 행정소송(50)

시민단체 甲은 A사립대학교 총장 乙에게 최근 3년간 A대학교의 체육특기생 입학과정과 출석 및 학점관리에 관한 자료를 공개해 줄 것을 문서로 청구하였다. 이에 대한 설명으로 옳지 않은 것만을 모두 고르면?

> ㄱ. A사립대학은 정보공개의무기관인 공공기관에 해당된다.
> ㄴ. 만일 甲이 말로 정보공개청구를 하였다면 甲의 공개청구는 정보공개청구방법을 위반한 청구이다.
> ㄷ. 甲의 정보공개청구가 적법하다면 乙은 원칙적으로 10일 내에 공개 여부의 결정을 하여야 하며, 부득이한 경우 10일의 범위 내에서 기간을 연장할 수 있다.
> ㄹ. 乙이 정보공개를 거부한 경우, 甲은 乙을 피고로 하여 정보공개의무를 이행할 것을 요구하는 이행소송을 항고소송으로 제기할 수 있다.
> ㅁ. 乙이 정보공개를 거부한 경우, 甲은 체육특기생 입학과정과 출석 및 학점관리에 관한 자료와는 직접적인 이해관계가 없으므로 정보공개거부처분 취소소송을 제기할 법률상 이익이 없다.

① ㄱ, ㄴ, ㅁ
② ㄴ, ㄷ, ㄹ
③ ㄴ, ㄹ, ㅁ
④ ㄷ, ㄹ

정답 ③

ㄱ. ◯ 사립대학교도 정보공개의무기관인 공공기관에 해당된다.
• 사립대학교에 대한 국비 지원이 한정적·일시적·국부적이라는 점을 고려하더라도, 구 「공공기관의 정보공개에 관한 법률 시행령」 제2조 제1호가 정보공개의무를 지는 공공기관의 하나로 사립대학교를 들고 있는 것이 모법인 구 「공공기관의 정보공개에 관한 법률」의 위임범위를 벗어났다거나 사립대학교가 국비의 지원을 받는 범위 내에서만 공공기관의 성격을 가진다고 볼 수 없다(대판 2006.8.24. 2004두2783).

ㄴ. ✕ 정보공개청구는 말로도 가능하다.

「공공기관의 정보공개에 관한 법률」 제10조(정보공개의 청구방법)
① 정보의 공개를 청구하는 자(이하 '청구인'이라 한다)는 해당 정보를 보유하거나 관리하고 있는 공공기관에 다음 각 호의 사항을 적은 정보공개청구서를 제출하거나 말로써 정보의 공개를 청구할 수 있다.

ㄷ. ◯

「공공기관의 정보공개에 관한 법률」 제11조(정보공개 여부의 결정)
① 공공기관은 제10조에 따라 정보공개의 청구를 받으면 그 청구를 받은 날부터 10일 이내에 공개 여부를 결정하여야 한다.
② 공공기관은 부득이한 사유로 제1항에 따른 기간 이내에 공개 여부를 결정할 수 없을 때에는 그 기간이 끝나는 날의 다음 날부터 기산(起算)하여 10일의 범위에서 공개 여부 결정기간을 연장할 수 있다. 이 경우 공공기관은 연장된 사실과 연장사유를 청구인에게 지체 없이 문서로 통지하여야 한다.

ㄹ. ✕ 판례는 의무이행소송을 인정하지 않고 있다.
• 현행 「행정소송법」상 행정청으로 하여금 일정한 행정처분을 하도록 명하는 이행판결을 구하는 소송이나 법원으로 하여금 행정청이 일정한 행정처

분을 행한 것과 같은 효과가 있는 행정처분을 직접 행하도록 하는 형성판결을 구하는 소송은 허용되지 아니한다(대판 1997.9.30. 97누3200).

ㅁ. ✗ 정보공개청구권을 가지는 국민에는 자연인은 물론 법인, 권리능력 없는 사단·재단도 포함되고 법인, 권리능력 없는 사단·재단의 경우에는 설립목적을 불문한다. 따라서 시민단체 甲은 공개청구한 정보에 대해 개별·구체적 이익이 없더라도 정보공개청구가 가능하다. 그리고 정보공개청구권은 법률상 보호되는 구체적인 권리이므로 정보공개를 청구하였다가 거부처분을 받은 것 자체가 법률상 이익의 침해에 해당하여 공개거부를 다툴 수 있는 원고적격이 인정되므로 시민단체 甲은 乙의 정보공개거부에 대해 취소소송으로 다툴 수 있다.

- 「공공기관의 정보공개에 관한 법률」 제6조 제1항은 "모든 국민은 정보의 공개를 청구할 권리를 가진다."고 규정하고 있는데, 여기에서 말하는 국민에는 자연인은 물론 법인, 권리능력 없는 사단·재단도 포함되고, 법인, 권리능력 없는 사단·재단 등의 경우에는 설립목적을 불문하며, 한편 정보공개청구권은 법률상 보호되는 구체적인 권리이므로 청구인이 공공기관에 대하여 정보공개를 청구하였다가 거부처분을 받은 것 자체가 법률상 이익의 침해에 해당한다. 원심은 이유는 다르지만 권리능력 없는 사단인 원고(충주환경운동연합)에게 이 사건 정보공개를 청구할 수 있는 당사자능력과 이 사건 정보공개거부처분의 취소를 구할 법률상 이익이 있다고 판단한 결론은 정당하다(대판 2003.12.12. 2003두8050).

05 실효성 확보 – 공통(42), 이행강제금(44), 대집행(43)

행정상 강제에 관한 설명으로 옳지 않은 것은?

① 사용자가 이행하여야 할 행정법상 의무의 내용을 초과하는 것을 불이행내용으로 기재한 이행강제금 부과예고서에 의하여 이행강제금 부과예고를 한 다음 이를 이행하지 않았다는 이유로 이행강제금을 부과하였다면, 초과한 정도가 근소하다는 등의 특별한 사정이 없는 한 이행강제금 부과예고는 이행강제금제도의 취지에 반하는 것으로서 위법하고, 이에 터잡은 이행강제금부과처분 역시 위법하다.

② 하천유수인용허가신청이 불허되었음을 이유로 하천유수인용행위를 중단할 것과 이를 불이행할 경우 「행정대집행법」에 의하여 대집행을 하겠다는 내용의 계고처분은 대집행의 대상이 될 수 없는 부작위의무에 대한 것으로서 그 자체로 위법하다.

③ 아무런 권원 없이 국유재산에 설치한 시설물에 대하여 행정청은 행정대집행의 방법으로 이 시설물을 철거할 수 있고, 이러한 행정대집행이 인정되는 경우에는 민사소송의 방법으로 시설물의 철거를 구하는 것은 허용되지 않으므로 그 국유재산에 대한 사용청구권을 가지고 있는 자가 국가를 대위하여 민사소송으로 그 시설물의 철거를 구하는 것도 허용되지 않는다.

④ 공공사업에 필요한 토지와 건물을 사업시행자가 협의취득할 때 건물소유자가 매매대상 건물에 대한 철거의무를 부담하겠다는 취지의 약정을 하였다고 하더라도 이러한 철거의무는 대집행의 대상이 되는 공법상의 의무가 아니다.

정답 ③

① ○ 의무내용을 초과한 부과예고시 초과가 근소하지 않는 한 그 부과예고 및 이행강제금부과처분은 위법하다.
- 사용자가 이행하여야 할 행정법상 **의무의 내용을 초과**하는 것을 '불이행내용'으로 기재한 이행강제금 부과예고서에 의하여 이행강제금 부과예고를 한 다음 이를 이행하지 않았다는 이유로 이행강제금을 부과하였다면, 초과한 정도가 근소하다는 등의 특별한 사정이 없는 한 이행강제금 부과예고는 이행강제금제도의 취지에 반하는 것으로서 위법하고, 이에 터잡은 이행강제금부과처분 역시 위법하다(대판 2015.6.24. 2011두2170).

② ○ 부작위의무는 대집행의 대상이 되지 않는다.
- 하천유수인용행위를 중단할 것과 이를 불이행할 경우 「행정대집행법」에 의하여 대집행하겠다는 내용의 이 사건 계고처분은 부작위의무에 대한 대집행계고처분으로서 위법하다(대판 1998.10.2. 96누5445).

③ ✗ 행정대집행으로 의무를 실현할 수 있는 경우 민사소송의 방법은 불가하나, 대집행을 실시하지 않는 경우 민사소송으로 국가를 대위하여 시설물의 철거를 구할 수는 있다.
- 이 사건 토지는 잡종재산인 국유재산으로서, 「국유재산법」 제52조는 "정당한 사유 없이 국유재산을 점유하거나 이에 시설물을 설치한 때에는 「행정대집행법」을 준용하여 철거 기타 필요한 조치를 할 수 있다."고 규정하고 있으므로, 관리권자인 보령시장으로서는 행정대집행의 방법으로 이 사건 시설물을 철거할 수 있고, 이러한 **행정대집행의 절차가 인정되는 경우**에는 따로 **민사소송**의 방법으로 피고들에 대하여 이 사건 시설물의 철거를 구하는 것은 **허용되지 않는다**고 할 것이다. 다만, 관리권자인 보령시장이 행정대집행을 실시하지 아니하는 경우 국가에 대하여 이 사건 토지사용청구권을 가지는 원고로서는 위 청구권을 보전하기 위하여 국가를 대위하여 피고들을 상대로 민사소송의 방법으로 이 사건 시설물의 철거를 구하는 이외에는 이를 실현할 수 있는 다른 절차와 방법이 없어 그 보전의 필요성이 인정되므로, 원고는 **국가를 대위하여** 피고들을 상대로 **민사소송**의 방법으로 이 사건 시설물의 철거를 **구할 수 있다**고 보아야 할 것이다(대판 2009.6.11. 2009다1122).

④ ○ 구 「공공용지의 취득 및 손실보상에 관한 특례법」에 의한 협의취득시 건물소유자가 매매대상 건물에 대한 철거의무를 부담하겠다는 취지의 약정을 한 경우, 그 철거의무는 사법상 의무이므로 「행정대집행법」에 의한 대집행의 대상이 되지 않는다(대판 2006.10.13. 2006두7096).

06 행정조사(49)

행정조사에 관한 설명으로 옳지 않은 것은?

① 행정조사를 실시하고자 하는 행정기관의 장은 원칙적으로 출석요구서를 조사개시 7일 전까지 조사대상자에게 서면으로 통지하여야 하지만 행정조사를 실시하기 전에 관련 사항을 미리 통지하는 때에는 증거인멸 등으로 행정조사의 목적을 달성할 수 없다고 판단되는 경우에는 행정조사의 목적 등을 구두로 통지할 수 있다.
② 당해 행정기관 내의 2 이상의 부서가 동일하거나 유사한 업무분야에 대하여 동일한 조사대상자에게 행정조사를 실시하는 경우에는 공동조사를 하여야 한다.
③ 음주운전 여부에 대한 조사과정에서 운전자 본인의 동의를 받지 아니하고 법원의 영장 없이 채혈조사를 한 결과를 근거로 한 운전면허 정지·취소처분은 특별한 사정이 없는 한 위법한 처분이다.
④ 사무실 또는 사업장 등의 업무시간에 행정조사를 실시하는 경우에도 해가 뜨기 전이나 해가 진 뒤에는 현장조사를 할 수 없다.

정답 ④

① ○

「행정조사기본법」 제17조(조사의 사전통지) ① 행정조사를 실시하고자 하는 행정기관의 장은 제9조에 따른 출석요구서, 제10조에 따른 보고요구서·자료제출요구서 및 제11조에 따른 현장출입조사서(이하 '출석요구서 등'이라 한다)를 조사개시 7일 전까지 조사대상자에게 서면으로 통지하여야 한다. 다만, 다음 각 호의 어느 하나에 해당하는 경우에는 행정조사의 개시와 동시에 출석요구서 등을 조사대상자에게 제시하거나 행정조사의 목적 등을 조사대상자에게 구두로 통지할 수 있다.
 1. 행정조사를 실시하기 전에 관련 사항을 미리 통지하는 때에는 증거인멸 등으로 행정조사의 목적을 달성할 수 없다고 판단되는 경우
 2. 「통계법」 제3조 제2호에 따른 지정통계의 작성을 위하여 조사하는 경우
 3. 제5조 단서에 따라 조사대상자의 자발적인 협조를 얻어 실시하는 행정조사의 경우

② ○

「행정조사기본법」 제14조(공동조사) ① 행정기관의 장은 다음 각 호의 어느 하나에 해당하는 행정조사를 하는 경우에는 공동조사를 하여야 한다.
 1. 당해 행정기관 내의 2 이상의 부서가 동일하거나 유사한 업무분야에 대하여 동일한 조사대상자에게 행정조사를 실시하는 경우
 2. 서로 다른 행정기관이 대통령령으로 정하는 분야에 대하여 동일한 조사대상자에게 행정조사를 실시하는 경우

③ ○ 음주운전 여부에 관한 조사방법 중 혈액채취(이하 '채혈'이라고 한다)는 상대방의 신체에 대한 직접적인 침해를 수반하는 방법으로서, 이에 관하여 「도로교통법」은 호흡조사와 달리 운전자에게 조사에 응할 의무를 부과하는 규정을 두지 아니할 뿐만 아니라, 측정에 앞서 운전자의 동의를 받도록 규정하고 있으므로(제44조 제3항), 운전자의 동의 없이 임의로 채혈조사를 하는 것은 허용되지 아니한다. 따라서 음주운전 여부에 대한 조사과정에서 운전자 본인의 동의를 받지 아니하고 또한 법원의 영장도 없이 채혈조사를 한 결과를 근거로 한 운전면허 정지·취소처분은 「도로교통법」 제44조 제3항을 위반한 것으로서 특별한 사정이 없는 한 위법한 처분으로 볼 수밖에 없다(대판 2016.12.27, 2014두46850).

④ ×

「행정조사기본법」 제11조(현장조사) ② 제1항에 따른 현장조사는 해가 뜨기 전이나 해가 진 뒤에는 할 수 없다. 다만, 다음 각 호의 어느 하나에 해당하는 경우에는 그러하지 아니하다.
 1. 조사대상자(대리인 및 관리책임이 있는 자를 포함한다)가 동의한 경우
 2. 사무실 또는 사업장 등의 업무시간에 행정조사를 실시하는 경우
 3. 해가 뜬 후부터 해가 지기 전까지 행정조사를 실시하는 경우에는 조사목적의 달성이 불가능하거나 증거인멸로 인하여 조사대상자의 법령 등의 위반 여부를 확인할 수 없는 경우

07 「국가배상법」 - 제2조(71)

행정상 손해배상에 관한 설명으로 옳은 것은?

① 경과실이 있는 공무원이 피해자에게 손해를 배상하였다면 피해자는 공무원에 대하여 이를 반환할 의무가 없고, 그 공무원은 특별한 사정이 없는 한 국가에 대하여 국가의 피해자에 대한 손해배상책임의 범위 내에서 자신이 변제한 금액에 관하여 구상권을 취득한다.
② 행정처분이 후에 항고소송에서 취소되면 그 기판력에 의하여 당해 행정처분은 공무원의 고의·과실 여부와 관계없이 곧바로 불법행위를 구성한다.
③ 법관의 재판에 법령규정을 따르지 않은 잘못이 있다면 이로써 바로 재판상 직무행위가 「국가배상법」 제2조 제1항에서 말하는 위법한 행위로 되어 국가의 손해배상책임이 발생한다.
④ 유신헌법에 근거한 대통령의 긴급조치권행사는 고도의 정치성을 띤 국가행위로서 대통령은 국가긴급권의 행사에 관하여 원칙적으로 국민 전체에 대한 관계에서 정치적 책임을 질 뿐 국민 개개인의 권리에 대응하여 법적 의무를 지는 것은 아니므로, 대통령의 이러한 권력행사가 국민 개개인에 대한 관계에서 민사상 불법행위를 구성한다고는 볼 수 없다.

정답 ①

① ○ 경과실이 있는 공무원이 손해를 배상한 경우 국가에 대해 구상권을 취득한다.
• 공무원이 직무수행 중 불법행위로 타인에게 손해를 입힌 경우에 국가 등이 국가배상책임을 부담하는 외에 공무원 개인도 고의 또는 중과실이 있는 경우에는 불법행위로 인한 손해배상책임을 지고, 공무원에게 경과실이 있을 뿐인 경우에는 공무원 개인은 손해배상책임을 부담하지 아니한다. 이처럼 경과실이 있는 공무원이 피해자에 대하여 손해배상책임을 부담하지 아니함에도 피해자에게 손해를 배상하였다면 그것은 채무자 아닌 사람이 타인의

채무를 변제한 경우에 해당하고, 이는 「민법」 제469조의 '제3자의 변제' 또는 「민법」 제744조의 '도의관념에 적합한 비채변제'에 해당하여 피해자는 공무원에 대하여 이를 반환할 의무가 없고, 그에 따라 피해자의 국가에 대한 손해배상청구권이 소멸하여 국가는 자신의 출연 없이 채무를 면하게 되므로, **피해자에게 손해를 직접 배상한 경과실이 있는 공무원**은 특별한 사정이 없는 한 **국가에 대하여** 국가의 피해자에 대한 손해배상책임의 범위 내에서 공무원이 변제한 금액에 관하여 **구상권을 취득**한다고 봄이 타당하다 (대판 2014.8.20. 2012다54478).

② ✕ 처분이 쟁송취소되더라도 곧바로 공무원의 고의·과실이 인정되는 것이 아니다.

- 어떠한 행정처분이 후에 **항고소송에서 취소**되었다고 할지라도 그 기판력에 의하여 당해 행정처분이 곧바로 공무원의 고의 또는 과실로 인한 것으로서 **불법행위를 구성한다고 단정할 수는 없는** 것이고, 그 행정처분의 담당공무원이 보통 일반의 공무원을 표준으로 하여 볼 때 객관적 주의의무를 결하여 그 행정처분이 객관적 정당성을 상실하였다고 인정될 정도에 이른 경우에 「국가배상법」 제2조 소정의 국가배상책임의 요건을 충족하였다고 봄이 상당하다(대판 2000.5.12. 99다70600).

③ ✕ 법관이 행하는 재판사무의 특수성과 그 재판과정의 잘못에 대하여는 따로 불복절차에 의하여 시정될 수 있는 제도적 장치가 마련되어 있는 점 등에 비추어 보면, **법관의 재판에 법령규정을 따르지 않은 잘못**이 있더라도 **이로써 바로** 재판상 직무행위가 「국가배상법」 제2조 제1항에서 말하는 위법한 행위로 되어 **국가의 손해배상책임이 발생하는 것은 아니다**. 법관의 재판상 직무행위로 인한 국가배상책임이 인정되려면 법관이 위법하거나 부당한 목적을 가지고 재판을 하였다거나 법이 법관의 직무수행상 준수할 것을 요구하고 있는 기준을 현저하게 위반하는 등 법관이 그에게 부여된 권한의 취지에 명백히 어긋나게 이를 행사하였다고 인정할 만한 특별한 사정이 있어야 한다(대판 2023.6.1. 2021다202224).

④ ✕ 긴급조치 제9호는 위헌·무효임이 명백하고 긴급조치 제9호 발령으로 인한 국민의 기본권침해는 그에 따른 강제수사와 공소제기, 유죄판결의 선고를 통하여 현실화되었다. 이러한 경우 긴급조치 제9호의 발령부터 적용·집행에 이르는 일련의 국가작용은 전체적으로 보아 공무원이 직무를 집행하면서 객관적 주의의무를 소홀히 하여, 그 직무행위가 객관적 정당성을 상실한 것으로서 위법하다고 평가되고, **긴급조치 제9호의 적용·집행으로 강제수사를 받거나 유죄판결을 선고받고 복역함으로써 개별 국민이 입은 손해**에 대해서는 **국가배상책임이 인정**될 수 있다(대판 2023.1.12. 2020다210976; 대판 2023.1.12. 2021다201184).

08 손실보상(75)

A는 대전광역시에서 공익사업을 시행하려는 사업시행자로서 「공익사업을 위한 토지 등의 취득 및 보상에 관한 법률」에 따라 사업인정을 받았다. 한편, 甲은 해당 공익사업구역 내에 토지를 소유하고 있다. 이에 대한 설명으로 옳지 않은 것만을 모두 고르면?

> ㄱ. A가 甲과 협의하여 甲 소유의 토지를 취득한 경우 그 협의취득은 공법상 계약에 해당하고, 이에 대한 분쟁은 당사자소송에 의한다.
> ㄴ. A와 甲 사이에 협의가 성립되지 않아 대전광역시토지수용위원회의 수용재결이 있었다면 A와 甲이 다시 협의하여 토지의 취득과 보상에 관하여 임의로 계약을 체결할 수 없다.
> ㄷ. 甲이 대전광역시토지수용위원회의 수용재결에 대하여 취소소송을 제기하려면 이의신청을 거쳐야 하며, 중앙토지수용위원회의 이의재결을 대상으로 하여야 한다.
> ㄹ. 만일 甲이 토지보상금이 너무 적다는 이유로 수용재결에 불복하는 경우, 수용재결서를 받은 날부터 90일 이내에, 이의신청을 거쳤을 때에는 이의신청에 대한 재결서를 받은 날부터 60일 이내에 A를 상대로 보상금 증액소송을 제기해야 한다.

① ㄱ, ㄴ　　　　② ㄱ, ㄴ, ㄷ
③ ㄴ, ㄷ　　　　④ ㄷ, ㄹ

정답 ②

ㄱ. ✕ 협의취득은 사법상 계약의 실질을 가지므로 민사소송(공법상 계약 ✕, 당사자소송 ✕)

- 구 「공공용지의 취득 및 손실보상에 관한 특례법」(이하 '공공용지 특례법')에 따른 토지 등의 협의취득은 공공기관이 사경제주체로서 행하는 사법상 매매 내지 사법상 계약의 실질을 가지는 것이다(대판 2010.11.11. 2010두14367).

ㄴ. ✕ 토지수용위원회의 수용재결이 있은 후라고 하더라도 토지소유자 등과 사업시행자가 다시 협의하여 토지 등의 취득이나 사용 및 그에 대한 보상에 관하여 임의로 계약을 체결할 수 있다(대판 2017.4.13. 2016두64241).

ㄷ. ✕ **수용재결에 대한** 이의신청은 임의적 절차에 불과하다. 한편, 이의신청을 거친 후 취소소송을 제기하는 경우 「행정소송법」에 따라 원처분주의가 적용되므로 원처분인 수용재결을 대상으로, 수용재결을 행한 대전광역시토지수용위원회를 피고로 하여야 한다.

> 「공익사업을 위한 토지 등의 취득 및 보상에 관한 법률」 제83조(이의의 신청) ② 지방토지수용위원회의 제34조에 따른 재결에 이의가 있는 자는 해당 지방토지수용위원회를 거쳐 중앙토지수용위원회에 이의를 신청할 수 있다.

- 토지소유자 등이 수용재결에 불복하여 이의신청을 거친 후 취소소송을 제기하는 경우 피고적격을 가지는 자는 수용재결을 한 토지수용위원회이며 소송대상은 수용재결이 된다(대판 2010.1.28. 2008두1504).

ㄹ. ○

> 「공익사업을 위한 토지 등의 취득 및 보상에 관한 법률」 제85조(행정소송의 제기) ① 사업시행자, 토지소유자 또는 관계인은 제34조에 따른 재결에 불복할 때에는 재결서를 받은 날부터 90일 이내에, 이의신청을 거쳤을 때에는 이의신청에 대한 재결서를 받은 날부터 60일 이내에 각각 행정소송을 제기할 수 있다. 이 경우 사업시행자는 행정소송을 제기하기 전에 제84조에 따라 늘어난 보상금을 공탁하여야 하며, 보상금을 받을 자는 공탁된 보상금을 소송이 종결될 때까지 수령할 수 없다.
> ② 제1항에 따라 제기하려는 행정소송이 보상금의 증감(增減)에 관한 소송인 경우 그 소송을 제기하는 자가 토지소유자 또는 관계인일 때에는 사업시행자를, 사업시행자일 때에는 토지소유자 또는 관계인을 각각 피고로 한다.

09 대상적격(52, 53)

공법상 당사자소송에 대한 설명 중 옳지 않은 것은?

① 「광주민주화운동 관련자 보상 등에 관한 법률」에 의거하여 관련자 및 유족들이 갖게 되는 보상 등에 관한 권리는 법률이 특별히 인정하고 있는 공법상의 권리라고 하여야 할 것이므로 그에 관한 소송은 당사자소송에 의하여야 한다.
② 명예퇴직한 법관이 명예퇴직수당액의 차액 지급을 신청한 것에 대해 법원행정처장이 거부하는 의사표시를 한 경우, 위 의사표시는 행정처분에 해당하지 아니하므로 항고소송이 아니라 당사자소송으로 이를 다투어야 한다.
③ 사업주가 당연가입자가 되는 고용보험 및 산재보험에서 보험료납부의무 부존재확인소송은 당사자소송의 대상이 된다.
④ 택시회사들의 자발적 감차와 그에 따른 감차보상금의 지급 및 자발적 감차조치의 불이행에 따른 행정청의 직권감차명령을 내용으로 하는 택시회사들과 행정청 간의 합의는 대등한 당사자 사이에서 체결한 공법상 계약에 해당하므로, 그에 따른 감차명령에 대해서는 당사자소송을 제기하여야 한다.

정답 ④

① ○ 광주민주화운동 보상청구는 당사자소송의 대상이다.
• 「광주민주화운동 관련자 보상 등에 관한 법률」(현 「5·18민주화운동 관련자 보상 등에 관한 법률」)에 의거하여 관련자 및 유족들이 갖게 되는 보상 등에 관한 권리는 법률이 특별히 인정하고 있는 공법상의 권리라고 하여야 할 것이므로 그에 관한 소송은 「행정소송법」 제3조 제2호 소정의 당사자소송에 의하여야 할 것이며 보상금 등의 지급에 관한 법률관계의 주체는 대한민국이다(대판 1992.12.24. 92누3335).

> 「행정소송규칙」 제19조(당사자소송의 대상) 당사자소송은 다음 각 호의 소송을 포함한다.
> 2. 그 존부 또는 범위가 구체적으로 확정된 공법상 법률관계 그 자체에 관한 다음 각 목의 소송
> 라. 「5·18민주화운동 관련자 보상 등에 관한 법률」 제5조, 제6조 및 제7조에 따른 관련자 또는 유족의 보상금 등 지급청구

② ○ 명예퇴직한 법관의 명예퇴직수당에 관한 다툼은 당사자소송의 대상이다.
• 명예퇴직한 법관이 미지급 명예퇴직수당액에 대하여 가지는 권리는 명예퇴직수당 지급대상자 결정절차를 거쳐 구 「법관 및 법원공무원 명예퇴직수당 등 지급규칙」(이하 '명예퇴직수당규칙')에 의하여 확정된 공법상 법률관계에 관한 권리로서, 그 지급을 구하는 소송은 「행정소송법」의 당사자소송에 해당하며, 그 법률관계의 당사자인 국가를 상대로 제기하여야 한다(대판 2016.5.24. 2013두14863).
③ ○ 「고용보험 및 산업재해보상보험의 보험료징수 등에 관한 법률」(이하 '고용산재보험료징수법') 제4조, 제16조의2, 제17조, 제19조, 제23조의 각 규정에 의하면, **사업주가 당연가입자가 되는 고용보험 및 산재보험에서 보험료납부의무 부존재확인의 소**는 공법상의 법률관계 그 자체를 다투는 소송으로서 공법상 **당사자소송**이라 할 것이다(대판 2016.10.13. 2016다221658).
④ × 직권감차명령 통보는 항고소송대상인 처분이다.
• 관할행정청은 면허발급 이후에도 운송사업자의 동의하에 여객자동차운송사업의 질서확립을 위하여 운송사업자가 준수할 의무를 정하고 이를 위반할 경우 감차명령을 할 수 있다는 내용의 면허조건을 붙일 수 있고, 운송사업자가 그러한 조건을 위반하였다면 「여객자동차 운수사업법」(이하 '여객자동차법') 제85조 제1항 제38호에 따라 감차명령을 할 수 있으며, 이러한 **감차명령**은 「행정소송법」 제2조 제1항 제1호가 정한 처분으로서 **항고소송의 대상**이 된다. … 단순히 대등한 당사자의 지위에서 형성된 공법상 계약에 근거한 의사표시에 불과한 것으로는 볼 수 없다(대판 2016.11.24. 2016두45028).

10 법치행정(03)

법치행정에 관한 다음 설명 중 옳지 않은 것은? (다툼이 있는 경우 판례에 의함)

① 행정작용은 법률에 위반되어서는 아니 되며, 국민의 권리를 제한하거나 의무를 부과하는 경우와 그 밖에 국민생활에 중요한 영향을 미치는 경우에는 법률에 근거해야 한다.
② 국회가 형식적 법률로 직접 규정할 필요성은 규율대상이 국민의 기본권 및 기본적 의무와 관련한 중요성을 가질수록, 그에 관한 공개적 토론의 필요성 또는 상충하는 이익 사이의 조정 필요성이 클수록 더 중대된다.
③ 법외노조 통보는 적법하게 설립된 노동조합의 법적 지위를 박탈하는 중대한 침익적 처분으로서 원칙적으로 국민의 대표자인 입법자가 스스로 형식적 법률로써 규정하여야 할 사항이고, 행정입법으로 이를 규정하기 위하여는 반드시 법률의 명시적이고 구체적인 위임이 있어야 한다.
④ '법률유보원칙'은 국민의 기본권실현에 관련된 영역에 있어서 국민의 대표자인 입법자가 그 본질적 사항에 대해서 스스로 결정하여야 한다는 요구까지 내포하지만, 지방의회의원에 대하여 유급보좌인력을 두는 것이 국회의 법률로써 규정하여야 할 입법사항이라고 볼 수는 없다.

정답 ④

① ○
> 「행정기본법」 제8조(법치행정의 원칙) 행정작용은 법률에 위반되어서는 아니 되며, 국민의 권리를 제한하거나 의무를 부과하는 경우와 그 밖에 국민생활에 중요한 영향을 미치는 경우에는 법률에 근거하여야 한다.

② ○ 어떠한 사안이 국회가 형식적 법률로 스스로 규정하여야 하는 본질적 사항에 해당되는지는, 구체적 사례에서 관련된 이익 내지 가치의 중요성, 규제 또는 침해의 정도와 방법 등을 고려하여 개별적으로 결정하여야 하지만, 규율대상이 국민의 기본권 및 기본적 의무와 관련한 중요성을 가질수록 그리고 그에 관한 공개적 토론의 필요성 또는 상충하는 이익 사이의 조정 필요성이 클수록, 그것이 국회의 법률에 의해 직접 규율될 필요성은 더 증대된다(대판 2015.8.20. 2012두23808 전합).

③ ○ **법외노조 통보**는 적법하게 설립된 노동조합의 법적 지위를 박탈하는 중대한 침익적 처분으로서 원칙적으로 국민의 대표자인 입법자가 스스로 형식적 **법률로써 규정하여야 할 사항**이고, 행정입법으로 이를 규정하기 위하여는 반드시 법률의 명시적이고 구체적인 위임이 있어야 한다. 그런데 「노동조합 및 노동관계조정법 시행령」 제9조 제2항은 법률의 위임 없이 법률이 정하지 아니한 법외노조 통보에 관하여 규정함으로써 헌법상 노동3권을 본질적으로 제한하고 있으므로 그 자체로 무효이다. 법외노조 통보에 관한 「노동조합 및 노동관계조정법 시행령」 제9조 제2항은 헌법상 법률유보의 원칙에 위반되어 그 자체로 무효이므로 그에 기초한 위 법외노조 통보는 법적 근거를 상실하여 위법하다(대판 2020.9.3. 2016두32992 전합).

④ × 지문의 앞부분은 옳지만 뒷부분이 옳지 않다.
- 오늘날 '**법률유보원칙**'은 단순히 행정작용이 법률에 근거를 두기만 하면 충분한 것이 아니라, 국가공동체와 그 구성원에게 기본적이고도 중요한 의미를 갖는 영역, 특히 국민의 기본권실현에 관련된 영역에 있어서는 행정에 맡길 것이 아니라 국민의 대표자인 입법자가 그 본질적 사항에 대해서 스스로 결정하여야 한다는 요구, 즉 **의회유보원칙까지 내포**하는 것으로 이해되고 있다(헌재 1999.5.27. 98헌바70).
- **지방의회의원**에 대하여 유급보좌인력을 두는 것은 지방의회의원의 신분·지위 및 그 처우에 관한 현행 법령상의 제도에 중대한 변경을 초래하는 것으로서, 이는 개별 지방의회의 조례로써 규정할 사항이 아니라 **국회의 법률로써 규정하여야 할 입법사항**이다(대판 2013.1.16. 2012추84).

11 심리(64)

항고소송에서 처분사유의 추가·변경에 대한 설명으로 옳지 않은 것은?

① 행정처분의 취소를 구하는 항고소송에서 처분청은 당초 처분의 근거로 삼은 사유와 기본적 사실관계가 동일성이 있다고 인정되는 한도 내에서만 다른 사유를 추가하거나 변경할 수 있으며, 처분사유의 추가·변경은 사실심의 변론종결시까지만 허용된다.

② 처분청이 처분의 근거법령만을 추가·변경하는 것은 새로운 처분사유의 추가라고 볼 수 없으므로 처분의 근거법령을 변경하는 것이 종전 처분과 동일성을 인정할 수 없는 별개의 처분을 하는 것과 다름없는 경우에도 법원은 행정청이 처분 당시에 적시한 구체적 사실에 대하여 처분 후에 추가·변경한 법령을 적용하여 그 처분의 적법 여부를 판단할 수 있다.

③ 이동통신요금 원가 관련 정보공개청구에 대해 행정청이 별다른 이유를 제시하지 아니한 채 통신요금과 관련한 총괄원가액수만을 공개한 후, 정보공개거부처분 취소소송에서 원가 관련 정보가 법인의 영업상 비밀에 해당한다는 비공개사유를 주장하는 것은, 그 기본적 사실관계가 동일하다고 볼 수 없는 사유를 추가하는 것이므로 허용되지 않는다.

④ 컨테이너를 설치하여 사무실 등으로 사용하는 甲에게 관할 시장이 건축허가를 받지 않고 건축하였다는 이유로 원상복구명령 및 계고처분을 하였다가 이에 대한 취소소송에서 컨테이너가 가설건축물에 해당함에도 축조신고를 하지 아니하고 축조하였다는 처분사유를 추가하는 것은 그 기초인 사회적 사실관계가 동일하다고 볼 수 없어 허용되지 않는다.

정답 ②

① ○ 처분사유의 추가·변경은 기본적 사실관계의 동일성 내에서 사실심 변론종결시까지만 허용된다.
- 행정처분의 취소를 구하는 항고소송에 있어서는 실질적 법치주의와 행정처분의 상대방인 국민에 대한 신뢰보호라는 견지에서 **처분청은 당초 처분의 근거로 삼은 사유와 기본적 사실관계에 있어서 동일성이 인정되는 한도 내에서만 새로운 처분사유를 추가하거나 변경할 수 있을 뿐** 기본적 사실관계와 동일성이 인정되지 않는 별개의 사실을 들어 처분사유로 주장하는 것은 허용되지 아니하며 법원으로서도 당초의 처분사유와 기본적 사실관계의 동일성이 없는 사실은 처분사유로 인정할 수 없는 것이다(대판 1992.8.18. 91누3659). **취소소송에서 행정청의 처분사유의 추가·변경은 사실심 변론종결시까지 허용된다**(대판 1999.8.20. 98두17043).

> 「행정소송규칙」 제9조(처분사유의 추가·변경) 행정청은 사실심 변론을 종결할 때까지 당초의 처분사유와 기본적 사실관계가 동일한 범위 내에서 처분사유를 추가 또는 변경할 수 있다.

② × 처분 근거법령만 추가·변경하는 것은 허용되지만 별개의 처분을 하는 것과 다름없는 경우에는 허용되지 않는다.
- 처분청이 처분 당시에 적시한 구체적 사실을 변경하지 아니하는 범위 내에서 단지 그 **처분의 근거법령만을 추가·변경**하는 것에 불과한 경우에는 새로운 처분사유의 추가라고 볼 수 없으므로 행정청이 처분 당시에 적시한

구체적 사실에 대하여 처분 후에 추가·변경한 법령을 적용하여 그 처분의 적법 여부를 판단할 수 있다. 그러나 처분의 근거법령을 변경하는 것이 **종전 처분과 동일성을 인정할 수 없는 별개의 처분을 하는 것과 다름없는 경우에는 허용될 수 없다**(대판 2021.7.29. 2021두34756).

③ ○ 이유제시 없이 이동통신요금 총괄원가액수만 공개한 후 소송에서 비로소 영업상 비밀이라는 비공개 사유를 주장할 수 없다.
- 원심은, 피고(편저자: 미래창조과학부장관)가 원고의 정보공개청구에 대하여 별다른 이유를 제시하지 않은 채 이동통신요금과 관련한 총괄원가액수만을 공개한 것은, 이 사건 원가 관련 정보에 대하여 비공개결정을 하면서 비공개이유를 명시하지 않은 경우에 해당하여 위법하다고 판단하면서, 피고가 이 사건 소송에서 비로소 이 사건 원가 관련 정보가 법인의 영업상 비밀에 해당한다는 비공개사유를 주장하는 것은, 그 기본적 사실관계가 동일하다고 볼 수 없는 사유를 추가하는 것이어서 허용될 수 없다고 판단하였는바, 원심의 위와 같은 판단은 정당하다(대판 2018.4.12. 2014두5477).

④ ○ '건축허가를 받지 않고 건축하였다'는 사유와 '축조신고를 하지 아니하고 축조하였다'는 사유는 기본적 사실관계가 다르다.
- 컨테이너를 설치하여 사무실 등으로 사용하는 甲 등에게 관할 시장이 「건축법」제2조 제1항 제2호의 건축물에 해당함에도 같은 법 제11조에 따른 건축허가를 받지 않고 건축하였다는 이유로 원상복구명령 및 계고처분을 하였다가 이에 대한 취소소송에서 같은 법 제20조 제3항 위반(편저자: 컨테이너가 가설건축물에 해당함에도 축조신고를 하지 아니하고 축조하였다)을 처분사유로 추가한 사안에서, 당초 처분사유인 「건축법」제11조 위반'과 추가한 추가 사유인 「건축법」제20조 제3항 위반'은 위반행위의 내용이 다르고 위법상태를 해소하기 위하여 거쳐야 하는 절차, 건축기준 및 허용가능성이 달라지므로 그 기초인 사회적 사실관계가 동일하다고 볼 수 없어 처분사유의 추가·변경이 허용되지 않는다(대판 2021.7.29. 2021두34756).

12 거부처분(54), 대상적격(53), 제3자 - 경업·경원·주민(56)

항고소송의 소송요건에 관한 설명으로 옳은 것은?

① 거부처분의 처분성을 인정하기 위한 전제요건이 되는 신청권의 존부는 구체적 사건에서 관계법규의 해석에 의하여 구체적으로 결정되는 것이고, 신청인이 그 신청에 따른 단순한 응답을 받을 권리를 넘어서 신청의 인용이라는 만족적 결과를 얻을 권리를 의미한다.

② 근로복지공단이 사업주에 대하여 하는 '개별 사업장의 사업종류 변경결정'만으로는 사업주의 권리·의무에 직접적인 변동이나 불이익이 발생한다고 볼 수 없고, 국민건강보험공단이 산재보험료부과처분을 함으로써 비로소 사업주에게 현실적인 불이익이 발생하게 되므로, 위 사업종류 변경결정은 항고소송의 대상이 되는 처분에 해당하지 않는다.

③ 허가 등 처분을 신청한 甲과 乙이 서로 경원관계에 있는 경우, 행정청이 甲에게 허가 등을 거부하는 처분을 함과 동시에 乙에게 허가 등 처분을 하였다면, 거부처분에 대한 취소판결이 확정되더라도 乙에 대한 허가 등 처분이 취소되거나 효력이 소멸되는 것은 아니므로, 甲은 거부처분의 취소를 구할 소의 이익이 없다.

④ 「법무사규칙」이 이의신청절차를 규정한 것은 채용승인을 신청한 법무사뿐만 아니라 사무원이 되려는 사람의 이익도 보호하려는 취지로 볼 수 있으므로, 지방법무사회의 사무원 채용승인 거부처분에 대해서는 처분상대방인 법무사뿐만 아니라 그 때문에 사무원이 될 수 없게 된 사람도 이를 다툴 원고적격이 인정된다.

정답 ④

① ✗ 신청권은 신청의 인용이라는 결과를 얻을 권리를 의미하지 않는다.
- 거부처분의 처분성을 인정하기 위한 전제요건이 되는 신청권의 존부는 구체적 사건에서 신청인이 누구인가를 고려하지 않고 관계법규의 해석에 의하여 일반국민에게 그러한 신청권을 인정하고 있는가를 살펴 추상적으로 결정되는 것이고, 신청인이 그 신청에 따른 단순한 응답을 받을 권리를 넘어서 신청의 인용이라는 만족적 결과를 얻을 권리를 의미하는 것은 아니다. 따라서 국민이 어떤 신청을 한 경우에 그 신청의 근거가 된 조항의 해석상 행정발동에 대한 개인의 신청권을 인정하고 있다고 보여지면 그 거부행위는 항고소송의 대상이 되는 처분으로 보아야 할 것이고, 구체적으로 그 신청이 인용될 수 있는가 하는 점은 본안에서 판단하여야 할 사항인 것이다(대판 1996.6.11. 95누12460).

② ✗ 근로복지공단이 사업주에 대하여 하는 '개별 사업장의 사업종류 변경결정'은 항고소송의 대상이 되는 처분이다.
- 개별 사업장의 사업종류가 사업주에게 불리한 내용으로 변경되면 산재보험료율이 인상되고, 사업주가 납부하여야 하는 산재보험료가 증가한다. 따라서 근로복지공단의 사업종류 변경결정은 사업주의 권리·의무에도 직접 영향을 미친다고 보아야 한다. … 근로복지공단이 사업주에 대하여 하는 '개별 사업장의 사업종류 변경결정'은 행정청이 행하는 구체적 사실에 관한 법집행으로서의 공권력의 행사인 '처분'에 해당한다. 한편, 근로복지공단의 사업종류 변경결정에 따라 국민건강보험공단이 사업주에 대하여 하는 각각의 산재보험료부과처분도 항고소송의 대상인 처분에 해당한다(대판 2020.4.9. 2019두61137).

③ ✗ 경원관계에서 경원자에 대한 수익적 처분의 취소를 구하지 않고 자신에 대한 거부처분의 취소를 구하는 것도 가능하다.
- 인가·허가 등 수익적 행정처분을 신청한 여러 사람이 서로 경원관계에 있어서 한 사람에 대한 허가 등 처분이 다른 사람에 대한 불허가 등으로 귀결될 수밖에 없을 때 허가 등 처분을 받지 못한 사람은 신청에 대한 거부처분의 직접 상대방으로서 원칙적으로 자신에 대한 거부처분의 취소를 구할 원고적격이 있다(대판 2015.10.29. 2013두27517).

④ ○ 「법무사규칙」이 이의신청절차를 규정한 것은 채용승인을 신청한 법무사뿐만 아니라 사무원이 되려는 사람의 이익도 보호하려는 취지로 볼 수 있다. 따라서 법무사의 사무원 채용승인 신청에 대하여 소속 지방법무사회가 '채용승인을 거부'하는 조치 또는 일단 채용승인을 하였으나 「법무사규칙」 제37조 제6항을 근거로 '채용승인을 취소'하는 조치는 항고소송의 대상인 '처분'에 해당한다. … 지방법무사회가 법무사의 사무원 채용승인 신청을 거부하거나 채용승인을 얻어 채용 중인 사람에 대한 채용승인을 취소한 경우, 그 때문에 사무원이 될 수 없게 된 사람에게 항고소송을 제기할 원고적격이 인정된다(대판 2020.4.9. 2015다34444).

13 행정심판(68)

「행정심판법」에 관한 설명으로 옳지 않은 것은?

① 법인이 아닌 사단 또는 재단으로서 대표자나 관리인이 정하여져 있는 경우에는 그 사단이나 재단의 이름으로 심판청구를 할 수 있다.
② 행정심판위원회는 심판청구서에 타인을 비방하거나 모욕하는 내용 등이 기재되어 청구내용을 특정할 수 없고 그 흠을 보정할 수 없다고 인정되는 경우에는 보정요구 없이도 그 심판청구를 각하할 수 있다.
③ 행정심판의 청구는 서면으로 하여야 하는 엄격한 요식행위이므로 심판청구서의 표제가 진정서라고 기재되어 있다면 비록 그 내용이 처분의 취소를 구하는 행정심판의 청구를 구하는 것이라도 행정심판청구는 부적법하다.
④ 대통령의 처분 또는 부작위에 대하여는 다른 법률에서 행정심판을 청구할 수 있도록 정한 경우 외에는 행정심판을 청구할 수 없다.

정답 ③

① ○

「행정심판법」 제14조(법인이 아닌 사단 또는 재단의 청구인능력) 법인이 아닌 사단 또는 재단으로서 대표자나 관리인이 정하여져 있는 경우에는 그 사단이나 재단의 이름으로 심판청구를 할 수 있다.

② ○ 2023년 개정 「행정심판법」에 신설된 내용이다.

「행정심판법」 제32조(보정) ① 위원회는 심판청구가 적법하지 아니하나 보정(補正)할 수 있다고 인정하면 기간을 정하여 청구인에게 보정할 것을 요구할 수 있다. 다만, 경미한 사항은 직권으로 보정할 수 있다.

제32조의2(보정할 수 없는 심판청구의 각하) 위원회는 심판청구서에 타인을 비방하거나 모욕하는 내용 등이 기재되어 청구내용을 특정할 수 없고 그 흠을 보정할 수 없다고 인정되는 경우에는 제32조 제1항에 따른 보정요구 없이 그 심판청구를 각하할 수 있다.

③ ✗ 행정심판은 서면으로 하여야 하나 엄격한 형식을 요하지는 않는다. 형식은 진정이라도 행정심판의 실체를 갖는 경우는 행정심판이 된다.
- 「행정심판법」 제19조, 제23조의 규정취지와 행정심판제도의 목적에 비추어 보면 행정소송의 전치요건인 행정심판청구는 엄격한 형식을 요하지 아니하는 서면행위로 해석되므로, … 비록 제목이 '진정서'로 되어 있고, 재결청의 표시, 심판청구의 취지 및 이유, 처분을 한 행정청의 고지의 유무 및 그 내용 등 「행정심판법」 제19조 제2항 소정의 사항들을 구분하여 기재하고 있지 아니하여 행정심판청구서로서 형식을 다 갖추고 있다고 볼 수는 없으나, 피청구인인 처분청과 청구인의 이름과 주소가 기재되어 있고, 청구인의 기명이 되어 있으며, 문서의 기재내용에 의하여 심판청구의 대상이 되는 행정처분의 내용과 심판청구의 취지 및 이유, 처분이 있은 것을 안 날을 알 수 있는 경우, 위 문서에 기재되어 있지 않은 재결청, 처분을 한 행정청의 고지의 유무 등의 내용과 날인 등의 불비한 점은 보정이 가능하므로 위 문서를 행정처분에 대한 행정심판청구로 보는 것이 옳다(대판 2000.6.9. 98두2621).

④ ○ **PLUS** 대통령의 처분은 행정심판대상에서는 제외되지만 「행정절차법」은 적용됨(KBS사장 해임사건)을 유의한다.

「행정심판법」 제3조(행정심판의 대상) ② 대통령의 처분 또는 부작위에 대하여는 다른 법률에서 행정심판을 청구할 수 있도록 정한 경우 외에는 행정심판을 청구할 수 없다.

14 피고적격(58)

항고소송의 피고에 관한 설명으로 옳은 것은?

① 상급행정청의 지시에 의해 하급행정청이 자신의 명의로 처분을 하였다면, 취소소송의 피고는 상급행정청이 된다.
② 중앙노동위원회의 처분의 경우, 중앙노동위원회가 피고가 된다.
③ 처분이 있은 뒤에 그 처분에 관계되는 권한이 다른 행정청에 승계된 때에는 이를 승계한 행정청을 피고로 한다.
④ 대리관계를 명시적으로 밝히지는 아니하였다 하더라도 처분명의자가 피대리 행정청 산하의 행정기관으로서 실제로 피대리 행정청으로부터 대리권한을 수여받아 피대리 행정청을 대리한다는 의사로 행정처분을 하였고 처분명의자는 물론 그 상대방도 그 행정처분이 피대리 행정청을 대리하여 한 것임을 알고서 이를 받아들인 예외적인 경우에도 대리권을 수여받은 행정청이 항고소송의 피고가 된다.

정답 ③

① ✗ 하급행정청 명의로 하였으므로 하급행정청이 취소소송의 피고가 된다.
- 행정처분의 취소 또는 무효확인을 구하는 행정소송은 다른 법률에 특별한 규정이 없는 한 소송의 대상인 행정처분 등을 외부적으로 그의 **명의로 행한 행정청**을 피고로 하여야 하는 것으로서 그 행정처분을 하게 된 연유가 상급행정청이나 타행정청의 지시나 통보에 의한 것이라 하여 다르지 않다고 할 것이다(대판 1995.12.22. 95누14688).

② ✗ 일반적으로 공정거래위원회와 같은 합의제 행정청의 처분에 대해서는 기관의 장인 위원장이 아니라 합의제 행정청(위원회)이 피고가 되지만, **중앙노동위원회의 처분**에 대한 소는 **중앙노동위원회위원장**이 피고가 된다.

> 「노동위원회법」 제27조(중앙노동위원회의 처분에 대한 소송) ① 중앙노동위원회의 처분에 대한 소송은 중앙노동위원회위원장을 피고로 하여 처분의 송달을 받은 날부터 15일 이내에 제기하여야 한다.

③ ○

> 「행정소송법」 제13조(피고적격) ① 취소소송은 다른 법률에 특별한 규정이 없는 한 그 처분 등을 행한 행정청을 피고로 한다. 다만, 처분 등이 있은 뒤에 그 처분 등에 관계되는 권한이 다른 행정청에 승계된 때에는 이를 승계한 행정청을 피고로 한다.

④ ✗ 대리기관이 **대리관계를 밝힘이 없이 자신의 명의로 처분**을 하였다면 대리기관이 피고가 된다. 다만, **상대방이 대리하여 한 것임을 알고서 이를 받아들인 예외적인 경우**에는 **피대리기관**이 피고가 된다.

- 대리권을 수여받은 데 불과하여 그 자신의 명의로는 행정처분을 할 권한이 없는 행정청의 경우 대리관계를 밝힘이 없이 그 자신의 명의로 행정처분을 하였다면 그에 대하여는 처분명의자인 당해 행정청이 항고소송의 피고가 되어야 하는 것이 원칙이지만, 비록 대리관계를 명시적으로 밝히지는 아니하였다 하더라도 처분명의자가 피대리 행정청 산하의 행정기관으로서 실제로 피대리 행정청으로부터 대리권한을 수여받아 피대리 행정청을 대리한다는 의사로 행정처분을 하였고 처분명의자는 물론 그 상대방도 그 행정처분이 피대리 행정청을 대리하여 한 것임을 알고서 이를 받아들인 예외적인 경우에는 피대리 행정청이 피고가 되어야 한다(대결 2006.2.23. 2005부4).

15 행정규칙(15), 법규명령(14)

행정입법에 관한 다음 설명 중 옳지 않은 것은?

① 법령의 규정이 특정 행정기관에 법령내용의 구체적 사항을 정할 수 있는 권한을 부여하면서 권한행사의 절차나 방법을 특정하지 아니한 경우에는, 수임 행정기관은 행정규칙이나 규정 형식으로 법령내용이 될 사항을 구체적으로 정할 수 있으며, 이 경우 행정규칙 등은 당해 법령의 위임한계를 벗어나지 않는 한 대외적 구속력이 있는 법규명령으로서 효력을 가지게 된다.
② 법률의 위임에 따라 효력을 갖는 법규명령이 위임의 근거가 없어 무효였더라도 나중에 위임명령의 근거법령이 제정되어 위임의 근거가 부여되었다면 당해 법규명령은 그때부터는 유효한 법규명령으로 취급된다.
③ 집행명령은 근거가 된 상위법령이 단순히 개정됨에 그친 경우 그 개정법령과 성질상 모순·저촉되지 아니하고 개정된 상위법령의 시행에 필요한 사항을 규정하고 있는 이상 그 개정법령의 시행을 위한 집행명령이 제정·발효될 때까지는 효력을 유지한다.
④ 법령에 반하는 위법한 행정규칙일지라도 이를 위반하면 징계사유가 된다.

정답 ④

① ○ 법령의 규정이 특정 행정기관에게 법령 내용의 구체적 사항을 정할 수 있는 권한을 부여하면서 권한행사의 절차나 방법을 특정하지 아니한 경우에는 수임 행정기관은 행정규칙이나 규정형식으로 법령내용이 될 사항을 구체적으로 정할 수 있다. 이 경우 행정규칙 등은 당해 법령의 위임한계를 벗어나지 않는 한 대외적 구속력이 있는 법규명령으로서 효력을 가지게 되지만, 이는 행정규칙이 갖는 일반적 효력이 아니라 행정기관에 법령의 구체적 내용을 보충할 권한을 부여한 법령 규정의 효력에 근거하여 예외적으로 인정되는 것이다(대판 2012.7.5. 2010다72076).

② ○ 일반적으로 법률의 위임에 의하여 효력을 갖는 법규명령의 경우, **구법에 위임의 근거가 없어 무효였더라도 사후에 법개정으로 위임의 근거가 부여되면 그때부터는 유효**한 법규명령이 된다. 그리고 **구법의 위임에 의한 유효한 법규명령이 법개정으로 위임의 근거가 없어지게 되면 그때부터 무효**인 법규명령이 된다. 따라서 어떤 법령의 위임근거 유무에 따른 유효 여부를 심사하려면 법개정의 전·후에 걸쳐 모두 심사하여야만 그 법규명령의 시기에 따른 유효·무효를 판단할 수 있다(대판 1995.6.30. 93추83).

③ ○ 상위법령의 시행에 필요한 세부적 사항을 정한, 이른바 **집행명령**은 **근거법령인 상위법령이 폐지**되면 특별한 규정이 없는 한 **실효**된다. 그러나 **상위법령이 개정**됨에 그친 경우에는 성질상 이와 모순·저촉되지 아니하는 한 개정된 상위법령의 시행을 위한 집행명령이 새로 제정·발효될 때까지는 여전히 그 **효력을 유지한다**(대판 1989.9.12. 88누6962).

④ ✗ 법령에 반하는 위법한 행정규칙은 무효이므로 **위법한 행정규칙을 위반**한 것은 **징계사유가 되지 않는다**(대판 2020.11.26. 2020두42262).

16 거부처분(54), 절차의 하자(41), VA의 하자·효력(29)

행정행위의 하자에 관한 다음 내용 중 옳지 않은 것은?

① 행정처분에 사실관계를 오인한 하자가 있는 경우 그 하자가 중대하더라도 객관적으로 명백하지 않다면 그 처분을 당연무효라고 할 수 없는바, 하자가 명백하다고 하기 위하여는 그 사실관계 오인의 근거가 된 자료가 외형상 상태성을 결여하거나 또는 객관적으로 그 성립이나 내용의 진정을 인정할 수 없는 것임이 명백한 경우라야 한다.
② 행정청이 사전환경성검토협의를 거쳐야 할 대상사업에 관하여 법의 해석을 잘못한 나머지 세부용도지역이 지정되지 않은 개발사업부지에 대하여 사전환경성검토협의를 할지 여부를 결정하는 절차를 생략한 채 행한 승인 등의 처분은 당연무효이다.
③ 조례 제정권의 범위를 벗어나 국가사무를 대상으로 한 무효인 서울특별시행정권한위임조례의 규정에 근거하여 구청장이 한 건설업영업정지처분은 당연무효라고 볼 수 없다.
④ 임면권자가 아닌 국가정보원장이 5급 이상의 국가정보원 직원에 대하여 한 의원면직처분은 당연무효라고 볼 수 없다.

정답 ②

① ○ 행정처분에 사실관계를 오인한 하자가 있는 경우 그 하자가 중대하더라도 객관적으로 명백하지 않다면 그 처분을 당연무효라고 할 수 없는바, 하자가 명백하다고 하기 위하여는 그 사실관계 오인의 근거가 된 자료가 외형상 상태성을 결여하거나 또는 객관적으로 그 성립이나 내용의 진정을 인정할 수

없는 것임이 명백한 경우라야 할 것이고 사실관계의 자료를 정확히 조사하여야 비로소 그 하자 유무가 밝혀질 수 있는 경우라면 이러한 하자는 외관상 명백하다고 할 수는 없을 것이다(대판 1992.4.28. 91누6863).

② ✗ 사전환경성검토협의를 생략한 처분은 당연무효가 아니다.
- 사전환경성검토협의를 거쳐야 할 대상사업에 대하여 사전환경성검토협의를 거치지 아니하였음에도 승인 등 처분이 이루어진다면 환경파괴를 미연에 방지하고 쾌적한 환경을 유지·조성하기 위하여 사전환경성검토협의제도를 둔 입법목적을 달성할 수 없게 되는 결과를 초래할 뿐만 아니라 사전환경성검토협의 대상지역 안의 주민들의 직접적이고 개별적인 이익을 근본적으로 침해하게 되므로, 이러한 행정처분의 하자는 법규의 중요한 부분을 위반한 중대한 것이라고 하지 않을 수 없다. … 설령 행정청이 법의 해석을 잘못한 나머지 이 사건 개발사업이 사전환경성검토협의 대상이 아니라고 보고 그 절차를 생략한 채 이 사건 처분을 하였다고 하더라도, 그 하자가 외형상 객관적으로 명백하다고 할 수는 없다(대판 2009.9.24. 2009두2825).

③ ○ 조례 제정권의 범위를 벗어나 국가사무를 대상으로 한 무효인 서울특별시행정권한위임조례의 규정에 근거하여 구청장이 건설업영업정지처분을 한 경우, 그 처분은 결과적으로 적법한 위임 없이 권한 없는 자에 의하여 행하여진 것과 마찬가지가 되어 그 하자가 중대하나, 지방자치단체의 사무에 관한 조례와 규칙은 조례가 보다 상위규범이라고 할 수 있고, 또한 헌법 제107조 제2항의 '규칙'에는 지방자치단체의 조례와 규칙이 모두 포함되는 등 이른바 규칙의 개념이 경우에 따라 상이하게 해석되는 점 등에 비추어 보면 위 처분의 위임과정의 하자가 객관적으로 명백한 것이라고 할 수 없으므로 이로 인한 하자는 결국 당연무효사유는 아니라고 봄이 상당하다(대판 1995.7.11. 94누4615 전합).

④ ○ 무권한자의 행위이지만 예외적으로 취소사유로 본 사안이다.
- 행정청의 권한에는 사무의 성질 및 내용에 따르는 제약이 있고, 지역적·대인적으로 한계가 있으므로 이러한 권한의 범위를 넘어서는 권한유월의 행위는 무권한행위로서 원칙적으로 무효라고 할 것이나, 행정청의 공무원에 대한 의원면직처분은 공무원의 사직의사를 수리하는 소극적 행정행위에 불과하고, 당해 공무원의 사직의사를 확인하는 확인적 행정행위의 성격이 강하며 재량의 여지가 거의 없기 때문에 의원면직처분에서의 행정청의 권한유월행위를 다른 일반적인 행정행위에서의 그것과 반드시 같이 보아야 할 것은 아니다. 5급 이상의 국가정보원 직원에 대한 의원면직처분이 임면권자인 대통령이 아닌 국가정보원장에 의해 행해진 것으로 위법하고, 나아가 국가정보원 직원의 명예퇴직원 내지 사직서 제출이 직위해제 후 1년여에 걸친 국가정보원장 측의 종용에 의한 것이었다는 사정을 감안한다 하더라도 그러한 하자가 중대한 것이라고 볼 수는 없으므로, 대통령의 내부결재가 있었는지에 관계없이 당연무효는 아니라고 할 것이다(대판 2007.7.26. 2005두15748).

17 심리(63), 대상적격(52)

취소소송에 관한 설명으로 옳은 것은?

① 취소소송에도 처분권주의가 준용되므로 법원은 당사자가 신청하지 아니한 사항에 대하여는 판결할 수 없지만, 직권심리주의를 규정하고 있는 「행정소송법」 제26조의 규정을 고려할 때, 법원은 원고의 청구범위를 초월하여 그 이상의 청구를 인용할 수도 있다.

② 사실심에서 변론종결시까지 당사자가 주장하지 않던 직권조사사항에 해당하는 사항을 상고심에서 비로소 주장하는 경우 그 직권조사사항에 해당하는 사항은 상고심의 심판범위에 해당하지 않는다.

③ 어떠한 처분에 법령상 근거가 있는지, 「행정절차법」에서 정한 처분절차를 준수하였는지는 소송요건심사단계에서 고려해야 할 요소이다.

④ 해당 처분을 다툴 법률상 이익이 있는지 여부는 직권조사사항으로 이에 관한 당사자의 주장은 직권발동을 촉구하는 의미밖에 없으므로, 원심법원이 이에 관하여 판단하지 않았다고 하여 판단유탈의 상고이유로 삼을 수 없다.

정답 ④

① ✗ 직권심리주의가 적용되나 원고의 청구범위를 초월하여 인용할 수 없다.
- 행정소송에 있어서도 「행정소송법」 제14조에 의하여 「민사소송법」 제188조가 준용되어 법원은 당사자가 신청하지 아니한 사항에 대하여는 판결할 수 없는 것이고, 「행정소송법」 제26조에서 직권심리주의를 채용하고 있으나 이는 행정소송에 있어서 원고의 청구범위를 초월하여 그 이상의 청구를 인용할 수 있다는 의미가 아니라 원고의 청구범위를 유지하면서 그 범위 내에서 필요에 따라 주장 외의 사실에 관하여도 판단할 수 있다는 뜻이다(대판 1987.11.10. 86누491).

② ✗ 직권조사사항을 상고심에서 주장한 경우 상고심의 심판범위에 포함된다.
- 행정소송에서 쟁송의 대상이 되는 행정처분의 존부는 소송요건으로서 직권조사사항이고, 자백의 대상이 될 수 없는 것이므로, 설사 그 존재를 당사자들이 다투지 아니한다 하더라도 그 존부에 관하여 의심이 있는 경우에는 이를 직권으로 밝혀 보아야 할 것이고, 사실심 변론종결시까지 당사자가 주장하지 않던 직권조사사항에 해당하는 사항을 상고심에서 비로소 주장하는 경우 그 직권조사사항에 해당하는 사항은 상고심의 심판범위에 해당한다(대판 2004.12.24. 2003두15195).

③ ✗ 어떠한 처분에 법령상 근거가 있는지, 「행정절차법」에서 정한 처분절차를 준수하였는지는 본안에서 당해 처분이 적법한가를 판단하는 단계에서 고려할 요소이지, 소송요건심사단계에서 고려할 요소가 아니다(대판 2016.8.30. 2015두60617).

④ ○ 해당 처분을 다툴 법률상 이익이 있는지 여부는 직권조사사항으로 이에 관한 당사자의 주장은 직권발동을 촉구하는 의미밖에 없으므로, 원심법원이 이에 관하여 판단하지 않았다고 하여 판단유탈의 상고이유로 삼을 수 없다(대판 2017.3.9. 2013두16852).

18 신고(23), 영업양도(25)

甲은「식품위생법」상 유흥주점 영업허가를 받아 영업에 종사하는 자이다. 甲과 乙은 甲의 영업을 乙에게 양도하기로 하고 사업양도·양수계약을 체결한 후, 관련법령에 따라 乙이 관할행정청 A에 지위승계신고를 하였다. 이에 대한 설명으로 옳지 않은 것만을 모두 고르면?

> ㄱ. 乙이 한 신고는 행위요건적 신고로서「행정절차법」제40조 제1항에서 규정하는 신고에 해당한다.
> ㄴ. 乙이 한 신고에 대한 수리 또는 그 거부는 항고소송의 대상인 행정처분이다.
> ㄷ. 甲과 乙의 사업양도·양수계약이 무효라고 하더라도 그것만으로 수리가 당연히 무효로 되는 것은 아니다.
> ㄹ. 甲과 乙의 사업양도·양수계약이 무효인 경우 甲은 계약무효확인소송을 제기하여야 할 것이고 곧바로 수리처분무효확인소송을 제기할 수는 없다.
> ㅁ. 지위승계신고가 있기 전에 甲에 대하여 유흥주점 영업허가가 취소된 경우, 乙은 甲에 대한 허가 취소를 다툴 수 있는 원고적격이 있다.

① ㄱ, ㄴ
② ㄱ, ㄷ, ㄹ
③ ㄴ, ㄷ, ㅁ
④ ㄷ, ㄹ, ㅁ

정답 ②

ㄱ. ✗ 지위승계신고는 행정청이 수리하여야 효력이 발생하는 **행위요건적 신고**이다.「행정절차법」제40조는 행위요건적 신고가 아니라 **자기완결적 신고**를 규정하고 있다.
- 「식품위생법」제25조 제3항에 의한 영업양도에 따른 **지위승계신고는 수리를 요하는 신고**로서 이를 수리하는 행정청의 행위는 영업자의 변경이라는 법률효과를 발생시키는 행위이다(대판 1995.2.24. 94누9146).

> 「행정절차법」 제40조(신고) ① 법령 등에서 행정청에 일정한 사항을 통지함으로써 의무가 끝나는 신고(편저자: 자기완결적 신고를 규정하고 있는 경우 신고를 관장하는 행정청은 신고에 필요한 구비서류, 접수기관, 그 밖에 법령 등에 따른 신고에 필요한 사항을 게시(인터넷 등을 통한 게시를 포함한다)하거나 이에 대한 편람을 갖추어 두고 누구나 열람할 수 있도록 하여야 한다.

ㄴ. ○ 행위요건적 신고의 경우 신고만으로 완전한 법적 효과가 발생하지 않고, 행정청이 수리를 하여야 완전한 법적 효과가 발생하므로, 행정청의 수리 또는 수리의 거부는 처분성이 인정된다.
- 체육시설의 회원을 모집하고자 하는 자의 '**회원모집계획서 제출**'은 **수리를 요하는 신고**이며 이에 대한 시·도지사 등의 검토결과 통보는 **수리행위**로서 **행정처분**에 해당한다(대판 2009.2.26. 2006두16243).

ㄷ. ✗ 행위요건적 신고에서 수리대상인 기본행위가 존재하지 않거나 무효인 때에는 수리를 하였더라도 수리도 당연무효가 된다.
- 사업양도·양수에 따른 허가관청의 지위승계신고의 수리는 적법한 사업의 양도·양수가 있었음을 전제로 하는 것이므로 그 수리대상인 **사업양도·양수가 존재하지 아니하거나 무효**인 때에는 수리를 하였다 하더라도 그 수리는 유효한 대상이 없는 것으로서 당연히 무효라 할 것이다(대판 2005.12.23. 2005두3554).

ㄹ. ✗ 甲은 곧바로 항고소송으로 수리처분의 무효확인을 구할 법률상 이익이 있다.

- 사업양도·양수에 따른 허가관청의 지위승계신고의 수리는 적법한 사업의 양도·양수가 있었음을 전제로 하는 것이므로 그 수리대상인 사업양도·양수가 존재하지 아니하거나 무효인 때에는 수리를 하였다 하더라도 그 수리는 유효한 대상이 없는 것으로서 당연히 무효라 할 것이고, 사업의 양도행위가 무효라고 주장하는 양도자는 **민사쟁송으로 양도·양수행위의 무효를 구함이 없이 막바로** 허가관청을 상대로 하여 **행정소송으로 위 신고수리처분의 무효확인을 구할 법률상 이익이 있다**(대판 2005.12.23. 2005두3554).

ㅁ. ○ 사례에서 乙은 지위승계신고가 있기 전에도 양도인 甲에 대한 영업허가 취소처분의 취소를 구할 법률상 이익이 있으므로 원고적격이 있다.
- 수허가자의 지위를 양수받아 **명의변경신고를 할 수 있는 양수인의 지위**는 단순한 반사적 이익이나 사실상의 이익이 아니라 산림법령에 의하여 보호되는 직접적이고 구체적인 이익으로서 **법률상 이익**이라고 할 것이고, 채석허가가 유효하게 존속하고 있다는 것이 양수인의 명의변경신고의 전제가 된다는 의미에서 관할행정청이 양도인에 대하여 채석허가를 취소하는 처분을 하였다면 이는 양수인의 지위에 대한 직접적 침해가 된다고 할 것이므로 양수인은 채석허가를 취소하는 처분의 취소를 구할 법률상 이익을 가진다(대판 2003.7.11. 2001두6289).

19 인·허가의제(18), 즉시강제(45), 신고(23)

「행정기본법」의 내용으로 옳은 것은?

① 「행정기본법」에 따르면, 인·허가의제의 경우 관련 인·허가 행정청은 관련 인허가의 처분기준을 주된 인·허가 행정청에 제출하여야 하고, 주된 인·허가 행정청은 제출받은 관련 인·허가의 처분기준을 통합하여 공표하여야 한다.
② 「행정기본법」에 따르면, 행정에 관한 나이는 다른 법령 등에 특별한 규정이 있는 경우를 제외하고는 출생일을 산입하지 않고 만(滿) 나이로 계산하고, 연수(年數)로 표시한다. 다만, 1세에 이르지 아니한 경우에는 월수(月數)로 표시할 수 있다.
③ 「행정기본법」에 따르면, 즉시강제를 실시하기 위하여 현장에 파견되는 집행책임자는 그가 집행책임자임을 표시하는 증표를 보여 주어야 하며, 즉시강제의 이유와 내용을 고지하여야 한다. 다만, 즉시강제를 하려는 재산의 소유자 또는 점유자를 알 수 없거나 현장에서 그 소재를 즉시 확인하기 어려운 경우에는 즉시강제를 실시한 후 집행책임자의 이름 및 그 이유와 내용을 고지할 수 있으며, 재산의 소유자 또는 점유자가 국외에 거주하거나 행방을 알 수 없는 경우 등에는 게시판이나 인터넷 홈페이지에 게시하는 등 적절한 방법에 의한 공고로써 고지를 갈음할 수 있다.
④ 「행정기본법」에 따르면, 법령 등으로 정하는 바에 따라 행정청에 일정한 사항을 통지하여야 하는 신고로서 법률에 신고의 수리가 필요하다고 명시되어 있는 경우에는 행정청이 수리하여야 효력이 발생하며, 이는 행정기관의 내부업무처리절차로서 수리를 규정한 경우도 마찬가지이다.

정답 ③

① ✗ 「행정기본법」이 아니라 「행정절차법」의 내용이다.

> 「행정절차법」 제20조(처분기준의 설정·공표) ② 「행정기본법」 제24조에 따른 인·허가의제의 경우 관련 인·허가 행정청은 관련 인·허가의 처분기준을 주된 인·허가 행정청에 제출하여야 하고, 주된 인·허가 행정청은 제출받은 관련 인·허가의 처분기준을 통합하여 공표하여야 한다. 처분기준을 변경하는 경우에도 또한 같다.

② ✗ 나이는 출생일을 산입하여 계산한다.

> 「행정기본법」 제7조의2(행정에 관한 나이의 계산 및 표시) 행정에 관한 나이는 다른 법령 등에 특별한 규정이 있는 경우를 제외하고는 출생일을 산입하여 만(滿) 나이로 계산하고, 연수(年數)로 표시한다. 다만, 1세에 이르지 아니한 경우에는 월수(月數)로 표시할 수 있다.

③ ○ 2024년 개정 「행정기본법」은 즉시강제 집행시 불가피하게 증표 제시 및 고지 절차를 준수할 수 없는 경우 즉시강제 후 사후적으로 고지할 수 있는 명시적인 근거를 마련하고 있다.

> 「행정기본법」 제33조(즉시강제) ② 즉시강제를 실시하기 위하여 현장에 파견되는 집행책임자는 그가 집행책임자임을 표시하는 증표를 보여 주어야 하며, 즉시강제의 이유와 내용을 고지하여야 한다.
> ③ 제2항에도 불구하고 집행책임자는 즉시강제를 하려는 재산의 소유자 또는 점유자를 알 수 없거나 현장에서 그 소재를 즉시 확인하기 어려운 경우에는 즉시강제를 실시한 후 집행책임자의 이름 및 그 이유와 내용을 고지할 수 있다. 다만, 다음 각 호에 해당하는 경우에는 게시판이나 인터넷 홈페이지에 게시하는 등 적절한 방법에 의한 공고로써 고지를 갈음할 수 있다.
> 1. 즉시강제를 실시한 후에도 재산의 소유자 또는 점유자를 알 수 없는 경우
> 2. 재산의 소유자 또는 점유자가 국외에 거주하거나 행방을 알 수 없는 경우
> 3. 그 밖에 대통령령으로 정하는 불가피한 사유로 고지할 수 없는 경우

④ ✗ 「행정기본법」은 수리를 요하는 신고를 규정하고 있는데 행정기관의 내부업무처리절차로서 수리를 규정한 경우는 제외하고 있다.

> 「행정기본법」 제34조(수리 여부에 따른 신고의 효력) 법령 등으로 정하는 바에 따라 행정청에 일정한 사항을 통지하여야 하는 신고로서 법률에 신고의 수리가 필요하다고 명시되어 있는 경우(행정기관의 내부업무처리절차로서 수리를 규정한 경우는 제외한다)에는 행정청이 수리하여야 효력이 발생한다.

20 원고적격(55), 소의 이익(57)

항고소송에 관한 설명으로 옳지 않은 것은?

① 공용부분의 대수선으로 인하여 공용부분의 소유·사용에 제한을 받을 수 있는 구분소유자는 집합건물 공용부분의 대수선과 관련한 행정청의 허가, 사용승인 등 일련의 처분에 관하여 취소를 구할 원고적격이 인정된다.
② 사립학교 직원들은 교육감의 학교법인 이사장 및 학교장에 대한 호봉정정 및 급여환수명령을 다툴 개별적·직접적·구체적 이해관계가 있다고 볼 수 있으므로 위 명령을 다툴 원고적격이 있다.
③ 사립학교 교원이 소청심사청구를 하여 해임처분의 효력을 다투던 중 형사판결 확정 등 당연퇴직사유가 발생하여 교원의 지위를 회복할 수 없더라도 해임처분이 취소되거나 변경되면 해임처분일부터 당연퇴직사유발생일까지 기간에 대한 보수지급을 구할 수 있는 경우, 소청심사청구를 기각한 교원소청심사위원회 결정의 취소를 구할 법률상 이익이 있다.
④ 취소소송계속 중 해당 행정처분이 기간의 경과 등으로 그 효과가 소멸한 경우라도, 그 행정처분과 동일한 사유로 위법한 처분이 반복될 위험성이 있어 행정처분의 위법성 확인 내지 불분명한 법률문제에 대한 해명이 필요한 경우에는 예외적으로 그 처분의 취소를 구할 소의 이익을 인정할 수 있으며, 여기에서 '그 행정처분과 동일한 사유로 위법한 처분이 반복될 위험성이 있는 경우'란 반드시 '해당 사건의 동일한 소송당사자 사이에서' 반복될 위험이 있는 경우만을 의미한다.

정답 ④

① ○ 집합건물 공용부분의 대수선과 관련한 행정청의 허가, 사용승인 등 일련의 처분에 관하여 처분의 직접 상대방 외에 해당 집합건물의 구분소유자에게도 취소를 구할 원고적격이 인정된다.

• 「집합건물의 소유 및 관리에 관한 법률」(이하 '집합건물법'이라 한다)상 집합건물의 공용부분은 구분소유자 전원 또는 일부의 공용에 제공되는 것으로 구분소유자 전원의 각 전유부분 면적비율에 따른 공유에 속하고(집합건물법 제3조, 제10조, 제12조), 각 공유자는 공용부분을 그 용도에 따라 사용할 수 있다(집합건물법 제11조). 「건축법」은 집합건물의 공용부분을 대수선하려는 자로 하여금 구분소유자 전원을 구성원으로 하는 관리단집회에서 구분소유자 2/3 이상 및 의결권 2/3 이상의 결의로써 그 대수선에 동의하였다는 사정을 증명해야 대수선에 관한 허가를 받을 수 있도록 규정하고 있다(「건축법」 제11조 제11항 제5호, 집합건물법 제15조 제1항). 이와 같은 「건축법」 규정은 구분소유자들이 공유하고 각자 그 용도에 따라 사용할 수 있는 공용부분의 대수선으로 인하여 공용부분의 소유·사용에 제한을 받을 수 있는 구분소유자의 개별적 이익을 구체적이고 직접적으로 보호하는 규정으로 볼 수 있다. 따라서 집합건물 공용부분의 대수선과 관련한 행정청의 허가, 사용승인 등 일련의 처분에 관하여는 처분의 직접 상대방 외에 **해당 집합건물의 구분소유자**에게도 취소를 구할 **원고적격**이 인정된다고 보는 것이 타당하다(대판 2024.3.12. 2021두58998).

② ○ **교육감이 사립학교 직원 甲 등이 소속된 학교법인의 이사장 및 학교장에게** 소속 직원들의 유사경력 호봉환산이 과다하게 반영되었다는 이유로 호봉이 과다하게 산정된 **직원들의 호봉정정에 따른 급여를 5년의 범위 내에서 환수**

하도록 하고 미이행시 해당 직원들에 대한 재정결함 보조금(인건비) 지원을 중단하겠다는 내용의 **시정명령**을 하고, 재차 정정된 호봉으로 호봉 재획정 처리를 하고 조치결과를 제출하라는 명령을 한 경우, **사립학교 직원들**인 甲 등에게 각 소속 학교법인들에 대한 위 각 명령을 다툴 개별적·직접적·구체적 이해관계가 있다(편저자: 급여가 실질적으로 삭감되거나 기지급된 급여를 반환하여야 하는 직접적이고 구체적인 손해를 입게 되므로 원고적격이 있음)(대판 2023.1.12. 2022두56630).

③ O 교원소청심사제도에 관한 「교원의 지위 향상 및 교육활동 보호를 위한 특별법」의 규정내용과 목적 및 취지 등을 종합적으로 고려하면, 사립학교 교원이 소청심사청구를 하여 해임처분의 효력을 다투던 중 형사판결 확정 등 당연퇴직사유가 발생하여 교원의 지위를 회복할 수 없더라도, 해임처분이 취소되거나 변경되면 해임처분일부터 당연퇴직사유발생일까지의 기간에 대한 **보수지급을 구할 수 있는 경우**에는 소청심사청구를 기각한 교원소청심사위원회 결정의 취소를 구할 **법률상 이익이 있다**(대판 2024.2.8. 2022두50571).

④ X 행정처분의 무효확인 또는 취소를 구하는 소가 제소 당시에는 소의 이익이 있어 적법했는데, 소송계속 중 해당 행정처분이 기간의 경과 등으로 그 효과가 소멸한 때에 처분이 취소되어도 원상회복이 불가능하다고 보이는 경우라도, 무효확인 또는 취소로써 회복할 수 있는 다른 권리나 이익이 남아 있거나 또는 그 행정처분과 동일한 사유로 위법한 처분이 반복될 위험성이 있어 행정처분의 위법성 확인 내지 불분명한 법률문제에 대한 해명이 필요한 경우에는 행정의 적법성 확보와 그에 대한 사법통제, 국민의 권리구제 확대 등의 측면에서 예외적으로 그 처분의 취소를 구할 소의 이익을 인정할 수 있다. 여기에서 '그 행정처분과 동일한 사유로 위법한 처분이 **반복될 위험성이 있는 경우**'란 불분명한 법률문제에 대한 해명이 필요한 상황에 관한 대표적인 예시일 뿐이며, **반드시 '해당 사건의 동일한 소송당사자 사이에서' 반복될 위험이 있는 경우만을 의미하는 것은 아니다**. 이러한 법리는 행정처분의 일종인 중재재정에 대한 무효확인 또는 취소를 구하는 소의 경우에도 마찬가지로 적용된다(대판 2024.4.16. 2022두57138).

제03회 정답 및 문제해설

정답 모아보기

01	02	03	04	05	06	07	08	09	10
②	③	③	②	②	④	④	④	④	③
11	12	13	14	15	16	17	18	19	20
③	③	③	①	③	②	③	④	①	③

---

01 행정법관계의 변동 – 사건(12), 행정법의 효력(07)

「행정기본법」상 기간의 계산에 관한 설명으로 옳지 않은 것은?

① 법령 등 또는 처분에서 국민의 권익을 제한하거나 의무를 부과하는 경우, 권익이 제한되거나 의무가 지속되는 기간을 일, 주, 월 또는 연으로 정한 경우에는 국민에게 불리한 경우가 아니라면 기간의 첫날을 산입한다.

② 법령 등 또는 처분에서 국민의 권익을 제한하거나 의무를 부과하는 경우 권익이 제한되거나 의무가 지속되는 기간의 말일이 토요일 또는 공휴일인 경우에는 국민에게 불리한 경우가 아니라면 기간은 그 익일로 만료한다.

③ 법령 등을 공포한 날부터 시행하는 경우에는 공포한 날을 시행일로 하고, 법령 등을 공포한 날부터 일정 기간이 경과한 날부터 시행하는 경우 법령을 공포한 날을 첫날에 산입하지 아니하되, 그 기간의 말일이 토요일 또는 공휴일인 때에는 그 말일로 기간이 만료한다.

④ 대통령령, 총리령 및 부령과 조례·규칙은 그 시행일에 관하여 특별한 규정이 없으면, 공포한 날로부터 20일을 경과함으로써 효력을 발생한다. 다만, 국민의 권리제한, 의무부과와 직접 관련되는 법률, 대통령령, 총리령 및 부령은 긴급히 시행하여야 할 특별한 사유가 있는 경우를 제외하고는 공포일로부터 적어도 30일이 경과한 날로부터 시행되도록 하여야 한다.

정답 ②

① ○ ② ✕

「행정기본법」제6조(행정에 관한 기간의 계산) ② 법령 등 또는 처분에서 국민의 권익을 제한하거나 의무를 부과하는 경우 권익이 제한되거나 의무가 지속되는 기간의 계산은 다음 각 호의 기준에 따른다. 다만, 다음 각 호의 기준에 따르는 것이 국민에게 불리한 경우에는 그러하지 아니하다.
1. 기간을 일, 주, 월 또는 연으로 정한 경우에는 기간의 첫날을 산입한다(①).
2. 기간의 말일이 토요일 또는 공휴일인 경우에도 기간은 **그 날로 만료한다**(②).

③ ○

「행정기본법」제7조(법령 등 시행일의 기간 계산) 법령 등(훈령·예규·고시·지침 등을 포함한다. 이하 이 조에서 같다)의 시행일을 정하거나 계산할 때에는 다음 각 호의 기준에 따른다.
1. 법령 등을 공포한 날부터 시행하는 경우에는 공포한 날을 시행일로 한다.
2. 법령 등을 공포한 날부터 일정 기간이 경과한 날부터 시행하는 경우 법령 등을 공포한 날을 첫날에 산입하지 아니한다.
3. 법령 등을 공포한 날부터 일정 기간이 경과한 날부터 시행하는 경우 그 기간의 말일이 토요일 또는 공휴일인 때에는 그 말일로 기간이 만료한다.

④ ○

「법령 등 공포에 관한 법률」제13조(시행일) 대통령령, 총리령 및 부령은 특별한 규정이 없으면 공포한 날부터 20일이 경과함으로써 효력을 발생한다.
제13조의2(법령의 시행유예기간) 국민의 권리제한 또는 의무부과와 직접 관련되는 법률, 대통령령, 총리령 및 부령은 긴급히 시행하여야 할 특별한 사유가 있는 경우를 제외하고는 공포일부터 적어도 30일이 경과한 날부터 시행되도록 하여야 한다.
「지방자치법」제32조(조례와 규칙의 제정절차 등) ⑧ 조례와 규칙은 특별한 규정이 없으면 공포한 날부터 20일이 지나면 효력을 발생한다.

---

02 형성적 VA(19), 명령적 VA(17), 건축 관련 쟁점(24)

행정행위에 대한 설명으로 옳은 것만을 모두 고르면?

ㄱ. 토지거래허가는 토지거래허가구역 내의 토지거래를 일반적으로 금지시키고 특정한 경우에 예외적으로 토지거래계약을 체결할 수 있는 자격을 부여하는 점에서 강학상 예외적 허가에 해당한다.

ㄴ. 법령이 규정하는 산림훼손 금지 또는 제한지역에 해당하는 경우는 물론 금지 또는 제한지역에 해당하지 않더라도 허가관청은 산림훼손허가신청 대상토지의 현상과 위치 및 주위의 상황 등을 고려하여 국토 및 자연의 유지와 환경의 보전 등 중대한 공익상 필요가 있다고 인정될 때에는 허가를 거부할 수 있다.

ㄷ. 허가대상건축물의 양수인이 형식적 요건을 갖추어 시장·군수에게 적법하게 건축주의 명의변경을 신고한 경우라도 건축물의 소유권을 둘러싸고 소송이 계속 중인 경우에는 시장·군수는 판결로 소유권의 귀속이 확정될 때까지 그 신고의 수리를 거부할 수 있다.

ㄹ. 재단법인의 임원취임은 사법인인 재단법인의 정관에 근거한 것이므로 재단법인의 임원취임승인 신청이 있는 경우 주무관청은 이를 당연히 승인(인가)하여야 한다.

① ㄱ, ㄴ ② ㄱ, ㄴ, ㄷ
③ ㄴ, ㄷ ④ ㄷ, ㄹ

정답 ③

ㄱ. ✗ 토지거래허가는 인가이다.
- **토지거래허가**가 규제지역 내의 모든 국민에게 전반적으로 토지거래의 자유를 금지하고 일정한 요건을 갖춘 경우에만 금지를 해제하여 계약체결의 자유를 회복시켜 주는 성질의 것이라고 보는 것은 위 법[편집자: 「국토이용관리법」(현 국토계획법)]의 입법취지를 넘어선 지나친 해석이라고 할 것이고, 규제지역 내에서도 토지거래의 자유가 인정되나, 다만 위 허가를 허가 전의 유동적 무효상태에 있는 법률행위의 효력을 완성시켜 주는 인가적 성질을 띤 것이라고 보는 것이 타당하다(대판 1991.12.24. 90다12243 전합).

ㄴ. ○ 산림훼손행위는 국토의 유지와 환경의 보전에 직접적으로 영향을 미치는 행위이므로 법령이 규정하는 산림훼손 금지 또는 제한지역에 해당하는 경우는 물론 금지 또는 제한지역에 해당하지 않더라도 허가관청은 **산림훼손허가**신청 대상토지의 현상과 위치 및 주위의 상황 등을 고려하여 국토 및 자연의 유지와 환경의 보전 등 중대한 공익상 필요가 있다고 인정될 때에는 허가를 거부할 수 있고, 그 경우 법규에 명문의 근거가 없더라도 거부처분을 할 수 있는 것이며, 이는 산림훼손기간을 연장하는 경우에도 마찬가지이다(대판 1997.9.12. 97누1228).

ㄷ. ○ 허가대상 건축물의 양수인이 구 「건축법 시행규칙」에 규정되어 있는 형식적 요건을 갖추어 시장·군수에게 적법하게 **건축주**의 명의변경을 신고한 때에는 시장·군수는 그 신고를 수리하여야지 실체적인 이유를 내세워 신고의 수리를 거부할 수 없다. 그러나 건축물의 **소유권을 둘러싸고 소송이 계속 중**이어서 판결로 소유권의 귀속이 확정될 때까지 건축주명의변경신고의 수리를 거부함은 상당하다(대판 1993.10.12. 93누883).

ㄹ. ✗ 재단법인 임원취임 인가는 재량행위이다.
- 재단법인의 임원취임이 사법인인 재단법인의 정관에 근거한다 할지라도 이에 대한 행정청의 승인(인가)행위는 법인에 대한 주무관청의 감독권에 연유하는 이상 그 인가행위 또는 인가거부행위는 공법상의 행정처분으로서, 그 임원취임을 인가 또는 거부할 것인지 여부는 주무관청의 권한에 속하는 사항이라고 할 것이고, 재단법인의 임원취임승인 신청에 대하여 주무관청이 이에 기속되어 이를 당연히 승인(인가)하여야 하는 것은 아니다(대판 2000.1.28. 98두16996).

03 하자의 승계(30)

행정행위의 하자승계에 관한 설명으로 옳은 것은?

① 「공인중개사법」 위반으로 업무정지처분을 받고 그 업무정지기간 중 중개업무를 하였다는 이유로 중개사무소개설등록취소처분을 받은 경우, 양 처분은 그 내용과 효과를 달리하는 독립된 행정처분에 해당하지만 업무정지처분의 불가쟁력이나 구속력이 원고에게 수인한도를 넘는 가혹함을 가져오고 그 결과가 예측가능하지 않았던 경우에 해당하므로 하자가 승계된다.

② 도시·군계획시설결정과 실시계획인가는 도시·군계획시설사업을 위하여 이루어지는 단계적 행정절차에서 서로 결합하여 하나의 법률효과를 발생시키므로 도시·군계획시설결정의 하자를 이유로 실시계획인가처분의 효력을 다툴 수 있다.

③ 甲을 친일반민족행위자로 결정한 친일반민족행위진상규명위원회의 최종결정(선행처분)과 지방보훈지청장이 「독립유공자예우에 관한 법률」 적용대상자로 보상금 등의 예우를 받던 甲의 유가족 乙 등에 대하여 행한 「독립유공자예우에 관한 법률」 적용배제자 결정(후행처분)의 경우, 선행처분과 후행처분은 별개의 법적 효과발생을 목적으로 하는 것이지만 선행처분의 위법을 이유로 후행처분의 효력을 다툴 수 있다.

④ 조세부과처분과 압류 등의 체납처분은 별개의 행정처분으로서 독립성을 가지므로 그 부과처분에 중대하고도 명백한 하자가 있는 경우에도 그 부과처분의 집행을 위한 체납처분이 무효가 되는 것은 아니다.

정답 ③

① ✗ 공인중개사업무정지처분과 업무정지기간 중의 중개업무를 사유로 한 중개사무소의 개설등록취소처분은 하자가 승계되지 않는다.
- 이 사건 선행처분인 업무정지처분은 일정 기간 중개업무를 하지 못하도록 하는 처분인 반면, 후행처분인 이 사건 처분은 위와 같은 업무정지처분에 따른 업무정지기간 중에 중개업무를 하였다는 별개의 처분사유를 근거로 중개사무소의 개설등록을 취소하는 처분이다. 비록 이 사건 처분이 업무정지처분을 전제로 하지만, 양 처분은 그 내용과 효과를 달리하는 독립된 행정처분으로서, 서로 결합하여 1개의 법률효과를 완성하는 때에 해당한다고 볼 수 없다. 따라서 원고는 선행처분이 당연무효가 아닌 이상 그 하자를 이유로 후행처분인 이 사건 처분의 효력을 다툴 수 없다. 또한 원고는 업무정지기간 중에 중개업무를 하여서는 안 된다는 것을 인식하고 있었던 점, 원고가 불복기간 내에 업무정지처분의 취소를 구하는 행정심판이나 행정소송을 제기하는 데에 특별히 어려움이 있었다고 인정할 만한 사정 또한 엿보이지 않는 점 등의 사정에 비추어 보면, 업무정지처분의 불가쟁력이나 구속력이 원고에게 수인한도를 넘는 가혹함을 가져오고 그 결과가 예측가능하지 않았던 경우에 해당한다고 볼 수도 없다(대판 2019.1.31. 2017두40372).

② ✗ 도시·군계획시설결정과 도시·군계획시설사업 실시계획인가는 하자가 승계되지 않는다.
- 도시·군계획시설결정과 실시계획인가는 도시·군계획시설사업을 위하여 이루어지는 단계적 행정절차에서 별도의 요건과 절차에 따라 별개의 법률

효과를 발생시키는 독립적인 행정처분이다. 그러므로 선행처분인 도시·군계획시설결정에 하자가 있더라도 그것이 당연무효가 아닌 한 원칙적으로 후행처분인 실시계획인가에 승계되지 않는다(대판 2017.7.18. 2016두49938).

③ ○ 친일반민족행위진상규명위원회의 친일반민족행위자 결정과 지방보훈지청장이 유가족에게 한 「독립유공자예우에 관한 법률」 적용배제자 결정은 별개의 법률효과를 목적으로 하는 처분이나 예외적으로 하자의 승계가 인정된다.
- 甲을 친일반민족행위자로 결정한 친일반민족행위진상규명위원회의 최종발표(선행처분)에 따라 지방보훈지청장이 「독립유공자예우에 관한 법률」(이하 '독립유공자법') 적용대상자로 보상금 등의 예우를 받던 甲의 유가족 乙 등에 대하여 독립유공자법 적용배제자 결정(후행처분)을 한 사안에서, 乙이 선행처분에 대하여 「일제강점하 반민족행위 진상규명에 관한 특별법」에 의한 이의신청절차를 밟거나 후행처분에 대한 것과 별개로 행정심판이나 행정소송을 제기하지 않았다고 하여 선행처분의 하자를 이유로 후행처분의 효력을 다툴 수 없게 하는 것은 乙에게 수인한도를 넘는 불이익을 주고 그 결과가 乙에게 예측가능한 것이라고 할 수 없어 선행처분의 후행처분에 대한 구속력을 인정할 수 없으므로 선행처분의 위법을 이유로 후행처분의 효력을 다툴 수 있다(대판 2013.3.14. 2012두6964).

④ ✕ 선행행위가 무효인 경우에는 당연히 후행행위도 무효로 된다.
- 조세의 부과처분과 압류 등의 체납처분은 별개의 행정처분으로서 독립성을 가지므로 부과처분에 하자가 있더라도 그 부과처분이 취소되지 아니하는 한 그 부과처분에 의한 체납처분은 위법이라고 할 수는 없지만, 체납처분은 부과처분의 집행을 위한 절차에 불과하므로 그 부과처분에 중대하고도 명백한 하자가 있어 무효인 경우에는 그 부과처분의 집행을 위한 체납처분도 무효라 할 것이다(대판 1987.9.22. 87누383).

04 행정계획(34)

행정계획에 관한 설명 중 옳지 않은 것은?

① 행정청은 행정청이 수립하는 계획 중 국민의 권리·의무에 직접 영향을 미치는 계획을 수립하거나 변경·폐지할 때에는 관련된 여러 이익을 정당하게 형량하여야 한다.
② 국토이용계획과 같이 장기성·종합성이 요구되는 행정계획에 있어서는 그 계획이 확정된 후에 사정의 변동이 있는 경우 지역주민에게 그 계획의 변경을 청구할 권리가 인정되고, 그 변경거부행위는 행정소송의 대상이 되는 행정처분에 해당한다.
③ '4대강 살리기 마스터플랜'과 같이 구체적인 계획을 입안함에 있어 지침이 되거나 특정 사업의 기본방향을 제시하는 내용의 행정계획은 항고소송의 대상인 행정처분에 해당하지 않는다.
④ 후행 도시·군계획을 결정하는 행정청이 선행 도시·군계획의 결정·변경 권한을 가지고 있지 아니한 경우 선행 도시·군계획과 양립할 수 없는 후행 도시·군계획을 결정하는 것은 그 하자가 중대하고도 명백하다.

정답 ②

① ○
- 「행정절차법」 제40조의4(행정계획) 행정청은 행정청이 수립하는 계획 중 국민의 권리·의무에 직접 영향을 미치는 계획을 수립하거나 변경·폐지할 때에는 관련된 여러 이익을 정당하게 형량하여야 한다.

② ✕ 구 「국토이용관리법」상 주민이 국토이용계획의 변경에 대하여 신청을 할 수 있다는 규정이 없을 뿐만 아니라, 국토건설종합계획의 효율적인 추진과 국토이용질서를 확립하기 위한 국토이용계획은 장기성·종합성이 요구되는 행정계획이어서 원칙적으로는 그 계획이 일단 확정된 후에 어떤 사정의 변동이 있다고 하여 그러한 사유만으로는 지역주민이나 일반 이해관계인에게 일일이 그 계획의 변경을 신청할 권리를 인정하여 줄 수는 없다(대판 2003.9.23. 2001두10936). 따라서 그 변경거부행위는 행정소송의 대상이 되는 행정처분에 해당하지 않는다.

③ ○ 국토해양부(현 국토교통부), 환경부, 문화체육관광부, 농림수산식품부(현 농림축산식품부)가 합동으로 2009.6.8. 발표한 '4대강 살리기 마스터플랜' 등은 행정기관 내부에서 사업의 기본방향을 제시하는 계획일 뿐 국민의 권리·의무에 직접 영향을 미치는 것이 아니어서, 행정처분에 해당하지 않는다(대결 2011.4.21. 2010무111 전합).

④ ○ 후행 도시계획의 결정을 하는 행정청이 선행 도시계획의 결정·변경 등에 관한 권한을 가지고 있지 아니한 경우에 선행 도시계획과 서로 양립할 수 없는 내용이 포함된 후행 도시계획결정을 하는 것은 아무런 권한 없이 선행 도시계획결정을 폐지하고, 양립할 수 없는 새로운 내용이 포함된 후행 도시계획결정을 하는 것으로서, 선행 도시계획결정의 폐지 부분은 권한 없는 자에 의하여 행해진 것으로서 무효이고, 같은 대상지역에 대하여 선행 도시계획결정이 적법하게 폐지되지 아니한 상태에서 그 위에 다시 한 후행 도시계획결정 역시 위법하고, 그 하자는 중대하고도 명백하여 다른 특별한 사정이 없는 한 무효라고 보아야 한다(대판 2000.9.8. 99두11257).

05 공권과 원고적격(55), 실효성 확보 - 공통(42)

개인적 공권과 공의무에 관한 설명으로 옳지 않은 것은?

① 사회적 기본권의 성격을 가지는 연금수급권은 국가에 대하여 적극적으로 급부를 요하는 것이므로 헌법규정만으로는 이를 실현할 수 없고, 법률에 의한 형성을 필요로 한다.
② 구 「산림법」에 의해 형질변경허가를 받지 아니하고 산림을 형질변경한 자가 사망한 경우, 해당 토지의 소유권을 승계한 상속인은 그 복구의무를 부담하지 않으므로 행정청은 그 상속인에 대하여 복구명령을 할 수 없다.
③ 당사자 사이에 「석탄산업법 시행령」 제41조 제4항 제5호 소정의 재해위로금에 대한 지급청구권에 관한 부제소합의가 있는 경우 그러한 합의는 효력이 인정되지 않는다.
④ 행정처분에 있어서 불이익처분의 상대방은 직접 개인적 이익의 침해를 받은 자로서 원고적격이 인정되지만, 수익처분의 상대방은 그의 권리나 법률상 보호되는 이익이 침해되었다고 볼 수 없으므로 달리 특별한 사정이 없는 한 취소를 구할 이익이 없다.

정답 ②

① ○ 공무원연금수급권과 같은 **사회보장수급권**은 "모든 국민은 인간다운 생활을 할 권리를 가지고, 국가는 사회보장·사회복지의 증진에 노력할 의무를 진다."고 규정한 헌법 제34조 제1항 및 제2항으로부터 도출되는 사회적 기본권 중의 하나로서, 이는 국가에 대하여 적극적으로 급부를 요구하는 것이므로 헌법규정만으로는 이를 실현할 수 없어 법률에 의한 형성이 필요하고, 그 구체적인 내용 즉 수급요건, 수급권자의 범위 및 급여금액 등은 **법률에 의하여 비로소 확정**된다(헌재 2013.9.26. 2011헌바272).

② ✕ **산림을 무단형질변경한 자가 사망**한 경우 당해 토지의 소유권 또는 점유권을 승계한 **상속인은 그 복구의무를 부담**한다고 봄이 상당하고, 따라서 관할행정청은 그 **상속인에 대하여 복구명령을 할 수 있다**고 보아야 한다(대판 2005.8.19. 2003두9817·9824).

③ ○ 당사자 사이에 「석탄산업법 시행령」 제41조 제4항 제5호 소정의 **재해위로금**에 대한 지급청구권에 관한 **부제소합의**가 있었다고 하더라도 그러한 합의는 **무효**라고 할 것이다(대판 1999.1.26. 98두12598).

④ ○ 행정처분에 있어서 **불이익처분의 상대방**은 직접 개인적 이익의 침해를 받은 자로서 원고적격이 인정되지만 **수익처분의 상대방**은 그의 권리나 법률상 보호되는 이익이 침해되었다고 볼 수 없으므로 달리 특별한 사정이 없는 한 취소를 구할 이익이 없다(대판 1995.8.22. 94누8129).

06 「행정절차법」 - 조문(37), 절차의 하자(41)

「행정절차법」상 처분기준의 설정·공표에 대한 설명으로 옳은 것은?

① 행정청은 필요한 처분기준을 해당 처분의 성질에 비추어 되도록 구체적으로 정하여 공표하여야 한다. 다만, 이미 공표된 '종전 처분기준'을 다시 변경하는 경우에 '변경된 처분기준'을 다시 공표할 의무는 없으며, 처분기준을 공표하는 것이 해당 처분의 성질상 현저히 곤란하거나, 공공의 안전 또는 복리를 현저히 해치는 것으로 인정될 만한 상당한 이유가 있는 경우에는 처분기준을 공표하지 아니할 수 있다.

② 공표한 처분기준은 그것이 해당 처분의 근거법령에서 구체적 위임을 받아 제정·공포되지 않았더라도 원칙적으로 대외적 구속력이 있는 법규명령에 해당한다.

③ 행정청이 「행정절차법」 제20조 제1항의 처분기준 사전공표의무를 위반하여 미리 공표하지 아니한 기준을 적용하여 처분을 하였다면, 그러한 사정만으로 곧바로 해당 처분에 취소사유가 존재한다.

④ 사전에 공표한 갱신기준을 심사대상기간이 이미 경과하였거나 상당 부분 경과한 시점에서 처분상대방의 갱신 여부를 좌우할 정도로 중대하게 변경하는 것은 특별한 사정이 없는 한 허용되지 않는다.

정답 ④

① ✕ 처분기준 변경시에도 공표의무가 있다.

> 「행정절차법」 제20조(처분기준의 설정·공표) ① 행정청은 필요한 처분기준을 해당 처분의 성질에 비추어 되도록 구체적으로 정하여 공표하여야 한다. 처분기준을 변경하는 경우에도 또한 같다.
> ③ 제1항에 따른 처분기준을 공표하는 것이 해당 처분의 성질상 현저히 곤란하거나 공공의 안전 또는 복리를 현저히 해치는 것으로 인정될 만한 상당한 이유가 있는 경우에는 처분기준을 공표하지 아니할 수 있다.

②③ ✕ 행정청이 「행정절차법」 제20조 제1항에 따라 정하여 공표한 처분기준은, 그것이 해당 처분의 근거법령에서 구체적 위임을 받아 제정·공포되었다는 특별한 사정이 없는 한, 원칙적으로 대외적 구속력이 없는 행정규칙에 해당하는 것으로 보아야 한다(②). 행정청이 「행정절차법」 제20조 제1항의 처분기준 사전공표의무를 위반하여 미리 공표하지 아니한 기준을 적용하여 처분하였다고 하더라도, 그러한 사정만으로 곧바로 해당 처분에 취소사유에 이를 정도의 흠이 존재한다고 볼 수는 없다(③). 다만 해당 처분에 적용한 기준이 상위법령의 규정이나 신뢰보호의 원칙 등과 같은 법의 일반원칙을 위반하였거나 객관적으로 합리성이 없다고 볼 수 있는 구체적인 사정이 있다면 해당 처분은 위법하다고 평가할 수 있다(대판 2020.12.24. 2018두45633).

④ ○ 사전에 공표한 심사기준 중 경미한 사항을 변경하거나 다소 불명확하고 추상적이었던 부분을 명확하게 하거나 구체화하는 정도를 뛰어넘어, 심사대상기간이 이미 경과하였거나 상당 부분 경과한 시점에서 처분상대방의 갱신 여부를 좌우할 정도로 중대하게 변경하는 것은 갱신제의 본질과 사전에 공표된 심사기준에 따라 공정한 심사가 이루어져야 한다는 요청에 정면으로 위배되는 것이므로, 갱신제 자체를 폐지하거나 갱신상대방의 수를 종전보다 대폭 감축할 수밖에 없도록 만드는 중대한 공익상 필요가 인정되거나 관계법령이 제·개정되었다는 등의 특별한 사정이 없는 한, 허용되지 않는다(대판 2020.12.24. 2018두45633).

07 행정계획(34), 손실보상(75)

행정상 손실보상에 대한 설명으로 옳지 않은 것은?

① 장기미집행 도시계획시설결정의 실효제도는 도시계획시설부지로 하여금 도시계획시설결정으로 인한 사회적 제약으로부터 벗어나게 하는 것이기는 하나 이와 같은 보호는 법률에 기한 권리일 뿐 헌법상 재산권으로부터 당연히 도출되는 권리는 아니다.

② 공익사업의 시행자는 해당 공익사업을 위한 공사에 착수하기 이전에 토지소유자에게 보상액 전액을 지급하여야 하며, 사업시행자가 보상액을 지급하지 않고 승낙도 받지 않은 채 공사에 착수하여 토지소유자에 대하여 손해를 입혔다면 불법행위로 인한 손해배상책임을 지게 된다.

③ 공익사업으로 인하여 영업을 폐지하거나 휴업하는 자가 「공익사업을 위한 토지 등의 취득 및 보상에 관한 법률」상 재결절차를 거치지 않은 채 사업시행자를 상대로 영업손실보상청구소송을 제기할 수는 없다.

④ 「공익사업을 위한 토지 등의 취득 및 보상에 관한 법률」상 공익사업에 해당하고 해당 공익사업으로 폐업하거나 휴업하게 된 것이어서 토지보상법령에서 정한 영업손실보상대상에 해당하는 경우에도, 사업인정고시가 없다면 영업손실을 보상할 의무가 없다.

정답 ④

① ○ **장기미집행 도시계획시설결정의 실효제도**는 도시계획시설부지로 하여금 도시계획시설결정으로 인한 사회적 제약으로부터 벗어나게 하는 것으로서 결과적으로 개인의 재산권이 더 보호되는 측면이 있는 것은 사실이나, 이와 같은 보호는 입법자가 새로운 제도를 마련함에 따라 얻게 되는 법률에 기한

권리일 뿐 헌법상 재산권으로부터 당연히 도출되는 권리는 아니다(헌재 2005.9.29. 2002헌바84·89, 2003헌마678·943 병합).

② ○ 사업시행자가 보상금 지급이나 토지소유자 및 관계인의 승낙 없이 공익사업을 위한 공사에 착수하여 영농을 계속할 수 없게 한 경우에는 손해를 배상할 책임이 있다.

- 공익사업을 위한 공사는 손실보상금을 지급하거나 토지소유자 및 관계인의 승낙을 받지 않고는 미리 착공해서는 아니 되는 것으로, 사업시행자가 토지소유자 및 관계인에게 보상금을 지급하지 아니하고 그 승낙도 받지 아니한 채 미리 공사에 착수하여 영농을 계속할 수 없게 하였다면 이는 「공익사업을 위한 토지 등의 취득 및 보상에 관한 법률」상 사전보상의 원칙을 위반한 것으로서 위법하다 할 것이므로, 이 경우 사업시행자는 2년분의 영농손실보상금을 지급하는 것과 별도로, 공사의 사전 착공으로 인하여 토지소유자나 관계인이 영농을 할 수 없게 된 때부터 수용개시일까지 입은 손해에 대하여 이를 배상할 책임이 있다(대판 2013.11.14. 2011다27103).

> 「공익사업을 위한 토지 등의 취득 및 보상에 관한 법률」 제62조(사전보상) 사업시행자는 해당 공익사업을 위한 공사에 착수하기 이전에 토지소유자와 관계인에게 보상액 전액(全額)을 지급하여야 한다. 다만, 제38조에 따른 천재지변시의 토지사용과 제39조에 따른 시급한 토지사용의 경우 또는 토지소유자 및 관계인의 승낙이 있는 경우에는 그러하지 아니하다.

③ ○ 공익사업으로 인하여 영업을 폐지하거나 휴업하는 자가 사업시행자에게서 구 「공익사업을 위한 토지 등의 취득 및 보상에 관한 법률」(이하 토지보상법) 제77조 제1항에 따라 **영업손실에 대한 보상**을 받기 위해서는 구 토지보상법 제34조, 제50조 등에 규정된 재결절차를 거친 다음 재결에 대하여 불복이 있는 때에 비로소 구 토지보상법 제83조 내지 제85조에 따라 권리구제를 받을 수 있을 뿐, 이러한 <u>재결절차를 거치지 않은 채 곧바로 사업시행자를 상대로 손실보상을 청구하는 것은 허용되지 않는다</u>고 보는 것이 타당하다(대판 2011.9.29. 2009두10963).

⊕PLUS 반복되는 법리이다. 손실보상을 받기 위해서는 「공익사업을 위한 토지 등의 취득 및 보상에 관한 법률」상의 재결절차를 필수적으로 거쳐야 한다.

④ ✕ 국토교통부장관의 사업인정고시가 없는 경우라도, 토지보상법상 영업손실보상에 관한 규정이 적용된다.

- 지방자치단체가 전통시장 공영주차장 설치사업(공익사업)을 사업인정고시 없이 시행하면서 협의취득한 건물의 임차인들에게 영업손실보상을 하지 않자, 임차인들이 재산상 손해로서 영업손실보상 상당액과 정신적 손해에 대한 위자료를 함께 청구한 사건에서, 사업인정고시는 수용재결절차로 나아가 강제적인 방식으로 토지소유자나 관계인의 권리를 취득·보상하기 위한 절차적 요건에 지나지 않고 영업손실보상의 요건이 아니다. 토지보상법령도 반드시 사업인정이나 수용이 전제되어야 영업손실보상의무가 발생한다고 규정하고 있지 않다. 따라서 피고가 시행하는 사업이 토지보상법상 공익사업에 해당하고 원고들의 영업이 해당 공익사업으로 폐업하거나 휴업하게 된 것이어서 토지보상법령에서 정한 영업손실보상대상에 해당하면, 사업인정고시가 없더라도 피고는 원고들에게 영업손실을 보상할 의무가 있다(대판 2021.11.11. 2018다204022).

08 소의 이익(57)

항고소송에 관한 설명으로 옳지 않은 것은?

① 행정처분의 취소를 구하는 소에서, 비록 행정처분의 위법을 이유로 취소판결을 받더라도 그 처분에 의하여 발생한 위법상태를 원상으로 회복시키는 것이 불가능한 경우에는 원칙적으로 그 취소를 구할 법률상 이익이 없다.
② 건축허가가 「건축법」 소정의 이격거리를 두지 않아 위법하더라도 이미 건축이 완료된 경우에는 위 처분의 취소를 구할 법률상 이익이 없다.
③ 구 「주택법」상 입주자나 입주예정자는 사용검사처분의 취소 여부에 의하여 법률적인 지위가 달라진다고 할 수 없어 사용검사처분의 취소를 구할 법률상 이익이 없다.
④ 가중요건이 법령에 규정되어 있는 경우, 업무정지처분을 받은 후 새로운 제재처분을 받음이 없이 법률이 정한 기간이 경과하여 실제로 가중된 제재처분을 받을 우려가 없어졌더라도 업무정지처분의 취소를 구할 법률상 이익이 인정된다.

정답 ④

① ○ 행정처분의 무효확인 또는 취소를 구하는 소에서, 비록 행정처분의 위법을 이유로 무효확인 또는 취소판결을 받더라도 그 처분에 의하여 발생한 위법상태를 원상으로 회복시키는 것이 불가능한 경우에는 원칙적으로 그 무효확인 또는 취소를 구할 법률상 이익이 없고, 다만 원상회복이 불가능하더라도 그 무효확인 또는 취소로써 회복할 수 있는 다른 권리나 이익(부수적 이익)이 남아 있는 경우 예외적으로 법률상 이익이 인정될 수 있다(대판 2016.6.10. 2013두1638).

② ○ 건축허가가 이격거리 위반으로 위법해도 완공 후에는 그 취소를 구할 수 없다.

- 건축허가가 「건축법」 소정의 이격거리를 두지 아니하고 건축물을 건축하도록 되어 있어 위법하다 하더라도 건축이 완료된 경우에는 그 건축허가를 받은 대지와 접한 대지의 소유자인 원고가 위 건축물 등의 철거를 구하는 데 있어서도 위 처분의 취소가 필요한 것이 아니므로 원고로서는 위 처분(편저자: 건축허가처분)의 취소를 구할 법률상 이익이 없다(대판 1992.4.24. 91누11131).

③ ○ 입주자나 입주예정자는 사용검사처분의 취소를 구할 법률상 이익이 없다.

- 건축물에 대한 사용검사처분이 취소된다고 하더라도 사용검사 이전의 상태로 돌아가 건축물을 사용할 수 없게 되는 것에 그칠 뿐 곧바로 건축물의 하자상태 등이 제거되거나 보완되는 것도 아니다. 그리고 입주자나 입주예정자들은 사용검사처분을 취소하지 않고서도 민사소송 등을 통하여 분양계약에 따른 법률관계 및 하자 등을 주장·증명함으로써 사업주체 등으로부터 하자 제거·보완 등에 관한 권리구제를 받을 수 있으므로, 사용검사처분의 취소 여부에 의하여 법률적인 지위가 달라진다고 할 수 없다(대판 2014.7.24. 2011두30465).

④ ✕ 처분의 기간이 경과하여 처분이 소멸하였다 하더라도 그 처분이 후행처분의 가중요건으로 규정된 경우에는 가중처분을 받을 불이익이 있으므로 제재처분의 취소를 구할 소의 이익이 있다. 그러나 실제로 가중된 제재처분을 받을 우려가 없어졌다면 특별한 사정이 없는 한 소의 이익이 없다.

- 업무정지처분을 받은 후 새로운 업무정지처분을 받음이 없이 1년이 경과하여 실제로 가중된 제재처분을 받을 우려가 없어졌다면 위 처분에서 정한 정지기간이 경과한 이상 특별한 사정이 없는 한 그 처분의 취소를 구할 법률상 이익이 없다(대판 2000.4.21. 98두10080).

09 대상적격(52, 53)

항고소송의 대상에 관한 설명으로 옳지 않은 것은?

① 공기업·준정부기관이 법령 또는 계약에 근거하여 선택적으로 입찰참가자격제한조치를 할 수 있는 경우, 공기업·준정부기관이 계약에 근거한 권리행사로서 입찰참가자격제한조치를 하였다면 입찰참가자격제한조치는 행정처분이 아니다.

② 한국철도시설공단이 甲주식회사에 대하여 시설공사 입찰참가 당시 허위 실적증명서를 제출하였다는 이유로 향후 2년간 공사낙찰적격심사시 종합취득점수의 10/100을 감점한다는 내용의 통보를 한 것은 항고소송의 대상이 되는 행정처분이 아니다.

③ 지방자치단체의 장이 「공유재산 및 물품 관리법」에 근거하여 기부채납 및 사용·수익허가방식으로 민간투자사업을 추진하는 과정에서 이루어지는 민간투자사업 '우선협상대상자 선정행위'나 '우선협상대상자 지위배제행위'는 모두 항고소송의 대상이 되는 행정처분에 해당한다.

④ 甲시장이 감사원으로부터 「감사원법」에 따라 乙에 대하여 징계의 종류를 정직으로 정한 징계요구를 받게 되자 감사원에 징계요구에 대한 재심의를 청구하였는데 감사원이 재심의청구를 기각한 경우, 감사원의 징계요구와 재심의결정은 항고소송의 대상이 되는 행정처분이다.

정답 ④

① ○ 입찰참가자격제한이 법적 근거에 따른 경우 처분에 해당한다. 다만, 입찰참가자격제한조치가 계약상의 의사표시인 경우에는 항고소송의 대상이 되는 처분이 아니다.

- 공기업·준정부기관이 법령 또는 계약에 근거하여 선택적으로 입찰참가자격제한조치를 할 수 있는 경우, 계약상대방에 대한 입찰참가자격제한조치가 법령에 근거한 행정처분인지 아니면 계약에 근거한 권리행사인지는 원칙적으로 의사표시의 해석문제이다. 이때에는 공기업·준정부기관이 계약상대방에게 통지한 문서의 내용과 해당 조치에 이르기까지의 과정을 객관적·종합적으로 고찰하여 판단하여야 한다. 그럼에도 불구하고 공기업·준정부기관이 법령에 근거를 둔 행정처분으로서의 입찰참가자격제한조치를 한 것인지 아니면 계약에 근거한 권리행사로서의 입찰참가자격제한조치를 한 것인지가 여전히 불분명한 경우에는, 그에 대한 불복방법 선택에 중대한 이해관계를 가지는 그 조치 상대방의 인식가능성 내지 예측가능성을 중요하게 고려하여 규범적으로 이를 확정함이 타당하다(대판 2018.10.25. 2016두33537).

② ○ 한국철도시설공단의 내부규정에 의한 감점통보는 행정소송의 대상이 되는 처분이 아니다.

- 한국철도시설공단이 甲주식회사에 대하여 시설공사 입찰참가 당시 허위 실적증명서를 제출하였다는 이유로 향후 2년간 공사낙찰적격심사시 종합취득점수의 10/100을 감점한다는 내용의 통보를 한 사안에서, 이 사건 감점조치는 행정청이나 그 소속 기관 또는 그 위임을 받은 공공단체의 공법상의 행위가 아니라 장차 그 대상자인 원고가 피고가 시행하는 입찰에 참가하는 경우에 그 낙찰적격자 심사 등 계약사무를 처리함에 있어 피고 내부규정인 이 사건 세부기준에 의하여 종합취득점수의 10/100을 감점하게 된다는 뜻의 사법상의 효력을 가지는 통지행위에 불과하다 할 것이고, 또한 피고의 이와 같은 통지행위가 있다고 하여 원고에게 「공공기관의 운영에 관한 법률」 제39조 제2항, 제3항, 구 「공기업·준정부기관 계약사무규칙」 제15조에 의한 국가, 지방자치단체 또는 다른 공공기관에서 시행하는 모든 입찰에의 참가자격을 제한하는 효력이 발생한다고 볼 수도 없으므로, 피고의 이 사건 감점조치는 행정소송의 대상이 되는 행정처분이라고 할 수 없다(대판 2014.12.24. 2010두6700).

③ ○ 지방자치단체장의 우선협상대상자 선정행위 및 선정된 우선협상대상자를 배제하는 행위 모두 행정처분이다.

- 지방자치단체의 장이 「공유재산 및 물품 관리법」(이하 '공유재산법')에 근거하여 기부채납 및 사용·수익허가 방식으로 민간투자사업을 추진하는 과정에서 사업시행자를 지정하기 위한 전 단계에서 공모제안을 받아 일정한 심사를 거쳐 **우선협상대상자를 선정하는 행위와 이미 선정된 우선협상대상자를 그 지위에서 배제하는 행위**는 민간투자사업의 세부내용에 관한 협상을 거쳐 공유재산법에 따른 공유재산의 사용·수익허가를 우선적으로 부여받을 수 있는 지위를 설정하거나 또는 이미 설정한 지위를 박탈하는 조치이므로 모두 항고소송의 대상이 되는 행정처분으로 보아야 한다(대판 2020.4.29. 2017두31064).

④ ✕ 감사원의 징계요구와 재심의결정은 모두 항고소송의 대상이 되는 처분에 해당하지 않는다.

- 甲시장이 감사원으로부터 「감사원법」 제32조에 따라 乙에 대하여 징계의 종류를 정직으로 정한 징계요구를 받게 되자 감사원에 징계요구에 대한 재심의를 청구하였고, 감사원이 재심의청구를 기각하자 乙이 감사원의 징계요구와 그에 대한 재심의결정의 취소를 구하고 甲시장이 감사원의 재심의결정 취소를 구하는 소를 제기한 사안에서, 징계요구는 징계요구를 받은 기관의 장이 요구받은 내용대로 처분하지 않더라도 불이익을 받는 규정도 없고, 징계요구 내용대로 효과가 발생하는 것도 아니며, 징계요구에 의하여 행정청이 일정한 행정처분을 하였을 때 비로소 이해관계인의 권리관계에 영향을 미칠 뿐, 징계요구 자체만으로는 징계요구대상 공무원의 권리·의무에 직접적인 변동을 초래하지도 아니하므로, 행정청 사이의 내부적인 의사결정의 경로로서 '징계요구, 징계절차 회부, 징계'로 이어지는 과정에서의 중간처분에 불과하여, **감사원의 징계요구와 재심의결정**이 항고소송의 대상이 되는 행정처분이라고 할 수 없다(대판 2016.12.27. 2014두5637).

10 제소기간(61)

항고소송의 제소기간과 관련하여 甲이 제기한 소송이 적법하지 않은 것만을 모두 고르면?

ㄱ. 행정청이 甲에 대한 처분을 주소불명을 이유로 송달할 수 없어 관보에 공고하였고, 공고가 효력을 발생한 날부터 70일째 처분이 있었음을 현실적으로 알게 된 甲이 이로부터 30일째에 취소소송을 제기한 경우

ㄴ. A처분에 대한 제소기간이 도과한 이후 행정청이 행정심판청구를 할 수 있다고 잘못 알려 甲이 행정심판을 제기하였고, 행정심판재결서 정본을 송달받은 날부터 30일째에 甲이 제기한 A처분 취소소송

ㄷ. 甲이 행정청의 부작위에 대해 의무이행심판을 거쳤으나 기각되어 여전히 부작위가 계속되자 재결서 정본을 송달받은 날부터 100일째에 甲이 제기한 부작위위법확인소송

ㄹ. 甲이 당초 처분이 있은 날부터 60일째 행정심판을 제기하여 행정심판에서 처분에 대한 변경명령재결이 내려지자 행정심판재결서 정본을 송달받은 날부터 40일째에 변경된 내용의 당초 처분에 대해 甲이 제기한 취소소송

① ㄱ, ㄴ
② ㄱ, ㄷ
③ ㄴ, ㄷ
④ ㄴ, ㄹ

정답 ③

ㄱ. **(적법)** 판례는 특정인에 대한 행정처분을 주소불명 등의 이유로 송달할 수 없어 관보 등에 공고한 경우에는, 공고가 효력을 발생하는 날에 상대방이 그 행정처분이 있음을 알았다고 볼 수는 없고, 상대방이 당해 처분이 있었다는 사실을 현실적으로 안 날에 그 처분이 있음을 알았다고 보아야 한다고 한다. 따라서 처분이 있었다는 사실을 현실적으로 안 날부터 30일째에 甲이 제기한 취소소송은 적법하다.

- 특정인에 대한 행정처분을 주소불명 등의 이유로 송달할 수 없어 관보·공보·게시판·일간신문 등에 공고한 경우에는, 공고가 효력을 발생하는 날에 상대방이 그 행정처분이 있음을 알았다고 볼 수는 없고, 상대방이 당해 처분이 있었다는 사실을 현실적으로 안 날에 그 처분이 있음을 알았다고 보아야 한다(대판 2006.4.28. 2005두14851).

ㄴ. **(부적법)** 이미 제소기간이 지나 불가쟁력이 발생한 후에 행정청이 행정심판청구를 할 수 있다고 잘못 알린 경우에는 행정심판재결서 정본을 송달받은 날부터 다시 취소소송의 제소기간이 기산되는 경우에 해당하지 않는다. 따라서 A처분에 대한 제소기간이 도과한 이상, 甲이 제기한 A처분 취소소송은 부적법하다.

- 이미 제소기간이 지남으로써 불가쟁력이 발생하여 불복청구를 할 수 없었던 경우라면 그 이후에 행정청이 행정심판청구를 할 수 있다고 잘못 알렸다고 하더라도 그 때문에 처분상대방이 적법한 제소기간 내에 취소소송을 제기할 수 있는 기회를 상실하게 된 것은 아니므로 이러한 경우에 잘못된 안내에 따라 청구된 행정심판재결서 정본을 송달받은 날부터 다시 취소소송의 제소기간이 기산되는 것은 아니다. 불가쟁력이 발생하여 더 이상 불복청구를 할 수 없는 처분에 대하여 행정청의 잘못된 안내가 있었다고 하여 처분상대방의 불복청구권리가 새로이 생겨나거나 부활한다고 볼 수는 없기 때문이다(대판 2012.9.27. 2011두27247).

ㄷ. **(부적법)** 부작위위법확인의 소라도 의무이행심판을 거친 경우에는 제소기간의 제한을 받으므로, 재결서 정본을 송달받은 날부터 90일 이내에 부작위위법확인의 소를 제기해야 한다. 사안에서 甲은 재결서 정본을 송달받은 날부터 100일째에 부작위위법확인의 소를 제기하였으므로 부적법하다.

- 부작위위법확인의 소는 부작위상태가 계속되는 한 그 위법의 확인을 구할 이익이 있다고 보아야 하므로 원칙적으로 제소기간의 제한을 받지 않는다. 그러나 「행정소송법」 제38조 제2항이 제소기간을 규정한 같은 법 제20조를 부작위위법확인소송에 준용하고 있는 점에 비추어 보면, **행정심판 등 전심절차를 거친 경우**에는 「행정소송법」 제20조가 정한 제소기간 내에 부작위위법확인의 소를 제기하여야 한다(대판 2009.7.23. 2008두10560).

ㄹ. **(적법)** 변경명령재결에 따른 변경처분의 경우에 취소소송의 대상은 '변경된 내용의 당초처분'이며, 행정심판을 거친 경우이므로, 취소소송은 행정심판의 재결서 정본을 송달받은 날부터 90일 이내에 제기해야 한다. 따라서 행정심판재결서 정본을 송달받은 날부터 40일째에 변경된 내용의 당초 처분에 대해 甲이 제기한 취소소송은 적법하다.

- 처분변경명령재결에 따른 변경처분의 경우 취소소송의 대상은 변경된 내용의 당초 처분이며 제소기간은 재결서의 정본을 송달받은 날로부터 90일 이내이다. **행정청이 식품위생법령에 따라 영업자에게 행정제재처분을 한 후 당초 처분을 영업자에게 유리하게 변경하는 처분을 한 경우**, 변경처분에 의하여 당초 처분은 소멸하는 것이 아니고 당초부터 유리하게 변경된 내용의 처분으로 존재하는 것이므로, 변경처분에 의하여 유리하게 변경된 내용의 행정제재가 위법하다 하여 그 취소를 구하는 경우 **취소소송의 대상 및 제소기간의 판단기준이 되는 처분은 변경된 내용의 당초 처분이다**(대판 2007.4.27. 2004두9302).

11 대집행(43)

행정대집행에 관한 설명으로 옳지 않은 것은?

① 관계법령에 위반하여 장례식장 영업을 하고 있는 자의 장례식장 사용중지의무는 비대체적 부작위의무로서 「행정대집행법」에 따른 대집행의 대상이 되지 않는다.

② 대집행을 하기 위해서는 대체적 작위의무의 불이행을 방치함이 심히 공익을 해할 것으로 인정될 때이어야 하며, 또한 다른 수단으로써 그 이행을 확보하기 곤란할 필요도 그 요건이 된다.

③ 행정청은 해가 지기 전에 대집행을 착수한 경우라도 해가 진 후에는 대집행을 중단해야 한다.

④ 대집행에 요한 비용은 「국세징수법」의 예에 의하여 징수할 수 있고, 행정청은 사무비의 소속에 따라 국세에 다음가는 순위의 선취득권을 가진다.

정답 ③

① ○ 관계법령을 위반하여 장례식장 영업을 하고 있는 자의 **장례식장 사용중지의무**는 비대체적 부작위의무로서 「행정대집행법」 제2조의 규정에 의한 대집행의 대상이 되지 않는다(대판 2005.9.28. 2005두7464).

② ○

「행정대집행법」 제2조(대집행과 그 비용징수) 법률(법률의 위임에 의한 명령, 지방자치단체의 조례를 포함한다. 이하 같다)에 의하여 직접 명령되었거나 또는 법률에 의거한 행정청의 명령에 의한 행위로서 타인이 대신하여 행할 수 있는 행위를 의무자가 이행하지 아니하는 경우 다른 수단으로써 그 이행을 확보하기 곤란하고 또한 그 불이행을 방치함이 심히 공익을 해할 것으로 인정될 때에는 당해 행정청은 스스로 의무자가 하여야 할 행위를 하거나 또는 제3자로 하여금 이를 하게 하여 그 비용을 의무자로부터 징수할 수 있다.

③ × 해가 지기 전에 대집행을 착수한 경우에는 야간 대집행이 가능하다.

「행정대집행법」 제4조(대집행의 실행 등) ① 행정청(제2조에 따라 대집행을 실행하는 제3자를 포함한다. 이하 이 조에서 같다)은 해가 뜨기 전이나 해가 진 후에는 대집행을 하여서는 아니 된다. 다만, 다음 각 호의 어느 하나에 해당하는 경우에는 그러하지 아니하다.
  1. 의무자가 동의한 경우
  2. 해가 지기 전에 대집행을 착수한 경우
  3. 해가 뜬 후부터 해가 지기 전까지 대집행을 하는 경우에는 대집행의 목적달성이 불가능한 경우

④ ○

「행정대집행법」 제6조(비용징수) ① 대집행에 요한 비용은 「국세징수법」의 예에 의하여 징수할 수 있다.
② 대집행에 요한 비용에 대하여서는 행정청은 사무비의 소속에 따라 국세에 다음가는 순위의 선취득권을 가진다.

12 정보공개법 – 조문(76)

甲은 행정청 A가 보유·관리하는 정보 중 乙과 관련이 있는 정보를 사본교부의 방법으로 공개하여 줄 것을 청구하였다. 이에 대한 설명으로 옳은 것은?

① A는 공개대상정보의 양이 너무 많아 정상적인 업무수행에 현저한 지장을 초래할 우려가 있는 경우에는 공개를 거부할 수 있다.
② A는 乙에게 공개청구된 사실을 지체 없이 통지하여야 하며 乙의 의견을 들어야 한다.
③ A가 乙에게 공개청구된 사실을 통지한 경우 乙은 통지받은 날부터 3일 이내에 A에 대해 공개하지 아니할 것을 요청할 수 있고 乙의 비공개요청이 있는 경우에도 A는 정보를 공개할 수 있다.
④ 乙의 비공개요청을 받은 A가 정보공개를 거부하여, 甲이 취소소송을 제기하였는데 소송 중에 A가 그 정보를 더 이상 보유·관리하지 않게 되었다고 하더라도 정보공개거부처분의 취소를 구할 법률상 이익이 없다고는 볼 수 없다.

정답 ③

① × 공개를 거부할 수는 없다.

「공공기관의 정보공개에 관한 법률」 제13조(정보공개 여부 결정의 통지) ② 공공기관은 청구인이 사본 또는 복제물의 교부를 원하는 경우에는 이를 교부하여야 한다.
③ 공공기관은 공개대상정보의 양이 너무 많아 정상적인 업무수행에 현저한 지장을 초래할 우려가 있는 경우에는 해당 정보를 일정 기간별로 나누어 제공하거나 사본·복제물의 교부 또는 열람과 병행하여 제공할 수 있다.

② × 제3자 의견청취는 의무가 아닌 재량

「공공기관의 정보공개에 관한 법률」 제11조(정보공개 여부의 결정)
③ 공공기관은 공개청구된 공개대상정보의 전부 또는 일부가 제3자와 관련이 있다고 인정할 때에는 그 사실을 제3자에게 지체 없이 통지하여야 하며, 필요한 경우에는 그의 의견을 들을 수 있다.

③ ○ 乙은 통지를 받은 날로부터 3일 이내에 비공개요청을 할 수 있고, 乙의 비공개요청이 있더라도 A는 공개를 할 수 있다.

「공공기관의 정보공개에 관한 법률」 제21조(제3자의 비공개요청 등)
① 제11조 제3항에 따라 공개청구된 사실을 통지받은 제3자는 그 통지를 받은 날부터 3일 이내에 해당 공공기관에 대하여 자신과 관련된 정보를 공개하지 아니할 것을 요청할 수 있다.

• 「공공기관의 정보공개에 관한 법률」(이하 '정보공개법') 제11조 제3항이 "공공기관은 공개청구된 공개대상정보의 전부 또는 일부가 제3자와 관련이 있다고 인정되는 때에는 그 사실을 제3자에게 지체 없이 통지하여야 하며, 필요한 경우에는 그의 의견을 청취할 수 있다.", 제21조 제1항이 "제11조 제3항의 규정에 의하여 공개청구된 사실을 통지받은 제3자는 통지받은 날부터 3일 이내에 당해 공공기관에 대하여 자신과 관련된 정보를 공개하지 아니할 것을 요청할 수 있다."고 규정하고 있다고 하더라도, 이는 공공기관이 보유·관리하고 있는 정보가 제3자와 관련이 있는 경우 그 정보공개 여부를 결정함에 있어 공공기관이 제3자와의 관계에서 거쳐야 할 절차를 규정한 것에 불과할 뿐, 제3자의 비공개요청이 있다는 사유만으로 정보공개법상 정보의 비공개사유에 해당한다고 볼 수 없다(대판 2008.9.25. 2008두8680).

④ × 정보공개제도는 공공기관이 보유·관리하는 정보를 그 상태대로 공개하는 제도라는 점 등에 비추어 보면, 정보공개를 구하는 자가 공개를 구하는 정보를 행정기관이 보유·관리하고 있을 상당한 개연성이 있다는 점을 입증함으로써 족하다 할 것이지만, 공공기관이 그 정보를 보유·관리하고 있지 아니한 경우에는 특별한 사정이 없는 한 정보공개거부처분의 취소를 구할 법률상의 이익이 없다(대판 2006.1.13. 2003두9459).

13 「국가배상법」 – 제2조(71), 배상책임(73)

국가배상에 관한 다음 설명 중 옳은 것은?

① 국가 또는 지방자치단체가 법령이 정하는 상수원수 수질기준 유지의무를 다하지 못하고, 법령이 정하는 고도의 정수처리방법이 아닌 일반적 정수처리방법으로 수돗물을 생산·공급하였다면 국민 일반의 건강을 보호할 의무를 위반한 것으로서 원칙적으로 그 수돗물을 마신 개인에 대하여 손해배상책임을 부담한다.
② 대한민국에 거주하는 외국인이 피해자인 경우, 속지주의원칙에 의해 국민과 동일하게 국가배상청구권이 발생한다.
③ 헌법재판소 재판관이 잘못된 각하결정을 하여 청구인으로 하여금 본안판단을 받을 기회를 상실하게 될 경우, 본안판단을 하였더라도 어차피 청구가 기각되었을 것이라는 사정이 있다고 하더라도 청구인의 합리적인 기대를 침해한 것이고, 그 침해로 인한 정신상의 고통에 대하여는 위자료를 지급할 의무가 있다.
④ 국가와 지방자치단체장 간의 기관위임이 있을 때 위임받은 지방자치단체장이 위임사무를 처리하면서 고의로 타인에게 손해를 가한 경우 사무귀속주체는 국가이므로 그 사무에 필요한 경비를 대외적으로 지출하는 자에 불과한 지방자치단체는 손해배상책임을 지지 않는다.

정답 ③

① ✗ 상수원의 수질이 미달한다는 것만으로는 배상책임이 인정되는 것은 아니다.
- 상수원수의 수질을 환경기준에 따라 유지하도록 규정하고 있는 관련법령의 취지·목적·내용과 그 법령에 따라 국가 또는 지방자치단체가 부담하는 의무의 성질 등을 고려할 때, 국가 등에게 일정한 기준에 따라 상수원수의 수질을 유지하여야 할 의무를 부과하고 있는 법령의 규정은 국민에게 양질의 수돗물이 공급되게 함으로써 국민 일반의 건강을 보호하여 공공일반의 전체적인 이익을 도모하기 위한 것이지, 국민 개개인의 안전과 이익을 직접적으로 보호하기 위한 규정이 아니므로, … 지방자치단체가 상수원수의 수질기준에 미달하는 하천수를 취수하거나 상수원수 3급 이하의 하천수를 취수하여 고도의 정수처리가 아닌 일반적 정수처리 후 수돗물을 생산·공급하였다고 하더라도, 그렇게 공급된 수돗물이 음용수기준에 적합하고 몸에 해로운 물질이 포함되어 있지 아니한 이상, 지방자치단체의 위와 같은 수돗물 생산·공급행위가 국민에 대한 불법행위가 되지 아니한다(대판 2001.10.23. 99다36280).

② ✗ 외국인이 피해자인 경우는 속지주의가 아닌 상호주의가 적용

「국가배상법」 제7조(외국인에 대한 책임) 이 법은 외국인이 피해자인 경우에는 해당 국가와 상호보증이 있을 때에만 적용한다.

③ ○ 청구기간을 오인하여 헌법소원을 각하한 경우 국가배상책임이 인정된다.
- 헌법재판소 재판관의 위법한 직무집행의 결과 잘못된 각하결정을 함으로써 청구인으로 하여금 본안판단을 받을 기회를 상실하게 한 이상, 설령 본안판단을 하였더라도 어차피 청구가 기각되었을 것이라는 사정이 있다고 하더라도 잘못된 판단으로 인하여 헌법소원심판 청구인의 위와 같은 합리적인 기대를 침해한 것이고 이러한 기대는 인격적 이익으로서 보호할 가치가 있다고 할 것이므로 그 침해로 인한 정신상 고통에 대하여는 위자료를 지급할 의무가 있다(대판 2003.7.11. 99다24218).

④ ✗ 지방자치단체장에게 기관위임된 사무의 경우 지방자치단체도 비용부담자로서 국가배상책임을 진다.
- 지방자치단체의 장이 기관위임된 국가행정사무를 처리하는 경우 그에 소요되는 경비의 실질적·궁극적 부담자는 국가라고 하더라도 당해 지방자치단체는 국가로부터 내부적으로 교부된 금원으로 그 사무에 필요한 경비를 대외적으로 지출하는 자이므로, 이러한 경우 지방자치단체는 「국가배상법」 제6조 제1항 소정의 비용부담자로서 공무원의 불법행위로 인한 같은 법에 의한 손해를 배상할 책임이 있다(대판 1994.12.9. 94다38137).

14 실효성 확보 – 행정질서벌(47), 새로운 수단(48)

「행정기본법」상 제재처분과 행정상 강제에 대한 설명으로 옳지 않은 것은?

① 행정청은 법령 등의 위반행위가 종료된 날부터 5년이 지나면 해당 위반행위에 대하여 제재처분을 할 수 없는데, 다른 법률에서 5년의 기간보다 긴 기간을 규정하고 있으면 5년을 제척기간으로 한다.
② 행정심판의 재결이나 법원의 판결에 따라 제재처분이 취소·철회된 경우에는, 법령 등의 위반행위가 종료된 날부터 5년이 지난 이후에도 재결이나 판결이 확정된 날부터 1년(합의제 행정기관은 2년)이 지나기 전까지는 그 취지에 따른 새로운 제재처분을 할 수 있다.
③ 행정청은 행정목적을 달성하기 위하여 필요한 경우에는 법률로 정하는 바에 따라 필요한 최소범위에서 행정대집행, 이행강제금의 부과, 직접강제, 강제징수, 즉시강제 등의 조치를 취할 수 있다.
④ 난민인정·귀화·국적회복에 관한 사항에 관하여는 「행정기본법」상 행정상 강제에 관한 규정을 적용하지 아니한다.

정답 ①

② ○ ① ✗ 다른 법률에서 5년보다 짧거나 긴 기간을 규정하고 있으면 그 법률에서 정하는 바에 따른다.

「행정기본법」 제23조(제재처분의 제척기간) ① 행정청은 법령 등의 위반행위가 종료된 날부터 5년이 지나면 해당 위반행위에 대하여 제재처분(인·허가의 정지·취소·철회, 등록말소, 영업소 폐쇄와 정지를 갈음하는 과징금부과를 말한다. 이하 이 조에서 같다)을 할 수 없다(① 전단).
② 다음 각 호의 어느 하나에 해당하는 경우에는 제1항을 적용하지 아니한다.
  1. 거짓이나 그 밖의 부정한 방법으로 인·허가를 받거나 신고를 한 경우
  2. 당사자가 인·허가나 신고의 위법성을 알고 있었거나 중대한 과실로 알지 못한 경우
  3. 정당한 사유 없이 행정청의 조사·출입·검사를 기피·방해·거부하여 제척기간이 지난 경우
  4. 제재처분을 하지 아니하면 국민의 안전·생명 또는 환경을 심각하게 해치거나 해칠 우려가 있는 경우
③ 행정청은 제1항에도 불구하고 행정심판의 재결이나 법원의 판결에 따라 제재처분이 취소·철회된 경우에는 재결이나 판결이 확정된 날부터 1년(합의제 행정기관은 2년)이 지나기 전까지는 그 취지에 따른 새로운 제재처분을 할 수 있다(②).
④ 다른 법률에서 제1항 및 제3항의 기간보다 짧거나 긴 기간을 규정하고 있으면 그 법률에서 정하는 바에 따른다(① 후단).

③④ ○

「**행정기본법**」 제30조(행정상 강제) ① 행정청은 행정목적을 달성하기 위하여 필요한 경우에는 법률로 정하는 바에 따라 필요한 최소한의 범위에서 다음 각 호의 어느 하나에 해당하는 조치를 할 수 있다(③).
  1. 행정대집행: 의무자가 행정상 의무(법령 등에서 직접 부과하거나 행정청이 법령 등에 따라 부과한 의무를 말한다. 이하 이 절에서 같다)로서 타인이 대신하여 행할 수 있는 의무를 이행하지 아니하는 경우 법률로 정하는 다른 수단으로는 그 이행을 확보하기 곤란하고 그 불이행을 방치하면 공익을 크게 해칠 것으로 인정될 때에 행정청이 의무자가 하여야 할 행위를 스스로 하거나 제3자에게 하게 하고 그 비용을 의무자로부터 징수하는 것
  2. 이행강제금의 부과: 의무자가 행정상 의무를 이행하지 아니하는 경우 행정청이 적절한 이행기간을 부여하고, 그 기한까지 행정상 의무를 이행하지 아니하면 금전급부의무를 부과하는 것
  3. 직접강제: 의무자가 행정상 의무를 이행하지 아니하는 경우 행정청이 의무자의 신체나 재산에 실력을 행사하여 그 행정상 의무의 이행이 있었던 것과 같은 상태를 실현하는 것
  4. 강제징수: 의무자가 행정상 의무 중 금전급부의무를 이행하지 아니하는 경우 행정청이 의무자의 재산에 실력을 행사하여 그 행정상 의무가 실현된 것과 같은 상태를 실현하는 것
  5. 즉시강제: 현재의 급박한 행정상의 장해를 제거하기 위한 경우로서 다음 각 목의 어느 하나에 해당하는 경우에 행정청이 곧바로 국민의 신체 또는 재산에 실력을 행사하여 행정목적을 달성하는 것
    가. 행정청이 미리 행정상 의무이행을 명할 시간적 여유가 없는 경우
    나. 그 성질상 행정상 의무의 이행을 명하는 것만으로는 행정목적달성이 곤란한 경우
③ 형사(刑事), 행형(行刑) 및 보안처분 관계법령에 따라 행하는 사항이나 외국인의 출입국·난민인정·귀화·국적회복에 관한 사항에 관하여는 이 절(편저자: 제5절 행정상 강제)을 적용하지 아니한다(④).

15 판결의 효력(66)

취소소송의 판결에 관한 설명으로 옳지 않은 것은?

① 어떤 행정처분을 위법하다고 판단하여 취소하는 판결이 확정되면 행정청은 취소판결의 기속력에 따라 행정청은 해당 판결에서 확인된 위법사유를 배제한 상태에서 다시 처분을 하거나 그 밖의 위법한 결과를 제거하는 조치를 할 의무를 진다.
② 신청에 따른 처분이 절차의 위법을 이유로 취소되는 경우에는 그 처분을 행한 행정청은 판결의 취지에 따라 다시 이전의 신청에 대한 처분을 하여야 한다.
③ 처분의 취소판결이 확정된 후 새로운 처분을 하는 경우, 새로운 처분의 사유가 취소된 처분의 사유와 기본적 사실관계에서 동일하지 않다면 취소된 처분과 같은 내용의 처분을 하는 것은 기속력에 반하지 않지만, 해당 처분사유가 종전 처분 당시 이미 존재하고 있었고 당사자가 이를 알고 있었다면 이를 내세워 다시 처분을 하는 것은 확정판결의 기속력에 저촉된다.
④ 취소확정판결의 기판력은 소송물인 행정처분의 위법성 존부에 관한 판단 그 자체에만 미치는 것이므로 전소와 후소가 그 소송물을 달리하는 경우에는 전소확정판결의 기판력이 후소에 미치지 아니한다.

정답 ③

① ○ 어떤 행정처분을 위법하다고 판단하여 취소하는 판결이 확정되면 행정청은 취소판결의 기속력에 따라 그 판결에서 확인된 위법사유를 배제한 상태에서 다시 처분을 하거나 그 밖에 위법한 결과를 제거하는 조치를 할 의무가 있다(대판 2020.4.9. 2019두49953).

② ○

「**행정소송법**」 제30조(취소판결 등의 기속력) ② 판결에 의하여 취소되는 처분이 당사자의 신청을 거부하는 것을 내용으로 하는 경우에는 그 처분을 행한 행정청은 판결의 취지에 따라 다시 이전의 신청에 대한 처분을 하여야 한다.
③ 제2항의 규정은 신청에 따른 처분이 절차의 위법을 이유로 취소되는 경우에 준용한다.

③ ✕ 종전 처분이 판결에 의하여 취소되었더라도 종전 처분과 다른 사유를 들어서 새로이 처분을 하는 것은 기속력에 저촉되지 않는다. 여기에서 동일사유인지 다른 사유인지는 확정판결에서 위법한 것으로 판단된 종전 처분사유와 기본적 사실관계에서 동일성이 인정되는지 여부에 따라 판단되어야 하고, 기본적 사실관계의 동일성 유무는 처분사유를 법률적으로 평가하기 이전의 구체적인 사실에 착안하여 그 기초인 사회적 사실관계가 기본적인 점에서 동일한지에 따라 결정된다. 또한 행정처분의 위법 여부는 행정처분이 행하여진 때의 법령과 사실을 기준으로 판단하므로, 확정판결의 당사자인 처분행정청은 종전 처분 후에 발생한 새로운 사유를 내세워 다시 처분을 할 수 있고, 새로운 처분의 처분사유가 종전 처분의 처분사유와 기본적 사실관계에서 동일하지 않은 다른 사유에 해당하는 이상, 처분사유가 종전 처분 당시 이미 존재하고 있었고 당사자가 이를 알고 있었더라도 이를 내세워 새로이 처분을 하는 것은 확정판결의 기속력에 저촉되지 않는다(대판 2016.3.24. 2015두48235).

④ ○ 취소판결의 기판력은 소송물로 된 행정처분의 위법성 존부에 관한 판단 그 자체에만 미치는 것이므로 전소와 후소가 그 소송물을 달리하는 경우에는 전소확정판결의 기판력이 후소에 미치지 아니한다(대판 1996.4.26. 95누5820).

16 행정입법(13), 행정규칙(15), 법규명령(14)

행정입법에 관한 다음 설명 중 옳지 않은 것은?

① 행정처분이 법규성이 없는 내부지침 등의 규정에 위배된다고 하더라도 그 이유만으로 처분이 위법하게 되는 것은 아니고, 또 그 내부지침 등에서 정한 요건에 부합한다고 하여 반드시 그 처분이 적법한 것이라고 할 수도 없다.
② 대법원은 구「여객자동차 운수사업법 시행규칙」제31조 제2항 제1호, 제2호, 제6호는 구「여객자동차 운수사업법」제11조 제4항의 위임에 따라 시외버스운송사업의 사업계획변경에 관한 절차, 인가기준 등을 구체적으로 규정한 것으로서 행정청 내부의 사무처리준칙을 규정한 행정규칙이라고 본다.
③ 법령의 위임이 없음에도 법령에 규정된 처분요건에 해당하는 사항을 부령에서 변경하여 규정한 경우에는 그 부령의 규정은 행정청 내부의 사무처리기준 등을 정한 것으로서 행정조직 내에서 적용되는 행정명령의 성격을 지닐 뿐 국민에 대한 대외적 구속력은 없다.
④ 행정규칙의 내용이 상위법령이나 법의 일반원칙에 반하는 것이라면 행정내부적 효력도 인정될 수 없다.

정답 ②

제3회 정답 및 문제해설 **43**

① ○ 행정처분이 법규성이 없는 내부지침 등의 규정에 위배된다고 하더라도 그 이유만으로 처분이 위법하게 되는 것은 아니고, 또 내부지침 등에서 정한 요건에 부합한다고 하여 반드시 그 처분이 적법한 것이라고 할 수도 없다. 처분의 적법 여부는 그러한 내부지침 등에서 정한 요건에 합치하는지 여부가 아니라 일반국민에 대하여 구속력을 가지는 법률 등 법규성이 있는 관계법령의 규정을 기준으로 판단하여야 한다(대판 2018.6.15. 2015두40248).

② × 판례는 부령형식으로 정해진 특허의 **인가기준**을 법령의 위임을 받아 **부령**으로 정한 경우 이를 **법규명령**으로 보고 있다.

• 구 「여객자동차 운수사업법 시행규칙」 제31조 제2항 제1호, 제2호, 제6호는 법 제11조 제4항의 위임에 따라 시외버스운송사업의 사업계획변경에 관한 절차, 인가기준 등을 구체적으로 규정한 것으로서, 대외적인 구속력이 있는 법규명령이라고 할 것이고, 그것을 행정청 내부의 사무처리준칙을 규정한 행정규칙에 불과하다고 할 수는 없는 것이다(대판 2006.6.27. 2003두4355).

③ ○ **법령의 위임이 없음에도** 법령에 규정된 처분요건에 해당하는 사항을 **부령에서 변경하여 규정**한 경우에는 그 부령의 규정은 행정청 내부의 사무처리기준 등을 정한 것으로서 행정조직 내에서 적용되는 **행정명령의 성격**을 지닐 뿐 국민에 대한 대외적 구속력은 없다고 보아야 한다(대판 2013.9.12. 2011두10584).

④ ○ 행정규칙의 내용이 상위법령이나 법의 일반원칙에 반하는 것이라면 법치국가원리에서 파생되는 법질서의 통일성과 모순금지원칙에 따라 그것은 법질서상 당연무효이고, 행정내부적 효력도 인정될 수 없다(대판 2020.5.28. 2017두66541).

17 VA의 취소 · 철회(31)

행정행위의 취소와 철회에 관한 다음 내용 중 옳은 것은?

① 행정행위의 취소는 일단 유효하게 성립한 행정행위를 그 행위에 위법 또는 부당한 하자가 있음을 이유로 소급하여 그 효력을 소멸시키는 별도의 행정처분이므로 행정청은 위법 또는 부당한 처분의 전부나 일부를 소급하여 취소할 수 있지만 장래를 향하여 취소할 수는 없다.
② 처분에 대한 취소소송이 진행 중이라면 행정청은 처분을 스스로 취소할 수 없다.
③ 행정청은 중대한 공익을 위하여 필요한 경우 적법한 처분의 전부 또는 일부를 장래를 향하여 철회할 수 있으며, 이 경우 철회로 인하여 처분의 상대방이 입게 될 불이익과 철회로 달성되는 공익을 비교·형량하여야 한다.
④ 행정처분을 한 처분청은 처분의 성립에 하자가 있는 경우 별도의 법적 근거가 없더라도 직권으로 이를 취소할 수 있다고 봄이 원칙이므로, 「국민연금법」이 정한 수급요건을 갖추지 못하였음에도 연금지급결정이 이루어진 경우에는 이미 지급된 급여 부분에 대한 환수처분과 별도로 연금지급결정을 취소할 수 있고, 만약 연금지급결정을 취소하는 처분이 적법하다면 환수처분도 적법하다고 판단하여야 한다.

정답 ③

① ×

「행정기본법」 제18조(위법 또는 부당한 처분의 취소) ① 행정청은 위법 또는 부당한 처분의 전부나 일부를 소급하여 취소할 수 있다. 다만, 당사자의 신뢰를 보호할 가치가 있는 등 정당한 사유가 있는 경우에는 장래를 향하여 취소할 수 있다.

② × 처분에 대한 취소소송이 진행 중이라도 직권취소할 수 있다.

• 변상금부과처분에 대한 취소소송이 진행 중이라도 그 부과권자로서는 위법한 처분을 스스로 취소하고 그 하자를 보완하여 다시 적법한 부과처분을 할 수도 있다(대판 2006.2.10. 2003두5686).

③ ○

「행정기본법」 제19조(적법한 처분의 철회) ① 행정청은 적법한 처분이 다음 각 호의 어느 하나에 해당하는 경우에는 그 처분의 전부 또는 일부를 장래를 향하여 철회할 수 있다.
1. 법률에서 정한 철회사유에 해당하게 된 경우
2. 법령 등의 변경이나 사정변경으로 처분을 더 이상 존속시킬 필요가 없게 된 경우
3. 중대한 공익을 위하여 필요한 경우
② 행정청은 제1항에 따라 처분을 철회하려는 경우에는 철회로 인하여 당사자가 입게 될 불이익을 철회로 달성되는 공익과 비교·형량하여야 한다.

④ × 행정처분을 한 처분청은 처분의 성립에 하자가 있는 경우 별도의 법적 근거가 없더라도 직권으로 이를 취소할 수 있다고 봄이 원칙이므로, 「국민연금법」이 정한 수급요건을 갖추지 못하였음에도 연금지급결정이 이루어진 경우에는 이미 지급된 급여 부분에 대한 환수처분과 별도로 지급결정을 취소할 수 있다. 이 경우에도 이미 부여된 국민의 기득권을 침해하는 것이므로 취소권의 행사는 지급결정을 취소할 공익상의 필요보다 상대방이 받게 될 불이익 등이 막대한 경우에는 재량권의 한계를 일탈한 것으로서 위법하다고 보아야 한다. 다만, 이처럼 연금지급결정을 취소하는 처분과 그 처분에 기초하여 잘못 지급된 급여액에 해당하는 금액을 환수하는 처분이 적법한지를 판단하는 경우 비교·교량할 각 사정이 동일하다고는 할 수 없으므로, **연금지급결정을 취소하는 처분이 적법**하다고 하여 **환수처분도 반드시 적법하다고 판단하여야 하는 것은 아니다**(대판 2017.3.30. 2015두43971).

18 심리(64), 판결(65)

행정청 A는 편의점을 운영하는 甲이 청소년인 乙에게 주류를 판매하였다는 이유로 甲에게 3개월의 영업정지처분을 하였다. 甲은 이에 불복하여 행정소송을 제기하려고 한다. 이에 대한 설명으로 옳은 것만을 모두 고르면?

> ㄱ. 甲은 영업정지처분에 대한 무효확인소송과 취소소송을 단순병합하여 제기할 수 있다.
> ㄴ. 甲이 영업정지처분에 대하여 무효확인의 소를 제기하는 경우, 무효확인의 소에는 그 처분의 취소를 구하는 취지도 포함되어 있다고 볼 수 있지만, 그와 같은 경우에 취소청구를 인용하려면 취소소송으로서의 제소요건을 구비하여야 한다.
> ㄷ. 甲이 영업정지처분의 하자가 취소사유임에도 취소소송의 제소기간이 경과한 후에 A를 상대로 무효확인의 소를 제기한 경우 법원은 각하판결을 해야 한다.
> ㄹ. 甲이 영업정지처분에 대하여 무효확인의 소를 제기하였다가 그 후 취소청구의 소를 추가적으로 병합한 경우, 무효확인의 소가 적법한 제소기간 내에 제기되었다면 추가로 병합된 취소청구의 소도 적법하게 제기된 것이다.

① ㄱ, ㄴ
② ㄱ, ㄷ
③ ㄴ, ㄷ
④ ㄴ, ㄹ

정답 ④

ㄱ. ✕ 하나의 행정처분에 대한 **무효확인청구와 취소청구**는 서로 양립할 수 없는 관계에 있으므로 **예비적 병합만 가능**하고 선택적 병합 또는 단순병합은 허용되지 않는다.
- 행정처분에 대한 무효확인과 취소청구는 서로 양립할 수 없는 청구로서 주위적·예비적 청구로서만 병합이 가능하고 선택적 청구의 병합이나 단순병합은 허용되지 아니한다(대판 1999.8.20. 97누6889).

ㄴ. ○ 행정처분의 **무효확인을 구하는 청구**에는 특별한 사정이 없는 한 그 처분의 **취소를 구하는 취지**까지도 **포함**되어 있다고 볼 수는 있으나 위와 같은 경우에 취소청구를 인용하려면 먼저 **취소를 구하는 항고소송으로서의 제소요건을 구비**한 경우에 한한다(대판 1986.9.23. 85누838).
- 〈관련 최신판례〉 행정처분의 **무효확인을 구하는 소**에는 특단의 사정이 없는 한 **취소를 구하는 취지**도 포함되어 있다고 보아야 하므로, 해당 행정처분의 취소를 구할 수 있는 경우라면 **무효사유가 증명되지 아니한 때**에 법원으로서는 **취소사유에 해당하는 위법**이 있는지 여부까지 **심리하여야 한다**(대판 2023.6.29. 2020두46073).
- ⊕PLUS 무효확인소송에서 무효사유 주장·입증책임은 원고가 부담한다는 것도 아울러 기억해 둘 것

ㄷ. ✕ 취소소송의 제소기간이 경과한 후에 취소사유에 해당하는 처분에 대해 무효확인소송을 제기한 경우, 판례는 **청구기각판결**을 하여야 한다고 본다.
- 이미 취소소송의 제기기간을 경과하여 확정력이 발생한 행정처분에는 위헌결정의 소급효가 미치지 않는다고 보아야 할 것이므로 어느 행정처분에 대하여 그 행정처분의 근거가 된 법률이 위헌이라는 이유로 무효확인청구의 소가 제기된 경우에는 다른 특별한 사정이 없는 한 법원으로서는 그 법률이 위헌인지 여부에 대하여는 판단할 필요 없이 위 무효확인청구를 **기각**하여야 할 것이다(대판 2000.11.14. 2000다20144).

ㄹ. ○ 행정처분의 무효확인을 구하는 소에는 특단의 사정이 없는 한 그 취소를 구하는 취지도 포함되어 있다고 보아야 하는 점 등에 비추어 볼 때, 동일한 행정처분에 대하여 무효확인의 소를 제기하였다가 그 후 그 처분의 취소를 구하는 소를 추가적으로 병합한 경우, 주된 청구인 무효확인의 소가 적법한 제소기간 내에 제기되었다면 추가로 병합된 취소청구의 소도 적법하게 제기된 것으로 봄이 상당하다(대판 2005.12.23. 2005두3554).
- ⊕PLUS 무효확인의 소가 취소소송 제소기간 내 제기 → 제소기간 도과하여 병합된 취소소송도 적법

19 행정소송(50), 판결(65), 행정소송규칙

행정소송절차에 관한 다음 내용 중 옳지 않은 것은?

① 대법원은 재판의 전제가 된 명령·규칙이 헌법 또는 법률에 위배된다는 것이 법원의 판결에 의하여 확정된 경우에는 그 취지를 명령·규칙의 소관 행정청이 아닌 행정안전부장관에게 통보하여야 한다.
② 행정소송에 관하여 「행정소송법」에 특별한 규정이 없는 사항에 대하여는 「법원조직법」과 「민사소송법」 및 「민사집행법」의 규정을 준용한다.
③ 재판장은 신속하고 공정한 분쟁 해결과 국민의 권익구제를 위하여 필요하다고 인정하는 경우에는 소송계속 중인 사건에 대하여 직권으로 소의 취하, 처분 등의 취소 또는 변경, 그 밖에 다툼을 적정하게 해결하기 위해 필요한 사항을 서면으로 권고할 수 있다.
④ 법원은 부작위위법확인소송계속 중 행정청이 당사자의 신청에 대하여 상당한 기간이 지난 후 처분 등을 함에 따라 소를 각하하는 경우에는 소송비용의 전부 또는 일부를 피고가 부담하게 할 수 있다.

정답 ①

① ✕ 「행정소송법」은 '대법원판결'에 의하여 명령·규칙의 위헌·위법이 확정된 경우 이를 행정안전부장관에게 통보하도록 하고 있다(제6조 제1항). 나아가 2023년 제정된 「행정소송규칙」은 '법원의 판결(즉, 하급심 포함)에 의하여 명령·규칙의 위헌·위법이 확정된 경우에도 이를 행정기관에 통보하도록 하되, 그 상대방은 소관 행정청으로 하도록 규정하였다(제2조 제1항). 어느 경우이건 통보 자체는 대법원이 한다.

> 「행정소송법」 제6조(명령·규칙의 위헌판결 등 공고) ① 행정소송에 대한 **대법원판결**에 의하여 명령·규칙이 헌법 또는 법률에 위반된다는 것이 확정된 경우에는 대법원은 지체 없이 그 사유를 **행정안전부장관에게 통보**하여야 한다.

> 「행정소송규칙」 제2조(명령·규칙의 위헌판결 등 통보) ① 대법원은 재판의 전제가 된 명령·규칙이 헌법 또는 법률에 위배된다는 것이 **법원의 판결**에 의하여 확정된 경우에는 그 취지를 해당 명령·규칙의 **소관 행정청에 통보**하여야 한다.
> ② 대법원 외의 법원이 제1항과 같은 취지의 재판을 하였을 때에는 해당 재판서 정본을 지체 없이 대법원에 송부하여야 한다.

② ○

「행정소송법」제8조(법적용례) ② 행정소송에 관하여 이 법에 특별한 규정이 없는 사항에 대하여는 「법원조직법」과 「민사소송법」 및 「민사집행법」의 규정을 준용한다.

③ ○

「행정소송규칙」제15조(조정권고) ① 재판장은 신속하고 공정한 분쟁해결과 국민의 권익구제를 위하여 필요하다고 인정하는 경우에는 소송계속 중인 사건에 대하여 직권으로 소의 취하, 처분 등의 취소 또는 변경, 그 밖에 다툼을 적정하게 해결하기 위해 필요한 사항을 서면으로 권고할 수 있다.

④ ○

「행정소송규칙」제17조(부작위법확인소송의 소송비용부담) 법원은 부작위법확인소송계속 중 행정청이 당사자의 신청에 대하여 상당한 기간이 지난 후 처분 등을 함에 따라 소를 각하하는 경우에는 소송비용의 전부 또는 일부를 피고가 부담하게 할 수 있다.

20 정보공개법 – 비공개대상정보(79), 정보공개대상(78)

정보공개에 대한 최근 판례의 입장으로 옳지 않은 것만을 모두 고르면?

ㄱ. 외교부장관이 '2015.12.28. 일본군위안부 피해자 합의와 관련하여 한일 외교장관 공동발표문의 문안을 도출하기 위하여 진행한 협의 협상에서 일본군과 관헌에 의한 위안부 강제연행의 존부 및 사실인정 문제에 대해 협의한 협상 관련 외교부장관 생산 문서'에 대한 정보공개청구에 대해 "공개청구정보가 「공공기관의 정보공개에 관한 법률」 제9조 제1항 제2호에 해당한다."는 이유로 비공개결정을 한 것은 적법하다.
ㄴ. 정보공개청구인이 공공기관의 비공개결정 또는 부분공개결정에 대한 이의신청을 하여 공공기관이 이의신청을 각하 또는 기각하는 결정을 한 경우, 청구인은 이의신청에 대한 결과를 통지받은 날이 아니라 비공개결정 등이 있음을 안 날부터 90일 이내에 행정심판을 청구하거나 취소소송을 제기하여야 한다.
ㄷ. 「군사법원법」제309조의3은 「공공기관의 정보공개에 관한 법률」제4조 제1항에서 정한 '정보의 공개에 관하여 다른 법률에 특별한 규정이 있는 경우'에 해당하므로 군검사가 공소제기된 사건과 관련하여 보관하고 있는 서류 또는 물건에 관하여는 「공공기관의 정보공개에 관한 법률」에 의한 정보공개청구가 허용되지 않는다.
ㄹ. 견책의 징계처분을 받은 甲이 사단장에게 징계위원회에 참여한 징계위원의 성명과 직위에 대한 정보공개청구를 하였으나 공개가 거부된 경우, 징계처분에 대한 취소소송에서 甲의 청구를 기각하는 판결이 확정되었다면, 더 이상 정보공개거부처분의 취소를 구할 법률상 이익이 없다.

① ㄱ, ㄴ ② ㄱ, ㄷ
③ ㄴ, ㄹ ④ ㄷ, ㄹ

정답 ③

ㄱ. ○ 甲이 외교부장관에게 '2015.12.28. 일본군위안부 피해자 합의와 관련하여 한일 외교장관 공동발표문의 문안을 도출하기 위하여 진행한 협의 협상에서 일본군과 관헌에 의한 위안부 강제연행의 존부 및 사실인정 문제에 대해 협의한 협상 관련 외교부장관 생산 문서'에 대한 공개를 청구하였으나, 외교부장관이 甲에게 "공개청구정보가 「공공기관의 정보공개에 관한 법률」 제9조 제1항 제2호(편저자: 국가안전보장·국방·통일·외교관계 등에 관한 사항으로서 공개될 경우 국가의 중대한 이익을 현저히 해칠 우려가 있다고 인정되는 정보)에 해당한다."는 이유로 비공개결정을 한 사안에서, 위 합의를 위한 협상과정에서 일본군과 관헌에 의한 **위안부 '강제연행'의 존부 및 사실인정 문제**에 대해 **협의한 정보를 공개하지 않은 처분은 적법**하다(대판 2023.6.1. 2019두41324).

ㄴ. ✕ 「공공기관의 정보공개에 관한 법률」제18조 제1항, 제3항, 제4항, 제20조 제1항, 「행정소송법」제20조 제1항의 규정내용과 그 취지 등을 종합하여 보면, 청구인이 공공기관의 비공개결정 또는 부분공개결정에 대한 이의신청을 하여 공공기관으로부터 **이의신청**에 대한 **결과를 통지받은 후 취소소송**을 제기하는 경우 그 제소기간은 **이의신청에 대한 결과를 통지받은 날부터 기산**한다고 봄이 타당하다(대판 2023.7.27. 2022두52980).

　PLUS 비공개결정에 대해 이의신청 후 취소소송 제기시 제소기간 기산점: 이의신청 결과 통지받은 날(비공개결정 있음을 안 날×)

ㄷ. ○ 「군사법원법」제309조의3 제1항, 제2항, 제309조의4 제1항, 제2항, 제309조의16 제1항, 제2항의 내용·취지 등을 고려하면, 「군사법원법」제309조의3은 군검사가 공소제기된 사건과 관련하여 보관하고 있는 서류 또는 물건의 공개 여부나 공개범위, 불복절차 등에 관하여 「공공기관의 정보공개에 관한 법률」(이하 '정보공개법'이라 한다)과 달리 규정하고 있는 것으로 볼 수 있다. 결국 정보공개법 제4조 제1항에서 정한 '정보의 공개에 관하여 다른 법률에 특별한 규정이 있는 경우'에 해당한다. 따라서 **군검사가 공소제기된 사건과 관련하여 보관하고 있는 서류 또는 물건**에 관하여는 피고인이나 변호인의 **정보공개법에 의한 정보공개청구가 허용되지 아니한다**(대판 2024.5.30. 2022두65559).

ㄹ. ✕ 견책의 징계처분을 받은 甲이 사단장에게 징계위원회에 참여한 징계위원의 성명과 직위에 대한 정보공개청구를 하였으나 위 정보가 「공공기관의 정보공개에 관한 법률」 제9조 제1항 제1호, 제2호, 제5호, 제6호에 해당한다는 이유로 공개를 거부한 사안에서, 비록 징계처분 취소사건에서 甲의 청구를 기각하는 판결이 확정되었더라도 이러한 사정만으로 위 처분의 취소를 구할 이익이 없어지지 않고, 사단장이 甲의 정보공개청구를 거부한 이상 甲으로서는 여전히 정보공개거부처분의 취소를 구할 법률상 이익이 있다(대판 2022.5.26. 2022두33439).

제 04 회 정답 및 문제해설

정답 모아보기

01	02	03	04	05	06	07	08	09	10
③	②	①	③	②	③	①	③	③	③
11	12	13	14	15	16	17	18	19	20
①	③	③	②	③	①	③	④	③	①

01 신뢰보호의 원칙(05)

신뢰보호의 원칙에 대한 설명으로 옳은 것은?

① 정구장시설 설치의 도시계획결정을 청소년수련시설 설치의 도시계획으로 변경한 경우, 이는 사업시행자로 지정받을 것을 예상하고 정구장 설계비용 등을 지출한 자의 신뢰이익을 침해한 것이다.
② 신뢰보호의 원칙은 행정청이 공적인 견해를 표명할 당시의 사정이 그대로 유지됨을 전제로 적용되는 것이 원칙이라고는 볼 수 없으므로, 공적 견해표명 당시의 사정이 사후에 변경된 경우라도 특별한 사정이 없는 한 행정청이 그 견해표명에 반하는 처분을 하였다면 신뢰보호원칙에 위반된다고 보아야 한다.
③ 폐기물처리업에 대하여 관할관청의 사전 적정통보를 받고 막대한 비용을 들여 요건을 갖춘 다음 허가신청을 한 경우, 행정청이 청소업자의 난립으로 효율적인 청소업무의 수행에 지장이 있다는 이유로 불허가처분을 한 것은 신뢰보호의 원칙에 반하여 위법하다.
④ 헌법재판소의 위헌결정은 기속력이 있으므로 신뢰의 대상이 되는 공적인 견해를 표명한 것이라고 할 수 있다.

정답 ③

① ✗ 당초 **정구장시설**을 설치한다는 **도시계획결정**을 하였다가 정구장 대신 **청소년수련시설**을 설치한다는 **도시계획변경결정** 및 지적승인을 한 경우, 당초의 도시계획결정만으로는 도시계획사업의 시행자지정을 받게 된다는 공적인 견해를 표명하였다고 할 수 없으므로 그 후의 도시계획변경결정 및 지적승인이 도시계획사업의 시행자로 지정받을 것을 예상하고 정구장 설계비용 등을 지출한 자의 **신뢰이익을 침해한 것으로 볼 수 없다**(대판 2000.11.10. 2000두727).
② ✗ 신뢰보호의 원칙은 행정청이 공적인 견해를 표명할 당시의 사정이 그대로 유지됨을 전제로 적용되는 것이 원칙이므로, 사후에 그와 같은 **사정이 변경된 경우**에는 그 공적 견해가 더 이상 개인에게 신뢰의 대상이 된다고 보기 어려운 만큼, 특별한 사정이 없는 한 **행정청이 그 견해표명에 반하는 처분을 하더라도 신뢰보호의 원칙에 위반된다고 할 수 없다**(대판 2020.6.25. 2018두34732).
③ ○ 폐기물처리업에 대하여 사전에 관할관청으로부터 적정통보를 받고 **막대한 비용**을 들여 허가요건을 갖춘 다음 허가신청을 하였음에도 다수 청소업자의 난립으로 안정적이고 효율적인 청소업무의 수행에 지장이 있다는 이유로 한 불허가처분은 신뢰보호의 원칙 및 비례의 원칙에 반하는 것으로서 재량권을 남용한 위법한 처분이다(대판 1998.5.8. 98두4061).
④ ✗ **헌법재판소의 위헌결정**은 행정청이 개인에 대하여 신뢰의 대상이 되는 공적인 견해를 표명한 것이라고 할 수 없으므로 그 결정에 관련한 개인의 행위에 대하여는 신뢰보호의 원칙이 적용되지 아니한다(대판 2003.6.27. 2002두6965).

02 하자의 승계(30)

다음 중 선행처분의 위법을 이유로 후행처분의 효력을 다툴 수 없는 것으로만 모두 고르면?

ㄱ. 선행 재개발사업인정과 후행 수용재결
ㄴ. 선행 개별공시지가결정과 후행 과세처분
ㄷ. 선행 직위해제처분과 후행 직권면직처분
ㄹ. 신고납세방식의 취득세 신고행위와 징수처분

① ㄱ, ㄴ, ㄷ
② ㄱ, ㄷ, ㄹ
③ ㄴ, ㄷ
④ ㄴ, ㄹ

정답 ②

ㄱ. (승계 부정) 선행 사업인정과 후행 수용재결 사이에는 하자의 승계가 부정된다.
• (구)「도시재개발법」에 의한 재개발사업의 시행을 위하여 토지 등을 수용하는 경우 (구)「도시재개발법」 제17조 등에 의한 재개발사업시행인가는 (구)「토지수용법」 제14조 소정의 사업인정으로 볼 것인바, 재개발사업시행인가처분 자체의 위법은 사업시행인가단계에서 다투어야 하고 이미 그 쟁송기간이 도과한 수용재결단계에서는 그 인가처분이 당연무효라고 볼 만한 특단의 사정이 없는 한 그 위법을 이유로 토지수용재결처분의 취소를 구할 수는 없다고 할 것이다(대판 1992.12.11. 92누5584).

ㄴ. (승계 긍정) 선행 개별공시지가결정과 후행 과세처분은 예외적으로 하자의 승계가 긍정된다.
• 개별공시지가결정은 이를 기초로 한 과세처분 등과는 별개의 독립된 처분으로서 서로 독립하여 별개의 법률효과를 목적으로 하는 것이나 당해 결정은 이해관계인에게 개별적으로 고지되는 것도 아니고, 또한 관계인으로서는 이러한 개별공시지가가 자신에게 유리 또는 불리하게 적용될 것인지도 알기 어려운 것으로서, 이러한 사정하에서 관계인이 그 쟁송기간 내에 당해 처분을 다투지 않았다고 하여 이를 기초로 한 과세처분 등 후행처분에서 그 위법을 주장할 수 없도록 하는 것은 관계인에 수인한도를 넘는 불이익을 강요하는 것이므로, 이러한 경우에는 개별공시지가결정과 과세처분은 서로 독립하여 별개의 법률효과를 목적으로 하는 것임에도 불구하고, 관계인은 후행처분인 과세처분의 위법사유로서 선행처분인 개별공시지가결정의 위법을 주장할 수 있다(대판 1994.1.25. 93누8542).

ㄷ. (승계 부정) 선행 직위해제처분과 후행 면직처분은 하자의 승계가 부정된다.
- 구「경찰공무원법」제50조 제1항에 의한 직위해제처분과 같은 제3항에 의한 면직처분은 후자가 전자의 처분을 전제로 한 것이기는 하나 각각 단계적으로 별개의 법률효과를 발생하는 행정처분이어서 선행직위해제처분의 위법사유가 면직처분에는 승계되지 아니한다 할 것이므로 선행된 직위해제처분의 위법사유를 들어 면직처분의 효력을 다툴 수는 없다(대판 1984.9.11. 84누191).

ㄹ. (승계 부정) 선행 신고납세방식의 취득세 신고행위와 후행 징수처분은 하자의 승계가 부정된다.
- 신고납세방식을 채택하고 있는 취득세에 있어서 과세관청이 납세의무자의 신고에 의하여 취득세의 납세의무가 확정된 것으로 보고 그 이행을 명하는 징수처분으로 나아간 경우, 납세의무자의 신고행위에 하자가 존재하더라도 그 하자가 당연무효사유에 해당하지 않는 한 그 하자가 후행처분인 징수처분에 그대로 승계되지는 않는 것이고, 납세의무자의 신고행위의 하자가 중대하고 명백하여 당연무효에 해당하는지 여부는 신고행위의 근거가 되는 법규의 목적, 의미, 기능 및 하자 있는 신고행위에 대한 법적 구제수단 등을 목적론적으로 고찰함과 동시에 신고행위에 이르게 된 구체적 사정을 개별적으로 파악하여 합리적으로 판단하여야 한다(대판 2006.9.8. 2005두14394).

03 실효성 확보 – 새로운 수단(48), 공통(42), 강제징수(44)

행정법상 의무의 위반이나 불이행에 대한 금전적 제재수단에 대한 설명으로 옳은 것만을 모두 고르면?

> ㄱ. 전형적 과징금은 행정법상의 의무를 위반한 자에 대하여 당해 위반행위로 얻게 된 경제적 이익을 박탈하기 위한 목적으로 부과하는 금전적인 제재이나, 변형된 과징금은 인·허가사업에 관한 법률상의 의무위반이 있음에도 불구하고 공익상 필요하여 그 인·허가사업을 취소·정지시키지 않고 사업을 계속하되, 이에 갈음하여 사업을 계속함으로써 얻은 이익을 박탈하는 행정제재금이다.
> ㄴ. 과징금채무는 대체적 급부가 가능한 의무이므로 과징금을 부과받은 자가 사망한 경우 그 상속인에게 포괄승계된다.
> ㄷ. 세법상 가산세는 납세자가 법에 규정된 신고, 납세 등의 의무를 위반한 경우에 부과되는 행정상의 제재로서 납세자의 고의·과실이 있는 경우에 부과되며, 다만 그 의무해태를 탓할 수 없는 정당한 사유가 있는 경우에는 부과할 수 없다.
> ㄹ. '강제징수'란 의무자가 행정상 의무를 이행하지 아니하는 경우 행정청이 적절한 이행기간을 부여하고, 그 기한까지 행정상 의무를 이행하지 아니하면 금전급부의무를 부과하는 것을 말한다.

① ㄱ, ㄴ ② ㄱ, ㄹ
③ ㄴ, ㄹ ④ ㄷ, ㄹ

정답 ①

ㄱ. ○ 전형적 의미의 과징금은 행정법규위반 또는 행정법상 의무위반으로 경제적 이익을 얻는 경우에 당해 위반으로 인한 경제적 이익을 박탈하기 위해 이득액에 따라 부과하는 행정제재금을 말한다. 변형된 과징금은 의무위반행위가 그 사업의 인·허가 등의 철회·정지사유에 해당하지만 공중의 일상생활에 필요불가결한 사업(예 대중교통 등)인 경우 사업 자체는 존속시키면서도 그 사업활동으로 인한 수익을 박탈하기 위해 부과하는 행정제재금을 말한다.

ㄴ. ○ 부동산실명법상 과징금은 상속인에게 포괄승계된다.
- 「부동산 실권리자명의 등기에 관한 법률」제5조에 의하여 부과된 과징금은 대체적 급부가 가능한 의무이므로 위 과징금을 부과받은 자가 사망한 경우 그 상속인에게 포괄승계된다(대판 1999.5.14. 99두35).

ㄷ. ✕ 가산세는 고의·과실을 요하지 않으나, 정당한 이유가 있는 경우에는 부과할 수 없다.
- 세법상 가산세는 행정상의 제재로서 납세자의 고의·과실은 고려되지 않는 것이고, 다만 납세의무자가 그 의무를 알지 못한 것이 무리가 아니었거나 그 의무의 이행을 당사자에게 기대하는 것이 무리라고 하는 사정이 있을 때 등 그 의무해태를 탓할 수 없는 정당한 사유가 있는 경우에는 이를 부과할 수 없다(대판 2003.9.5. 2001두403).

ㄹ. ✕ 지문은 강제징수가 아니라 이행강제금에 대한 내용이다.

>「행정기본법」제30조(행정상 강제) ① 행정청은 행정목적을 달성하기 위하여 필요한 경우에는 법률로 정하는 바에 따라 필요한 최소한의 범위에서 다음 각 호의 어느 하나에 해당하는 조치를 할 수 있다.
> 2. 이행강제금의 부과: 의무자가 행정상 의무를 이행하지 아니하는 경우 행정청이 적절한 이행기간을 부여하고, 그 기한까지 행정상 의무를 이행하지 아니하면 금전급부의무를 부과하는 것
> 4. 강제징수: 의무자가 행정상 의무 중 금전급부의무를 이행하지 아니하는 경우 행정청이 의무자의 재산에 실력을 행사하여 그 행정상 의무가 실현된 것과 같은 상태를 실현하는 것

04 실효성 확보 – 새로운 수단(48)

「행정절차법」상 위반사실 등의 공표에 대한 설명으로 옳지 않은 것은?

① 행정청은 법령에 따른 의무를 위반한 자의 성명·법인명, 위반사실, 의무위반을 이유로 한 처분사실 등을 법률로 정하는 바에 따라 일반에게 공표할 수 있다.
② 행정청은 위반사실 등의 공표를 할 때에는 특별한 사정이 없는 한 미리 당사자에게 그 사실을 통지하고 의견제출의 기회를 주어야 하며, 의견제출의 기회를 받은 당사자는 공표 전에 관할행정청에 서면이나 말 또는 정보통신망을 이용하여 의견을 제출할 수 있다.
③ 행정청은 위반사실 등의 공표를 하기 전에 당사자가 공표와 관련된 의무의 이행, 원상회복, 손해배상 등의 조치를 마친 경우에는 위반사실 등의 공표를 하여서는 아니 된다.
④ 행정청은 공표된 내용이 사실과 다른 것으로 밝혀진 경우에도 당사자가 원하지 아니하면 정정한 내용을 공표하지 아니할 수 있다.

정답 ③

①②④ ○

③ ✕ 공표를 하여서는 아니 된다(✕) → 공표를 하지 아니할 수 있다(○)

「행정절차법」 제40조의3(위반사실 등의 공표) ① 행정청은 법령에 따른 의무를 위반한 자의 성명·법인명, 위반사실, 의무위반을 이유로 한 처분사실 등(이하 '위반사실 등'이라 한다)을 법률로 정하는 바에 따라 일반에게 공표할 수 있다(①).
③ 행정청은 위반사실 등의 공표를 할 때에는 미리 당사자에게 그 사실을 통지하고 의견제출의 기회를 주어야 한다(② 전단). 다만, 다음 각 호의 어느 하나에 해당하는 경우에는 그러하지 아니하다.
  1. 공공의 안전 또는 복리를 위하여 긴급히 공표를 할 필요가 있는 경우
  2. 해당 공표의 성질상 의견청취가 현저히 곤란하거나 명백히 불필요하다고 인정될 만한 타당한 이유가 있는 경우
  3. 당사자가 의견진술의 기회를 포기한다는 뜻을 명백히 밝힌 경우
④ 제3항에 따라 의견제출의 기회를 받은 당사자는 공표 전에 관할행정청에 서면이나 말 또는 정보통신망을 이용하여 의견을 제출할 수 있다(② 후단).
⑤ 제4항에 따른 의견제출의 방법과 제출의견의 반영 등에 관하여는 제27조 및 제27조의2를 준용한다. 이 경우 '처분'은 '위반사실 등의 공표'로 본다.
⑥ 위반사실 등의 공표는 관보, 공보 또는 인터넷 홈페이지 등을 통하여 한다.
⑦ 행정청은 위반사실 등의 공표를 하기 전에 당사자가 공표와 관련된 의무의 이행, 원상회복, 손해배상 등의 조치를 마친 경우에는 위반사실 등의 공표를 하지 아니할 수 있다(③).
⑧ 행정청은 공표된 내용이 사실과 다른 것으로 밝혀지거나 공표에 포함된 처분이 취소된 경우에는 그 내용을 정정하여, 정정한 내용을 지체 없이 해당 공표와 같은 방법으로 공표된 기간 이상 공표하여야 한다. 다만, 당사자가 원하지 아니하면 공표하지 아니할 수 있다(④).

05 「국가배상법」 – 제5조(72)

「국가배상법」 제5조 책임에 관한 설명으로 옳은 것은?

① 「국가배상법」 제5조 제1항 소정의 '공공의 영조물'에는 행정주체 자신의 사용에 제공되는 공용물도 포함되지만 국가 또는 지방자치단체가 사실상의 관리를 하고 있는 경우는 포함되지 않는다.
② 「국가배상법」 제5조 제1항의 '영조물의 설치 또는 관리의 하자'에는 영조물의 물적 시설 자체의 물리적 흠결 등으로 이용자에게 위해를 끼칠 위험성이 있는 경우뿐만 아니라 영조물이 공공의 목적에 이용됨에 있어 그 이용상태 및 정도가 일정한 한도를 초과하여 제3자에게 사회통념상 수인할 것이 기대되는 한도를 넘는 피해를 입히는 경우까지 포함된다.
③ 영조물이 안전성을 갖추었는지 여부는 영조물의 설치자 또는 관리자가 그 영조물의 위험성에 비례하여 사회통념상 일반적으로 요구되는 정도의 방호조치의무를 다하였는지를 기준으로 판단하여야 하고, 그 설치자 또는 관리자의 재정적·인적·물적 제약 등은 고려하지 않는다.
④ 가변차로에 설치된 2개의 신호등에서 서로 모순된 신호가 들어오는 오작동이 발생하였고 그 고장이 현재의 기술수준상 부득이하다는 사정이 있다면 영조물의 하자를 인정할 수 없다.

정답 ②

① ✕ 「국가배상법」 제5조 제1항 소정의 '**공공의 영조물**'이라 함은 국가 또는 지방자치단체에 의하여 특정 공공의 목적에 공여된 유체물 내지 물적 설비를 지칭하며, 특정 공공의 목적에 공여된 물이라 함은 일반공중의 자유로운 사용에 직접적으로 제공되는 공공용물에 한하지 아니하고, **행정주체 자신의 사용에 제공되는 공용물도 포함**하며 국가 또는 지방자치단체가 소유권, 임차권, 그 밖의 권한에 기하여 관리하고 있는 경우뿐만 아니라 **사실상의 관리**를 하고 있는 경우도 **포함**한다(대판 1995.1.24. 94다45302).

② ○ 「국가배상법」 제5조 제1항에 정하여진 '영조물의 설치 또는 관리의 하자'라 함은 공공의 목적에 공여된 영조물이 그 용도에 따라 갖추어야 할 안전성을 갖추지 못한 상태에 있음을 말하고, 여기서 안전성을 갖추지 못한 상태, 즉 타인에게 위해를 끼칠 위험성이 있는 상태라 함은 당해 영조물을 구성하는 물적 시설 그 자체에 있는 물리적·외형적 흠결이나 불비로 인하여 그 이용자에게 위해를 끼칠 위험성이 있는 경우뿐만 아니라 그 영조물이 공공의 목적에 이용됨에 있어 그 **이용상태 및 정도가 일정한 한도를 초과하여 제3자에게 사회통념상 참을 수 없는 피해**를 입히는 경우까지 **포함**된다고 보아야 할 것이고, 사회통념상 참을 수 있는 피해인지의 여부는 그 영조물의 공공성, 피해의 내용과 정도, 이를 방지하기 위하여 노력한 정도 등을 종합적으로 고려하여 판단하여야 한다(대판 2004.3.12. 2002다14242).

③ ✕ 「국가배상법」 제5조 제1항에 규정된 '**영조물 설치·관리상의 하자**'는 공공의 목적에 공여된 영조물이 그 용도에 따라 통상 갖추어야 할 안전성을 갖추지 못한 상태에 있음을 말한다. 그리고 위와 같은 **안전성의 구비 여부**는 영조물의 설치자 또는 관리자가 그 영조물의 위험성에 비례하여 사회통념상 일반적으로 요구되는 정도의 **방호조치의무를 다하였는지를 기준**으로 판단하여야 하고, 아울러 그 설치자 또는 관리자의 **재정적·인적·물적 제약 등도 고려하여야** 한다. 따라서 영조물이 그 설치 및 관리에 있어 완전무결한 상태를 유지할 정도의 고도의 안전성을 갖추지 아니하였다고 하여 하자가 있다고 단정할 수는 없고, 영조물 이용자의 상식적이고 질서 있는 이용방법을 기대한 상대적인 안전성을 갖추는 것으로 족하다(대판 2022.7.28. 2022다225910).

④ ✕ 가변차로에 설치된 **2개의 신호등에서 서로 모순되는 신호**가 들어오는 오작동이 발생하였고 그 고장이 현재의 기술수준상 부득이한 것이라고 가정하더라도 그와 같은 사정만으로 손해발생의 예견가능성이나 회피가능성이 없어 영조물의 하자를 인정할 수 없는 경우라고 단정할 수 없다(대판 2001.7.27. 2000다56822).

06 부관(32)

행정행위의 부관에 대한 설명으로 옳은 것만을 모두 고르면?

ㄱ. 사회복지법인의 임시이사를 선임하면서 그 임기를 '후임 정식이사가 선임될 때까지'로 기재한 것은 부관으로서 기한을 정한 것이므로 후임 정식이사가 선임되었다면 그로써 임시이사의 임기가 자동적으로 만료되어 임시이사의 지위가 상실되는 효과가 발생하는 것이지 관할행정청이 후임 정식이사가 선임되었음을 이유로 임시이사를 해임하는 행정처분을 해야만 비로소 임시이사의 지위가 상실되는 효과가 발생한다고 볼 수 없다.

ㄴ. 당사자의 동의가 없는 경우라도 사정변경이 있어 부관을 새로 붙이거나 종전의 부관을 변경하지 아니하면 해당 행정처분의 목적을 달성할 수 없는 경우에는 부관을 새로 부가하거나 종전의 부관을 변경할 수 있다.

ㄷ. 행정처분에 붙인 부담인 부관이 무효인 경우 그 처분을 받은 사람이 부담의 이행으로 사법상 매매 등의 법률행위를 한 때에는 그 부담은 특별한 사정이 없는 한 법률행위를 하게 된 동기로 작용하였을 뿐이므로 이는 법률행위의 취소사유가 될 수 있음은 별론으로 하고 그 법률행위 자체를 당연히 무효화하는 것은 아니다.

ㄹ. 행정청이 공유수면매립준공인가처분을 하면서 매립지 일부를 국가 소유로 귀속하게 한 것은 법률효과 일부를 배제하는 부관에 해당하고, 이러한 부관은 독립하여 행정소송의 대상이 될 수 있다.

① ㄱ, ㄴ   ② ㄱ, ㄷ
③ ㄴ, ㄷ   ④ ㄷ, ㄹ

정답 ③

ㄱ. ✕ 사회복지법인의 임시이사를 선임하면서 그 임기를 '후임 정식이사가 선임될 때까지'로 기재한 것은 근거법률의 해석상 당연히 도출되는 사항을 주의적·확인적으로 기재한 이른바 '법정부관'일 뿐, 행정청의 의사에 따라 붙이는 본래 의미의 행정처분 부관이라고 볼 수 없다. 후임 정식이사가 선임되었다는 사유만으로 임시이사의 임기가 자동적으로 만료되어 임시이사의 지위가 상실되는 효과가 발생하지 않고, 관할행정청이 후임 정식이사가 선임되었음을 이유로 임시이사를 해임하는 행정처분을 해야만 비로소 임시이사의 지위가 상실되는 효과가 발생한다(대판 2020.10.29. 2017다269152).

ㄴ. ○

「행정기본법」 제17조(부관) ③ 행정청은 부관을 붙일 수 있는 처분이 다음 각 호의 어느 하나에 해당하는 경우에는 그 처분을 한 후에도 부관을 새로 붙이거나 종전의 부관을 변경할 수 있다.
  1. 법률에 근거가 있는 경우
  2. 당사자의 동의가 있는 경우
  3. 사정이 변경되어 부관을 새로 붙이거나 종전의 부관을 변경하지 아니하면 해당 처분의 목적을 달성할 수 없다고 인정되는 경우

ㄷ. ○ 행정처분에 부담인 부관을 붙인 경우 부관의 무효화에 의하여 본체인 행정처분 자체의 효력에도 영향이 있게 될 수는 있지만, 그 처분을 받은 사람이 부담의 이행으로 사법상 매매 등의 법률행위를 한 경우에는 그 부관은 특별한 사정이 없는 한 법률행위를 하게 된 동기 내지 연유로 작용하였을 뿐이므로 이는 법률행위의 취소사유가 될 수 있음은 별론으로 하고 그 법률행위 자체를 당연히 무효화하는 것은 아니다(대판 2009.6.25. 2006다18174).

ㄹ. ✕ 행정행위의 부관은 부담의 경우를 제외하고는 독립하여 행정소송의 대상이 될 수 없는 것인바, 행정청이 한 공유수면매립준공인가 중 매립지 일부에 대하여 한 국가귀속처분은 매립준공인가를 함에 있어서 매립의 면허를 받은 자의 매립지에 대한 소유권취득을 규정한 공유수면매립법 제14조의 효과 일부를 배제하는 부관을 붙인 것이므로 이러한 행정행위의 부관에 대하여는 독립하여 행정소송의 대상으로 삼을 수 없다(대판 1991.12.13. 90누8503).

07 사전통지·의견청취(39), 「국가배상법」 – 제2조(71), 「행정절차법」 – 조문(37)

행정절차에 대한 설명으로 옳지 않은 것은?

① 보건복지부장관이 국민건강보험법령상 '요양급여의 상대가치점수 변경 또는 조정 고시'에 의하여 수정체수술과 관련한 질병군의 상대가치점수를 종전보다 약 10~25% 정도 인하하는 내용의 처분을 하면서 대한안과의사회에게 의견제출의 기회를 주지 않았다면 위법하다.

② 국가나 지방자치단체가 행정절차를 진행하는 과정에서 주민들의 의견제출 등 절차적 권리를 보장하지 않은 위법이 있다고 하더라도 그 후 이를 시정하여 절차를 다시 진행한 경우, 종국적으로 행정처분단계까지 이르지 않거나 처분을 직권으로 취소하거나 철회한 경우, 행정소송을 통하여 처분이 취소되거나 처분의 무효를 확인하는 판결이 확정된 경우 등에는 특별한 사정이 없는 한 절차적 권리침해로 인한 정신적 고통에 대한 배상은 인정되지 않는다.

③ 행정지도방식에 의한 사전고지나 그에 따른 당사자의 자진폐공의 약속 등의 사유가 있었던 경우라도 행정청이 온천지구임을 간과하여 지하수개발·이용신고를 수리하였다가 「행정절차법」상의 사전통지를 하거나 의견제출의 기회를 주지 아니한 채 그 신고수리처분을 취소하고 원상복구명령의 처분을 한 것은 위법하다.

④ 육군3사관학교의 사관생도에 대한 징계절차에서 징계심의대상자가 대리인으로 선임한 변호사가 징계위원회 심의에 출석하여 진술하려고 하였음에도, 징계권자나 그 소속 직원이 변호사가 징계위원회의 심의에 출석하는 것을 막았다면 그 징계의결에 따른 징계처분은 위법하여 원칙적으로 취소되어야 한다.

정답 ①

① ✕ 고시에 의한 처분(일반처분)은 성질상 상대방 특정이 불가하므로 의견제출의 기회를 주지 않아도 된다.
• 고시의 방법으로 불특정 다수인을 상대로 의무를 부과하거나 권익을 제한하는 처분은 성질상 의견제출의 기회를 주어야 하는 상대방을 특정할 수 없으므로, 이와 같은 처분에 있어서까지 구 「행정절차법」 제22조 제3항에 의하여 그 상대방에게 의견제출의 기회를 주어야 한다고 해석할 것은 아니

다. 피고(보건복지부장관)가 이 사건 고시에 의하여 수정체수술과 관련한 질병군의 상대가치점수를 종전보다 약 10~25% 정도 인하하는 내용의 처분을 한 것은 수정체수술을 하는 의료기관을 개설·운영하는 개별 안과의사들을 상대로 한 것이 아니라 불특정 다수의 의사 전부를 상대로 하는 것인 점 …, 이 사건 고시에 의한 처분의 경우 구「행정절차법」제22조 제3항에 따라 그 상대방에게 의견제출의 기회를 주지 않았다고 하여 위법하다고 볼 수 없다(대판 2014.10.27. 2012두7745).

② ○ 행정절차는 그 자체가 독립적으로 의미를 가지는 것이라기보다는 행정의 공정성과 적정성을 보장하는 공법적 수단으로서의 의미가 크므로, 관련 행정처분의 성립이나 무효·취소 여부 등을 따지지 않은 채 주민들이 일시적으로 행정절차에 참여할 권리를 침해받았다는 사정만으로 곧바로 국가나 지방자치단체가 주민들에게 정신적 손해에 대한 배상의무를 부담한다고 단정할 수 없다. 이와 같은 행정절차상 권리의 성격이나 내용 등에 비추어 볼 때, 국가나 지방자치단체가 행정절차를 진행하는 과정에서 주민들의 의견제출 등 절차적 권리를 보장하지 않은 위법이 있다고 하더라도 그 후 이를 시정하여 절차를 다시 진행한 경우, 종국적으로 행정처분단계까지 이르지 않거나 처분을 직권으로 취소하거나 철회한 경우, 행정소송을 통하여 처분이 취소되거나 처분의 무효를 확인하는 판결이 확정된 경우 등에는 주민들이 절차적 권리의 행사를 통하여 환경권이나 재산권 등 사적 이익을 보호하려던 목적이 실질적으로 달성된 것이므로 특별한 사정이 없는 한 절차적 권리침해로 인한 정신적 고통에 대한 배상은 인정되지 않는다. 다만 이러한 조치로도 주민들의 절차적 권리침해로 인한 정신적 고통이 여전히 남아 있다고 볼 특별한 사정이 있는 경우에 국가나 지방자치단체는 그 정신적 고통으로 인한 손해를 배상할 책임이 있다(대판 2021.7.29. 2015다221668).

③ ○ 행정청이 온천지구임을 간과하여 지하수개발·이용신고를 수리하였다가「행정절차법」상의 사전통지를 하거나 의견제출의 기회를 주지 아니한 채 그 신고수리처분을 취소하고 원상복구명령의 처분을 한 경우, 행정지도방식에 의한 사전고지나 그에 따른 당사자의 자진폐공의 약속 등의 사유만으로는 사전통지 등을 하지 않아도 되는「행정절차법」소정의 예외의 경우에 해당한다고 볼 수 없다는 이유로 그 처분은 위법하다(대판 2000.11.14. 99두5870).

④ ○ 육군3사관학교의 사관생도에 대한 징계절차에서 징계심의대상자가 대리인으로 선임한 변호사가 징계위원회 심의에 출석하여 진술하려고 하였음에도, 징계권자나 그 소속 직원이 변호사가 징계위원회의 심의에 출석하는 것을 막았다면 징계위원회 심의·의결의 절차적 정당성이 상실되어 그 징계결의에 따른 징계처분은 위법하여 원칙적으로 취소되어야 한다(대판 2018.3.13. 2016두33339).

08 손실보상(74, 75)

손실보상에 대한 설명으로 옳은 것은?

① 공공사업시행지구 밖에서 발생한 간접손실에 관하여 그 피해자와 사업시행자 사이에 협의가 이루어지지 아니하고, 그 보상에 관한 명문의 근거법령이 없는 경우에는 공공사업의 시행으로 인하여 그러한 손실이 발생하리라는 것을 쉽게 예견할 수 있고, 그 손실의 범위도 구체적으로 특정할 수 있는 경우라도 손실보상의 대상이 될 수 없다.

② 손실보상이 인정되기 위해서는 재산권에 대한 침해가 현실적으로 발생하여야 하는데 공유수면매립면허의 고시가 있는 경우 그 사업이 시행되고 그로 인하여 직접 손실이 발생한다고 할 수 있으므로, 관행어업권자는 공유수면매립면허의 고시를 이유로 손실보상을 청구할 수 있다.

③ 「공익사업을 위한 토지 등의 취득 및 보상에 관한 법률」제85조 제2항에 따른 보상금증액청구의 소는 실질적으로는 재결을 다투는 항고소송의 성질을 가지므로 토지소유자 등에 대하여 금전채권을 가지고 있는 제3자는 재결에 대하여 간접적이거나 사실적·경제적 이해관계를 가질 뿐, 재결을 다툴 법률상의 이익이 있다고 할 수 없어 직접 또는 토지소유자 등을 대위하여 보상금증액청구의 소를 제기할 수 없다.

④ 「공익사업을 위한 토지 등의 취득 및 보상에 관한 법률」(이하 '토지보상법')에 의한 보상을 하면서 손실보상금에 관한 당사자 간의 합의가 성립한 경우에도 그 합의내용이 토지보상법에서 정하는 손실보상기준에 맞지 않는다면 추가로 토지보상법상 기준에 따른 손실보상금청구를 할 수 있다.

정답 ③

① ✕ 공공사업의 시행 결과 그 공공사업의 시행이 기업지 밖에 미치는 간접손실에 관하여 그 피해자와 사업시행자 사이에 협의가 이루어지지 아니하고 그 보상에 관한 명문의 근거법령이 없는 경우라고 하더라도, 공공사업의 시행으로 인하여 그러한 손실이 발생하리라는 것을 쉽게 예견할 수 있고 그 손실의 범위도 구체적으로 이를 특정할 수 있는 경우라면 그 손실의 보상에 관하여 「공공용지의 취득 및 손실보상에 관한 특례법 시행규칙」의 관련규정 등을 유추적용하여 손실보상을 청구할 수 있다(대판 1999.10.8. 99다27231).

② ✕ 간척사업의 시행으로 종래의 관행어업권자에게 구 공유수면매립법에서 정하는 손실보상청구권이 인정되기 위해서는 매립면허고시 후 매립공사가 실행되어 관행어업권자에게 실질적이고 현실적인 피해가 발생해야 한다. 공유수면매립면허의 고시가 있다고 하여 반드시 그 사업이 시행되고 그로 인하여 손실이 발생한다고 할 수 없으므로, 매립면허고시 이후 매립공사가 실행되어 관행어업권자에게 실질적이고 현실적인 피해가 발생한 경우에만 공유수면매립법에서 정하는 손실보상청구권이 발생하였다고 할 것이다(대판 2010.12.9. 2007두6571).

③ ○ 「공익사업을 위한 토지 등의 취득 및 보상에 관한 법률」제85조 제2항에 따른 보상금증액청구의 소는 토지소유자 등이 사업시행자를 상대로 제기하는 당사자소송의 형식을 취하고 있지만, 토지수용위원회의 재결 중 보상금 산정에 관한 부분에 불복하여 그 증액을 구하는 소이므로 실질적으로는 재결을 다투는 항고소송의 성질을 가진다(편저자: 형식적 당사자소송이라는 뜻). 「행정소송법」제12조 전문은 "취소소송은 처분 등의 취소를 구할 법률상 이익이 있는 자가 제기할 수 있다."라고 규정하고 있다. 앞서 본 바와 같이 보상금증액청구의 소는 항고소송의 성질을 가지므로, 토지소유자 등에 대하여 금전채

권을 가지고 있는 제3자는 재결에 대하여 간접적이거나 사실적·경제적 이해관계를 가질 뿐 재결을 다툴 법률상의 이익이 있다고 할 수 없어 직접 또는 토지소유자 등을 대위하여 보상금증액청구의 소를 제기할 수 없고, 토지소유자 등의 손실보상금 채권에 관하여 압류 및 추심명령이 있더라도 추심채권자가 재결을 다툴 지위까지 취득하였다고 볼 수는 없다. 「공익사업을 위한 토지 등의 취득 및 보상에 관한 법률」에 따른 토지소유자 또는 관계인의 사업시행자에 대한 손실보상금채권에 관하여 압류 및 추심명령이 있는 경우, 채무자인 토지소유자 등이 보상금의 증액을 구하는 소를 제기할 당사자적격을 상실하는 것은 아니다(대판 2022.11.24. 2018두67 전합).

⊕PLUS 토지소유자의 손실보상금채권에 관하여 압류 및 추심명령이 있는 경우에도 추심채권자는 보상금증액청구소송을 제기할 수 없고 여전히 토지소유자가 보상금증액청구소송을 제기할 수 있음.

④ ✕ 「공익사업을 위한 토지 등의 취득 및 보상에 관한 법률」에 의한 보상을 하면서 손실보상금에 관한 당사자 간의 합의가 성립한 경우, 그 합의내용이 같은 법에서 정하는 손실보상기준에 맞지 않는다고 하더라도 합의가 적법하게 취소되는 등의 특별한 사정이 없는 한 그 기준에 따른 손실보상금청구를 추가로 할 수는 없다(대판 2013.8.22. 2012다3517).

09 원고적격(55), 제3자 - 경업·경원·주민(56), 소의 이익(57)

항고소송에 관한 설명으로 옳은 것은?

① 중국 국적의 외국인 甲이 결혼이민(F-6) 사증발급을 신청하였다가 중국 소재 한국총영사관 총영사로부터 사증발급을 거부당한 경우 甲은 취소소송을 제기할 원고적격을 가진다.
② 행정처분의 근거법규 또는 관련법규에 그 처분으로써 이루어지는 행위 등 사업으로 인하여 환경상 침해를 받으리라고 예상되는 영향권의 범위가 구체적으로 규정되어 있는 경우, 영향권 내의 주민은 환경상 이익에 대한 침해 또는 침해우려가 있는 것을 입증하여야만 원고적격이 인정된다.
③ 현역병입영대상자로 병역처분을 받은 자가 그 취소소송 도중에 모병에 응하여 현역병으로 자진입대한 경우에는 권리보호의 필요가 없는 경우로서 소의 이익을 인정할 수 없다.
④ 환경영향평가구역 안의 주민이 아니더라도 그 영향권 내에서 농작물을 경작하는 등 현실적으로 환경상 이익을 향유하는 사람은 물론 그 영향권 내의 건물·토지를 소유하거나 환경상 이익을 일시적으로 향유하는 데 그치는 사람도 원고적격이 인정된다.

정답 ③

① ✕ 사증발급의 법적 성질, 「출입국관리법」의 입법목적, 사증발급 신청인의 대한민국과의 실질적 관련성, 상호주의원칙 등을 고려하면, 우리 「출입국관리법」의 해석상 외국인에게는 사증발급 거부처분의 취소를 구할 법률상 이익이 인정되지 않는다(대판 2018.5.15. 2014두42506).

⊕PLUS 사증발급 거부처분을 다투는 외국인의 경우에는 원칙적으로 거부처분의 취소를 구할 법률상 이익이 인정되지 않음. 다만, 외국인이기는 하지만 대한민국에서 출생하여 오랜 기간 대한민국 국적을 보유하면서 거주한 사람(예 스티브 유)과 같이 대한민국과의 실질적 관련성 내지 법적으로 보호가치가 있는 이해관계를 형성한 경우에는 원고적격이 인정됨(대판 2019.7.11. 2017두38874).

② ✕ 영향권 내의 주민들은 환경상 이익에 대한 침해 또는 침해우려가 있는 것으로 사실상 추정되어 원고적격이 인정된다.

• 행정처분의 근거법규 또는 관련법규에 그 처분으로써 이루어지는 행위 등 사업으로 인하여 환경상 침해를 받으리라고 예상되는 영향권의 범위가 구체적으로 규정되어 있는 경우에는, 그 **영향권 내의 주민**은 특단의 사정이 없는 한 환경상 이익에 대한 침해 또는 침해우려가 있는 것으로 **사실상 추정되어 원고적격이 인정**된다(대판 2009.9.24. 2009두2825).

③ ○ 현역병입영대상자로 병역처분을 받은 자가 그 취소소송 중 모병에 응하여 현역병으로 **자진입대**한 경우, 처분이 취소된다고 하더라도 현역병으로 채용된 효력이 상실되지 아니하여 계속 현역병으로 복무할 수밖에 없으므로 더 이상 재판으로 이 사건 처분의 위법을 다툴 실제적인 효용 내지 실익이 사라졌다고 할 것이어서 이 사건 소는 결국 소의 이익이 없는 부적법한 소라 할 것이다(대판 1998.9.8. 98두9165).

④ ✕ 환경상 이익을 일시적으로 향유하는 자에게는 원고적격이 인정되지 않는다.

• 환경영향평가구역 안의 주민이 아니더라도 그 영향권 내에서 **농작물을 경작**하는 등 **현실적으로 환경상 이익을 향유하는 사람**도 환경상 이익에 대한 침해 또는 침해우려가 있는 것으로 사실상 추정되어 **원고적격이 인정**된다. 그러나 단지 그 영향권 내의 **건물·토지를 소유**하거나 환경상 이익을 **일시적으로 향유**하는 데 그치는 사람은 **원고적격이 인정되지 않는다**(대판 2009.9.24. 2009두2825).

10 정비사업(20)

A지역에 토지 등을 소유한 甲 등은 「도시 및 주거환경정비법」에 따라 주택재건축사업을 하기 위해 조합을 설립하여 행정청의 인가를 받은 후, 사업시행계획안을 작성하여 조합총회의 의결을 거쳐 사업시행계획인가를 받았다. 이에 대한 설명으로 옳지 않은 것만을 모두 고르면?

ㄱ. 조합설립에 대한 행정청의 인가처분은 단순히 사인들의 조합설립행위에 대한 보충행위로서의 성질을 갖는 것에 그치는 것이 아니라 법령상 요건을 갖출 경우「도시 및 주거환경정비법」상 주택재건축사업을 시행할 수 있는 권한을 갖는 행정주체로서의 지위를 부여하는 일종의 설권적 처분이다.
ㄴ. 행정청의 조합설립인가처분이 있은 후에 조합설립결의의 하자를 이유로 그 결의부분만을 다투는 경우 당사자소송으로 무효등확인의 소를 제기하여야 한다.
ㄷ. 사업시행계획이 무효인 경우 그에 대한 인가처분이 있다 하여도 하자가 치유될 수 없다.
ㄹ. 인가처분에는 고유한 하자가 없는데 사업시행계획에 하자가 있다면 사업시행계획의 무효를 주장하면서 곧바로 그에 대한 인가처분의 무효확인이나 취소를 구하여야 한다.
ㅁ. 사업시행계획이 무효인 경우라도 조합원지위를 상실한 토지소유자는 사업시행계획의 무효확인 또는 취소를 구할 법률상 이익이 없다.

① ㄱ, ㄴ, ㄹ, ㅁ　② ㄴ, ㄷ, ㅁ
③ ㄴ, ㄹ, ㅁ　④ ㄷ, ㄹ

정답 ③

ㄱ. ○ 행정청이 「도시 및 주거환경정비법」 등 관련법령에 근거하여 행하는 **조합설립인가처분**은 단순히 사인들의 조합설립행위에 대한 보충행위로서의 성질을 갖는 것에 그치는 것이 아니라 법령상 요건을 갖출 경우 「도시 및 주거환경정비법」상 주택재건축사업을 시행할 수 있는 권한을 갖는 행정주체(공법인)로서의 지위를 부여하는 일종의 **설권적 처분**의 성격을 갖는다고 보아야 한다(대판 2009.9.24, 2008다60568).

ㄴ. × 행정청의 **조합설립인가처분이 있은 후에 조합설립결의에 하자가 있음을 이유로 소송을 제기**하는 경우라면 **조합설립인가처분에 대한 항고소송을** 제기하여야 한다. 조합설립인가처분이 있은 후에 조합설립결의의 하자를 이유로 그 **결의부분만을 따로 떼어내어 무효등확인의 소를 제기**하는 것은 **허용될 수 없다**(대판 2009.9.24, 2008다60568).

ㄷ. ○ **기본행위**인 사업시행계획이 **무효**인 경우 그에 대한 **인가처분이 있다고 하더라도** 그 기본행위인 사업시행계획이 **유효한 것으로 될 수 없**으며, 기본행위가 적법·유효하고 보충행위인 인가처분 자체에만 하자가 있다면 그 인가처분의 무효나 취소를 주장할 수 있다고 할 것이지만, 인가처분에 하자가 없다면 기본행위에 하자가 있다고 하더라도 따로 그 기본행위의 하자를 다투는 것은 별론으로 하고 기본행위의 무효를 내세워 바로 그에 대한 인가처분의 취소 또는 무효확인을 구할 수 없다(대판 2014.2.27, 2011두25173).

ㄹ. × 구 「도시 및 주거환경정비법」에 기초하여 주택재개발정비사업조합이 수립한 사업시행계획은 관할행정청의 인가·고시가 이루어지면 이해관계인들에게 구속력이 발생하는 독립된 행정처분에 해당하고, 관할행정청의 사업시행계획 인가처분은 사업시행계획의 법률상 효력을 완성시키는 보충행위에 해당한다. 따라서 기본행위인 사업시행계획에는 하자가 없는데 보충행위인 인가처분에 고유한 하자가 있다면 그 인가처분의 무효확인이나 취소를 구하여야 할 것이지만, **인가처분에는 고유한 하자가 없는데 사업시행계획에 하자가 있다면** 사업시행계획의 무효확인이나 취소를 구하여야 할 것이지 사업시행계획의 무효를 주장하면서 곧바로 그에 대한 **인가처분의 무효확인이나 취소를 구하여서는 아니** 된다(대판 2021.2.10, 2020두48031).

ㅁ. × 주택재개발사업에 대한 **사업시행계획에 당연무효인 하자가 있는 경우**에는 재개발사업조합은 사업시행계획을 새로이 수립하여 관할관청에게서 인가를 받은 후 다시 분양신청을 받아 관리처분계획을 수립하여야 한다. 따라서 분양신청기간 내에 분양신청을 하지 않거나 분양신청을 철회함으로 인해 구 도시정비법 제47조 및 조합 정관 규정에 의하여 **조합원의 지위를 상실한 토지 등 소유자**도 그때 분양신청을 함으로써 건축물 등을 분양받을 수 있으므로 **사업시행계획의 무효확인 또는 취소를 구할 법률상 이익이 있다**(대판 2014.2.27, 2011두25173).

11 대상적격(52, 53), 확약(33)

항고소송의 대상에 관한 설명으로 옳은 것은?

① 어떠한 처분의 근거나 법적인 효과가 행정규칙에 규정되어 있다고 하더라도, 그 처분이 행정규칙의 내부적 구속력에 의하여 상대방에게 권리의 설정 또는 의무의 부담을 명하거나 기타 법적인 효과를 발생하게 하는 등으로 그 상대방의 권리·의무에 직접 영향을 미치는 행위라면, 항고소송의 대상이 되는 처분에 해당한다고 보아야 한다.

② 국가인권위원회의 성희롱결정과 이에 따른 시정조치의 권고는 단순한 행정지도에 불과하므로 행정소송의 대상이 되는 행정처분이 아니다.

③ 한국마사회가 조교사 및 기수의 면허를 부여하거나 취소하는 것은 국가 기타 행정기관으로부터 위탁받은 행정권한의 행사로서 항고소송의 대상이 되는 처분에 해당한다고 보아야 한다.

④ 자동차운송사업양도·양수계약에 기한 양도·양수 인가신청에 대하여 행하여진 내인가의 취소행위는 확약의 취소에 불과하므로 항고소송의 대상이 되는 처분이 아니다.

정답 ①

① ○ 어떠한 **처분의 근거가 행정규칙에 규정되어 있다고 하더라도**, 그 처분이 상대방에게 권리의 설정 또는 의무의 부담을 명하거나 기타 법적인 효과를 발생하게 하는 등으로 그 **상대방의 권리·의무에 직접 영향을 미치는 행위라면**, 이 경우에도 **항고소송의 대상이 되는 행정처분에 해당**한다(대판 2004.11.26, 2003두10251·10268).

② × 국가인권위원회의 성희롱결정 및 시정조치권고는 행정소송의 대상이 되는 행정처분에 해당한다.
- 국가인권위원회의 성희롱결정과 이에 따른 시정조치의 권고는 불가분의 일체로 행하여지는 것인데 국가인권위원회의 이러한 결정과 시정조치의 권고는 성희롱 행위자로 결정된 자의 인격권에 영향을 미침과 동시에 공공기관의 장 또는 사용자에게 일정한 법률상의 의무를 부담시키는 것이므로 국가인권위원회의 성희롱결정 및 시정조치권고는 행정소송의 대상이 되는 행정처분에 해당한다고 보지 않을 수 없다(대판 2005.7.8, 2005두487).

③ × 한국마사회의 조교사 및 기수 면허 부여 또는 취소는 행정처분이 아니다.
- 한국마사회가 조교사 또는 기수의 면허를 부여하거나 취소하는 것은 경마를 독점적으로 개최할 수 있는 지위에서 우수한 능력을 갖추었다고 인정되는 사람에게 경마에서의 일정한 기능과 역할을 수행할 수 있는 자격을 부여하거나 이를 박탈하는 것에 지나지 아니하므로, 이는 **국가 기타 행정기관으로부터 위탁받은 행정권한의 행사가 아니라 일반 사법상의 법률관계에서 이루어지는 단체 내부에서의 징계 내지 제재처분이다**(대판 2008.1.31, 2005두8269).

④ × 인가신청에 대하여 행정청이 내인가를 한 후 본인가신청이 있음에도 내인가를 취소한 경우 내인가취소는 항고소송의 대상이 되는 거부처분이다.
- **자동차운송사업양도·양수계약에 기한 양도·양수인가신청에 대하여** 피고 시장이 내인가를 한 후 위 내인가에 기한 본인가신청이 있었으나 자동차운송사업 양도·양수인가신청서가 합의에 의한 정당한 신청서라고 할 수 없다는 이유로 위 **내인가를 취소한 경우**, 위 내인가의 법적 성질이 행정행위의 일종으로 볼 수 있든 아니든 그것이 행정청의 상대방에 대한 의사표시임이 분명하고, 피고가 위 내인가를 취소함으로써 다시 본인가에 대하여 따

• 과세처분취소청구를 기각하는 판결이 확정되면 그 처분이 적법하다는 점에 관하여 기판력이 생기고 그 후 원고가 다시 이를 무효라 하여 그 무효확인을 소구할 수는 없는 것이어서, 과세처분의 취소소송에서 청구가 기각된 확정판결의 기판력은 그 과세처분의 무효확인을 구하는 소송에도 미친다(대판 1996.6.25. 95누1880).

12 판결의 효력(66), 소의 이익(57)

항고소송에 관한 설명으로 옳은 것은?

① 부작위법확인소송의 계속 중 행정청의 거부처분이 있다고 하여 부작위위법확인의 소가 소의 이익을 잃게 되는 것은 아니다.
② 법원은 부작위위법확인의 소에서 단순히 행정청의 방치행위의 적부에 관한 절차적 심리만 하는 게 아니라, 신청의 실체적 내용이 이유 있는지도 심리하며 그에 대한 적정한 처리방향에 관한 법률적 판단을 해야 한다.
③ 무효인 과세처분에 의하여 세금을 납부한 자는 납부한 금액을 반환받기 위하여 부당이득반환청구소송을 제기하지 않고 곧바로 과세처분무효확인소송을 제기할 수 있다.
④ 과세처분의 취소소송에서 청구기각 확정판결의 기판력은 그 과세처분의 무효확인을 구하는 소송에는 미치지 아니한다.

정답 ③

① ✕ 부작위상태가 해소되면 부작위위법확인의 소는 소의 이익을 상실한다.
• 부작위위법확인의 소는 부작위 내지 무응답이라고 하는 소극적인 위법상태를 제거하는 것을 목적으로 하는 것이고, 소제기의 전후를 통하여 판결시까지 행정청이 그 신청에 대하여 적극 또는 소극의 처분을 함으로써 부작위상태가 해소된 때에는 소의 이익을 상실하게 되어 당해 소는 각하를 면할 수가 없는 것이다(대판 1990.9.25. 89누4758).
② ✕ 판례는 부작위위법확인소송은 부작위의 위법성을 확인하는 데 그치고 실체적 내용까지는 심리할 수 없다고 함으로써 절차적 심리설을 취하고 있다.
• 부작위위법확인의 소는 행정청이 당사자의 법규상 또는 조리상의 권리에 기한 신청에 대하여 상당한 기간 내에 그 신청을 인용하는 적극적 처분을 하거나 각하 또는 기각하는 등의 소극적 처분을 하여야 할 법률상의 응답의무가 있음에도 불구하고 이를 하지 아니하는 경우, 그 부작위의 위법을 확인함으로써 행정청의 응답을 신속하게 하여 부작위 내지 무응답이라고 하는 소극적인 위법상태를 제거하는 것을 목적으로 하는 것이고, 나아가 그 인용판결의 기속력에 의하여 행정청으로 하여금 적극적이든 소극적이든 어떤 처분을 하도록 강제한 다음, 그에 대하여 불복이 있을 경우 그 처분을 다투게 함으로써 최종적으로는 당사자의 권리와 이익을 보호하려는 제도이다(대판 2002.6.28. 2000두4750).
③ ◯ 처분의 무효등확인소송에서는 보충성이 요구되지 않는다. 따라서 과세처분이 무효여서 이행소송인 부당이득반환소송이 가능하더라도 이와 무관히 무효확인소송의 제기가 가능하다.
• 행정처분의 근거법률에 의하여 보호되는 직접적이고 구체적인 이익이 있는 경우에는 「행정소송법」 제35조에 규정된 '무효확인을 구할 법률상 이익'이 있다고 보아야 하고, 이와 별도로 무효확인소송의 보충성이 요구되는 것은 아니므로 행정처분의 무효를 전제로 한 이행소송 등과 같은 직접적인 구제수단이 있는지 여부를 따질 필요가 없다고 해석함이 상당하다(대판 2008.3.20. 2007두6342 전합).
④ ✕ 취소소송에서 청구가 기각된 확정판결의 기판력은 무효등확인소송에도 미친다.

13 행정입법(13)

행정입법부작위에 관한 다음 설명 중 옳은 것은?

① 입법부가 법률로써 행정부에게 특정한 사항을 위임했음에도 불구하고 행정부가 정당한 이유 없이 이를 이행하지 않더라도 그것만으로 권력분립의 원칙과 법치국가 내지 법치행정의 원칙에 위배된다고 볼 수는 없다.
② 상위법령이 행정입법에 위임하고 있는 이상, 하위 행정입법의 제정 없이 상위법령의 규정만으로도 법률의 집행이 이루어질 수 있는 경우라도 하위 행정입법을 하여야 할 작위의 무가 인정되지 않는다고 해석할 수는 없다.
③ 입법부가 법률로써 행정부에게 특정한 사항을 위임했음에도 불구하고 행정부가 정당한 이유 없이 이를 이행하지 않는 경우라도 부작위위법확인소송을 제기하여 구제받을 수는 없다.
④ 입법자가 불충분하게 규율한 이른바 부진정입법부작위에 대하여 헌법소원을 제기하려면 그것이 평등의 원칙에 위배된다는 등 헌법위반을 내세워 적극적인 헌법소원을 제기하여야 하며, 이 경우에는 기본권침해상태가 계속되고 있으므로 「헌법재판소법」 소정의 제소기간을 준수할 필요는 없다.

정답 ③

① ✕ 입법부가 법률로써 행정부에게 **특정한 사항을 위임**했음에도 불구하고 행정부가 **정당한 이유 없이 이를 이행하지 않는다면** 권력분립의 원칙과 법치국가 내지 **법치행정의 원칙에 위배**되는 것으로서 위법함과 동시에 위헌적인 것이 된다(대판 2007.11.29. 2006다3561).
② ✕ 법률이 집행되기 위해서 시행규칙 등 행정입법이 제정되어야 하는 경우에 행정청은 행정입법을 제정할 의무가 있으나, 법률의 규정이 그 내용에 있어 충분히 명확한 경우에는 행정입법제정의무가 없다.
• 행정입법부작위의 위헌·위법성과 관련하여 **하위 행정입법의 제정 없이 상위법령의 규정만으로도 집행이 이루어질 수 있는 경우라면 하위 행정입법을 제정하여야 할 작위의무는 인정되지 아니한다**고 할 것이다(헌재 2005.12.22. 2004헌마66).
③ ◯ 행정소송은 구체적 사건에 대한 법률상 분쟁을 법에 의하여 해결함으로써 법적 안정을 기하자는 것이므로 부작위위법확인소송의 대상이 될 수 있는 것은 구체적 권리·의무에 관한 분쟁이어야 하고 **추상적인 법령**에 관하여 **제정여부** 등은 그 자체로서 국민의 구체적인 권리·의무에 직접적 변동을 초래하는 것이 아니어서 그 소송의 대상이 될 수 없다(대판 1992.5.8. 91누11261).
④ ✕ **부진정입법부작위**를 대상으로 헌법소원을 제기하려면 그것이 평등의 원칙에 위배된다는 등 헌법위반을 내세워 **적극적 헌법소원**을 제기하여야 하며, 이 경우에는 「헌법재판소법」 소정의 **제소기간(청구기간)을 준수하여야** 한다(헌재 1996.10.31. 94헌마204).

14 형성적 VA(19)

다음 중 특정인에 대하여 새로운 권리·능력 또는 포괄적 법률관계를 설정하는 행정행위가 아닌 것은?

① 「여객자동차 운수사업법」에 따른 개인택시운송사업 면허
② 사립학교 법인임원취임에 대한 승인
③ 「도시 및 주거환경정비법」상 토지 등 소유자들이 조합을 따로 설립하지 않고 직접 시행하는 도시환경정비사업 시행인가
④ 국가의 공증인 인가·임명행위

정답 ②

① ○ 「여객자동차 운수사업법」에 따른 **개인택시운송사업 면허**는 특정인에게 권리나 이익을 부여하는 재량행위이다(대판 2002.1.22. 2001두8414).

② ✕ 학교법인의 이사장·이사·감사 등에 대한 관할청의 임원취임승인행위는 보충적 법률행위(인가)이다.
- 「사립학교법」 제20조 제1·2항은 학교법인의 이사장·이사·감사 등의 임원은 이사회의 선임을 거쳐 관할청의 승인을 받아 취임하도록 규정하고 있는바, **관할청의 임원취임승인행위**는 학교법인의 임원선임행위의 법률상 효력을 완성케 하는 보충적 법률행위라 할 것이다(대판 2007.12.27. 2005두9651).

③ ○ 토지 등 소유자들이 그 사업을 위한 **조합을 따로 설립하지 않고 직접 시행**하는 도시환경정비사업에서 사업시행인가처분은 단순히 사업시행계획에 대한 보충행위로서의 성질을 가지는 것이 아니라 구 도시정비법상 정비사업을 시행할 수 있는 권한을 가지는 행정주체로서의 지위를 부여하는 일종의 설권적 처분의 성격을 가진다(대판 2013.6.13. 2011두19994).

PLUS cf) '조합'이 수립한 사업시행계획에 대한 인가는 보충행위로서 강학상 인가에 해당

④ ○ 공증사무는 국가사무로서 **공증인 인가·임명행위**는 국가가 사인에게 특별한 권한을 수여하는 행위이다(대판 2019.12.13. 2018두41907).

15 절차의 하자(41), 하자의 승계·전환·치유(30), 정비사업(20)

행정행위의 하자와 그 치유에 대한 설명으로 옳지 않은 것만을 모두 고르면?

ㄱ. 과세관청이 과세예고통지 후 과세전적부심사청구나 그에 대한 결정이 있기 전에 과세처분을 한 경우, 원칙적으로 절차상 하자가 중대·명백하여 과세처분은 무효가 된다.
ㄴ. 「지방공무원법」상의 도지사의 인사교류안 작성과 그에 따른 인사교류의 권고가 전혀 이루어지지 않은 상태에서, 관할구역 내 A시의 시장이 인사교류로서 소속 지방공무원 甲에게 B시 지방공무원으로 전출을 명한 처분은 그 하자가 중대하지만 객관적으로 명백하다고 볼 수 없어 취소사유로 보아야 한다.
ㄷ. 토지등급결정내용의 개별통지가 있었다고 볼 수 없어 토지등급결정이 무효라면, 토지소유자가 그 결정 이전이나 이후에 토지등급결정내용을 알았다 하더라도 개별통지의 하자가 치유되지 않는다.
ㄹ. 재건축주택조합설립인가처분 당시 동의율을 충족하지 못한 하자의 경우라도 후에 추가동의서가 제출되었다면 그 하자는 치유된다.

① ㄱ, ㄴ
② ㄱ, ㄴ, ㄷ
③ ㄴ, ㄹ
④ ㄷ, ㄹ

정답 ③

ㄱ. ○ 과세예고통지 후 과세전적부심사청구나 결정이 있기 전 과세처분을 한 것은 무효이다.
- 「국세기본법」 및 「국세기본법 시행령」이 과세전적부심사를 거치지 않고 곧바로 과세처분을 할 수 있거나 과세전적부심사에 대한 결정이 있기 전이라도 과세처분을 할 수 있는 예외사유로 정하고 있다는 등의 특별한 사정이 없는 한, 과세예고통지 후 **과세전적부심사청구**나 그에 대한 결정이 있기도 **전**에 **과세처분**을 하는 것은 원칙적으로 과세전적부심사 이후에 이루어져야 하는 과세처분을 그보다 앞서 함으로써 과세전적부심사제도 자체를 형해화시킬 뿐만 아니라 과세전적부심사 결정과 과세처분 사이의 관계 및 불복절차를 불분명하게 할 우려가 있으므로, 그와 같은 과세처분은 납세자의 절차적 권리를 침해하는 것으로서 절차상 하자가 중대하고도 명백하여 **무효이다**(대판 2016.12.27. 2016두49228).

ㄴ. ✕ 시·도지사의 인사교류안 작성과 인사교류 권고 없이 한 시장의 인사교류처분은 당연무효이다.
- 「지방공무원법」 제30조의2 제2항은 시·도지사로 하여금 당해 지방자치단체 및 관할구역 안의 지방자치단체 상호 간에 인사교류의 필요성이 있다고 인정할 경우 당해 시·도에 두는 인사교류협의회에서 정한 인사교류기준에 따라 인사교류안을 작성하여 관할구역 안의 지방자치단체의 장에게 인사교류를 권고할 수 있도록 하고, 이 경우 당해 지방자치단체의 장은 정당한 사유가 없는 한 이에 응하도록 규정하고 있으므로, 시·도지사의 인사교류안의 작성과 그에 의한 인사교류의 권고가 선행되지 아니하면 위 조항에 의한 인사교류를 실시할 수 없다. 그러므로 도지사의 **인사교류안 작성**과 그에 따른 **인사교류의 권고가 전혀 이루어지지 않은 상태**에서 행하여진 관할구역 내 시장의 **인사교류에 관한 처분**은 「지방공무원법」 제30조

의2 제2항의 입법취지에 비추어 그 하자가 중대하고 객관적으로 명백하여 **당연무효**라고 할 것이다(대판 2005.6.24. 2004두10968).

ㄷ. ○ 무효인 행정행위는 하자치유가 인정되지 않는다.
- 골프장의 부지로 이용되는 토지소유자 소유의 토지들 중 일부 토지들의 등급을 설정 또는 수정하는 결정을 하여 이를 개별통지함에 있어서 토지등급수정결정통지서의 토지 소재지란에는 '색달동 2542〈관광단지 내 전필지 수정〉'이라고 기재하고, 지목란, 결정 이전의 토지등급 및 등급가액란, 결정으로 인한 토지등급 및 등급가액란에는 색달동 2542 토지에 해당하는 내용을 기재한 경우, 이와 같은 개별통지는 색달동 2542 토지를 제외한 나머지 토지에 대하여는 토지등급결정내용의 통지를 한 것으로 볼 수 없어 그 나머지 토지들에 대한 토지등급결정은 효력을 발생할 수 없는 무효의 처분이다. 토지등급결정내용의 개별통지가 있다고 볼 수 없어 토지등급결정이 **무효인 이상**, 토지소유자가 그 결정 이전이나 이후에 토지등급결정내용을 알았다거나 또는 그 결정 이후 매년 정기 등급수정의 결과가 토지소유자 등의 열람에 공하여졌다 하더라도 개별통지의 **하자가 치유되는 것은 아니다**(대판 1997.5.28. 96누5308).

ㄹ. × 재건축조합설립인가처분 당시 토지소유자 등의 동의율을 충족하지 못한 하자는 후에 추가동의서가 제출되었다는 사정만으로 치유될 수 없다.
- 이 사건 변경인가처분은 이 사건 설립인가처분 후 추가동의서가 제출되어 동의자 수가 변경되었음을 이유로 하는 것으로서 조합원의 신규가입을 이유로 한 경미한 사항의 변경에 대한 신고를 수리하는 의미에 불과하므로 이 사건 설립인가처분이 이 사건 변경인가처분에 흡수된다고 볼 수 없고, 또한 이 사건 설립인가처분 당시 동의율을 충족하지 못한 하자는 후에 **추가동의서가 제출**되었다는 사정만으로 **치유될 수 없다**(대판 2013.7.11. 2011두27544).

16 정보공개법 – 비공개대상정보(79), 조문(76)

「공공기관의 정보공개에 관한 법률」에 따른 정보공개에 관한 설명 중 옳지 않은 것은?

① 공개청구의 대상이 되는 정보가 이미 다른 사람에게 공개되어 널리 알려져 있다거나 인터넷 등을 통하여 공개되어 인터넷 검색 등을 통하여 쉽게 알 수 있다면 행정청의 정보비공개결정의 취소를 구할 소의 이익은 없다.
② 공공기관이 공개청구의 대상이 된 정보를 공개는 하되, 청구인이 신청한 공개방법 이외의 방법으로 공개하기로 하는 결정을 하였다면, 이는 정보공개청구 중 정보공개방법에 관한 부분에 대하여 일부 거부처분을 한 것이고, 청구인은 그에 대하여 항고소송으로 다툴 수 있다.
③ 다른 법률 또는 법률에서 위임한 대통령령 및 조례에 따라 비밀이나 비공개사항으로 규정된 정보는 비공개대상이 된다.
④ '독립유공자서훈 공적심사위원회의 심의·의결 과정 및 그 내용을 기재한 회의록'은 공개될 경우에 업무의 공정한 수행에 현저한 지장을 초래한다고 인정할 만한 상당한 이유가 있는 정보에 해당한다.

정답 ①

① × 공개청구의 대상이 되는 정보가 이미 다른 사람에게 공개하여 널리 알려져 있다거나 인터넷이나 관보 등을 통하여 공개하여 인터넷 검색이나 도서관에서의 열람 등을 통하여 쉽게 알 수 있다는 사정만으로는 소의 이익이 없다거나 비공개결정이 정당화될 수는 없다(대판 2008.11.27. 2005두15694).
② ○ 정보공개청구인에게 특정한 정보공개방법을 지정하여 청구할 수 있는 법령상 신청권이 있다. 공공기관이 공개청구의 대상이 된 정보를 공개는 하되, 청구인이 신청한 공개방법 이외의 방법으로 공개하기로 하는 결정을 하였다면, 이는 정보공개청구 중 정보공개방법에 관한 부분에 대하여 일부 거부처분을 한 것이고, 청구인은 그에 대하여 항고소송으로 다툴 수 있다(대판 2016.11.10. 2016두44674).
③ ○

> 「공공기관의 정보공개에 관한 법률」 제9조(비공개대상정보) ① 공공기관이 보유·관리하는 정보는 공개대상이 된다. 다만, 다음 각 호의 어느 하나에 해당하는 정보는 공개하지 아니할 수 있다.
> 1. 다른 법률 또는 법률에서 위임한 명령(국회규칙·대법원규칙·헌법재판소규칙·중앙선거관리위원회규칙·대통령령 및 조례로 한정한다)에 따라 비밀이나 비공개사항으로 규정된 정보

④ ○ 甲이 친족인 망 乙 등에 대한 독립유공자 포상신청을 하였다가 독립유공자서훈 공적심사위원회의 심사를 거쳐 포상에 포함되지 못하였다는 내용의 공적심사 결과를 통지받자 국가보훈처장(현 국가보훈부장관)에게 '망인들에 대한 독립유공자서훈 공적심사위원회의 심의·의결 과정 및 그 내용을 기재한 회의록' 등의 공개를 청구하였는데, 국가보훈처장이 공개할 수 없다는 통보를 한 사안에서, **독립유공자서훈 공적심사위원회의 심의·의결 과정 및 그 내용을 기재한 회의록**은 「공공기관의 정보공개에 관한 법률」 제9조 제1항 제5호에서 정한 '공개될 경우 업무의 공정한 수행에 현저한 지장을 초래한다고 인정할 만한 상당한 이유가 있는 정보'에 해당한다(대판 2014.7.24. 2013두20301).

17 행정심판(68)

행정심판에 대한 설명으로 옳은 것은?

① 항고소송과 달리 행정기관 내부의 시정절차인 행정심판에서는 당초 처분의 근거로 삼은 사유와 기본적 사실관계가 동일성이 인정되지 아니하는 사유라고 하더라도 처분의 적법성과 합목적성을 뒷받침하는 처분사유로 추가 또는 변경할 수 있다.
② 처분을 취소하는 재결이 있는 경우 처분청은 이에 불복하여 취소소송을 제기할 수 있다.
③ 처분을 취소하는 재결이 있는 경우 그 대상이 된 행정처분의 효력은 별도의 취소처분이 없어도 당연히 소멸한다.
④ 행정심판위원회는 피청구인이 의무이행재결 중 처분명령재결의 취지에 따른 처분을 하지 아니하는 경우에, 직권에 의하여 결정으로 상당한 기간을 정하고 피청구인이 그 기간 내에 이행하지 아니하는 경우에는 그 지연기간에 따라 일정한 배상을 하도록 명하거나 즉시 배상을 할 것을 명할 수 있다.

정답 ③

① ✗ 처분사유 추가·변경의 요건인 '기본적 사실관계의 동일성'은 행정심판단계에서도 적용된다.

- 행정처분의 취소를 구하는 항고소송에서 처분청은 당초 처분의 근거로 삼은 사유와 기본적 사실관계가 동일성이 있다고 인정되는 한도 내에서만 다른 사유를 추가 또는 변경할 수 있고, 이러한 기본적 사실관계의 동일성 유무는 처분사유를 법률적으로 평가하기 이전의 구체적 사실에 착안하여 그 기초인 사회적 사실관계가 기본적인 점에서 동일한지에 따라 결정되므로, 추가 또는 변경된 사유가 처분 당시에 이미 존재하고 있었다거나 당사자가 그 사실을 알고 있었다고 하여 당초의 처분사유와 동일성이 있다고 할 수 없다. 그리고 이러한 법리는 행정심판단계에서도 그대로 적용된다(대판 2014.5.16. 2013두26118).

② ✗ 인용재결이 있는 경우 처분청은 그러한 재결에 기속되므로 이에 불복하여 취소소송을 제기할 수 없다(대판 1998.5.8. 97누15432).

③ ○ 행정심판재결의 내용이 처분청에 처분의 취소를 명하는 것이 아니라 재결청이 스스로 처분을 취소하는 것일 때에는 그 재결의 형성력에 의하여 당해 처분은 별도의 행정처분을 기다릴 것 없이 당연히 취소되어 소멸되는 것이다(대판 1998.4.24. 97누17131).

④ ✗ 간접강제는 청구인의 신청이 필요하다.

「행정심판법」제50조의2(위원회의 간접강제) ① 위원회는 피청구인이 제49조 제2항(제49조 제4항에서 준용하는 경우를 포함한다) 또는 제3항(편저자: 처분명령재결에 따른 재처분)에 따른 처분을 하지 아니하면 청구인의 신청에 의하여 결정으로 상당한 기간을 정하고 피청구인이 그 기간 내에 이행하지 아니하는 경우에는 그 지연기간에 따라 일정한 배상을 하도록 명하거나 즉시 배상을 할 것을 명할 수 있다.

18 행정규칙(15)

A구청장 乙은 甲이 유흥주점 영업허가를 받아 업소를 경영하던 중 청소년유해업소에 청소년을 출입하게 하는 행위를 하였음을 이유로 「식품위생법 시행규칙」[별표 23]의 기준에 따라 1개월 영업정지처분을 부과하였다. 이에 甲은 乙을 상대로 취소소송을 제기하였다. 이에 대한 설명으로 옳은 것만을 모두 고르면?

〈참조조문〉
※ 아래 조항은 현행 법령 중 필요한 부분만 발췌한 것임.
「식품위생법」제44조(영업자 등의 준수사항) ② 식품접객영업자는 「청소년 보호법」제2조에 따른 청소년(이하 이 항에서 '청소년'이라 한다)에게 다음 각 호의 어느 하나에 해당하는 행위를 하여서는 아니 된다.
2. 「청소년 보호법」제2조 제5호 가목 3)에 따른 청소년출입·고용 금지업소에 청소년을 출입시키거나 고용하는 행위

제75조(허가취소 등) ① 구청장은 영업자가 다음 각 호의 어느 하나에 해당하는 경우에는 대통령령으로 정하는 바에 따라 영업허가를 취소하거나 6개월 이내의 기간을 정하여 그 영업의 전부 또는 일부를 정지할 수 있다.
13. 제44조 제1항·제2항 및 제4항을 위반한 경우
⑤ 제1항 및 제2항에 따른 행정처분의 세부기준은 그 위반행위의 유형과 위반 정도 등을 고려하여 총리령으로 정한다.

「식품위생법 시행규칙」[별표 23] 행정처분기준(제89조 관련)

위반사항	근거 법령	행정처분기준		
		1차 위반	2차 위반	3차 위반
11. 법 제44조 제2항을 위반한 경우 다. 청소년유해업소에 청소년을 출입하게 하는 행위를 한 경우	법 제75조	영업 정지 1개월	영업 정지 2개월	영업 정지 3개월

ㄱ. 「식품위생법 시행규칙」[별표 23]은 「식품위생법」제75조 제5항의 위임에 따라 규정되어 있으므로, 위임입법의 한계를 벗어나지 않는 한 법규성을 가지므로 사례의 1개월 영업정지처분은 적법하다.
ㄴ. 취소소송계속 중 1개월의 영업정지처분 기간이 도과한 경우라면 취소소송의 소의 이익이 소멸하여 부적법하게 된다.
ㄷ. 「식품위생법 시행규칙」[별표 23] 행정처분기준이 되풀이 시행되어 행정기관이 이에 따라야 할 자기구속을 당하게 되는 때에는 특별한 사정이 없는 한 그를 위반하는 처분은 평등의 원칙이나 신뢰보호의 원칙에 위배되어 재량권을 일탈·남용한 위법한 처분이 된다.
ㄹ. 만약, 「식품위생법」에서 총리령이 아니라 대통령령에 위임하여 「식품위생법 시행령」에서 제재처분의 기준을 정하고 있다면, 대외적으로 국민이나 법원을 구속한다.

① ㄱ, ㄴ
② ㄱ, ㄴ, ㄷ, ㄹ
③ ㄴ, ㄷ, ㄹ
④ ㄷ, ㄹ

정답 ④

ㄱ. ✕ 판례는 **시행규칙**으로 정해진 제재적 처분기준은 **행정규칙**에 불과하다고 본다. 사안의 [별표 23] 행정처분기준은 행정규칙이므로 甲에 대한 처분의 적법 여부는 「식품위생법」의 규정 및 그 취지에 적합한 것인가의 여부에 따라 판단하여야 한다. 따라서 위 [별표 23]상 처분기준에 부합하는 것이라고 하더라도 위법한 처분이 될 수 있다.

- 구 「**식품위생법 시행규칙**」(2013.3.23. 총리령 제1010호로 개정되기 전의 것, 이하 같다) 제89조에서 [**별표 23**]으로 구 「식품위생법」(2013.3.23. 법률 제11690호로 개정되기 전의 것, 이하 같다) 제75조에 따른 행정처분의 기준을 정하였다 하더라도, 이는 **행정기관 내부의 사무처리준칙을 규정한 것**에 불과한 것으로서 보건복지부장관이 관계행정기관 및 직원에 대하여 직무권한행사의 지침을 정하여 주기 위하여 발한 행정명령의 성질을 가지는 것이지 같은 법 제75조 제1항의 규정에 의하여 보장된 재량권을 기속하는 것이라고 할 수 없고, 대외적으로 국민이나 법원을 기속하는 힘이 있는 것은 아니다(대판 2014.6.12. 2014두2157).

ㄴ. ✕ 제재적 행정처분이 그 처분에서 정한 제재기간의 경과로 인하여 그 효과가 소멸되었다 하더라도 그 처분이 후행처분의 가중적 요건사실이 되는 경우 선행처분의 취소를 구할 소의 이익이 있다.

- 제재적 행정처분이 그 처분에서 정한 제재기간의 경과로 인하여 그 효과가 소멸되었으나, 부령인 시행규칙 또는 지방자치단체의 규칙(이하 이들을 '규칙'이라고 한다)의 형식으로 정한 처분기준에서 제재적 행정처분(이하 '선행처분'이라고 한다)을 받은 것을 가중사유나 전제요건으로 삼아 장래의 제재적 행정처분(이하 '후행처분'이라고 한다)을 하도록 정하고 있는 경우, 그러한 규칙이 정한 바에 따라 선행처분을 받은 상대방이 그 처분의 존재로 인하여 장래에 받을 불이익, 즉 후행처분의 위험은 구체적이고 현실적인 것이므로, 상대방에게는 선행처분의 취소소송을 통하여 그 불이익을 제거할 필요가 있다(대판 2006.6.22. 2003두1684 전합).

ㄷ. ○ **재량준칙**이 정한 바에 따라 되풀이 시행되어 행정관행이 이루어지게 되면 평등의 원칙이나 신뢰보호의 원칙에 따라 행정기관은 상대방에 대한 관계에서 그 규칙에 따라야 할 **자기구속을 받게 되므로**, 이러한 경우에는 특별한 사정이 없는 한 그에 반하는 처분은 평등의 원칙이나 신뢰보호의 원칙에 어긋나 재량권을 일탈·남용한 **위법**한 처분이 된다(대판 2013.11.14. 2011두28783).

ㄹ. ○ 판례는 **제재적 처분기준이 대통령령 형식**으로 정해진 경우 이를 **법규명령**으로 보아 대외적 구속력을 인정하고 있다. 「식품위생법 시행령」은 대통령령이므로 「식품위생법 시행령」에 제재적 처분의 기준이 정하여져 있다면 그와 같은 처분의 기준은 대외적으로 국민이나 법원을 구속한다.

- 이 사건 처분의 기준이 된 「**주택건설촉진법 시행령**」 제10조의3 제1항 [**별표 1**]은 법 제7조 제2항의 위임규정에 터잡은 규정형식상 대통령령이므로 그 성질이 부령인 시행규칙이나 또는 지방자치단체의 규칙과 같이 통상적으로 행정조직 내부에 있어서의 행정명령에 지나지 않는 것이 아니라 대외적으로 국민이나 법원을 구속하는 힘이 있는 **법규명령**에 해당한다고 할 것이다(대판 1997.12.26. 97누15418).

---

19 「행정기본법」상 재심사청구(69)

「행정기본법」상 처분의 재심사에 관한 설명으로 옳은 것은?

① 법령 등에 따른 의무를 위반하거나 이행하지 아니하였음을 이유로 당사자에게 의무를 부과하거나 권익을 제한하는 처분에 불가쟁력이 발생하여 더 이상 행정쟁송을 통해 다툴 수 없게 된 경우라도 당사자에게 유리한 결정을 가져다주었을 새로운 증거가 있는 경우에는 해당 처분을 한 행정청에 처분을 취소·철회하거나 변경하여 줄 것을 신청할 수 있다.

② 당사자는 처분에 대하여 법원의 확정판결이 있는 경우에도 처분의 근거가 된 사실관계 또는 법률관계가 추후에 당사자에게 유리하게 바뀐 경우에는 해당 처분을 한 행정청이 처분을 취소·철회하거나 변경하여 줄 것을 신청할 수 있다.

③ 처분의 재심사신청은 당사자가 해당 처분의 절차, 행정심판, 행정소송 및 그 밖의 쟁송에서 경과실로 신청사유를 주장하지 못한 경우에는 할 수 있지만, 처분이 있은 날부터 5년이 지나면 할 수 없다.

④ 재심사신청을 받은 행정청은 재심사와 별도로 처분을 취소 또는 철회를 할 수 없으며, 당사자는 처분을 유지하는 재심사결과에 대하여 행정심판, 행정소송 및 그 밖의 쟁송수단을 통하여 불복할 수 있다.

정답 ③

①②④ ✕ ③ ○

「**행정기본법**」제2조(정의) 이 법에서 사용하는 용어의 뜻은 다음과 같다.
5. '제재처분'이란 **법령 등에 따른 의무를 위반하거나 이행하지 아니하였음을 이유로 당사자에게 의무를 부과하거나 권익을 제한하는 처분**을 말한다(① 전단). 다만, 제30조 제1항 각 호에 따른 행정상 강제는 제외한다.

제37조(처분의 재심사) ① 당사자는 처분[**제재처분** 및 행정상 강제는 **제외**한다(①). 이하 이 조에서 같다]**이 행정심판, 행정소송 및 그 밖의 쟁송을 통하여 다툴 수 없게 된 경우**[법원의 **확정판결**이 있는 경우는 **제외**한다(②)]라도 다음 각 호의 어느 하나에 해당하는 경우에는 해당 처분을 한 행정청에 처분을 취소·철회하거나 변경하여 줄 것을 신청할 수 있다.
 1. 처분의 근거가 된 사실관계 또는 법률관계가 추후에 당사자에게 유리하게 바뀐 경우(②)
 2. 당사자에게 유리한 결정을 가져다주었을 새로운 증거가 있는 경우(① 후단)
 3. 「민사소송법」제451조에 따른 재심사유에 준하는 사유가 발생한 경우 등 대통령령으로 정하는 경우
② 제1항에 따른 신청은 해당 처분의 절차, 행정심판, 행정소송 및 그 밖의 쟁송에서 당사자가 **중대한 과실** 없이 제1항 각 호의 사유를 주장하지 못한 경우에만 할 수 있다(③ 전단).
③ 제1항에 따른 신청은 당사자가 제1항 각 호의 사유를 안 날부터 60일 이내에 하여야 한다. 다만, **처분이 있은 날부터 5년**이 지나면 신청할 수 없다(③ 후단).
④ 제1항에 따른 신청을 받은 행정청은 특별한 사정이 없으면 신청을 받은 날부터 90일(합의제 행정기관은 180일) 이내에 처분의 재심사결과(재심사 여부와 처분의 유지·취소·철회·변경 등에 대한 결정을 포함한다)를 신청인에게 통지하여야 한다. 다만, 부득이한 사유로 90일(합의제 행정기관은 180일) 이내에 통지할 수 없는 경

우에는 그 기간을 만료일 다음 날부터 기산하여 90일(합의제 행정기관은 180일)의 범위에서 한 차례 연장할 수 있으며, 연장사유를 신청인에게 통지하여야 한다.
⑤ 제4항에 따른 처분의 재심사결과 중 **처분을 유지하는 결과**에 대해서는 행정심판, 행정소송 및 그 밖의 쟁송수단을 통하여 **불복할 수 없다**(④ 후단).
⑥ 행정청의 제18조에 따른 취소와 제19조에 따른 철회는 처분의 재심사에 의하여 영향을 받지 아니한다(편저자: 재심사와 별도로 처분을 취소 또는 철회를 할 수 있다는 뜻)(④ 전단).

20 행정법 일반원칙(06), VA의 효력(27), 손실보상(74)

판례의 입장으로 옳지 않은 것은?

① 행정청이 내부준칙을 제정하여 그에 따라 장기간 일정한 방향으로 행정행위를 함으로써 행정관행이 확립된 경우라 하더라도, 그러한 내부준칙이나 확립된 행정관행을 통한 행정행위에 대해서는 헌법상 평등원칙이 적용되지 않는다.
② 국민건강보험공단이 직장가입자와 사실상 혼인관계에 있는 사람인 이성 동반자와 달리 동성 동반자인 甲을 피부양자로 인정하지 않고 보험료부과처분을 한 것은 합리적 이유 없이 甲에게 불이익을 주어 그를 사실상 혼인관계에 있는 사람과 차별하는 것으로 헌법상 평등원칙을 위반하여 위법하다.
③ 과세대상이 되지 아니하는 법률관계나 사실관계에 대하여 이를 과세대상으로 오인할 만한 객관적인 사정이 있고 그것이 과세대상이 되는지가 사실관계를 정확히 조사하여야 비로소 밝혀질 수 있는 경우, 이에 대한 과세처분은 당연무효라고 볼 수 없다.
④ 손실보상을 받기 위해서는 그 사인에게 특별한 희생 내지 손실이 발생해야 하고, 재산상의 특별한 희생이나 손실이 발생했다고 할 수 없는 경우에는 손실보상을 청구할 수 없다.

정답 ①

① ✕ 「행정기본법」 제9조는 "행정청은 합리적 이유 없이 국민을 차별하여서는 아니 된다."라고 규정하여, 행정청에 헌법상 평등원칙에 따라 합리적 이유가 없는 한 모든 국민을 동등하게 처우해야 할 의무를 부과하고 있다. 따라서 행정청이 내부준칙을 제정하여 그에 따라 장기간 일정한 방향으로 행정행위를 함으로써 행정관행이 확립된 경우, 그러한 내부준칙이나 확립된 행정관행을 통한 행정행위에 대해서도 헌법상 평등원칙이 적용된다(대판 2024.7.18. 2023두36800 전합).
② ○ 甲이 동성인 乙과 교제하다가 서로를 동반자로 삼아 함께 생활하기로 합의하고 동거하던 중 결혼식을 올린 뒤 국민건강보험공단에 건강보험 직장가입자인 乙의 사실혼 배우자로 피부양자 자격취득신고를 하여 피부양자 자격을 취득한 것으로 등록되었는데, 이 사실이 언론에 보도되자 국민건강보험공단이 甲을 피부양자로 등록한 것이 '착오 처리'였다며 甲의 피부양자 자격을 소급하여 상실시키고 지역가입자로 甲의 자격을 변경한 후 그동안의 지역가입자로서의 건강보험료 등을 납입할 것을 고지한 사안에서, … 국민건강보험공단이 사실상 혼인관계에 있는 사람을 피부양자로 인정하는 이유는 그가 직장가입자의 동반자로서 경제적 생활공동체를 형성하였기 때문이지 이성 동반자이기 때문이 아닌 점 등에 비추어, 이러한 취급은 성적 지향을 이유로 본질적으로 동일한 집단을 차별하는 행위에 해당하므로, 국민건강보험공단이 직장가입자와 사실상 혼인관계에 있는 사람, 즉 이성 동반자와 달리 동성 동반자인 甲을 피부양자로 인정하지 않고 위 처분을 한 것은 합리적 이유 없이 甲에게 불이익을 주어 그를 사실상 혼인관계에 있는 사람과 차별하는 것으로 헌법상 평등원칙을 위반하여 위법하다(대판 2024.7.18. 2023두36800 전합).
③ ○ 일반적으로 과세대상이 되는 법률관계나 소득 또는 행위 등의 사실관계가 전혀 없는 사람에게 한 과세처분은 하자가 중대하고도 명백하다고 할 것이지만 과세대상이 되지 아니하는 어떤 법률관계나 사실관계에 대하여 이를 과세대상이 되는 것으로 오인할 만한 객관적인 사정이 있는 경우에 그것이 과세대상이 되는지의 여부가 사실관계를 정확히 **조사하여야 비로소 밝혀질 수 있는 경우**라면 하자가 중대한 경우라도 외관상 명백하다고 할 수 없어 그와 같이 과세요건사실을 오인한 위법의 과세처분을 당연무효라고 볼 수 없다(대판 2024.3.12. 2021다224408).
④ ○ 손실보상은 사인에게 발생하는 재산상 특별한 희생 또는 손실에 대하여 사유재산권의 보장과 전체적인 공평부담의 견지에서 행하여지는 조절적인 재산적 보상이자 특별한 희생에 대한 전보이다. 따라서 손실보상을 받기 위해서는 그 사인에게 특별한 희생 내지 손실이 발생해야 하고, 재산상의 특별한 희생이나 손실이 발생했다고 할 수 없는 경우에는 손실보상을 청구할 수 없다(대판 2024.5.30. 2023두61707).

제05회 정답 및 문제해설

정답 모아보기

01	02	03	04	05	06	07	08	09	10
④	②	①	④	④	①	④	③	④	②

11	12	13	14	15	16	17	18	19	20
②	③	①	④	②	④	②	①	④	④

---

01 VA의 취소·철회(31)

A시장은 2024년 12월 24일 甲에 대해 건축허가를 하였는데 관련법령에 어긋난 위법한 건축허가임을 이유로 2025년 1월 25일 甲의 건축허가를 취소하였다. 이에 관한 설명 중 옳은 것은?

① A시장의 건축허가취소의 효과는 2025년 1월 25일 이후 장래를 향하여 발생함이 원칙이다.
② 만약 甲에 대한 건축허가의 권한이 B시장에 있는 것임에도 A시장이 허가를 한 경우라면, A시장은 무권한자이므로 甲에 대한 건축허가를 취소할 수 없다.
③ 만약 甲이 건축허가를 신청하면서 관련 서류를 위조하여 허가를 받았음을 이유로 건축허가를 취소하는 경우라면, A시장은 「행정절차법」상 사전통지절차를 거치지 않아도 甲에 대해 건축허가를 취소할 수 있다.
④ 건축허가의 하자가 甲의 사실은폐나 기타 사위의 방법에 의한 신청행위에 기인한 것이라면, A시장이 甲에 대해 건축허가를 취소하면서 甲의 신뢰이익을 고려하지 않고 취소하여도 재량권의 남용이 되지 않는다.

정답 ④

① ✕ 사안의 취소는 성립상의 하자를 이유로 하므로 강학상 직권취소에 해당한다. 취소의 효과는 철회와 달리 원칙적으로 소급한다.
② ✕ 권한 없는 행정기관이 한 당연무효인 행정처분의 취소권자는 당해 처분을 한 처분청이므로 A시장이 건축허가를 취소할 수 있다.
  • 권한 없는 행정기관이 한 당연무효인 행정처분을 취소할 수 있는 권한은 당해 행정처분을 한 처분청에 속하고, 당해 행정처분을 할 수 있는 적법한 권한을 가지는 행정청에 그 취소권이 귀속되는 것이 아니다(대판 1984.10.10. 84누463).
③ ✕ 수익적 행정행위의 취소는 침익적 처분이므로 A시장은 甲에게 사전통지(「행정절차법」 제21조), 의견청취(동법 제22조)를 거쳐야 하고 아울러 이유제시(동법 제23조)를 하여야 한다.
④ ○ 수익적 행정처분의 하자가 당사자의 사실은폐나 기타 사위의 방법에 의한 신청행위에 기인한 것이라면 당사자는 처분에 의한 이익이 위법하게 취득되었음을 알아 취소가능성도 예상하고 있었다 할 것이므로, 그 자신이 처분에 관한 신뢰이익을 원용할 수 없음은 물론 행정청이 이를 고려하지 아니하였더라도 재량권의 남용이 되지 아니한다(대판 2014.11.27. 2013두16111).

---

02 정보공개법 – 조문(76), 비공개대상정보(79)

「공공기관의 정보공개에 관한 법률」에 따른 정보공개에 관한 설명 중 옳은 것은?

① 정보공개에 관한 정책의 수립 및 제도개선에 관한 사항을 심의·조정하기 위하여 국무총리 소속으로 정보공개위원회를 둔다.
② 정보공개를 청구하는 자가 공공기관에 대해 정보의 사본 또는 출력물의 교부방법으로 공개방법을 선택하여 정보공개청구를 한 경우, 원칙적으로 공개청구를 받은 공공기관은 그 공개방법을 선택할 재량권이 없다.
③ 법원 이외의 공공기관이 「공공기관의 정보공개에 관한 법률」 제9조 제1항 제4호에서 정한 '진행 중인 재판에 관련된 정보'에 해당한다는 사유로 정보공개를 거부하기 위하여는 그 정보가 진행 중인 재판의 소송기록 자체에 포함된 내용으로서 재판의 심리 또는 재판결과에 구체적으로 영향을 미칠 위험이 있어야 한다.
④ 공공기관은 '전자적 형태로 보유·관리하지 아니하는 정보'에 대하여 청구인이 전자적 형태로 공개하여 줄 것을 요청한 경우에는 그 정보의 성질상 현저히 곤란한 경우를 제외하고는 청구인의 요청에 따라야 한다.

정답 ②

① ✕ 정보공개위원회는 종래 국무총리 소속이었으나 2023년 법 개정으로 행정안전부장관 소속으로 변경되었다.

> 「공공기관의 정보공개에 관한 법률」 제22조(정보공개위원회의 설치) 다음 각 호의 사항을 심의·조정하기 위하여 행정안전부장관 소속으로 정보공개위원회(이하 '위원회'라 한다)를 둔다.
> 1. 정보공개에 관한 정책수립 및 제도개선에 관한 사항 (이하 각 호 생략)

② ○ 정보공개를 청구하는 자가 공공기관에 대해 정보의 사본 또는 출력물의 교부의 방법으로 공개방법을 선택하여 정보공개청구를 한 경우에 공개청구를 받은 공공기관으로서는 「공공기관의 정보공개에 관한 법률」 제8조 제2항에서 규정한 정보의 사본 또는 복제물의 교부를 제한할 수 있는 사유에 해당하지 않는 한 정보공개청구자가 선택한 공개방법에 따라 정보를 공개하여야 하므로 그 공개방법을 선택할 재량권이 없다고 해석함이 상당하다(대판 2003.12.12. 2003두8050).

③ ✕ 법원 이외의 공공기관이 정보공개법 제9조 제1항 제4호에서 정한 '진행 중인 재판에 관련된 정보'에 해당한다는 사유로 정보공개를 거부하기 위하여는 반드시 그 정보가 진행 중인 재판의 소송기록 자체에 포함된 내용일 필요는 없다. 그러나 재판에 관련된 일체의 정보가 그에 해당하는 것은 아니고 진행 중인 재판의 심리 또는 재판결과에 구체적으로 영향을 미칠 위험이 있는 정보에 한정된다고 보는 것이 타당하다(대판 2011.11.24. 2009두19021).

④ ✗ 지문과 같이 전자형태로의 공개 '의무'가 있는 것은 공공기관이 이미 전자적 형태로 '보유·관리하는' 정보의 경우이다.

> 「공공기관의 정보공개에 관한 법률」 제15조(정보의 전자적 공개)
> ① 공공기관은 전자적 형태로 **보유·관리하는** 정보에 대하여 청구인이 전자적 형태로 공개하여 줄 것을 요청하는 경우에는 그 정보의 성질상 현저히 곤란한 경우를 제외하고는 **청구인의 요청에 따라야 한다.**
> ② 공공기관은 전자적 형태로 **보유·관리하지 아니하는** 정보에 대하여 청구인이 전자적 형태로 공개하여 줄 것을 요청한 경우에는 정상적인 업무수행에 현저한 지장을 초래하거나 그 정보의 성질이 훼손될 우려가 없으면 그 정보를 **전자적 형태로 변환하여 공개할 수 있다.**

03 확약(33), 신뢰보호의 원칙(05)

신뢰보호원칙에 대한 설명으로 옳지 않은 것만을 모두 고르면?

> ㄱ. 행정청은 공익 또는 제3자의 이익을 현저히 해칠 우려가 있는 경우에도 행정에 대한 국민의 정당하고 합리적인 신뢰를 보호하여야 한다.
> ㄴ. 행정청의 확약 또는 공적 견해표명이 있은 후에 사실적·법률적 상태가 변경된 경우, 그와 같은 공적 견해표명이 당연히 실효되는 것은 아니며 행정청의 의사표시가 있어야 한다.
> ㄷ. 운전면허취소사유에 해당하는 음주운전을 적발한 경찰관의 소속 경찰서장이 사무착오로 위반자에게 운전면허정지처분을 한 상태에서 위반자의 주소지 관할 경찰청장이 위반자에게 운전면허취소처분을 한 것은 신뢰보호원칙에 반한다.
> ㄹ. 폐기물관리법령에 의한 폐기물처리업 사업계획에 대한 적정통보와 국토이용관리법령에 의한 국토이용계획변경은 각기 그 제도적 취지와 결정단계에서 고려해야 할 사항들이 다르므로 폐기물처리업 사업계획에 대하여 적정통보를 한 것만으로는 그 사업부지 토지에 대한 국토이용계획변경신청을 승인하여 주겠다는 취지의 공적인 견해표명을 한 것으로 볼 수 없다.

① ㄱ, ㄴ
② ㄱ, ㄴ, ㄷ
③ ㄴ, ㄷ
④ ㄷ, ㄹ

정답 ①

ㄱ. ✗

> 「행정기본법」 제12조(신뢰보호의 원칙) ① 행정청은 공익 또는 제3자의 이익을 현저히 해칠 우려가 있는 경우를 제외하고는 행정에 대한 국민의 정당하고 합리적인 신뢰를 보호하여야 한다.

ㄴ. ✗ 행정청이 상대방에게 장차 어떤 처분을 하겠다고 확약 또는 공적인 의사표명을 하였다고 하더라도, 그 자체에서 상대방으로 하여금 언제까지 처분의 발령을 신청하도록 유효기간을 두었는데도 그 기간 내에 상대방의 신청이 없었다거나 **확약 또는 공적인 의사표명이 있은 후에 사실적·법률적 상태가**

변경되었다면, 그와 같은 확약 또는 공적인 의사표명은 행정청의 **별다른 의사표시를 기다리지 않고 실효**된다(대판 1996.8.20. 95누10877).

ㄷ. ○ 운전면허취소사유에 해당하는 음주운전을 적발한 경찰관의 소속 경찰서장이 사무착오로 위반자에게 **운전면허정지처분**을 한 상태에서 위반자의 주소지 관할 지방경찰청장(현 시·도경찰청장)이 위반자에게 **운전면허취소처분**을 한 것은 당사자의 신뢰 및 법적 안정성을 저해하는 것으로서 허용될 수 없다(대판 2000.2.25. 99두10520).

ㄹ. ○ 원고가 용도지역이 농림지역 또는 준농림지역인 일정 토지 위에 폐기물처리업을 영위할 목적으로 피고에게 폐기물처리업 사업계획서를 제출하였고, 이에 대해 피고가 일정한 조건을 부가하여 사업계획에 대한 적정통보를 한 후 원고가 농림지역을 준도시지역으로 변경하여 달라는 국토이용계획변경신청을 하였으나 피고가 이를 거부한 사안에서, 폐기물관리법령에 의한 폐기물처리업 사업계획에 대한 적정통보와 국토이용관리법령에 의한 국토이용계획변경은 각기 그 제도적 취지와 결정단계에서 고려해야 할 사항들이 다르므로, 피고가 위와 같이 **폐기물처리업 사업계획에 대하여 적정통보**를 한 것만으로 그 사업부지 토지에 대한 **국토이용계획변경신청을 승인**하여 주겠다는 취지의 **공적인 견해표명을 한 것으로 볼 수 없고** … 이 사건 처분이 신뢰보호의 원칙에 위배된다고 할 수 없다(대판 2005.4.28. 2004두8828).

04 VA의 효력(27)

행정행위의 효력에 대한 설명으로 옳지 않은 것만을 모두 고르면?

> ㄱ. 甲이 자신에 대한 영업허가취소처분에 대한 취소소송을 제기한 이후에 국가를 상대로 손해배상청구소송을 제기한 경우, 손해배상청구소송의 수소법원이 심리한 결과 영업허가취소처분에 취소사유가 있는 것을 인정하더라도 그 처분의 취소판결이 없는 한 손해배상청구를 인용할 수 없다.
> ㄴ. 위 ㄱ.의 경우에 손해배상청구소송의 수소법원은 직권으로 손해배상청구소송을 영업허가취소처분의 취소소송이 계속된 법원으로 이송할 수 있다.
> ㄷ. 乙이 「자동차관리법」상 운행정지명령을 위반하여 자동차를 운행하였다는 이유로 기소된 경우 수소법원은 그 운행정지명령이 위법한 처분으로 인정되는 경우에도 취소판결이 없는 한 乙에게 무죄판결을 할 수 없다.
> ㄹ. 음주운전으로 자동차운전면허취소처분을 받은 丙이 자동차를 운전하였으나 음주운전에 대하여 범죄사실의 증명이 없는 때에 해당한다는 이유로 무죄판결이 확정된 경우, 아직 운전면허취소처분이 취소되지 않았다면 수소법원은 丙을 무면허운전의 죄로 처벌할 수 있다.

① ㄱ, ㄴ
② ㄴ, ㄷ
③ ㄴ, ㄹ
④ ㄱ, ㄷ, ㄹ

정답 ④

ㄱ. ✗ 국가배상청구소송에서 행정행위의 위법성을 판단하는 것이 선결문제인 경우, 민사법원은 행정행위의 위법성 여부를 확인하여 배상청구를 인용할 수 있으며 이때 해당 행정행위가 취소되어야 하는 것은 아니다.

- 위법한 행정대집행이 완료되면 그 처분의 무효확인 또는 취소를 구할 소의 이익은 없다 하더라도, 미리 그 행정처분의 취소판결이 있어야만, 그 행정처분의 위법임을 이유로 한 손해배상청구를 할 수 있는 것은 아니다 (대판 1972.4.28. 72다337).

ㄴ. ○

「행정소송법」 제10조(관련청구소송의 이송 및 병합) ① 취소소송과 다음 각 호의 1에 해당하는 소송(이하 '관련청구소송'이라 한다)이 각각 다른 법원에 계속되고 있는 경우에 관련청구소송이 계속된 법원이 상당하다고 인정하는 때에는 당사자의 신청 또는 직권에 의하여 이를 취소소송이 계속된 법원으로 이송할 수 있다.
  1. 당해 처분 등과 관련되는 손해배상·부당이득반환·원상회복 등 청구소송
  2. 당해 처분 등과 관련되는 취소소송
② 취소소송에는 사실심의 변론종결시까지 관련청구소송을 병합하거나 피고 외의 자를 상대로 한 관련청구소송을 취소소송이 계속된 법원에 병합하여 제기할 수 있다.

ㄷ. ✕ 시장 등이 한 「자동차관리법」상 운행정지명령을 위반하여 자동차를 운행하였다는 이유로 같은 법 제82조 제2호의2에 따른 처벌을 하기 위해서는 그 운행정지명령이 적법한 것이어야 하고, 그 운행정지명령이 당연무효는 아니더라도 위법한 처분으로 인정된다면 같은 법 제82조 제2호의2 위반죄는 성립할 수 없다(대판 2023.4.27. 2020도17883).

ㄹ. ✕ 행정청의 자동차운전면허취소처분이 직권으로 또는 행정쟁송절차에 의하여 취소되면, 운전면허취소처분은 그 처분시에 소급하여 효력을 잃고 운전면허취소처분에 복종할 의무가 원래부터 없었음이 확정되므로, 운전면허취소처분을 받은 사람이 운전면허취소처분이 취소되기 전에 자동차를 운전한 행위는 「도로교통법」에 규정된 무면허운전의 죄에 해당하지 아니한다. 관련규정 및 법리, 헌법 제12조가 정한 적법절차의 원리, 형벌의 보충성 원칙을 고려하면, 자동차운전면허취소처분을 받은 사람이 자동차를 운전하였으나 운전면허취소처분의 원인이 된 교통사고 또는 법규위반에 대하여 범죄사실의 증명이 없는 때에 해당한다는 이유로 무죄판결이 확정된 경우에는 그 취소처분이 취소되지 않았더라도 「도로교통법」에 규정된 무면허운전의 죄로 처벌할 수는 없다고 보아야 한다(대판 2021.9.16. 2019도11826).

05 실효성 확보 – 새로운 수단(48), VA의 개념·분류(16), 판결(65)

과징금에 관한 설명 중 옳은 것은?
① 과징금의 납부는 한꺼번에 하여야 하므로 납부기한을 연기하거나 분할납부를 할 수는 없다.
② 법령상에 과징금의 임의적 감경사유가 있는 경우에 부과관청이 감경사유를 고려하고도 감경하지 않은 채 전액을 부과하는 처분을 하는 것은 특별한 사정이 없는 한 재량권을 일탈·남용한 위법한 처분이다.
③ 재량행위인 과징금부과처분이 법이 정한 한도액을 초과하여 위법한 경우 법원은 그 초과된 부분만을 취소할 수 있다.
④ 관할행정청이 여객자동차운송사업자의 여러 가지 위반행위를 인지한 경우, 인지한 여러 가지 위반행위 중 일부에 대해서만 우선 과징금 부과처분을 하고 나머지에 대해서 차후에 별도의 과징금부과처분을 하는 것은 다른 특별한 사정이 없는 한 허용되지 않는다.

정답 ④

① ✕ 일괄납부가 원칙이나, 일정한 경우 납부기한 연기나 분할납부가 가능

「행정기본법」 제29조(과징금의 납부기한 연기 및 분할 납부) 과징금은 한꺼번에 납부하는 것을 원칙으로 한다. 다만, 행정청은 과징금을 부과받은 자가 다음 각 호의 어느 하나에 해당하는 사유로 과징금 전액을 한꺼번에 내기 어렵다고 인정될 때에는 그 납부기한을 연기하거나 분할 납부하게 할 수 있으며, 이 경우 필요하다고 인정하면 담보를 제공하게 할 수 있다.
  1. 재해 등으로 재산에 현저한 손실을 입은 경우
  2. 사업 여건의 악화로 사업이 중대한 위기에 처한 경우
  3. 과징금을 한꺼번에 내면 자금사정에 현저한 어려움이 예상되는 경우
  4. 그 밖에 제1호부터 제3호까지에 준하는 경우로서 대통령령으로 정하는 사유가 있는 경우

② ✕ 실권리자명의 등기의무를 위반한 명의신탁자에 대하여 부과하는 과징금의 감경에 관한 「부동산 실권리자명의 등기에 관한 법률 시행령」 제3조의2 단서는 임의적 감경규정임이 명백하므로, 그 감경사유가 존재하더라도 과징금 부과관청이 **감경사유**까지 **고려하고도** 과징금을 감경하지 않은 채 과징금 **전액을 부과**하는 처분을 한 경우에는 이를 **위법하다고 단정할 수는 없으나**, 위 감경사유가 있음에도 이를 **전혀 고려하지 않았거나 감경사유에 해당하지 않는다고 오인**한 나머지 과징금을 감경하지 않았다면 그 과징금부과처분은 재량권을 일탈·남용한 **위법**한 처분이라고 할 수밖에 없다(대판 2010.7.15. 2010두7031).

③ ✕ 자동차운수사업면허조건 등을 위반한 사업자에 대하여 행정청이 행정제재수단으로 사업정지를 명할 것인지, 과징금을 부과할 것인지, 과징금을 부과하기로 한다면 그 금액은 얼마로 할 것인지에 관하여 재량권이 부여되었다 할 것이므로 과징금부과처분이 법이 정한 한도액을 초과하여 위법할 경우 법원으로서는 그 **전부를 취소**할 수밖에 없고, 그 한도액을 초과한 부분이나 법원이 적정하다고 인정되는 부분을 초과한 부분만을 취소할 수 없다(대판 1998.4.10. 98두2270).

④ ○ 관할행정청이 여객자동차운송사업자의 여러 가지 위반행위를 인지한 경우, 인지한 여러 가지 위반행위 중 일부에 대해서만 우선 과징금부과처분을 하고 나머지에 대해서 차후에 별도의 과징금부과처분을 하는 것은 다른 특별한 사정이 없는 한 허용되지 않는다. 관할행정청이 여객자동차운송사업자가 범한 여러 가지 위반행위 중 일부만 인지하여 과징금부과처분을 하였는데 그 후 과징금부과처분 시점 이전에 이루어진 다른 위반행위를 인지하여 이에 대하여 별도의 과징금부과처분을 하게 되는 경우에도 종전 과징금부과처분의 대상이 된 위반행위와 추가 과징금부과처분의 대상이 된 위반행위에 대하여 일괄하여 하나의 과징금부과처분을 하는 경우와의 형평을 고려하여 추가 과징금부과처분의 처분양정이 이루어져야 한다(대판 2021.2.4. 2020두48390).

06 손실보상(75)

「공익사업을 위한 토지 등의 취득 및 보상에 관한 법률」상 생활보상에 대한 설명으로 옳은 것만을 모두 고르면?

> ㄱ. 사업시행자 스스로 공익사업의 원활한 시행을 위하여 생활대책을 수립·실시할 수 있도록 하는 내부규정을 두고 이에 따라 생활대책대상자 선정기준을 마련하여 생활대책을 수립·실시하는 경우, 생활대책대상자 선정기준에 해당하는 자가 자신을 생활대책대상자에서 제외하거나 선정을 거부한 사업시행자를 상대로 항고소송을 제기할 수 없다.
> ㄴ. 이주대책은 이른바 생활보상에 해당하는 것으로서 헌법 제23조 제3항이 규정하는 손실보상의 한 형태로 보아야 하므로, 법률이 사업시행자에게 이주대책의 수립·실시의무를 부과하였다면 이로부터 사업시행자가 수립한 이주대책상의 택지분양권 등의 구체적 권리가 이주자에게 직접 발생한다.
> ㄷ. 이주대책대상자 선정에서 배제되어 수분양권을 취득하지 못한 이주자는 사업시행자를 상대로 공법상 당사자소송으로 이주대책상의 수분양권의 확인을 구할 수 있다.
> ㄹ. 공익사업법령이 이주대책대상자의 범위를 정하고 이주대책대상자에게 시행할 이주대책수립 등의 내용에 관하여 구체적으로 규정하고 있는 경우, 그 규정취지는 사업시행자가 시행하는 이주대책수립 등의 대상자를 법이 정한 이주대책대상자로 한정하는 것이므로, 공익사업의 시행자는 법이 정한 이주대책대상자 외에 그 밖의 이해관계인에게까지 대상자를 넓혀 이주대책수립 등을 시행할 수 없다.

① 없음
② ㄱ
③ ㄴ, ㄷ
④ ㄹ

정답 ①

ㄱ. ✗ 생활대책대상자 선정기준에 해당하는 자는 확인·결정 신청권이 있고, 거부시 항고소송이 가능하다.
- 사업시행자 스스로 공익사업의 원활한 시행을 위하여 생활대책을 수립·실시할 수 있도록 하는 내부규정을 두고 이에 따라 생활대책대상자 선정기준을 마련하여 생활대책을 수립·실시하는 경우 생활대책대상자 선정기준에 해당하는 자는 사업시행자에게 생활대책대상자 선정 여부의 확인·결정을 신청할 수 있는 권리를 가지는 것이어서 생활대책대상자 선정기준에 해당하는 자가 자신을 생활대책대상자에서 제외하거나 선정을 거부한 사업시행자를 상대로 항고소송을 제기할 수 있다(대판 2011.10.13. 2008두17905).

ㄴ. ✗ 사업시행자가 이주대책대상자로 확인·결정하여야 구체적 수분양권이 발생한다.
- 구 「공공용지의 취득 및 손실보상에 관한 특례법」 제8조 제1항(현 토지보상법 제78조)에 의하여 이주자에게 이주대책상의 택지분양권이나 아파트 입주권 등을 받을 수 있는 구체적인 권리(수분양권)가 직접 발생하는 것이 아니라 사업시행자가 **이주대책대상자로 확인·결정하여야**만 비로소 구체적인 수분양권이 발생하게 된다(대판 1994.5.24. 92다35783 전합).

ㄷ. ✗ 이주대책대상자 신청에 대해 제외 또는 거부한 경우 항고소송을 제기할 수 있으나 대상자로 확인·결정을 못 받아 아직 구체적 수분양권이 발생하지도 않았는데 수분양권의 확인을 구하는 것은 허용될 수 없다.
- 수분양권의 취득을 희망하는 이주자가 소정의 절차에 따라 이주대책대상자 선정신청을 한 데 대하여 사업시행자가 이주대책대상자가 아니라고 하여 위 확인·결정 등의 처분을 하지 않고 이를 제외시키거나 또는 거부조치한 경우에는, 이주자로서는 당연히 사업시행자를 상대로 항고소송에 의하여 그 제외처분 또는 거부처분의 취소를 구할 수 있다고 보아야 한다. 이러한 수분양권은 위와 같이 이주자가 이주대책을 수립·실시하는 사업시행자로부터 이주대책대상자로 확인·결정을 받음으로써 취득하게 되는 택지나 아파트 등을 분양받을 수 있는 공법상의 권리라고 할 것이므로, 이주자가 사업시행자에 대한 이주대책대상자 선정신청 및 이에 따른 확인·결정 등 절차를 밟지 아니하여 구체적인 수분양권을 아직 취득하지도 못한 상태에서 곧바로 분양의무의 주체를 상대방으로 하여 민사소송이나 공법상 당사자소송으로 이주대책상의 수분양권의 확인 등을 구하는 것은 허용될 수 없다(대판 1994.5.24. 92다35783 전합).

ㄹ. ✗ 법이 정한 이주대책대상자를 임의로 제외해서는 안 되지만 그 밖의 이해관계인에게까지 대상자를 넓힐 수는 있다.
- 공익사업법령이 이주대책대상자의 범위를 정하고 이주대책대상자에게 시행할 이주대책수립 등의 내용에 관하여 구체적으로 규정하고 있으므로, 사업시행자는 이처럼 법이 정한 이주대책대상자를 법령이 예정하고 있는 이주대책수립 등의 대상에서 임의로 제외하여서는 아니 된다. 그렇지만 그 규정취지가 사업시행자가 시행하는 이주대책수립 등의 대상자를 법이 정한 이주대책대상자로 한정하는 것은 아니므로, 사업시행자는 해당 공익사업의 성격, 구체적인 경위나 내용, 그 원만한 시행을 위한 필요 등 제반 사정을 고려하여 법이 정한 이주대책대상자를 포함하여 그 밖의 이해관계인에게까지 넓혀 이주대책수립 등을 시행할 수 있다고 할 것이다(대판 2015.8.27. 2012두26746).

07 「국가배상법」 - 제2조(71)

행정상 손해배상에 관한 설명으로 옳지 않은 것은?

① 공법인이 국가로부터 위탁받은 공행정사무를 집행하는 과정에서 공법인의 임직원이나 피용인이 고의 또는 과실로 법령을 위반하여 타인에게 손해를 입힌 경우에는, 공법인은 위탁받은 공행정사무에 관한 행정주체의 지위에서 배상책임을 부담한다.

② 공법인이 국가로부터 위탁받은 공행정사무를 집행하는 과정에서 공법인의 임직원이 고의 또는 과실로 법령을 위반하여 타인에게 손해를 입힌 경우 공법인의 임직원은 「국가배상법」 제2조에서 정한 공무원에 해당하므로 고의 또는 중과실이 있는 경우에만 배상책임을 부담한다.

③ 甲이 乙과 동일한 이름으로 개명허가를 받은 것처럼 호적등본을 위조하여 주민등록상 성명을 위법하게 정정하고, 乙 명의의 주민등록증을 발급받아 乙의 부동산에 관하여 근저당권설정등기를 마친 경우, 주민등록사무를 담당하는 공무원이 위와 같은 성명정정사실을 甲의 본적지 관할관청에 통보하지 아니한 직무상 의무위배행위와 乙이 입은 손해 사이에 상당인과관계를 인정할 수 있다.

④ 공무원 甲이 내부전산망을 통해 乙에 대한 범죄경력자료를 조회하여 (구)「공직선거 및 선거부정방지법」 위반죄로 실형을 선고받는 등 실효된 4건의 금고형 이상의 전과가 있음을 확인하고도 乙의 공직선거 후보자용 범죄경력조회 회보서에 이를 기재하지 않은 경우,「공직선거법」상 수사기관의 전과기록의 회보의무는 공공의 이익을 위한 것이지 후보자가 되고자 하는 자나 그 소속 정당의 개별적 이익까지 보호하기 위한 것은 아니므로 국가는 乙이 속한 정당에 대해 국가배상책임을 지지 않는다.

정답 ④

①② ○ 공법인이 국가로부터 위탁받은 공행정사무를 집행하는 과정에서 공법인의 임직원이나 피용인이 고의 또는 과실로 법령을 위반하여 타인에게 손해를 입힌 경우에는, 공법인은 위탁받은 공행정사무에 관한 행정주체의 지위에서 배상책임을 부담하여야 하지만(①), 공법인의 임직원이나 피용인은 실질적인 의미에서 공무를 수행한 사람으로서 「국가배상법」 제2조에서 정한 공무원에 해당하므로 고의 또는 중과실이 있는 경우에만 배상책임을 부담하고 경과실이 있는 경우에는 배상책임을 면한다(②). 한편 공무원의 중과실이란 공무원에게 통상 요구되는 정도의 상당한 주의를 하지 않더라도 약간의 주의를 한다면 손쉽게 위법·유해한 결과를 예견할 수 있는 경우임에도 만연히 이를 간과한 경우와 같이, 거의 고의에 가까운 현저한 주의를 결여한 상태를 의미한다(대판 2021.1.28. 2019다260197).

⊕ PLUS 甲이 선고유예 판결의 확정으로 변호사등록이 취소되었다가 선고유예기간이 경과한 후 대한변호사협회에 변호사 등록신청을 하였는데, 협회장 乙이 등록심사위원회에 甲에 대한 변호사등록 거부 안건을 회부하여 소정의 심사과정을 거쳐 대한변호사협회가 甲의 변호사등록을 마쳤고, 이에 甲이 대한변호사협회 및 협회장 乙을 상대로 변호사 등록거부사유가 없음에도 위법하게 등록심사위원회에 회부되어 변호사등록이 2개월간 지연되었음을 이유로 손해배상을 구한 사안에서, 대한변호사협회장은 국가로부터 위탁받은 공행정사무인 '변호사등록에 관한 사무'를 수행하는 범위 내에서는 「국가배상법」 제2조에서 정한 공무원에 해당하므로 고의·중과실의 경우에만 책임을 지고 대한변호사협회가 행정주체 지위에서 「민법」상 불법행위책임을 진다고 본 사례

③ ○ 甲이 乙의 이름으로 개명허가를 받은 것처럼 호적등본을 위조하여 제출하였고 이에 담당공무원이 본적지 관할관청에 통보를 하지 않고 성명을 정정하여 乙의 부동산에 대해 甲이 이익을 얻게 되자 乙이 국가배상을 청구한 사안에서, 주민등록사무를 담당하는 공무원이 개명과 같은 사유로 주민등록상 성명을 정정한 경우 본적지 관할관청에 그 변경사항을 통보할 직무상 의무가 있으며 그러한 의무에는 사익보호성이 인정된다. 주민등록사무를 담당하는 공무원이 개명으로 인한 주민등록상 성명정정을 본적지 관할관청에 통보하지 아니한 직무상 의무위배행위와 乙과 같은 이름으로 개명허가를 받은 듯이 호적등본을 위조하여 주민등록상 성명을 위법하게 정정한 甲이 乙의 부동산에 관하여 불법적으로 근저당권설정등기를 경료함으로써 乙이 입은 손해 사이에는 상당인과관계가 있다(대판 2003.4.25. 2001다59842).

④ ✕ 「공직선거법」상 수사기관의 전과기록의 회보의무는 개별적 이익도 보호하기 위한 것이다.

• 공무원 甲이 내부전산망을 통해 乙에 대한 범죄경력자료를 조회하여 (구)「공직선거 및 선거부정방지법」 위반죄로 실형을 선고받는 등 실효된 4건의 금고형 이상의 전과가 있음을 확인하고도 乙의 공직선거 후보자용 범죄경력조회 회보서에 이를 기재하지 않은 사안에서,「공직선거법」이 위와 같이 후보자가 되고자 하는 자와 그 소속 정당에게 전과기록을 조회할 권리를 부여하고 수사기관에 회보의무를 부과한 것은 단순히 유권자의 알권리 보호 등 공공일반의 이익만을 위한 것이 아니라, 그와 함께 후보자가 되고자 하는 자가 자신의 피선거권 유무를 정확하게 확인할 수 있게 하고, 정당이 후보자가 되고자 하는 자의 범죄경력을 파악함으로써 부적격자를 공천함으로 인하여 생길 수 있는 정당의 신뢰도 하락을 방지할 수 있게 하는 등 개별적인 이익도 보호하기 위한 것이다(대판 2011.9.8. 2011다34521).

08 실효성 확보 - 이행강제금(44), 공통(42)

구청장 A는 허가 없이 불법으로 건축물을 축조한 甲에게 시정명령을 내렸으나, 甲이 이를 이행하지 않자 「건축법」 제80조 제1항에 근거하여 이행강제금을 부과하였다. 이와 관련한 설명 중에서 옳은 것은?

① A는 이행강제금 대신 행정대집행을 선택적으로 활용할 수 없다.

② 甲이 이행강제금부과에 불복하여 재판절차를 진행하던 중 사망한 경우, 甲의 상속인이 재판절차를 승계받는다.

③ 만약 A가 甲에게 이행강제금을 부과하기 전에 甲이 시정명령을 이행하였다면 시정명령에서 정한 기간을 지나서 이행한 경우라도 A는 이행강제금을 부과할 수 없다.

④ A의 이행강제금부과 후 甲이 시정명령을 이행하면 A는 이행강제금의 부과를 즉시 중지해야 하며, 이미 부과된 이행강제금을 징수할 수 없다.

정답 ③

① ✕ 전통적으로 행정대집행은 대체적 작위의무에 대한 강제집행수단으로, 이행강제금은 부작위의무나 비대체적 작위의무에 대한 강제집행수단으로 이해되어 왔으나, 이는 이행강제금제도의 본질에서 오는 제약은 아니며, 이행강제금은 대체적 작위의무의 위반에 대하여도 부과될 수 있다. 현행 「건축법」상 위법

건축물에 대한 이행강제수단으로 대집행과 이행강제금이 인정되고 있는데, 양 제도는 각각의 장·단점이 있으므로 행정청은 개별사건에 있어서 위반내용, 위반자의 시정의지 등을 감안하여 **대집행과 이행강제금을 선택적으로 활용할 수 있으며**, 이처럼 그 합리적인 재량에 의해 선택하여 활용하는 이상 중첩적인 제재에 해당한다고 볼 수 없다(헌재 2004.2.26, 2001헌바80 등).

② ✕ 구「건축법」상의 이행강제금은 구「건축법」의 위반행위에 대하여 시정명 령을 받은 후 시정기간 내에 당해 시정명령을 이행하지 아니한 건축주 등에 대하여 부과되는 간접강제의 일종으로서 그 **이행강제금 납부의무**는 상속인 기타의 사람에게 승계될 수 없는 **일신전속적**인 성질의 것이므로 **이미 사망한 사람에게 이행강제금을 부과하는 내용의 처분이나 결정은 당연무효**이고, 이 행강제금을 부과받은 사람의 이의에 의하여「비송사건절차법」에 의한 **재판 절차가 개시된 후**에 그 이의한 사람이 **사망**한 때에는 사건 자체가 목적을 잃 고 **절차가 종료**한다(대결 2006.12.8, 2006마470).

③ ○「건축법」상의 이행강제금은 시정명령의 불이행이라는 과거의 위반행위에 대한 제재가 아니라, 의무자에게 시정명령을 받은 의무의 이행을 명하고 그 이행기간 안에 의무를 이행하지 않으면 이행강제금이 부과된다는 사실을 고 지함으로써 의무자에게 심리적 압박을 주어 의무의 이행을 간접적으로 강제 하는 행정상의 간접강제수단에 해당한다. 이러한 이행강제금의 본질상 시정 명령을 받은 의무자가 **이행강제금이 부과되기 전에 그 의무를 이행한 경우**에 는 비록 시정명령에서 정한 기간을 지나서 이행한 경우라도 **이행강제금을 부과할 수 없다**(대판 2018.1.25, 2015두35116).

④ ✕ 설령 의무이행이 있었더라도 이미 부과된 이행강제금은 징수의무가 있다.

> 「건축법」제80조(이행강제금) ⑥ 허가권자는 제79조 제1항에 따라 시 정명령을 받은 자가 이를 이행하면 새로운 이행강제금의 부과를 즉시 중지하되, 이미 부과된 이행강제금은 징수하여야 한다.

09 원고적격(55), 소의 이익(57), 제3자 - 경업·경원·주민(56)

항고소송에 관한 설명으로 옳은 것은?

① 교육부장관이 사학분쟁조정위원회의 심의를 거쳐 학교법인 의 이사와 임시이사를 선임한 데 대하여 그 대학교의 교수 협의회, 총학생회 그리고 직원으로 구성된 노동조합은 이사 선임처분을 다툴 법률상 이익을 가진다.

② 퇴학처분을 받은 후 고등학교 졸업학력 검정고시에 합격한 경우, 대학입학자격을 회복한 이상 퇴학처분을 받은 자는 퇴학처분의 위법을 주장하여 퇴학처분의 취소를 구할 소송 상의 이익이 없다.

③ 인·허가 등 수익적 처분을 신청한 여러 사람이 상호 경쟁 관계에 있다면, 그 처분이 타방에 대한 불허가 등으로 될 수 밖에 없는 때에도 수익적 처분을 받지 못한 사람은 처분의 직접 상대방이 아니므로 원칙적으로 당해 수익적 처분의 취 소를 구할 수 없다.

④ 대학에 대한 국가연구개발사업의 협약해지통보에 불복하여 협약해지통보의 효력을 다투는 그 연구개발사업의 연구팀 장인 교수는 취소를 구할 원고적격이 있다.

정답 ④

① ✕ 교육부장관이 사학분쟁조정위원회의 심의를 거쳐 甲대학교를 설치·운영 하는 乙학교법인의 이사 8인과 임시이사 1인을 선임한 데 대하여 甲대학교 교수협의회와 총학생회 등이 이사선임처분의 취소를 구하는 소송을 제기한 사안에서, 甲대학교 교수협의회와 총학생회는 이사선임처분을 다툴 법률상 이익을 가지지만, 전국대학노동조합 甲대학교지부는 법률상 이익이 없다(대판 2015.7.23, 2012두19496).

> **PLUS** 교육부장관의 학교이사선임: 교수협의회·총학생회는 법률상 이 익 ○ / 노동조합은 법률상 이익 ✕

② ✕ 검정고시에 합격해도 고등학교 퇴학처분의 취소를 구할 수 있다.
• 퇴학처분을 받은 후 고등학교 졸업학력 검정고시에 합격하였다 하더라도 고등 학교 졸업이 대학입학자격이나 학력인정의 의미밖에 없다고는 할 수 없고, 고등학교 졸업학력 검정고시에 합격하였다 하여 고등학교 학생의 신분과 명예 가 회복될 수 없는 것이므로 퇴학처분을 받은 자는 퇴학처분의 위법을 주장하 여 퇴학처분의 취소를 구할 소송상의 이익이 있다(대판 1992.7.14, 91누4737).

③ ✕ 경원자는 타방에 대한 수익적 처분의 취소를 구할 이익이 있다.
•「행정소송법」제12조는 취소소송은 처분 등의 취소를 구할 법률상 이익이 있는 자가 제기할 수 있다고 규정하고 있는바, 인·허가 등의 수익적 행정 처분을 신청한 수인이 서로 경쟁관계에 있어서 일방에 대한 허가 등의 처 분이 타방에 대한 불허가 등으로 귀결될 수밖에 없는 때(이른바 경원관계에 있는 경우로서 동일대상지역에 대한 공유수면매립면허나 도로점용허가 혹 은 일정 지역의 영업허가 등에 관하여 거리제한규정이나 업소개수제한규정 등이 있는 경우를 그 예로 들 수 있다), 허가 등의 처분을 받지 못한 자는 비록 경원자에 대하여 이루어진 허가 등 처분의 상대방이 아니라 하더라도 당해 처분의 취소를 구할 당사자적격이 있다 할 것이고, 다만 구체적인 경 우에서 그 처분이 취소된다 하더라도 허가 등의 처분을 받지 못한 불이익 이 회복된다고 볼 수 없을 때에는 당해 처분의 취소를 구할 정당한 이익이 없다고 할 것이다(대판 2009.12.10, 2009두8359).

④ ○ 재단법인 한국연구재단이 甲대학교 총장에게 연구개발비의 부당집행을 이유로 '해양생물유래 고부가식품·향장·한약 기초소재 개발 인력양성사업' 에 대한 2단계 두뇌한국(BK)21 사업' 협약을 해지하고 연구팀장 乙에 대한 국가연구개발사업의 3년간 참여제한 등을 명하는 통보를 하자 乙이 통보의 취소를 청구한 사안에서, (구)「학술진흥 및 학자금대출 신용보증 등에 관한 법 률」등의 입법취지 및 규정내용 등과 아울러 위 법 등 해석상 국가가 두뇌한 국(BK)21 사업의 주관연구기관인 대학에 연구개발비를 출연하는 것은 '연구 중심 대학'의 육성은 물론 그와 별도로 대학에 소속된 연구인력의 역량 강화 에도 목적이 있다고 보이는 점, 기본적으로 국가연구개발사업에 대한 연구개 발비의 지원은 대학에 소속된 일정한 연구단위별로 신청한 연구개발과제에 대한 것이지, 그 소속 대학을 기준으로 한 것은 아닌 점 등 제반 사정에 비추 어 보면, 乙은 위 사업에 관한 협약의 해지통보의 효력을 다툴 법률상 이익이 있다(대판 2014.12.11, 2012두28704).

> **PLUS** 대학에 대한 국가연구개발사업의 협약해지통보 → 그 연구개발사 업의 연구팀장은 원고적격 ○

10 부관(32)

A시장은 공원시설을 조성하는 도시계획시설사업의 사업시행자로 甲을 선정하였고, 甲과 A시는 甲이 공원시설을 설치한 다음 A시에 기부채납을 하되 투자한 자본 및 적정 이윤을 회수할 수 있는 기간만큼 甲이 공원시설을 무상(無償)사용하도록 한다는 내용의 협약을 체결하였다. 이에 따라 甲이 A시장으로부터 도시계획사업(공원조성)시행허가를 받아 시설물을 설치하고 이를 A시에 기부한 다음 20년간 무상사용·수익의 허가를 신청하였다. 그러나 A시장은 기간을 10년으로 하여 무상사용·수익허가를 하였다. A는 10년의 기간은 투자한 자본을 회수하기에 너무 짧다고 보아 이에 불복하고 있다. 사안과 관련된 다음 설명 중 옳은 것은?

① 사안에서 기부채납은 사법상 증여계약에 해당하므로 A시장이 기부채납받은 공원시설을 기부자에게 무상사용하도록 하는 것도 사경제주체로서의 행위이다. 따라서 이에 대한 분쟁은 민사소송에 의하여야 한다.
② 기부채납받은 공원시설의 사용·수익허가에서 부관인 허가기간에 위법사유가 있다면 이로써 허가 전부가 위법하게 된다.
③ 甲은 10년의 허가기간에 대하여 독립하여 취소소송을 제기할 수 있다.
④ 부담은 그 성질상 일방적으로 부과할 수 있을 뿐이므로, 사전에 상대방과 협의하여 부담의 내용을 협약의 형식으로 미리 정한 다음 행정처분을 하면서 이를 부가하는 것은 허용되지 않는다.

정답 ②

① ✕ 기부채납은 사법상 증여계약에 해당하지만 A시장이 기부채납받은 공원시설을 기부자에게 무상사용하도록 하는 것은 행정재산의 사용·수익허가로서 행정처분에 해당한다.
- **기부채납**이란 지방자치단체 외의 자가 부동산 등의 소유권을 무상으로 지방자치단체에 이전하여 지방자치단체가 이를 취득하는 것으로서, 기부자가 재산을 지방자치단체의 공유재산으로 증여하는 의사표시를 하고 지방자치단체가 이를 승낙하는 채납의 의사표시를 함으로써 성립하는 **사법상 증여계약**에 해당한다(대판 2022.4.28. 2019두272053).
- 공유재산의 관리청이 하는 **행정재산의 사용·수익에 대한 허가**는 순전히 사경제주체로서 행하는 사법상의 행위가 아니라 관리청이 공권력을 가진 우월적 지위에서 행하는 **행정처분**이라고 보아야 할 것인바, 그 행정재산이 구「지방재정법」제75조의 규정에 따라 **기부채납받은 재산이라 하여 그에 대한 사용·수익허가의 성질이 달라진다고 할 수는 없다**(대판 2001.6.15. 99두509).

② ○ 기부채납받은 공원시설의 사용·수익허가에서 그 허가기간은 행정행위의 본질적 요소에 해당한다고 볼 것이어서, 부관인 허가기간에 위법사유가 있다면 이로써 이 사건 허가 전부가 위법하게 된다(대판 2001.6.15. 99두509).

③ ✕ 행정행위의 부관은 부담인 경우를 제외하고는 독립하여 행정소송의 대상이 될 수 없으므로, 甲은 10년의 허가기간(부관 중 기한에 해당)에 대하여 독립하여 취소소송을 제기할 수 없다.
- 기부채납받은 행정재산에 대한 사용·수익허가에서 사용·수익허가의 기간에 대하여 독립하여 행정소송을 제기할 수 없으며 이러한 청구는 부적법하므로 각하된다(대판 2001.6.15. 99두509).

④ ✕ 수익적 행정처분에 있어서는 법령에 특별한 근거규정이 없다고 하더라도 그 부관으로서 부담을 붙일 수 있고, 그와 같은 부담은 행정청이 행정처분을 하면서 일방적으로 부가할 수도 있지만 부담을 부가하기 이전에 상대방과 협의하여 부담의 내용을 협약의 형식으로 미리 정한 다음 행정처분을 하면서 이를 부가할 수도 있다(대판 2009.2.12. 2005다65500).

11 VA의 하자·효력(29), VA의 취소·철회(31), 절차의 하자(41)

행정행위의 하자에 대한 설명으로 옳지 않은 것은?

① 단속경찰관이 자신의 명의로 운전면허정지처분 통지서를 작성·교부하였다면 권한 없는 자에 의하여 행하여진 점에서 무효의 처분에 해당한다.
② 지방병무청장이 현역병입영대상편입처분을 보충역편입처분이나 제2국민역편입처분으로 변경한 후 변경된 새로운 병역처분의 성립에 하자가 있었음을 이유로 하여 이를 취소한다면, 종전의 병역처분의 효력이 되살아난다.
③ 일반적으로 조례가 법률 등 상위법령에 위배된다는 사정은 그 조례의 규정을 위법하여 무효라고 선언한 대법원의 판결이 선고되지 아니한 상태에서는 그 조례규정의 위법 여부가 해석상 다툼의 여지가 없을 정도로 명백하였다고 인정되지 아니하는 이상 객관적으로 명백한 것이라 할 수 없으므로, 이러한 조례에 근거한 행정처분의 하자는 취소사유에 해당할 뿐이다.
④ 「환경영향평가법」상 환경영향평가를 실시하여야 할 사업에 대하여 환경영향평가를 거치지 않고 행한 승인처분은 무효이지만, 환경영향평가를 거쳐야 할 사업에 대해 환경영향평가절차를 거쳤으나 그 내용이 다소 부실한 경우라면 그 부실의 정도가 환경영향평가를 하지 아니한 것과 같은 정도가 아닌 한 당해 승인 등 처분이 위법하게 되는 것은 아니다.

정답 ②

① ○ 운전면허에 대한 정지처분권한은 경찰청장으로부터 경찰서장에게 권한위임된 것이므로 음주운전자를 적발한 단속경찰관으로서는 관할 경찰서장의 명의로 운전면허정지처분을 대행처리할 수 있을지는 몰라도 자신의 명의로 이를 할 수는 없다 할 것이므로, **단속경찰관이 자신의 명의로** 운전면허행정처분통지서를 작성·교부하여 행한 **운전면허정지처분**은 비록 그 처분의 내용·사유·근거 등이 기재된 서면을 교부하는 방식으로 행하여졌다고 하더라도 권한 없는 자에 의하여 행하여진 점에서 **무효**의 처분에 해당한다(대판 1997.5.16. 97누2313).

② ✕ 지방병무청장이 재신체검사 등을 거쳐 현역병입영대상편입처분을 보충역편입처분이나 제2국민역편입처분으로 변경하거나 보충역편입처분을 제2국민역편입처분으로 변경하는 경우 비록 새로운 병역처분의 성립에 하자가 있다고 하더라도 그것이 당연무효가 아닌 한 일단 유효하게 성립하고 제소기간의 경과 등 형식적 존속력이 생김과 동시에 종전의 병역처분의 효력은 취소 또는 철회되어 확정적으로 상실된다고 보아야 할 것이므로 그 후 **새로운 병역처분의 성립에 하자가 있었음을 이유로 하여 이를 취소한다고 하더라도 종전의 병역처분의 효력이 되살아난다고 할 수 없다**(대판 2002.5.28. 2001두9653).

③ ○ 일반적으로 조례가 법률 등 상위법령에 위배된다는 사정은 그 조례의 규

정을 위법하여 무효라고 선언한 대법원의 판결이 선고되지 아니한 상태에서는 그 조례규정의 위법 여부가 해석상 다툼의 여지가 없을 정도로 명백하였다고 인정되지 아니하는 이상 객관적으로 명백한 것이라 할 수 없으므로, 이러한 조례에 근거한 행정처분의 하자는 **취소사유**에 해당할 뿐 무효사유가 된다고 볼 수는 없다(대판 2009.10.29. 2007두26285).

④ ○ 환경영향평가를 거쳐야 할 대상사업에 대하여 **환경영향평가를 거치지 아니하였음**에도 불구하고 승인 등 처분이 이루어진다면, 이러한 행정처분의 하자는 법규의 중요한 부분을 위반한 중대한 것이고 객관적으로도 명백한 것이라고 하지 않을 수 없어, 이와 같은 행정처분은 **당연무효**이다(대판 2006.6.30. 2005두14363). 그러나 환경영향평가법령에서 정한 환경영향평가절차를 거쳤으나 그 **환경영향평가의 내용이 부실**한 경우, 그 부실의 정도가 환경영향평가를 하지 아니한 것과 다를 바 없는 정도의 것이 아닌 이상, 그 부실은 당해 승인 등 처분에 재량권 일탈·남용의 위법이 있는지 여부를 판단하는 하나의 요소로 됨에 그칠 뿐, 그 부실로 인하여 당연히 당해 승인 등 처분이 **위법하게 되는 것은 아니다**(대판 2006.3.16. 2006두330 전합).

12 제소기간(61), 행정심판과 행정소송의 관계(69), 행정심판 임의주의(60)

취소소송의 소송요건에 관한 설명으로 옳지 않은 것은?

① 취소소송은 처분 등이 있음을 안 날부터 90일 이내, 처분 등이 있은 날부터 1년 이내에 제기하여야 하며 둘 중 하나의 기간이라도 도래하면 그 소제기는 부적법하다.
② 불특정 다수인에 대한 행정처분을 고시에 의하여 하는 경우, 그 행정처분에 이해관계를 갖는 자는 고시가 있었다는 사실을 현실적으로 알았는지 여부에 관계없이 고시가 효력을 발생하는 날부터 90일 이내에 취소소송을 제기하여야 한다.
③ 필요적 행정심판전치주의가 적용되는 경우, 원고가 전심절차에서 주장하지 아니한 처분의 위법사유를 소송절차에서 새로이 주장한 경우에는 다시 그 처분에 대하여 별도의 전심절차를 거쳐야 한다.
④ 필요적 행정심판전치주의가 적용되는 경우에도 서로 내용상 관련되는 처분 또는 같은 목적을 위하여 단계적으로 진행되는 처분 중 어느 하나가 이미 행정심판의 재결을 거친 때는 행정심판을 제기함이 없이 취소소송을 제기할 수 있다.

정답 ③

① ○ 「행정소송법」 제20조 제1항의 기간과 제2항의 기간 중 어느 하나라도 먼저 경과하면 취소소송을 제기할 수 없다.

「행정소송법」 제20조(제소기간) ① 취소소송은 처분 등이 있음을 안 날부터 90일 이내에 제기하여야 한다. 다만, 제18조 제1항 단서에 규정한 경우와 그 밖에 행정심판청구를 할 수 있는 경우 또는 행정청이 행정심판청구를 할 수 있다고 잘못 알린 경우에 행정심판청구가 있은 때의 기간은 재결서의 정본을 송달받은 날부터 기산한다.
② 취소소송은 처분 등이 있은 날부터 1년(제1항 단서의 경우는 재결이 있은 날부터 1년)을 경과하면 이를 제기하지 못한다. 다만, 정당한 사유가 있는 때에는 그러하지 아니하다.
③ 제1항의 규정에 의한 기간은 불변기간으로 한다.

② ○ 고시에 의한 처분은 효력발생일로부터 90일 내에 제기해야 한다.

• 통상 고시 또는 공고에 의하여 행정처분을 하는 경우에는 그 처분의 상대방이 불특정 다수인이고, 그 처분의 효력이 불특정 다수인에게 일률적으로 적용되는 것이므로, 그 행정처분에 이해관계를 갖는 자는 고시 또는 공고가 있었다는 사실을 현실적으로 알았는지 여부에 관계없이 고시가 효력을 발생하는 날에 행정처분이 있음을 알았다고 보아야 하고, 따라서 그에 대한 취소소송은 그 날로부터 90일 이내에 제기하여야 한다(대판 2000.9.8. 99두11257; 대판 1995.8.22. 94누5694 전합).

③ × 항고소송에서 원고는 사실심의 변론종결시까지는 새로운 사유를 주장할 수 있으므로 행정심판절차에서 주장하지 아니한 위법사유도 소송절차에서 주장할 수 있고, 이 경우 별도의 전심절차를 거쳐야 하는 것은 아니다.

• 항고소송에 있어서 원고는 전심절차(행정심판)에서 주장하지 아니한 공격·방어방법을 소송절차에서 주장할 수 있고 법원은 이를 심리하여 행정처분의 적법 여부를 판단할 수 있는 것이므로, 원고가 전심절차에서 주장하지 아니한 처분의 위법사유를 소송절차에서 새롭게 주장하였다고 하여 다시 그 처분에 대하여 별도의 전심절차를 거쳐야 하는 것은 아니다(대판 1996.6.14. 96누754).

④ ○ 행정심판을 제기할 필요가 없는 경우와 재결을 거칠 필요가 없는 경우를 아래 조문을 통해 다시 확인해두자.

「행정소송법」 제18조(행정심판과의 관계) ① 취소소송은 법령의 규정에 의하여 당해 처분에 대한 행정심판을 제기할 수 있는 경우에도 이를 거치지 아니하고 제기할 수 있다. 다만, 다른 법률에 당해 처분에 대한 행정심판의 재결을 거치지 아니하면 취소소송을 제기할 수 없다는 규정이 있는 때에는 그러하지 아니하다.
② 제1항 단서의 경우에도 다음 각 호의 1에 해당하는 사유가 있는 때에는 행정심판의 재결을 거치지 아니하고(빨리) 취소소송을 제기할 수 있다.
　　　　　　　　　　　　　　　6손재정빨
　1. 행정심판청구가 있은 날로부터 60일이 지나도 재결이 없는 때
　2. 처분의 집행 또는 절차의 속행으로 생길 중대한 **손**해를 예방하여야 할 긴급한 필요가 있는 때
　3. 법령의 규정에 의한 행정심판기관이 의결 또는 **재**결을 하지 못할 사유가 있는 때
　4. 그 밖의 **정**당한 사유가 있는 때
③ 제1항 단서의 경우에 다음 각 호의 1에 해당하는 사유가 있는 때에는 행정심판을 제기함이 없이(無) 취소소송을 제기할 수 있다.
　　　　　　　　　　　　　　　오단변동무(無)
　1. **동**종사건에 관하여 이미 행정심판의 기각재결이 있은 때
　2. 서로 내용상 관련되는 처분 또는 같은 목적을 위하여 **단**계적으로 진행되는 처분 중 어느 하나가 이미 행정심판의 재결을 거친 때
　3. 행정청이 사실심의 변론종결 후 소송의 대상인 처분을 **변**경하여 당해 변경된 처분에 관하여 소를 제기하는 때
　4. 처분을 행한 행정청이 행정심판을 거칠 필요가 없다고 잘못 알린 때(편저자: **오**고지)

13 사전통지·의견청취(39), 「행정절차법」 – 적용범위(38)

「행정절차법」상 사전통지에 대한 설명으로 옳지 않은 것만을 모두 고르면?

> ㄱ. 처분의 사전통지의무가 면제되는 경우라도 의견청취의무는 면제되지 않는다.
> ㄴ. 처분의 전제가 되는 '일부' 사실만 증명된 경우이거나 의견청취에 따라 행정청의 처분 여부나 처분 수위가 달라질 수 있는 경우도 「행정절차법 시행령」에서 정한 '법원의 재판 또는 준사법적 절차를 거치는 행정기관의 결정 등에 따라 처분의 전제가 되는 사실이 객관적으로 증명되어 처분에 따른 의견청취가 불필요하다고 인정되는 경우'에 해당하므로 사전통지를 하지 않을 수 있다.
> ㄷ. 「국가공무원법」상 직위해제처분은 당해 행정작용의 성질상 행정절차를 거치기 곤란하거나 불필요하다고 인정되는 사항 또는 행정절차에 준하는 절차를 거친 사항에 해당하지 않으므로, 처분의 사전통지 및 의견청취 등에 관한 「행정절차법」의 규정이 적용되어야 한다.
> ㄹ. 무단으로 용도변경된 건물에 대해 건물주에게 시정명령이 있을 것과 불이행시 이행강제금이 부과될 것이라는 점을 설명한 후, 다음 날 시정명령을 한 경우, 비록 현장조사에서 원고가 위반사실을 시인하였거나 위반경위를 진술하였다고 하여도 처분의 사전통지 혹은 의견제출의 기회를 부여하지 않았다면 위법하다.

① ㄱ, ㄴ, ㄷ ② ㄱ, ㄷ, ㄹ
③ ㄴ, ㄷ   ④ ㄷ, ㄹ

정답 ①

ㄱ. ✗ 사전통지의무가 면제되는 경우에는 의견청취의무도 면제된다.

> 「행정절차법」 제22조(의견청취) ④ 제1항부터 제3항까지의 규정에도 불구하고 제21조 제4항 각 호의 어느 하나에 해당하는 경우와 당사자가 의견진술의 기회를 포기한다는 뜻을 명백히 표시한 경우에는 의견청취를 하지 아니할 수 있다.
>
> 제21조(처분의 사전통지) ④ 다음 각 호의 어느 하나에 해당하는 경우에는 제1항에 따른 통지를 하지 아니할 수 있다. (각 호 생략)

ㄴ. ✗ 처분의 전제가 되는 '일부' 사실만 증명된 경우이거나 의견청취에 따라 행정청의 처분 여부나 처분 수위가 달라질 수 있는 경우는 의견청취 예외사유에 해당하지 않는다.

- 「행정절차법」 제21조, 제22조, 「행정절차법 시행령」 제13조의 내용을 「행정절차법」의 입법목적과 의견청취제도의 취지에 비추어 종합적·체계적으로 해석하면, 「행정절차법 시행령」 제13조 제2호에서 정한 '법원의 재판 또는 준사법적 절차를 거치는 행정기관의 결정 등에 따라 처분의 전제가 되는 사실이 객관적으로 증명되어 처분에 따른 의견청취가 불필요하다고 인정되는 경우'는 법원의 재판 등에 따라 처분의 전제가 되는 사실이 객관적으로 증명되면 행정청이 반드시 일정한 처분을 해야 하는 경우 등 의견청취가 행정청의 처분 여부나 그 수위 결정에 영향을 미치지 못하는 경우를 의미한다고 보아야 한다. 처분의 전제가 되는 '일부' 사실만 증명된

경우이거나 의견청취에 따라 행정청의 처분 여부나 처분 수위가 달라질 수 있는 경우라면 위 예외사유에 해당하지 않는다(대판 2020.7.23. 2017두66602).

ㄷ. ✗ 직위해제처분에는 처분의 사전통지 및 의견청취 등에 관한 「행정절차법」 규정이 적용되지 않는다.

- 「국가공무원법」상 직위해제처분은 구 「행정절차법」 제3조 제2항 제9호, 구 「행정절차법 시행령」 제2조 제3호에 의하여 당해 행정작용의 성질상 행정절차를 거치기 곤란하거나 불필요하다고 인정되는 사항 또는 행정절차에 준하는 절차를 거친 사항에 해당하므로, 처분의 사전통지 및 의견청취 등에 관한 「행정절차법」의 규정이 별도로 적용되지 않는다(대판 2014.5.16. 2012두26180).

ㄹ. ○ 무단으로 용도변경된 건물에 대해 건물주에게 시정명령이 있을 것과 불이행시 이행강제금이 부과될 것이라는 점을 설명한 후, 다음 날 시정명령을 한 경우 비록 현장조사에서 원고가 **위반사실을 시인**하였다거나 위반경위를 진술하였더라도 그것만으로는 「행정절차법」 제21조 제4항 제3호가 정한 '의견청취가 현저히 곤란하거나 명백히 불필요하다고 인정될 만한 상당한 이유가 있는 경우'로서 처분의 사전통지를 하지 아니하여도 되는 경우에 해당한다고 볼 수도 없다(대판 2016.10.27. 2016두41811).

14 대상적격(52, 53)

행정법관계에 대한 설명 중 옳지 않은 것은?

① 지방자치단체가 일반재산을 「지방자치단체를 당사자로 하는 계약에 관한 법률」에 따라 입찰이나 수의계약을 통해 매각할 때에는 사적 자치와 계약자유의 원칙이 적용된다.
② 대부료 징수에 관하여 「국세징수법」 중 체납처분에 관한 규정을 준용하고 있다고 하여도 일반재산인 국유림의 대부료 납입고지는 행정소송의 대상이 아니다.
③ 지방자치단체가 A주식회사를 자원회수시설과 부대시설의 운영·유지관리 등을 위탁할 민간사업자로 선정하고 A주식회사와 체결한 위 시설에 관한 위·수탁 운영협약은 사법상 계약에 해당한다.
④ 「국가를 당사자로 하는 계약에 관한 법률」상 입찰보증금의 국고귀속조치의 무효를 주장하며 입찰보증금의 반환을 구하는 것은 공법상 당사자소송의 대상이다.

정답 ④

① ○ 지방자치단체가 **일반재산을 입찰이나 수의계약을 통해 매각**하는 것은 기본적으로 사경제주체의 지위에서 하는 행위이므로 원칙적으로 사적 자치와 계약자유의 원칙이 적용된다(대판 2017.11.14. 2016다201395).

② ○ 국유잡종재산(편저자: 현 일반재산)을 대부하는 행위는 국가가 사경제주체로서 상대방과 대등한 위치에서 행하는 사법상의 계약이고, 국유잡종재산에 관한 대부료의 납부고지 역시 사법상의 이행청구에 해당하며, 이를 행정처분이라고 할 수 없다(대판 2000.2.11. 99다61675).

③ ○ 지방자치단체가 사인과 체결한 시설(자원회수시설) 위탁운영협약은 사법상 계약이다.

- 甲지방자치단체가 乙주식회사 등 4개 회사로 구성된 공동수급체를 자원회수시설과 부대시설의 운영·유지관리 등을 위탁할 민간사업자로 선정하고

乙회사 등의 공동수급체와 위 시설에 관한 위·수탁운영협약을 체결하였는데, 민간위탁 사무감사를 실시한 결과 乙회사 등이 위 협약에 근거하여 노무비와 복지후생비 등 비정산비용 명목으로 지급받은 금액 중 집행되지 않은 금액에 대하여 회수하기로 하고 乙회사에 이를 납부하라고 통보하자, 乙회사 등이 이를 납부한 후 회수통보의 무효확인 등을 구하는 소송을 제기한 사안에서, 위 협약은 甲지방자치단체가 사인인 乙회사 등에 위 시설의 운영을 위탁하고 그 위탁운영비용을 지급하는 것을 내용으로 하는 용역계약으로서 상호 대등한 입장에서 당사자의 합의에 따라 체결한 **사법상 계약에 해당한다**(대판 2019.10.17. 2018두60588).

④ ✕ 「국가를 당사자로 하는 계약에 관한 법률」상 입찰보증금의 국고귀속조치는 민사소송의 대상이 된다.

- (구) 「예산회계법」에 따라 체결되는 계약은 사법상의 계약이라고 할 것이고 동법 제70조의5의 입찰보증금은 낙찰자의 계약체결의무이행의 확보를 목적으로 하여 그 불이행시에 이를 국고에 귀속시켜 국가의 손해를 전보하는 사법상 손해배상예정의 성질을 갖는 것이므로 **입찰보증금의 국고귀속조치**는 국가가 사법상 재산권의 주체로서 행위하는 것이지 공권력을 행사하는 것이거나 공권력작용과 일체성을 가진 것이 아니므로 이에 관한 분쟁은 행정소송이 아닌 **민사소송의 대상**이 될 수밖에 없다고 할 것이다(대판 1983.12.27. 81누366).

15 법규명령(14), 행정규칙(15), 형성적 VA(19), 건축 관련 쟁점(24)

판례의 입장으로 옳지 않은 것은?

① 집행명령의 경우 법률의 구체적·개별적 위임 여부 등이 문제되지 않지만 상위법의 집행과 무관한 독자적인 내용을 정할 수 없다는 한계가 있다.
② 「국토의 계획 및 이용에 관한 법률 시행령」 제56조 제4항의 위임에 따라 국토교통부장관이 국토교통부 훈령으로 정한 '개발행위허가운영지침'은 법령보충규칙으로서 상위법령과 결합하여 대외적 구속력이 있다. 따라서 행정처분이 위 지침에 따라 이루어졌다면, 해당 처분이 적법한지는 위 지침에 위배되는지 여부를 1차적으로 고려하여 판단해야 한다.
③ 학교법인이 용도변경이나 의무부담을 내용으로 하는 계약을 체결한 경우 반드시 계약 전에 「사립학교법」 제28조 제1항에 따른 관할청의 허가를 받아야만 하는 것은 아니고 계약 후라도 관할청의 허가를 받으면 유효하게 될 수 있다.
④ 건축신고수리처분 당시 건축주가 장래에도 「국토의 계획 및 이용에 관한 법률」상 개발행위(토지형질변경)허가를 받지 않거나 받지 못할 것이 명백하였음에도 '부지확보' 요건을 완비하지 못한 상태에서 건축신고 수리처분이 이루어진 경우, 그 건축신고수리처분은 위법하다.

정답 ②

① ○ **집행명령의 경우 법률의 구체적·개별적 위임 여부 등이 문제되지 않고, 다만 상위법의 집행과 무관한 독자적인 내용을 정할 수 없다는 한계가 있다.** 심판대상조항은 청구인이 「방송법」 제67조 제2항에 따라 수신료 징수업무를 위탁하는 경우, 수탁자가 수신료를 징수할 때 고유업무와 관련된 고지행위와 결합하여 이를 행하지 않도록 하는 수신료 징수업무의 구체적인 시행방법을 규정하고 있을 뿐이라는 점에서, 「방송법」 제65조 및 제67조 제2항의 집행과 무관한 새로운 법률사항을 정한 것이라고 보기 어렵고, 집행명령의 한계를 일탈하였다고 볼 수도 없다. 따라서 심판대상조항은 법률유보원칙에 위배된다고 볼 수 없다(헌재 2024.5.30. 2023헌마820·2023헌마862 병합 전원).

② ✕ 「국토의 계획 및 이용에 관한 법률 시행령」(이하 '국토계획법 시행령'이라 한다) 제56조 제1항 [별표 1의2] '개발행위허가기준'은 「국토의 계획 및 이용에 관한 법률」 제58조 제3항의 위임에 따라 제정된 대외적으로 구속력 있는 법규명령에 해당한다. 그러나 국토계획법 시행령 제56조 제4항은 국토교통부장관이 제1항의 개발행위허가기준에 대한 '세부적인 검토기준'을 정할 수 있다고 규정하였을 뿐이므로, 그에 따라 **국토교통부장관이 국토교통부 훈령으로 정한 '개발행위허가운영지침'**은 국토계획법 시행령 제56조 제4항에 따라 정한 개발행위허가기준에 대한 세부적인 검토기준으로, 상급행정기관인 국토교통부장관이 소속 공무원이나 하급행정기관에 대하여 개발행위허가업무와 관련하여 국토계획법령에 규정된 개발행위허가기준의 해석·적용에 관한 세부기준을 정하여 둔 **행정규칙(재량준칙)**에 불과하여 대외적 구속력이 없다. 따라서 행정처분이 위 지침에 따라 이루어졌더라도, 해당 처분이 적법한지는 국토계획법령에서 정한 개발행위허가기준과 비례·평등원칙과 같은 법의 일반원칙에 적합한지 여부에 따라 판단해야 한다(대판 2023.2.2. 2020두43722).

③ ○ 학교법인이 기본재산에 대한 용도변경 등을 하거나 의무를 부담하려는 경우에는 관할청의 허가를 받아야 하고(「사립학교법」 제28조 제1항 본문), 허가 없이 이러한 행위를 하면 효력이 없으나 반드시 계약 전에 「사립학교법」 제28조 제1항에 따른 관할청의 허가를 받아야만 하는 것은 아니고 **계약 후라도** 관할청의 **허가를 받으면 유효**하게 될 수 있다. 그러나 이러한 계약은 관할청의 불허가처분이 있는 경우뿐만 아니라 당사자가 허가신청을 하지 않을 의사를 명백히 표시하거나 계약을 이행할 의사를 철회한 경우 또는 그 밖에 관할청의 허가를 받는 것이 사실상 불가능하게 된 경우 무효로 확정된다(대판 2022.1.27. 2019다289815).

④ ○ 건축물의 건축은 건축주가 그 부지를 적법하게 확보한 경우에만 허용될 수 있다. 건축행정청이 추후 별도로 국토계획법상 개발행위(토지형질변경)허가를 받을 것을 명시적 조건으로 하거나 또는 묵시적인 전제로 하여 건축주에 대하여 「건축법」상 건축신고수리처분을 한다면, 이는 가까운 장래에 '부지확보' 요건을 갖출 것을 전제로 한 경우이므로 그 건축신고수리처분이 위법하다고 볼 수는 없다. 그러나, '부지확보' 요건을 완비하지 못한 상태에서 건축신고수리처분이 이루어졌음에도 그 처분 당시 건축주가 장래에도 토지형질변경허가를 받지 않거나 받지 못할 것이 명백하였다면, 그 건축신고수리처분은 '부지확보'라는 수리요건이 갖추어지지 않음이 확정된 상태에서 이루어진 처분으로서 적법하다고 볼 수 없다(대판 2023.9.21. 2022두31143).

16 거부처분(54), 가구제(62), 판결(65)

「행정소송법」상 가구제에 관한 설명 중 옳지 않은 것은?

① 거부처분은 그 효력이 정지되더라도 그 처분이 없었던 것과 같은 상태를 만드는 것에 지나지 아니하는 것이므로 집행정지를 신청할 이익이 없다.

② 항고소송의 대상이 되는 행정처분의 효력이나 집행 혹은 절차속행 등의 정지를 구하는 신청은 「행정소송법」상 집행정지신청의 방법으로만 가능할 뿐 「민사소송법」상 가처분의 방법으로는 허용될 수 없다.

③ 본안소송에서 처분의 취소가능성이 없음에도 처분의 효력이나 집행의 정지를 인정한다는 것은 제도의 취지에 반하므로 효력정지나 집행정지사건 자체에 의하여도 신청인의 본안청구가 이유 없음이 명백하지 않아야 한다는 것도 효력정지나 집행정지의 요건에 포함시켜야 한다.

④ 「행정소송법」 제23조에 규정된 집행정지의 요건으로서의 '회복하기 어려운 손해'라 함은 특별한 사정이 없는 한 금전으로 보상할 수 없는 손해를 말하므로 과징금을 납부하기 위하여 무리하게 외부자금을 차입할 경우 자금사정이 악화되어 회사의 존립 자체가 위태롭게 될 정도의 중대한 경영상의 위기를 맞게 될 우려가 있다는 사정은 집행정지요건인 회복하기 어려운 손해에 해당하지 않는다.

정답 ④

① ○ 거부처분에 대한 집행정지는 허용되지 않는다.
• 신청에 대한 거부처분의 효력을 정지하더라도 거부처분이 없었던 것과 같은 상태, 즉 거부처분이 있기 전의 신청시의 상태로 되돌아가는 데에 불과하고 행정청에 신청에 따른 처분을 하여야 할 의무가 생기는 것이 아니므로, 거부처분의 효력정지는 그 거부처분으로 인하여 신청인에게 생길 손해를 방지하는 데 아무런 보탬이 되지 아니하여 그 효력정지를 구할 이익이 없다.(대결 1995.6.21. 95두26).

② ○ 항고소송에서는 「민사집행법」상 가처분이 허용되지 않는다.
• 「민사소송법」상의 보전처분(편저자: 2002.1.26. 제정 「민사집행법」 제4편 보전처분)은 민사판결절차에 의하여 보호받을 수 있는 권리에 관한 것이므로, 「민사소송법」상의 가처분으로써 행정청의 어떠한 행정행위의 금지를 구하는 것은 허용될 수 없다 할 것이다.(대결 1992.7.6. 92마54).

③ ○ 본안청구가 이유 없음이 명백하지 않아야 한다는 것도 집행정지의 요건에 포함된다.
• 행정처분의 효력정지나 집행정지를 구하는 신청사건에서 행정처분 자체의 적법 여부는 궁극적으로 본안재판에서 심리를 거쳐 판단할 성질의 것이므로 원칙적으로는 판단할 것이 아니고 그 행정처분의 효력이나 집행을 정지할 것인가에 대한 「행정소송법」 제23조 제2항, 제3항에 정해진 요건의 존부만이 판단의 대상이 된다고 할 것이지만, 효력정지나 집행정지는 신청인이 본안소송에서 승소판결을 받을 때까지 그 지위를 보호함과 동시에 후에 받을 승소판결을 무의미하게 하는 것을 방지하려는 것이어서 본안소송에서 처분의 취소가능성이 없음에도 처분의 효력이나 집행의 정지를 인정한다는 것은 제도의 취지에 반하므로 효력정지나 집행정지사건 자체에 의하여도 신청인의 본안청구가 이유 없음이 명백하지 않아야 한다는 것도 효력정지나 집행정지의 요건에 포함시켜야 한다(대결 1997.4.28. 96두75).

④ × 중대한 경영상의 위기는 회복하기 어려운 손해에 포함된다.
• 「행정소송법」 제23조 제2항에 정하고 있는 행정처분 등의 집행정지요건인 '회복하기 어려운 손해'라 함은 특별한 사정이 없는 한 금전으로 보상할 수 없는 손해로서 … 사업여건의 악화 및 막대한 부채비율로 인하여 외부자금의 신규차입이 사실상 중단된 상황에서 285억원 규모의 과징금을 납부하기 위하여 무리하게 외부자금을 신규차입하게 되면 주거래은행에 대한 재무구조개선약정을 지키지 못하게 되어 사업자가 중대한 경영상의 위기를 맞게 될 것으로 보이는 경우, 그 과징금납부명령의 처분으로 인한 손해는 효력정지 내지 집행정지의 적극적 요건인 '회복하기 어려운 손해'에 해당한다
(대결 2003.10.9. 2003무23; 대결 2001.10.10. 2001무29).

17 대상적격(52, 53), 심리(63)

항고소송에 대한 설명으로 옳은 것만을 모두 고르면?

ㄱ. 「하도급거래 공정화에 관한 법률」상 벌점 부과행위는 입찰참가자격의 제한 요청 등의 기초자료로 사용하기 위한 것이고 사업자의 권리·의무에 직접 영향을 미치는 행위라고 볼 수 없으므로 항고소송의 대상이 되는 행정처분에 해당하지 아니한다.

ㄴ. 기존의 행정처분을 변경하는 내용의 행정처분이 뒤따르는 경우, 후속처분의 내용이 종전 처분의 유효를 전제로 그 내용 중 일부만을 추가·철회·변경하는 것이고 그 추가·철회·변경된 부분이 그 내용과 성질상 나머지 부분과 불가분적인 것이 아닌 경우에는, 후속처분에도 불구하고 종전 처분이 여전히 항고소송의 대상이 되지만, 후속처분이 종전 처분을 완전히 대체하는 것이거나 그 주요 부분을 실질적으로 변경하는 내용인 경우에는 특별한 사정이 없는 한 종전 처분은 그 효력을 상실하고 후속처분만이 항고소송의 대상이 된다.

ㄷ. 「총포·도검·화약류 등의 안전관리에 관한 법률」에 따른 총포·화약안전기술협회가 회비납부의무자에 대하여 한 회비납부통지는 사실상의 안내에 불과하여 항고소송의 대상이 되는 처분에 해당하지 않는다.

ㄹ. 행정소송에서 증명책임은 원칙적으로 민사소송의 일반원칙에 따라 당사자 간에 분배되고, 항고소송은 그 특성에 따라 해당 처분의 적법성을 주장하는 피고에게 적법사유에 대한 증명책임이 있으나, 처분의 무효확인을 구하는 행정소송에서는 원고에게 무효인 사유를 주장·증명할 책임이 있고, 이는 무효확인을 구하는 뜻에서 행정처분의 취소를 구하는 소송에 있어서도 마찬가지이다.

① ㄱ, ㄴ, ㄷ ② ㄱ, ㄴ, ㄹ
③ ㄱ, ㄷ, ㄹ ④ ㄴ, ㄷ, ㄹ

정답 ②

ㄱ. ○ 「하도급거래 공정화에 관한 법률」(이하 '하도급법')상 벌점 부과행위는 입

찰참가자격의 제한 요청 등의 기초자료로 사용하기 위한 것이고 사업자의 권리·의무에 직접 영향을 미치는 행위라고 볼 수 없으므로 항고소송의 대상이 되는 행정처분에 해당하지 아니한다(대판 2023.1.12. 2020두50683).

ㄴ. ○ 기존의 행정처분을 변경하는 내용의 행정처분이 뒤따르는 경우, 후속처분이 종전 처분을 **완전히 대체**하는 것이거나 그 **주요 부분을 실질적으로 변경**하는 내용인 경우에는 특별한 사정이 없는 한 종전 처분은 그 효력을 상실하고 **후속처분만이 항고소송의 대상**이 된다. 그러나 후속처분의 내용이 종전 처분의 유효를 전제로 그 내용 중 **일부만을 추가·철회·변경**하는 것이고 그 추가·철회·변경된 부분이 그 내용과 성질상 **나머지 부분과 불가분적인 것이 아닌 경우**에는, 후속처분에도 불구하고 **종전 처분이 여전히 항고소송의 대상**이 된다고 보아야 한다(대판 2015.11.19. 2015두295 전합).

ㄷ. ✗ 공법인인 총포·화약안전기술협회의 '회비납부통지'는 '부담금부과처분'으로서 항고소송의 대상이 된다.
- 「총포·도검·화약류 등의 안전관리에 관한 법률 시행령」제78조 제1항 제3호, 제79조 및 총포·화약안전기술협회(이하 '협회'라 한다) 정관의 관련규정의 내용을 위 법리에 비추어 살펴보면, 공법인인 협회가 자신의 공행정활동에 필요한 재원을 마련하기 위하여 회비납부의무자에 대하여 한 '**회비납부통지**'는 납부의무자의 구체적인 부담금액을 산정·고지하는 '부담금부과처분'으로서 항고소송의 대상이 된다고 보아야 한다(대판 2021.12.30. 2018다241458).

ㄹ. ○ **무효확인소송**에서는 **원고에게 행정처분이 무효인 사유를 주장·증명할 책임**이 있고, **무효확인을 구하는 취소소송(무효선언적 의미의 취소소송)**에 있어서도 **마찬가지**이다.
- 「민사소송법」이 준용되는 행정소송에서 증명책임은 원칙적으로 민사소송의 일반원칙에 따라 당사자 간에 분배되고, 항고소송은 그 특성에 따라 해당 처분의 적법성을 주장하는 피고에게 적법사유에 대한 증명책임이 있으나, 예외적으로 행정처분의 당연무효를 주장하여 **무효확인을 구하는 행정소송**에서는 **원고에게 행정처분이 무효인 사유를 주장·증명할 책임**이 있고, 이는 **무효확인을 구하는 뜻에서 행정처분의 취소를 구하는 소송**에 있어서도 마찬가지이다(편저자: 원고에게 주장·증명책임)(대판 2023.6.29. 2020두46073).

18 인·허가의제(18), 건축 관련 쟁점(24)

甲과 乙은 A시에서 「국토의 계획 및 이용에 관한 법률」이 정한 용도지역 안에서 각각 건축을 하고자 한다. 甲은 「건축법」상 건축허가를 신청하였으며 乙은 「건축법」상 건축신고를 하였다. 이에 대한 설명으로 옳지 않은 것만을 모두 고르면?

> 「건축법」제11조(건축허가) ⑤ 제1항에 따른 건축허가를 받으면 다음 각 호의 허가 등을 받거나 신고를 한 것으로 본다.
> 3. 「국토의 계획 및 이용에 관한 법률」제56조에 따른 개발행위허가
>
> 제14조(건축신고) ① 제11조에 해당하는 허가대상 건축물이라 하더라도 다음 각 호의 어느 하나에 해당하는 경우에는 미리 특별자치시장·특별자치도지사 또는 시장·군수·구청장에게 국토교통부령으로 정하는 바에 따라 신고를 하면 건축허가를 받은 것으로 본다.
> ② 제1항에 따른 건축신고에 관하여는 제11조 제5항을 준용한다.
>
> ※ 위 법조항은 사안에 맞추어 수정된 것임.

> ㄱ. 甲과 乙은 「건축법」상 건축허가신청 또는 건축신고를 하면서 관련 인·허가의제처리를 신청할 의무가 있다.
> ㄴ. 甲의 건축허가신청을 받은 A시장은 허가를 할 때에 건축주 또는 토지소유자가 누구인지 등 인적 요소에 관하여도 실질적으로 심사하여야 한다.
> ㄷ. A시장은 乙의 건축신고가 「건축법」에서 정하는 명시적인 제한에 배치되지 않는 경우에도 건축을 허용하지 않아야 할 중대한 공익상 필요가 있는 경우에는 건축신고의 수리를 거부할 수 있다.
> ㄹ. 乙의 건축신고는 수리를 요하는 신고로서, 乙이 건축신고를 하면서 개발행위허가 관련서류도 함께 제출하였으나 乙의 건축신고가 「국토의 계획 및 이용에 관한 법률」상 개발행위허가기준을 갖추지 못한 경우 A시장은 건축신고의 수리를 거부할 수 있다.

① ㄱ, ㄴ
② ㄱ, ㄷ
③ ㄴ, ㄷ
④ ㄴ, ㄷ, ㄹ

정답 ①

ㄱ. ✗ 어떤 인·허가의 근거법령에서 절차간소화를 위하여 관련 인·허가를 의제처리할 수 있는 근거규정을 둔 경우에는, 사업시행자가 인·허가를 신청하면서 하나의 절차 내에서 관련 인·허가를 의제처리해 줄 것을 신청할 수 있다. 관련 인·허가의제제도는 사업시행자의 이익을 위하여 만들어진 것이므로, 사업시행자가 반드시 **관련 인·허가의제처리를 신청할 의무가 있는 것은 아니다**(대판 2023.9.21. 2022두31143).

ㄴ. ✗ 건축허가는 대물적 성질을 갖는 것이어서 행정청으로서는 허가를 할 때에 건축주 또는 토지소유자가 누구인지 등 인적 요소에 관하여는 형식적 심사만 한다(대판 2017.3.15. 2014두41190).

ㄷ. ○ 건축허가권자는 건축신고가 「건축법」, 「국토의 계획 및 이용에 관한 법률」등 관계법령에서 정하는 명시적인 제한에 배치되지 않는 경우에도 건축을 허용하지 않아야 할 중대한 공익상 필요가 있는 경우에는 건축신고의 수리를 거부할 수 있다(대판 2019.10.31. 2017두74320).

ㄹ. ㅇ 「건축법」 제14조 제2항에 의한 **인·허가의제효과를 수반하는 건축신고**는 일반적인 건축신고와 달리 행정청이 그 실체적 요건에 관한 심사를 한 후 수리하여야 하는 이른바 '수리를 요하는 신고'에 해당한다. … 「국토의 계획 및 이용에 관한 법률」 제58조 제1항 제4호에서는 개발행위허가의 기준으로 주변지역의 토지이용실태 또는 토지이용계획, 건축물의 높이, 토지의 경사도, 수목의 상태, 물의 배수, 하천·호소·습지의 배수 등 주변 환경이나 경관과 조화를 이룰 것을 규정하고 있으므로, 「국토의 계획 및 이용에 관한 법률」상의 **개발행위허가로 의제되는 건축신고가 개발행위허가의 기준을 갖추지 못한 경우** 행정청으로서는 이를 이유로 그 **수리를 거부할 수 있다** (대판 2011.1.20. 2010두14954 전합).

19 「행정절차법」 – 적용범위(38), 조문(37)

「행정절차법」에 관한 내용으로 옳은 것은?

① 「행정절차법」은 처분, 신고, 행정상 입법예고, 행정예고, 행정지도의 절차에 관하여 명문의 규정을 두고 있으나, 확약, 공법상 계약, 행정계획, 행정조사절차 등에 대해서는 규정하지 않고 있다.
② 행정청은 주요 정책 등에 관한 국민과 전문가의 의견을 듣거나 국민이 참여할 수 있는 온라인 또는 오프라인 창구를 설치·운영하여야 한다.
③ 행정예고기간은 예고내용의 성격 등을 고려하여 정하되, 20일 이상으로 하며 단축할 수 없다.
④ 「행정절차법」은 '청문'뿐만 아니라 '의견제출'의 경우에도 문서의 열람을 인정하고 있다.

정답 ④

① ✕ 2022년 개정 「행정절차법」은 '확약'에 관한 규정과, 위반사실 등의 공표, 행정계획과 관련한 형량명령에 대한 규정을 신설하였다. 「행정절차법」은 공법상 계약, 행정조사절차 등에 대해서는 규정하지 않고 있다.

「행정절차법」 제3조(적용범위) ① 처분, 신고, 확약, 위반사실 등의 공표, 행정계획, 행정상 입법예고, 행정예고 및 행정지도의 절차(이하 '행정절차'라 한다)에 관하여 다른 법률에 특별한 규정이 있는 경우를 제외하고는 이 법에서 정하는 바에 따른다.

② ✕ 설치·운영하여야 한다(✕) → 설치·운영할 수 있다(○)

「행정절차법」 제52조의3(국민참여 창구) 행정청은 주요 정책 등에 관한 국민과 전문가의 의견을 듣거나 국민이 참여할 수 있는 온라인 또는 오프라인 창구를 설치·운영할 수 있다.

③ ✕ 개정 전 「행정절차법」은 행정예고기간을 20일 이상으로 하되 특별한 사정이 있다면 예외를 인정하여 단축할 수 있도록 했지만 그때 제한기간을 두지는 않았다. 그러나 2022년 개정 「행정절차법」은 행정예고기간을 단축하는 경우에도 단축된 행정예고기간이 10일 이상이 되도록 하였다.

「행정절차법」 제46조(행정예고) ③ 행정예고기간은 예고내용의 성격 등을 고려하여 정하되, 20일 이상으로 한다.
④ 제3항에도 불구하고 행정목적을 달성하기 위하여 긴급한 필요가 있는 경우에는 행정예고기간을 단축할 수 있다. 이 경우 단축된 행정예고기간은 10일 이상으로 한다.

④ ㅇ 2022년 개정 「행정절차법」은 '청문'뿐만 아니라 '의견제출'의 경우에도 문서의 열람을 인정하고 있다.

「행정절차법」 제37조(문서의 열람 및 비밀유지) ① 당사자 등은 <u>의견제출의 경우에는</u> 처분의 사전통지가 있는 날부터 의견제출기한까지, <u>청문의 경우에는</u> 청문의 통지가 있는 날부터 청문이 끝날 때까지 행정청에 해당 사안의 조사결과에 관한 문서와 그 밖에 해당 처분과 관련되는 <u>문서의 열람 또는 복사를 요청할 수 있다.</u> 이 경우 행정청은 다른 법령에 따라 공개가 제한되는 경우를 제외하고는 그 요청을 거부할 수 없다.

20 판결(65), 판결의 효력(66), 대상적격(52), 심리(64)

판례의 입장으로 옳지 않은 것은?

① 하천관리청이 하천점용허가를 받지 않고 무단으로 하천을 점용·사용한 자에 대하여 변상금을 부과하면서 여러 필지 토지에 대하여 외형상 하나의 변상금부과처분을 하였으나, 여러 필지 토지 중 일부에 대한 변상금부과만이 위법한 경우에는 변상금부과처분 중 위법한 토지에 대한 부분만을 취소하여야 하고, 그 부과처분 전부를 취소할 수는 없다.
② 소송판결의 기판력은 그 판결에서 확정한 소송요건의 흠결에 관하여 미치는 것이지만, 당사자가 그러한 소송요건의 흠결이 보완된 상태에서 다시 소를 제기한 경우에는 그 기판력의 제한을 받지 않는다.
③ 「산업기술혁신 촉진법」상 산업기술개발사업에 관하여 체결된 협약은 공법상 계약에 해당하고 그에 따른 계약상 정산의무 존부·범위에 관한 분쟁은 공법상 당사자소송의 대상이다.
④ 사립학교의 교원이 교원소청심사위원회의 소청심사 기각결정에 불복하여 교원소청심사위원회를 피고로 하여 행정소송을 제기한 경우, 소청심사의 피청구인이었던 사립학교의 장은 학교법인의 기관일 뿐 당사자능력이 인정되지 않으므로 피고보조참가인으로서 소송에 참여할 수 없다.

정답 ④

① ㅇ 하천관리청이 하천점용허가를 받지 않고 무단으로 하천을 점용·사용한 자에 대하여 변상금을 부과하면서 여러 필지 토지에 대하여 외형상 하나의 변상금부과처분을 하였으나, 여러 필지 토지 중 일부에 대한 변상금부과만이 위법한 경우에는 변상금부과처분 중 위법한 토지에 대한 부분만을 취소하여야 하고, 그 부과처분 전부를 취소할 수는 없다(대판 2024.7.25. 2024두38025).
② ㅇ 소송판결의 기판력은 그 판결에서 확정한 소송요건의 흠결에 관하여 미치는 것이지만, 당사자가 그러한 소송요건의 흠결이 보완된 상태에서 다시 소를 제기한 경우에는 그 기판력의 제한을 받지 않는다(대판 2023.2.2. 2020다270633).
③ ㅇ 甲주식회사 등으로 구성된 컨소시엄과 한국에너지기술평가원은 「산업기술혁신 촉진법」 제11조 제4항에 따라 **산업기술개발사업에 관한 협약**을 체결하고, 위 협약에 따라 정부출연금이 지급되었는데, 한국에너지기술평가원이 甲회사가 외부인력에 대한 인건비를 위 협약에 위반하여 집행하였다며 甲회사에 정산금 납부통보를 하자, 甲회사는 한국에너지기술평가원 등을 상대로

정산금 반환채무가 존재하지 아니한다는 확인을 구하는 소를 민사소송으로 제기한 사안에서, 위 협약은 **공법상 계약**에 해당하고 그에 따른 계약상 정산의무의 존부·범위에 관한 甲회사와 한국에너지기술평가원의 분쟁은 공법상 **당사자소송**의 대상이다(대판 2023.6.29. 2021다250025).

④ ✗ 사립학교의 교원이 교원소청심사위원회의 소청심사 기각결정에 불복하여 교원소청심사위원회를 피고로 하여 행정소송을 제기한 경우, 소청심사의 피청구인이었던 사립학교의 장이 피고보조참가인으로서 소송에 참여할 수 있다.

- 구 「교원지위향상을 위한 특별법」 제10조 제1항에 따른 교원소청심사위원회의 소청심사 기각결정에 불복하려는 교원은 같은 조 제3항에 따라 행정소송을 제기할 수 있다. 국·공립학교의 교원은 소청심사결정의 고유한 위법을 주장하는 경우가 아닌 한 불리한 처분을 한 인사권자를 피고로 하여 행정소송을 제기해야 하므로 그 인사권자는 피고로서 소송에 참여한다. 사립학교의 교원은 교원소청심사위원회를 피고로 하여 행정소송을 제기해야 하는데, 사립학교의 장은 학교법인의 위임 등을 받아 교원에 대한 인사 관련 업무에 대해 독자적 기능을 수행하고 있고, 소청심사의 피청구인이었다면 피고보조참가인으로서 소송에 참여할 수 있다(대판 2023.10.26. 2018두55272).

제06회 정답 및 문제해설

정답 모아보기

01	02	03	04	05	06	07	08	09	10
④	②	②	①	③	②	②	③	①	②
11	12	13	14	15	16	17	18	19	20
④	③	④	②	②	②	③	②	②	①

01 사전통지·의견청취(39), 「국가배상법」 - 제2조(71), 고지제도(70), 「행정절차법」 - 적용범위(38)

행정절차에 관한 설명으로 옳은 것은?

① 행정에 대한 국민의 신뢰성 보호라는 「행정절차법」의 입법취지를 고려해 보면, 행정기관의 처분에 의하여 불이익을 입게 되는 국가를 일반국민과 달리 취급할 합리적인 이유가 있으므로 국가에 대해 행정처분을 할 때에는 사전통지, 의견청취, 이유제시와 관련한 「행정절차법」이 그대로 적용된다고 볼 수 없다.

② 법령에서 주민들의 행정절차참여에 관하여 정하는 것은 주민들에게 자신의 의사와 이익을 반영할 기회를 보장하고 행정의 공정성, 투명성과 신뢰성을 확보하며 국민의 권익을 보호하기 위한 것이므로, 행정절차에 참여할 권리 그 자체가 사적 권리로서의 성질을 가진다.

③ 행정청이 처분을 하면서 당사자에게 그 처분에 관하여 행정심판 및 행정소송을 제기할 수 있는지 여부, 그 밖에 불복을 할 수 있는지 여부, 청구절차 및 청구기간 그 밖에 필요한 사항을 고지하지 않았다면 그 처분은 위법하다.

④ 「행정절차법」의 적용이 제외되는 공무원 인사관계법령에 의한 처분에 관한 사항이란 성질상 행정절차를 거치기 곤란하거나 불필요하다고 인정되는 처분이나 행정절차에 준하는 절차를 거치도록 하고 있는 처분에 관한 사항만을 말하므로 군인사법령에 의하여 진급예정자명단에 포함된 자에 대하여 「행정절차법」상 의견제출의 기회를 부여하지 아니한 채 진급선발을 취소한 처분은 위법하다.

정답 ④

① ✗ 국가에 대한 행정처분을 함에 있어서도 사전통지, 의견청취, 이유제시와 관련한 「행정절차법」이 그대로 적용된다.

- 「행정절차법」 제2조 제4호에 의하면, '당사자 등'이란 행정청의 처분에 대하여 직접 그 상대가 되는 당사자와 행정청이 직권 또는 신청에 의하여 행정절차에 참여하게 한 이해관계인을 의미하는데, 같은 법 제9조에서는 자연인, 법인, 법인 아닌 사단 또는 재단 외에 '다른 법령 등에 따라 권리·의무의 주체가 될 수 있는 자' 역시 '당사자 등'이 될 수 있다고 규정하고 있을 뿐, 국가를 '당사자 등'에서 제외하지 않고 있다. 또한 「행정절차법」 제3조 제2항에서 「행정절차법」이 적용되지 않는 사항을 열거하고 있는데, '국가를 상대로 하는 행정행위'는 그 예외사유에 해당하지 않는다. 위와 같은 「행정절차법」의 규정과 행정의 공정성·투명성 및 신뢰성 확보라는 「행정절차법」의 입법취지 등을 고려해 보면, 행정기관의 처분에 의하여 불이익을 입게 되는 국가를 일반국민과 달리 취급할 이유가 없다. 따라서 국가에 대한 행정처분을 함에 있어서도 앞서 본 사전통지, 의견청취, 이유제시와 관련한 「행정절차법」이 그대로 적용된다고 보아야 한다(대판 2023.9.21. 2023두39724).

② ✗ 법령에서 주민들의 행정절차참여에 관하여 정하는 것은 어디까지나 주민들에게 자신의 의사와 이익을 반영할 기회를 보장하고 행정의 공정성, 투명성과 신뢰성을 확보하며 국민의 권익을 보호하기 위한 것일 뿐, 행정절차에 참여할 권리 그 자체가 사적 권리로서의 성질을 가지는 것은 아니다(대판 2021.7.29. 2015다221668).

③ ✗ 고지의무를 위반한 경우 처분이 위법하게 되는 것은 아니다.

- 피고가 이 사건 처분을 하면서 원고에게 「행정절차법」 제26조에 정한 바에 따라 행정심판 및 행정소송을 제기할 수 있는지 여부, 청구절차 및 청구기간을 알렸다고 인정할 증거는 없으나, 원고가 제소기간 내에 이 사건 소를 제기하여 이 사건 처분의 적법 여부를 다투고 있는 이상 그 사정만으로는 이 사건 처분을 취소해야 할 정도의 절차상 하자가 있다고 보기 어렵다(대판 2016.10.27. 2016두41811).

④ ○ 행정과정에 대한 국민의 참여와 행정의 공정성, 투명성 및 신뢰성을 확보하고 국민의 권익을 보호함을 목적으로 하는 「행정절차법」의 입법목적과 「행정절차법」 제3조 제2항 제9호의 규정내용 등에 비추어 보면, 공무원 인사관계법령에 의한 처분에 관한 사항 전부에 대하여 「행정절차법」의 적용이 배제되는 것이 아니라 성질상 행정절차를 거치기 곤란하거나 불필요하다고 인정되는 처분이나 행정절차에 준하는 절차를 거치도록 하고 있는 처분의 경우에만 「행정절차법」의 적용이 배제된다. 군인사법령에 의하여 진급예정자명단에 포함된 자에 대하여 의견제출의 기회를 부여하지 아니한 채 진급선발을 취소하는 처분을 한 것이 절차상 하자가 있어 위법하다(대판 2007.9.21. 2006두20631).

02 대상적격(53), 행정조사(49)

행정조사에 관한 설명으로 옳지 않은 것은?

① 행정청의 세무조사결정이 있는 경우 납세의무자는 세무공무원의 과세자료수집을 위한 질문에 대답하고 검사를 수인하여야 할 법적 의무를 부담하게 되는 점 등을 종합하면, 세무조사결정은 납세의무자의 권리·의무에 직접 영향을 미치는 공권력의 행사에 따른 행정작용으로서 항고소송의 대상이 된다.

② 세무조사가 과세자료의 수집 또는 신고내용의 정확성 검증이라는 본연의 목적이 아니라 부정한 목적을 위하여 행하여진 것이라 하더라도, 이러한 세무조사에 의하여 수집된 과세자료를 기초로 한 과세처분이 정당한 세액의 범위 내에 있는 한 위법하다고 볼 수는 없다.

③ 수출입물품을 검사하는 과정에서 마약류가 감추어져 있다고 밝혀지거나 그러한 의심이 드는 경우 「마약류 불법거래 방지에 관한 특례법」에 따른 조치의 일환으로 세관장이 특정한 수출입물품을 개봉하여 검사하고 그 내용물의 점유를 취득한 행위에는 영장주의원칙이 적용된다.

④ 우편물 통관검사절차에서 이루어지는 우편물의 개봉, 시료채취, 성분분석 등의 검사는 행정조사의 성격을 가지는 것으로서 압수·수색영장 없이 우편물의 개봉, 시료채취, 성분분석 등 검사가 진행되었다 하더라도 특별한 사정이 없는 한 위법하다고 볼 수 없다.

정답 ②

① ○ 부과처분을 위한 과세관청의 질문조사권이 행해지는 <u>세무조사결정이 있는 경우 납세의무자는 세무공무원의 과세자료수집을 위한 질문에 대답하고 검사를 수인하여야 할 법적 의무를 부담하게 되는 점 등을 종합하면</u>, **세무조사결정**은 납세의무자의 권리·의무에 직접 영향을 미치는 공권력의 행사에 따른 행정작용으로서 **항고소송의 대상**이 된다(대판 2011.3.10. 2009두23617).

② ✕ 위법한 세무조사에 근거한 과세처분은 위법하다.
- <u>세무조사가</u> 과세자료의 수집 또는 신고내용의 정확성 검증이라는 본연의 목적이 아니라 <u>부정한 목적을 위하여 행하여진 것이라면</u> 이는 <u>세무조사에 중대한 위법사유가 있는 경우에 해당하고</u> <u>이러한 세무조사에 의하여 수집된 과세자료를 기초로 한 과세처분 역시 위법하다</u>(대판 2016.12.15. 2016두47659).

③ ○ 수출입물품 통관검사절차에서 이루어지는 물품의 개봉, 시료채취, 성분분석 등의 검사는 수출입물품에 대한 적정한 통관 등을 목적으로 조사를 하는 것으로서 이를 수사기관의 강제처분이라고 할 수 없으므로, 세관공무원은 압수·수색영장 없이 이러한 검사를 진행할 수 있다. … 그러나 「마약류 불법거래 방지에 관한 특례법」 제4조 제1항에 따른 조치의 일환으로 특정한 수출입물품을 개봉하여 검사하고 그 내용물의 점유를 취득한 행위는 위에서 본 수출입물품에 대한 적정한 통관 등을 목적으로 조사를 하는 경우와는 달리, <u>범죄수사인 압수 또는 수색에 해당하여 사전 또는 사후에 영장을 받아야 한다</u>(대판 2017.7.18. 2014도8719).

④ ○ <u>우편물 통관검사절차에서 이루어지는 우편물의 개봉, 시료채취, 성분분석 등의 검사는 수출입물품에 대한 적정한 통관 등을 목적으로 한 행정조사의 성격을 가지는 것으로서 수사기관의 강제처분이라고 할 수 없으므로, 압수·수색영장 없이 우편물의 개봉, 시료채취, 성분분석 등 검사가 진행되었다 하더라도 특별한 사정이 없는 한 위법하다고 볼 수 없다</u>(대판 2013.9.26. 2013도7718).

03 VA의 취소·철회(31), 이유제시(40), 심리(63)

행정행위의 취소와 철회에 관한 설명으로 옳지 않은 것은?

① 조세부과처분의 취소에 하자가 있는 경우, 과세관청은 부과의 취소를 다시 취소함으로써 원부과처분을 소생시킬 수는 없고 납세의무자에게 종전의 과세대상에 대한 납부의무를 지우려면 다시 법률에서 정한 부과절차에 좇아 동일한 내용의 새로운 처분을 하는 수밖에 없다.

② 면허의 취소처분에는 그 근거가 되는 법령이나 취소권유보의 부관 등을 명시하여야 함은 물론 처분을 받은 자가 어떠한 위반사실에 대하여 당해 처분이 있었는지를 알 수 있을 정도로 사실을 적시할 것을 요하지만, 이와 같은 취소처분의 근거와 위반사실의 적시를 빠뜨린 하자는 피처분자가 처분 당시 그 취지를 알고 있었거나 그 후 알게 되었다면 그 하자는 치유될 수 있다.

③ 일정한 행정처분에 의하여 국민이 일정한 이익과 권리를 취득하였을 경우에 종전의 행정처분을 취소하는 행정처분은 이미 취득한 국민의 기존 이익과 권리를 박탈하는 별개의 행정처분으로 그 취소될 행정처분에 하자 또는 취소하여야 할 공공의 필요가 있어야 하고, 나아가 행정처분에 하자 등이 있다 하더라도 취소하여야 할 공익상 필요와 취소로 인하여 당사자가 입게 될 기득권과 신뢰보호 및 법률생활안정의 침해 등 불이익을 비교·교량한 후 공익상 필요가 당사자가 입을 불이익을 정당화할 만큼 강한 경우에 한하여 취소할 수 있는 것이며, 그 하자나 취소하여야 할 필요성에 대한 증명책임은 기존의 이익과 권리를 침해하는 처분을 한 그 행정청에 있다.

④ 당사자가 처분의 위법성을 중대한 과실로 알지 못한 경우에는, 행정청이 수익적 처분을 취소함에 있어서 취소로 인하여 당사자가 입게 될 불이익과 취소로 달성되는 공익을 비교·형량하지 않아도 무방하다.

정답 ②

① ○ 과세관청은 부과의 취소를 다시 취소함으로써 원부과처분을 소생시킬 수는 없고 납세의무자에게 종전의 과세대상에 대한 납부의무를 지우려면 다시 법률에서 정한 부과절차에 좇아 동일한 내용의 새로운 처분을 하는 수밖에 없다(대판 1995.3.10. 94누7027).

② ✕ 면허의 취소처분에는 그 근거가 되는 법령이나 취소권 유보의 부관 등을 명시하여야 함은 물론 처분을 받은 자가 어떠한 위반사실에 대하여 당해 처분이 있었는지를 알 수 있을 정도로 사실을 적시할 것을 요하며, 이와 같은 **취소처분의 근거와 위반사실의 적시를 빠뜨린 하자는** 피처분자가 처분 당시 그 취지를 <u>알고 있었다거나 그 후 알게 되었다 하여도 치유될 수 없다</u>(대판 1990.9.11. 90누1786).

③ ○ 일정한 행정처분으로 국민이 일정한 이익과 권리를 취득하였을 경우에 종전 행정처분을 취소하는 행정처분은 이미 취득한 국민의 기존 이익과 권리를 박탈하는 별개의 행정처분으로 취소될 행정처분에 하자 또는 취소해야 할 공공의 필요가 있어야 하고, 나아가 행정처분에 하자 등이 있다고 하더라도 취소해야 할 공익상 필요와 취소로 당사자가 입게 될 기득권과 신뢰보호 및 법률생활안정의 침해 등 불이익을 비교·교량한 후 공익상 필요가 당사자가 입을 불이익을 정당화할 만큼 강한 경우에 한하여 취소할 수 있는 것이며, **하자나 취소해야 할 필요성에 관한 증명책임**은 기존 이익과 권리를 침해하는 처분을 한 **행정청**에 있다(대판 2012.3.29. 2011두23375).

④ ○

> 「행정기본법」제18조(위법 또는 부당한 처분의 취소) ② 행정청은 제1항에 따라 당사자에게 권리나 이익을 부여하는 처분을 취소하려는 경우에는 취소로 인하여 당사자가 입게 될 불이익을 취소로 달성되는 공익과 비교·형량(衡量)하여야 한다. 다만, 다음 각 호의 어느 하나에 해당하는 경우에는 그러하지 아니하다.
> 1. 거짓이나 그 밖의 부정한 방법으로 처분을 받은 경우
> 2. 당사자가 처분의 위법성을 알고 있었거나 중대한 과실로 알지 못한 경우

04 대상적격(51)

항고소송의 대상에 관한 설명으로 옳지 않은 것은?

① 행정심판을 청구하여 기각재결을 받은 후 재결 자체에 고유한 위법이 있음을 주장하며 그 기각재결에 대하여 취소소송을 제기한 경우, 수소법원은 심리결과 재결 자체에 고유한 위법이 없다면 각하판결을 하여야 한다.
② 행정심판청구가 부적법하지 않음에도 각하한 재결은 심판청구인의 실체심리를 받을 권리를 박탈한 것으로서 원처분에 없는 고유한 하자가 있는 경우에 해당하므로 그 재결은 취소소송의 대상이 된다.
③ 이른바 복효적 행정행위, 특히 제3자효를 수반하는 행정행위에 대한 행정심판청구에 있어서 그 청구를 인용하는 내용의 재결로 인하여 비로소 권리이익을 침해받게 되는 자는 재결의 당사자가 아니라고 하더라도 그 인용재결의 취소를 구하는 소를 제기할 수 있다.
④ 행정심판의 재결에 이유모순이 있다는 사유는 재결처분 자체에 고유한 하자로서 재결처분의 취소를 구하는 소송에서는 그 위법사유로서 주장할 수 있으나, 원처분의 취소를 구하는 소송에서는 그 취소를 구할 위법사유로서 주장할 수 없다.

정답 ①

① ✕ 재결 고유의 위법이 없는 경우 법원은 재결취소소송을 **기각**하여야 한다.
• 재결취소소송의 경우 재결 자체에 고유한 위법이 있는지 여부를 심리할 것이고, 재결 자체에 고유한 위법이 없는 경우에는 원처분의 당부와는 상관없이 당해 재결취소소송은 이를 기각하여야 한다(대판 1994.1.25. 93누16901).
② ○ 「행정소송법」제19조에 의하면 행정심판에 대한 재결에 대하여도 그 재결 자체에 고유한 위법이 있음을 이유로 하는 경우에는 항고소송을 제기하여 그 취소를 구할 수 있고, 여기에서 말하는 '재결 자체에 고유한 위법'이란 그 재결자체에 주체, 절차, 형식 또는 내용상의 위법이 있는 경우를 의미하는데, 행정심판청구가 부적법하지 않음에도 각하한 재결은 심판청구인의 실체심리를 받을 권리를 박탈한 것으로서 원처분에 없는 고유한 하자가 있는 경우에 해당하고, 따라서 위 재결은 취소소송의 대상이 된다(대판 2001.7.27. 99두2970).
③ ○ 인용재결로 인해 비로소 불이익을 얻는 자, 예컨대 연탄공장 건축허가에 대해 인근주민이 행정심판을 청구하여 인용재결이 있는 경우 건축허가를 받은 자는 재결 자체에 대한 취소소송을 제기할 수밖에 없으므로 재결이 취소소송의 대상이 된다.
• 이른바 복효적 행정행위, 특히 제3자효를 수반하는 행정행위에 대한 행정심판청구에 있어서 그 청구를 인용하는 내용의 재결로 인하여 비로소 권리이익을 침해받게 되는 자(예컨대, 제3자가 행정심판청구인인 경우의 행정처분 상대방 또는 행정처분 상대방이 행정심판청구인인 경우의 제3자)는 재결의 당사자가 아니라고 하더라도 그 인용재결의 취소를 구하는 소를 제기할 수 있으나, 그 인용재결로 인하여 새로이 어떠한 권리이익도 침해받지 아니하는 자인 경우에는 그 재결의 취소를 구할 소의 이익이 없다(대판 1995.6.13. 94누15592).
④ ○ 원처분의 취소를 구하는 소송에서 재결 자체의 고유한 위법사유를 주장할 수는 없다.
• 행정처분에 대한 행정심판의 재결에 이유모순의 위법이 있다는 사유는 재결처분 자체에 고유한 하자로서 재결처분의 취소를 구하는 소송에서는 그 위법사유로서 주장할 수 있으나, 원처분의 취소를 구하는 소송에서는 그 취소를 구할 위법사유로서 주장할 수 없다(대판 1996.2.13. 95누8027).

05 「국가배상법」 – 배상책임(73)

「국가배상법」상 손해배상에 관한 설명으로 옳은 것은?

① 국가배상청구권은 피해자나 그 법정대리인이 그 손해 및 가해자를 안 날로부터 5년간 이를 행사하지 아니하면 시효로 인하여 소멸한다.
② 국가배상청구소송을 제기하기 위해서는 법무부 소속의 배상심의회에 배상신청을 먼저 하여야 하며, 배상심의회의 결정에 불복하는 경우 항고소송을 제기할 수 있다.
③ 영조물의 설치·관리를 맡은 자와 영조물의 설치·관리비용을 부담하는 자가 동일하지 아니한 경우에 피해자는 영조물의 설치·관리자 또는 설치·관리의 비용부담자에게 선택적으로 손해배상을 청구할 수 있다.
④ 지방자치단체장이 설치하여 관할 지방경찰청장(현 시·도경찰청장)에게 관리권한이 위임된 교통신호기의 고장으로 인하여 교통사고가 발생한 경우, 국가는 사무귀속주체로서 손해배상책임을 부담하고, 경찰관 등에게 봉급을 지급하는 지방자치단체는 비용부담자로서 국가배상책임을 진다.

정답 ③

① ✕ **국가배상청구권**은 「국가배상법」제8조의 규정에 의하여 「민법」상 손해배상청구권과 마찬가지로 「민법」제766조 제1항에 따라 피해자나 그 법정대리

인이 **손해와 가해자를 안 날로부터 3년**간 이를 행사하지 아니하면 시효로 소멸한다(대판 1998.7.10. 98다7001). 피해자나 그 법정대리인이 손해 및 가해자를 알지 못한 경우에는 **불법행위의 종료일로부터**「국가재정법」제96조 제2항, 제1항에 정한 **5년**의 기간 동안 이를 행사하지 아니하면 시효로 인하여 소멸한다(대판 2008.11.27. 2008다60223).

> 「국가배상법」 제8조(다른 법률과의 관계) 국가나 지방자치단체의 손해배상책임에 관하여는 이 법에 규정된 사항 외에는 「민법」에 따른다. 다만, 「민법」 외의 법률에 다른 규정이 있을 때에는 그 규정에 따른다.
>
> 「민법」 제766조(손해배상청구권의 소멸시효) ① 불법행위로 인한 손해배상의 청구권은 피해자나 그 법정대리인이 그 손해 및 가해자를 안 날로부터 3년간 이를 행사하지 아니하면 시효로 인하여 소멸한다.
> ② 불법행위를 한 날로부터 10년을 경과한 때에도 전항과 같다.
>
> 「국가재정법」 제96조(금전채권·채무의 소멸시효) ① 금전의 급부를 목적으로 하는 국가의 권리로서 시효에 관하여 다른 법률에 규정이 없는 것은 5년 동안 행사하지 아니하면 시효로 인하여 소멸한다.
> ② 국가에 대한 권리로서 금전의 급부를 목적으로 하는 것도 또한 제1항과 같다.

② ✕ 배상심의회에 대한 배상신청은 임의적 절차이다. 또한 배상심의회의 결정은 처분이 아니므로 행정소송의 대상도 아니다(대판 1981.2.10. 80누317).

> 「국가배상법」 제9조(소송과 배상신청의 관계) 이 법에 따른 손해배상의 소송은 배상심의회에 배상신청을 하지 아니하고도 제기할 수 있다.

③ ○ 사무귀속주체와 비용부담주체가 동일하지 아니한 경우 피해자는 어느 쪽에 대하여도 선택적으로 손해배상을 청구할 수 있도록 규정하고 있다.

> 「국가배상법」 제5조(공공시설 등의 하자로 인한 책임) ① 도로·하천, 그 밖의 공공의 영조물(營造物)의 설치나 관리에 하자(瑕疵)가 있기 때문에 타인에게 손해를 발생하게 하였을 때에는 국가나 지방자치단체는 그 손해를 배상하여야 한다. 이 경우 제2조 제1항 단서, 제3조 및 제3조의2를 준용한다.
>
> 제6조(비용부담자 등의 책임) ① 제2조·제3조 및 제5조에 따라 국가나 지방자치단체가 손해를 배상할 책임이 있는 경우에 공무원의 선임·감독 또는 영조물의 설치·관리를 맡은 자와 공무원의 봉급·급여, 그 밖의 비용 또는 영조물의 설치·관리비용을 부담하는 자가 동일하지 아니하면 그 비용을 부담하는 자도 손해를 배상하여야 한다.

④ ✕ 지방자치단체장이 설치하여 관할 지방경찰청장에게 관리권한이 위임된 교통신호기 고장으로 사고가 발생한 경우 지방자치단체는 사무귀속자로서 배상책임을 부담하고, 국가는 경찰관 등에게 봉급을 지급하는 비용부담자로서 배상책임을 진다.

- 지방자치단체장이 교통신호기를 설치하여 그 관리권한이 「도로교통법」 제71조의2 제1항의 규정에 의하여 관할 지방경찰청장(현 시·도경찰청장)에게 위임되어 지방자치단체 소속 공무원과 지방경찰청 소속 공무원이 합동근무하는 교통종합관제센터에서 그 관리업무를 담당하던 중 위 신호기가 고장난 채 방치되어 교통사고가 발생한 경우, 「국가배상법」 제2조 또는 제5조에 의한 배상책임을 부담하는 것은 지방경찰청장이 소속된 국가가 아니라, 그 권한을 위임한 지방자치단체장이 소속된 지방자치단체라고 할 것이나, 한편 「국가배상법」 제6조 제1항은 같은 법 제2조, 제3조 및 제5조의 규정에 의하여 국가 또는 지방자치단체가 손해를 배상할 책임이 있는 경우에 공무원의 선임·감독 또는 영조물의 설치·관리를 맡은 자와 공무원의 봉급·급여 기타의 비용 또는 영조물의 설치·관리의 비용을 부담하는 자가 동일하지 아니한 경우에는 그 비용을 부담하는 자도 손해를 배상하여야 한다고 규정하고 있으므로 교통신호기를 관리하는 지방경찰청장 산하 경찰관들에 대한 봉급을 부담하는 국가도 「국가배상법」 제6조 제1항에 의한 배상책임을 부담한다(대판 1999.6.25. 99다11120).

06 행정법 일반원칙(06), 신뢰보호의 원칙(05)

행정법의 일반원칙에 대한 설명으로 옳지 않은 것만을 모두 고르면?

> ㄱ. 근로복지공단의 요양불승인처분에 대한 취소소송을 제기하여 승소확정판결을 받은 근로자가 요양으로 인하여 취업하지 못한 기간의 휴업급여를 청구한 경우, 그 휴업급여청구권이 시효완성으로 소멸하였다는 근로복지공단의 항변은 신의성실의 원칙에 반하지 않는다.
> ㄴ. 국가가 임용결격자에 대하여 결격사유가 있는 것을 알지 못하고 공무원으로 임용하였다가 사후에 결격사유가 있음을 발견하고 당초의 임용처분을 취소하는 것은 신뢰보호원칙에 반한다.
> ㄷ. 평등의 원칙에 따라 본질적으로 같은 것은 같게 취급할 것이 요구되므로, 위법한 행정처분이더라도 수차례에 걸쳐 반복적으로 행하여졌다면 그러한 위법한 처분은 행정청에 대하여 자기구속력을 갖게 된다.
> ㄹ. 공무원 임용신청 당시 잘못 기재된 호적상 출생연월일을 생년월일로 기재하고, 임용 후 36년 동안 이의를 제기하지 않다가, 정년을 1년 3개월 앞두고 정정된 출생연월일을 기준으로 정년연장을 요구하는 것은 신의성실의 원칙에 반한다.

① ㄱ, ㄴ ② ㄱ, ㄴ, ㄷ, ㄹ
③ ㄴ, ㄷ ④ ㄷ, ㄹ

정답 ②

ㄱ. ✕ 근로복지공단의 요양불승인처분에 대한 취소소송을 제기하여 승소확정판결을 받은 근로자가 요양으로 인하여 취업하지 못한 기간의 휴업급여를 청구한 경우, 그 휴업급여청구권이 시효완성으로 소멸하였다는 근로복지공단의 항변은 신의성실의 원칙에 반하여 허용될 수 없다.

- 근로복지공단의 요양불승인처분의 적법 여부는 사실상 근로자의 휴업급여 청구권 발생의 전제가 된다고 볼 수 있는 점 등에 비추어, 근로자가 요양불승인에 대한 취소소송의 판결확정시까지 근로복지공단에 휴업급여를 청구하지 않았던 것은 이를 행사할 수 없는 사실상의 장애사유가 있었기 때문이라고 보아야 하므로, 근로복지공단의 소멸시효 항변은 신의성실의 원칙에 반하여 허용될 수 없다(대판 2008.9.18. 2007두2173).

ㄴ. ✕ 공무원임용결격자에 대한 공무원임용행위는 무효이며 이 경우 임용결격자는 신뢰보호원칙을 주장할 수 없다.

- 국가가 공무원임용결격사유가 있는 자에 대하여 결격사유가 있는 것을 알지 못하고 공무원으로 임용하였다가 사후에 결격사유가 있는 자임을 발견

하고 공무원임용행위를 취소하는 것은 당사자에게 원래의 임용행위가 당초부터 당연무효이었음을 통지하여 확인시켜 주는 행위에 지나지 아니하는 것이므로, 그러한 의미에서 당초의 임용처분을 취소함에 있어서는 신의칙 내지 신뢰의 원칙을 적용할 수 없고 또 그러한 의미의 취소권은 시효로 소멸하는 것도 아니다(대판 1987.4.14. 86누459).

ㄷ. ✕ 평등의 원칙은 본질적으로 같은 것을 자의적으로 다르게 취급함을 금지하는 것이고, **위법한 행정처분이 수차례에 걸쳐 반복적으로 행하여졌다 하더라도** 그러한 처분이 위법한 것인 때에는 행정청에 대하여 **자기구속력을 갖게 된다고 할 수 없다**(대판 2009.6.25. 2008두13132).

ㄹ. ✕ 지방공무원 임용신청 당시 잘못 기재된 호적상 출생연월일을 생년월일로 기재하고, 이에 근거한 공무원인사기록카드의 생년월일 기재에 대하여 처음 임용된 때부터 약 36년 동안 전혀 이의를 제기하지 않다가, 정년을 1년 3개월 앞두고 호적상 출생연월일을 정정한 후 그 **출생연월일을 기준으로 정년의 연장을 요구**하는 것은 신의성실의 원칙에 반하지 않는다(대판 2009.3.26. 2008두21300).

07 가구제(62)

「행정소송법」상의 가구제에 대한 설명으로 옳지 않은 것만을 모두 고르면?

> ㄱ. 「행정심판법」은 집행정지의 요건 중 하나로 '회복하기 어려운 손해'를 예방할 필요성에 관하여 규정하고 있는 반면 「행정소송법」은 집행정지의 요건 중 하나로 '중대한 손해'를 예방할 필요성에 관하여 규정하고 있다.
> ㄴ. 집행정지의 요건으로 규정하고 있는 '공공복리에 중대한 영향을 미칠 우려'가 없을 것이라고 할 때의 '공공복리'는 그 처분의 집행과 관련된 구체적이고 개별적인 공익을 말하며 그 요건충족 여부가 다투어지는 경우 소명책임은 행정청에게 있다.
> ㄷ. 집행정지의 결정 또는 기각의 결정에 대하여는 즉시항고할 수 있으며 집행정지의 결정에 대한 즉시항고에는 결정의 집행을 정지하는 효력이 있다.
> ㄹ. 집행정지결정을 한 후에라도 행정사건의 본안소송이 취하되어 그 소송이 계속하지 아니한 것으로 되면 이에 따라 집행정지결정은 당연히 그 효력이 소멸되며 별도의 취소조치가 필요한 것은 아니다.

① ㄱ, ㄴ   ② ㄱ, ㄷ
③ ㄴ, ㄷ   ④ ㄷ, ㄹ

정답 ②

ㄱ. ✕ 집행정지의 요건: 「행정심판법」- 중대한 손해 / 「행정소송법」- 회복하기 어려운 손해(지문은 반대로 되어 있음)

> 「행정심판법」 제30조(집행정지) ② 위원회는 처분, 처분의 집행 또는 절차의 속행 때문에 **중대한 손해**가 생기는 것을 예방할 필요성이 긴급하다고 인정할 때에는 직권으로 또는 당사자의 신청에 의하여 처분의 효력, 처분의 집행 또는 절차의 속행의 전부 또는 일부의 정지(이하 '집행정지'라 한다)를 결정할 수 있다. 다만, 처분의 효력정지는 처분의 집행 또는 절차의 속행을 정지함으로써 그 목적을 달성할 수 있을 때에는 허용되지 아니한다.

> 「행정심판법」 제30조(집행정지) ② 취소소송이 제기된 경우에 처분 등이나 그 집행 또는 절차의 속행으로 인하여 생길 **회복하기 어려운 손해**를 예방하기 위하여 긴급한 필요가 있다고 인정할 때에는 본안이 계속되고 있는 법원은 당사자의 신청 또는 직권에 의하여 처분 등의 효력이나 그 집행 또는 절차의 속행의 전부 또는 일부의 정지(이하 '집행정지'라 한다)를 결정할 수 있다. 다만, 처분의 효력정지는 처분 등의 집행 또는 절차의 속행을 정지함으로써 목적을 달성할 수 있는 경우에는 허용되지 아니한다.

ㄴ. ○ 집행정지의 적극적 요건은 신청인에게 주장·소명책임이 있지만, 소극적 요건은 행정청에 그 책임이 있다.

•「행정소송법」 제23조 제3항에서 집행정지의 요건으로 규정하고 있는 '공공복리에 중대한 영향을 미칠 우려'가 없을 것이라고 할 때의 '공공복리'는 그 처분의 집행과 관련된 구체적이고도 개별적인 공익을 말하는 것으로서 이러한 집행정지의 소극적 요건에 대한 주장·소명책임은 행정청에게 있다(대결 1999.12.20. 99무42).

ㄷ. ✕

> 「행정소송법」 제23조(집행정지) ⑤ 제2항의 규정에 의한 집행정지의 결정 또는 기각의 결정에 대하여는 즉시항고할 수 있다. 이 경우 집행정지의 결정에 대한 즉시항고에는 결정의 **집행을 정지하는 효력이 없다**.

ㄹ. ○ 집행정지는 본안소송이 계속되어야 하므로 본안소송이 취하되면 집행정지결정은 당연히 소멸하며, 별도의 취소조치는 필요 없다.

• 행정처분의 집행정지는 행정처분집행부정지의 원칙에 대한 예외로서 인정되는 일시적인 응급처분이라 할 것이므로 집행정지결정을 하려면 이에 대한 본안소송이 법원에 제기되어 계속 중임을 요건으로 하는 것이므로 집행정지결정을 한 후에라도 본안소송이 취하되어 소송이 계속하지 아니한 것으로 되면 집행정지결정은 당연히 그 효력이 소멸되는 것이고 별도의 취소조치를 필요로 하는 것이 아니다(대판 1975.11.11. 75누97).

08 공정력(27)

행정행위의 효력과 관련된 다음 설명 중 옳은 것은?

① 민사소송에 있어서 어느 행정처분의 당연무효 여부가 선결문제로 되는 때에는 반드시 행정소송 등의 절차에 의하여 무효확인을 받아야 하는 것이고, 당해 수소법원이 행정처분의 무효 여부를 판단하여 당연무효임을 전제로 판결할 수는 없다.

② 연령미달의 결격자 甲이 자신의 형의 이름으로 운전면허시험에 응시, 합격하여 교부받은 운전면허로 운전을 하다 적발된 경우 甲의 운전행위는 무면허운전죄에 해당한다.

③ 부정한 방법으로 수입면허를 받았다 하더라도 그 수입면허가 당연무효가 아닌 한 「관세법」 소정의 무면허수입죄가 성립될 수 없다.

④ 과세대상이 아닌 것을 세무공무원이 직무상 과실로 과세대상으로 오인하여 과세처분을 행함으로 인하여 손해가 발생된 경우, 동 과세처분이 취소되지 아니하였다면 국가는 이로 인한 손해를 배상할 책임이 없다.

정답 ③

① ✗ 민사소송에 있어서 어느 행정처분의 당연무효 여부가 선결문제로 되는 때에는 이를 판단하여 당연무효임을 전제로 판결할 수 있고 반드시 행정소송 등의 절차에 의하여 그 취소나 무효확인을 받아야 하는 것은 아니다(대판 2010.4.8. 2009다90092).

② ✗ 연령미달의 결격자인 피고인이 소외인의 이름으로 운전면허시험에 응시, 합격하여 교부받은 운전면허는 당연무효가 아니고 「도로교통법」 제65조 제3호의 사유에 해당함에 불과하여 취소되지 않는 한 유효하므로 피고인의 운전행위는 무면허운전에 해당하지 아니한다(대판 1982.6.8. 80도2646).

③ ○ 물품을 수입하고자 하는 자가 일단 세관장에게 수입신고를 하여 그 면허를 받고 물품을 통관한 경우에는, 세관장의 수입면허가 중대하고도 명백한 하자가 있는 행정행위이어서 당연무효가 아닌 한 「관세법」 제181조 소정의 무면허수입죄가 성립될 수 없다(대판 1989.3.28. 89도149).

④ ✗ 물품세 과세대상이 아닌 것을 세무공무원이 직무상 과실로 과세대상으로 오인하여 과세처분을 행함으로 인하여 손해가 발생된 경우에는, 동 과세처분이 취소되지 아니하였다 하더라도, 국가는 이로 인한 손해를 배상할 책임이 있다(대판 1979.4.10. 79다262).

09 손실보상(75)

「공익사업을 위한 토지 등의 취득 및 보상에 관한 법률」상 손실보상에 관한 설명으로 옳은 것은?

① 공익사업시행지구 밖 영업손실보상의 요건인 '공익사업의 시행으로 인한 그 밖의 부득이한 사유로 일정 기간 동안 휴업이 불가피한 경우'란 공익사업의 시행 또는 시행 당시 발생한 사유로 휴업이 불가피한 경우만을 의미하는 것이 아니라 공익사업의 시행결과, 즉 그 공익사업의 시행으로 설치되는 시설 등의 문제로 휴업이 불가피한 경우도 포함된다.

② 영업손실에 관한 보상에서 영업의 폐지와 휴업의 구별기준은 영업을 다른 장소로 이전하는 것이 가능한지가 아니라 실제로 이전하였는지에 달려 있다.

③ 토지수용으로 인한 손실보상액을 산정함에 있어서, 당해 공공사업의 시행과 관련이 없는 다른 사업으로 인한 개발이익도 배제해야 한다.

④ 어떤 보상항목이 공익사업을 위한 토지 등의 취득 및 보상에 관한 법령상 손실보상대상에 해당함에도 관할 토지수용위원회가 손실보상대상에 해당하지 않는다고 잘못된 내용의 재결을 한 경우, 피보상자는 관할 토지수용위원회를 상대로 재결취소소송을 제기하여야 한다.

정답 ①

① ○ 공익사업시행지구 밖 영업손실보상의 특성과 헌법이 정한 '정당한 보상의 원칙'에 비추어 보면, 공익사업시행지구 밖 영업손실보상의 요건인 '공익사업의 시행으로 인한 그 밖의 부득이한 사유로 일정 기간 동안 휴업이 불가피한 경우'란 공익사업의 시행 또는 시행 당시 발생한 사유로 휴업이 불가피한 경우만을 의미하는 것이 아니라 공익사업의 시행결과, 즉 그 공익사업의 시행으로 설치되는 시설의 형태·구조·사용 등에 기인하여 휴업이 불가피한 경우도 포함된다고 해석함이 타당하다(대판 2019.11.28. 2018두227).

② ✗ 영업손실에 관한 보상에서 **영업의 폐지와 휴업의 구별기준은 실제로 이전하였는지가 아니라 영업을 다른 장소로 이전하는 것이 가능한지**에 달려 있다. 또한 이전 가능 여부는 법령상 이전장애사유 유무와 사실상의 이전장애사유 유무 등을 종합하여 판단함이 상당하다(대판 2001.11.13. 2000두1003).

③ ✗ 당해 사업으로 인한 개발이익은 배제되어야 하나, 다른 사업으로 인한 개발이익은 배제하여서는 안 된다.
  - **당해 사업**으로 인한 개발이익은 피수용자의 객관적 재산가치에 포함되지 아니하므로 개발이익을 배제하는 것은 정당하다(대판 1993.7.27. 92누11084). 손실보상액 산정에 있어 '당해 공공사업'과는 상관없는 '**다른 사업**'의 시행으로 인한 개발이익을 배제하여서는 안 된다(대판 1992.2.11. 91누7774).

④ ✗ 어떤 보상항목이 공익사업을 위한 토지 등의 취득 및 보상에 관한 법령상 손실보상대상에 해당함에도 관할 토지수용위원회가 사실을 오인하거나 법리를 오해함으로써 **손실보상대상에 해당하지 않는다고 잘못된 내용의 재결을 한 경우**에는, 피보상자는 관할 토지수용위원회를 상대로 그 재결에 대한 취소소송을 제기할 것이 아니라, 사업시행자를 상대로 구 「공익사업을 위한 토지 등의 취득 및 보상에 관한 법률」 제85조 제2항에 따른 **보상금증감소송을 제기하여야 한다**(대판 2018.7.20. 2015두4044).

10 행정심판(68)

행정심판에 관한 설명 중 옳은 것은?

① 행정심판청구에 대한 재결이 있더라도 그 재결 자체에 고유한 위법이 있다면 다시 행정심판을 청구할 수 있다.
② 행정심판은 불고불리의 원칙과 불이익변경금지의 원칙이 적용된다.
③ 재결이 확정된 경우 처분의 기초가 되는 사실관계나 법률적 판단이 확정되고, 당사자나 법원은 이에 기속되어 모순되는 주장이나 판단을 할 수 없다.
④ 행정심판에 있어서 행정처분의 위법·부당 여부는 원칙적으로 처분시를 기준으로 판단하여야 하므로, 재결기관은 처분 당시 존재하였거나 행정청에 제출되었던 자료만을 기초로 하여 처분의 위법·부당 여부를 판단하여야 하며, 재결 당시까지 제출된 모든 자료를 종합하여 처분 당시 존재하였던 객관적 사실을 확정하고 그 사실에 기초하여 처분의 위법·부당 여부를 판단할 수 있는 것은 아니다.

정답 ②

① ✕ 일단 재결이 있으면 재결 자체에 고유한 위법이 있어도 다시 행정심판을 청구할 수 없다.

> 「행정심판법」 제51조(행정심판 재청구의 금지) 심판청구에 대한 재결이 있으면 그 재결 및 같은 처분 또는 부작위에 대하여 다시 행정심판을 청구할 수 없다.

② ○

> 「행정심판법」 제47조(재결의 범위) ① 위원회는 심판청구의 대상이 되는 처분 또는 부작위 외의 사항에 대하여는 재결하지 못한다. (편저자: 불고불리의 원칙)
> ② 위원회는 심판청구의 대상이 되는 처분보다 청구인에게 불리한 재결을 하지 못한다. (편저자: 불이익변경금지의 원칙)

③ ✕ 행정심판의 **재결**은 피청구인인 행정청을 기속하는 효력을 가지므로 재결청이 취소심판의 청구가 이유 있다고 인정하여 처분청에 처분을 취소할 것을 명하면 처분청으로서는 재결의 취지에 따라 처분을 취소하여야 하지만, 나아가 재결에 판결에서와 같은 **기판력이 인정되는 것은 아니**어서 재결이 확정된 경우에도 처분의 기초가 된 사실관계나 법률적 판단이 확정되고 당사자들이나 법원이 이에 기속되어 모순되는 주장이나 판단을 할 수 없게 되는 것은 아니다(대판 2015.11.27. 2013다6759).

④ ✕ 행정심판에 있어서 행정처분의 위법·부당 여부는 원칙적으로 처분시를 기준으로 판단하여야 할 것이나, 재결청은 처분 당시 존재하였거나 행정청에 제출되었던 자료뿐만 아니라, 재결 당시까지 제출된 모든 자료를 종합하여 처분 당시 존재하였던 객관적 사실을 확정하고 그 사실에 기초하여 처분의 위법·부당 여부를 판단할 수 있다(대판 2001.7.27. 99두5092).

11 VA의 하자·효력(29), 절차의 하자(41)

행정행위의 하자에 관한 다음 내용 중 옳지 않은 것은?

① 입지선정위원회의 구성방법과 절차가 주민대표나 주민대표 추천에 의한 전문가의 참여 없이 이루어지는 등 위법한 경우, 입지선정위원회의 의결에 터잡아 이루어진 폐기물처리시설 입지결정처분의 하자는 중대한 것이고 객관적으로도 명백하므로 그러한 하자는 무효사유에 해당한다.
② 국토계획법령이 정한 도시계획시설사업의 대상토지의 소유와 동의요건을 갖추지 못하였음에도 행한 도시계획시설사업의 사업시행자 지정처분은 당연무효이다.
③ 절차상 하자로 인하여 무효인 행정처분이 있은 후 행정청이 관계법령에서 정한 절차를 갖추어 다시 동일한 행정처분을 한 경우, 당해 행정처분은 종전의 무효인 행정처분과 관계 없는 새로운 행정처분이라고 볼 수 있다.
④ 신청에 대하여 거부처분을 한 후에 그 거부처분이 적법한 절차에 의하여 취소되기 전에 사유를 추가하여 거부처분을 반복하는 것은 당연무효라고 볼 수 없다.

정답 ④

① ○ 구 「폐기물처리시설 설치촉진 및 주변지역지원 등에 관한 법률」에 정한 입지선정위원회가 그 구성방법 및 절차에 관한 같은 법 시행령의 규정에 위배하여 군수와 주민대표가 선정·추천한 전문가를 포함시키지 않은 채 임의로 구성되어 의결을 한 경우, 그에 터잡아 이루어진 폐기물처리시설 입지결정처분의 하자는 중대한 것이고 객관적으로도 명백하므로 무효사유에 해당한다(대판 2007.4.12. 2006두20150).

② ○ 국토계획법이 사인을 도시·군계획시설사업의 시행자로 지정하기 위한 요건으로 소유요건과 동의요건을 둔 취지는 사인이 시행하는 도시·군계획시설사업의 공공성을 보완하고 사인에 의한 일방적인 수용을 제어하기 위한 것이다. 그러므로 만일 국토계획법령이 정한 도시계획시설사업의 대상토지의 소유와 동의요건을 갖추지 못하였는데도 사업시행자로 지정하였다면, 이는 국토계획법령이 정한 법규의 중요한 부분을 위반한 것으로서 특별한 사정이 없는 한 그 하자가 중대하다고 보아야 한다. … 이 사건 사업시행자 지정처분에서 소유요건을 충족하지 못한 하자는 중대할 뿐만 아니라 객관적으로 명백하다. … 원심이 같은 취지에서 이 사건 사업시행자 지정처분의 하자가 중대·명백하여 무효라고 판단한 것은 정당하다(대판 2017.7.11. 2016두35120).

③ ○ 절차상 또는 형식상 하자로 인하여 무효인 행정처분이 있은 후 행정청이 관계법령에서 정한 절차 또는 형식을 갖추어 다시 동일한 행정처분을 하였다면 당해 행정처분은 종전의 무효인 행정처분과 관계없이 새로운 행정처분이라고 보아야 한다(대판 2014.3.13. 2012두1006).

④ ✕ 신청에 대해 일단 거부처분을 한 후 사유를 추가하여 거부처분을 반복한 것은 당연무효이다.

- 행정행위의 취소라 함은 일단 유효하게 성립한 행정처분이 위법 또는 부당함을 이유로 소급하여 그 효력을 소멸시키는 별도의 행정처분을 말하고, 행정청은 종전 처분과 양립할 수 없는 처분을 함으로써 묵시적으로 종전 처분을 취소할 수도 있으나, 행정행위 중 당사자의 신청에 의하여 인·허가 또는 면허 등 이익을 주거나 그 신청을 거부하는 처분을 하는 것을 내용으로 하는 이른바 신청에 의한 처분의 경우에는 신청에 대하여 일단 거부처분이 행해지면 그 거부처분이 적법한 절차에 의하여 취소되지 않는 한, 사

유를 추가하여 거부처분을 반복하는 것은 존재하지도 않는 신청에 대한 거부처분으로서 당연무효이다(대판 1999.12.28. 98두1895).

12 실효성 확보 - 행정질서벌(47), 공통(42)

甲은 「도로교통법」 제32조에 규정된 주차금지구역에 주차하였다는 이유로 동법 제160조 제3항에 의하여 관할경찰서장 乙로부터 5만원의 과태료를 부과받았다. 이에 대한 설명으로 옳지 않은 것은?

① 만일 甲에게 고의 또는 과실이 없다면 乙은 甲에게 과태료를 부과할 수 없다.
② 甲은 과태료 부과통지를 받은 날부터 60일 이내에 乙에게 서면으로 이의제기를 할 수 있고 이의제기가 있는 경우에는 과태료부과처분은 효력을 상실한다.
③ 甲은 이의제기를 거치지 않고도 과태료 부과통지를 받은 날부터 90일 이내에 乙을 피고로 하여 관할법원에 취소소송을 제기할 수 있다.
④ 과태료의 부과·징수, 재판 및 집행 등의 절차에 관한 다른 법률의 규정 중 「질서위반행위규제법」의 규정에 저촉되는 것은 「질서위반행위규제법」이 정하는 바에 따른다.

정답 ③

① ○ 과태료를 부과하기 위해서는 고의 또는 과실이 있어야 한다.

「질서위반행위규제법」 제7조(고의 또는 과실) 고의 또는 과실이 없는 질서위반행위는 과태료를 부과하지 아니한다.

② ○

「질서위반행위규제법」 제20조(이의제기) ① 행정청의 과태료부과에 불복하는 당사자는 제17조 제1항에 따른 과태료 부과통지를 받은 날부터 60일 이내에 해당 행정청에 서면으로 이의제기를 할 수 있다.
② 제1항에 따른 이의제기가 있는 경우에는 행정청의 과태료부과처분은 그 효력을 상실한다.

③ ✕ 과태료부과에 대해서는 일반적으로 「질서위반행위규제법」이 적용되므로 그 부과처분에 대해 불복이 있을 때에는 법원에서 「비송사건절차법」을 준용하여 이에 대해 재판한다. 따라서 과태료부과처분은 행정소송의 대상이 되는 행정처분으로 볼 수 없다.

• 수도조례 및 하수도사용조례에 기한 과태료의 부과 여부 및 그 당부는 최종적으로 「질서위반행위규제법」에 의한 절차에 의하여 판단되어야 한다고 할 것이므로, 그 **과태료부과처분은** 행정청을 피고로 하는 **행정소송의 대상이 되는** 행정처분이라고 **볼 수 없다**(대판 2012.10.11. 2011두19369).

④ ○ 과태료의 부과요건·절차 등에 관해 「질서위반행위규제법」의 규정과 다른 법률규정이 있으면 「질서위반행위규제법」 규정을 우선적용한다.

「질서위반행위규제법」 제5조(다른 법률과의 관계) 과태료의 부과·징수, 재판 및 집행 등의 절차에 관한 다른 법률의 규정 중 이 법의 규정에 저촉되는 것은 이 법으로 정하는 바에 따른다.

13 신고(23), 건축 관련 쟁점(24)

신고에 대한 설명 중 옳지 않은 것은?

① 주민등록의 신고는 행정청에 도달하기만 하면 신고로서의 효력이 발생하는 것이 아니라 행정청이 수리한 경우에 비로소 신고의 효력이 발생한다.
② 구 「체육시설의 설치·이용에 관한 법률」의 규정에 따라 체육시설의 회원을 모집하고자 하는 자의 '회원모집계획서 제출'은 수리를 요하는 신고이며, 이에 대하여 회원모집계획을 승인하는 시·도지사 등의 검토결과 통보는 수리행위로서 행정처분에 해당한다.
③ 건축주 등은 건축신고가 반려될 경우 건축물의 건축을 개시하면 시정명령, 이행강제금, 벌금의 대상이 되거나 당해 건축물을 사용하여 행할 행위의 허가가 거부될 우려가 있어 불안정한 지위에 놓이게 되므로, 건축신고에 대한 반려처분은 항고소송의 대상이 된다.
④ 「수산업법」 소정의 어업의 신고는 이른바 자기완결적 신고라 할 것이므로 관할관청의 적법한 수리가 없었다 하더라도 적법한 어업신고가 있는 것으로 볼 수 있다.

정답 ④

① ○ 주민등록은 단순히 주민의 거주관계를 파악하고 인구의 동태를 명확히 하는 것 외에도 주민등록에 따라 공법관계상의 여러 가지 법률상 효과가 나타나게 되는 것으로서, **주민등록의 신고**는 행정청에 도달하기만 하면 신고로서의 효력이 발생하는 것이 아니라 행정청이 수리한 경우에 비로소 신고의 효력이 발생한다(대판 2009.1.30. 2006다17850).

② ○ 체육시설의 회원을 모집하고자 하는 자의 시·도지사 등에 대한 **회원모집계획서 제출**은 수리를 요하는 신고에서의 신고에 해당하며, 시·도지사 등의 **검토결과 통보**는 수리행위로서 행정처분에 해당한다(대판 2009.2.26. 2006두16243).

③ ○ 건축주 등으로서는 신고제하에서도 건축신고가 반려될 경우 당해 건축물의 건축을 개시하면 시정명령, 이행강제금, 벌금의 대상이 되거나 당해 건축물을 사용하여 행할 행위의 허가가 거부될 우려가 있어 불안정한 지위에 놓이게 된다. 따라서 건축신고 반려행위가 이루어진 단계에서 당사자로 하여금 반려행위의 적법성을 다투어 그 법적 불안을 해소한 다음 건축행위에 나아가도록 함으로써 장차 있을지도 모르는 위험에서 미리 벗어날 수 있도록 길을 열어 주고, 위법한 건축물의 양산과 그 철거를 둘러싼 분쟁을 조기에 근본적으로 해결할 수 있게 하는 것이 법치행정의 원리에 부합한다. 그러므로 이 사건 **건축신고 반려행위는 항고소송의 대상이 된다**고 보는 것이 옳다(대판 2010.11.18. 2008두167 전합).

④ ✕ 어업의 신고에 관하여 유효기간을 설정하면서 그 기산점을 '수리한 날'로 규정하고, 나아가 필요한 경우에는 그 유효기간을 단축할 수 있도록까지 하고 있는 「수산업법」 제44조 제2항의 규정취지 및 어업의 신고를 한 자가 공익상 필요에 의하여 한 행정청의 조치에 위반한 경우에 어업의 신고를 수리한 때에 교부한 어업신고필증을 회수하도록 하고 있는 구 「수산업법 시행령」 제33조 제1항의 규정취지에 비추어 보면, 「수산업법」 제44조 소정의 **어업의 신고**는 행정청의 수리에 의하여 비로소 그 효과가 발생하는 이른바 '수리를 요하는 신고'라고 할 것이다(대판 2000.5.26. 99다37382).

14 신뢰보호의 원칙(05), 영업양도(25), 가구제(62)

판례의 입장으로 옳지 않은 것은?

① 법적으로 혼인한 상태가 아닌 대한민국 국적인 부와 중화인민공화국 국적인 모 사이에 출생한 甲과 乙이 출생신고에 따라 주민등록번호를 부여받고 가족관계등록부에 등록되었으며 각각 17세 때 주민등록증을 발급받았는데, 관할행정청이 '외국인 모와의 혼인외자 출생신고'라며 가족관계등록부를 말소하고 출입국관리 행정청이 부모들에게 甲과 乙에 대한 국적취득절차를 안내했음에도 이를 진행하지 않다가 성년이 된 후 「국적법」에 따라 국적보유판정을 신청했으나, 법무부장관이 대한민국 국적보유자가 아니라는 이유로 甲과 乙에게 국적비보유 판정을 한 것은 신뢰보호의 원칙에 위배된다.

② 회사가 분할된 경우, 분할 전 회사가 「하도급거래 공정화에 관한 법률」 위반을 이유로 받은 벌점은 신설회사에 대하여 승계되지 않는다.

③ 효력기간이 정해져 있는 제재적 행정처분에 대한 취소소송에서 법원이 본안소송의 판결선고시까지 집행정지결정을 한 경우, 처분에서 정해 둔 효력기간은 판결선고시까지 진행하지 않다가 선고된 때에 다시 진행한다.

④ 국유재산 또는 공유재산에 대한 점유나 사용·수익을 정당화할 법적 지위에 있는 자에 대하여 이루어진 변상금부과처분은 그 하자가 중대·명백하여 당연무효이다.

정답 ②

① ○ 법적으로 혼인한 상태가 아닌 대한민국 국적인 부와 중화인민공화국 국적인 모 사이에 출생한 甲과 乙이 출생신고에 따라 **주민등록번호를 부여받고 가족관계등록부에 등록**되었으며 각각 17세 때 **주민등록증을 발급**받았는데, 관할행정청이 '외국인 모와의 혼인외자 출생신고'라며 가족관계등록부를 말소하고 출입국관리 행정청이 부모들에게 甲과 乙에 대한 국적취득절차를 안내했음에도 이를 진행하지 않다가 성년이 된 후 「국적법」 제20조에 따라 국적보유판정을 신청했으나, 법무부장관이 대한민국 국적보유자가 아니라는 이유로 甲과 乙에게 **국적비보유 판정**을 한 사안에서, 주민등록번호와 주민등록증은 외부에 공시되어 대내외적으로 행정행위의 적법한 존재를 추단하는 중요한 근거가 되는 점에 비추어 행정청이 공신력 있는 주민등록번호와 이에 따른 주민등록증을 부여한 행위는 甲과 乙에게 대한민국 국적을 취득하였다는 공적인 견해를 표명한 것인 점, 미성년자였던 甲과 乙이 자신들이 대한민국 국적을 보유하고 있음을 전제로 반복적으로 이루어진 행정행위를 신뢰하여 「국적법」 제3조 및 제8조에 따른 국적취득절차를 진행하지 않은 채 성인이 된 점, 성인이 된 甲과 乙은 위 판정으로 이제는 「국적법」 제3조, 제8조에 따라 간편하게 국적을 취득할 기회를 상실하게 되었고, 평생 보유했다고 여긴 대한민국 국적이 부인되고 국적의 취득 여부가 불안정한 상황에 놓이게 된 결과 자신들이 출생하고 성장한 대한민국에 체류할 자격부터 변경되는 등 평생 이어온 생활의 기초가 흔들리는 중대한 불이익을 입게 된 점, 출입국관리 행정청으로부터 부모가 아닌 甲과 乙에 대하여도 국적취득이 필요하다는 안내가 이루어졌다고 볼 만한 자료가 없는 이상 甲과 乙이 대한민국 국적을 취득하였다고 신뢰한 데에 귀책사유가 있다고 보기 어려운 점을 종합하면, 위 판정은 甲과 乙의 신뢰에 반하여 이루어진 것으로 **신뢰보호의 원칙에 위배된다**(대판 2024.3.12. 2022두60011).

② ✗ 「하도급거래 공정화에 관한 법률」 위반을 이유로 시정명령 등과 그에 따른 벌점을 부과받은 甲주식회사가 乙주식회사와 丙주식회사로 분할되었고, 丁주식회사가 甲회사의 사업 부문 대부분이 이전된 乙회사를 흡수합병하자, 공정거래위원회가 丁회사에 대하여 甲회사에 부과된 벌점이 丁회사에 승계되었음을 이유로 관계행정기관의 장에게 입찰참가자격제한 및 영업정지를 요청하기로 결정한 사안에서, **하도급법에 따른 벌점 부과**를 단순한 사실행위에 불과하다고만 볼 수는 없고, 공법상 지위 내지 의무·책임이 구체화된 경우라고 볼 여지가 큰 점 등을 고려할 때 甲회사에 부과된 벌점은 분할신설회사인 乙회사에 귀속된 후 이를 흡수합병한 丁회사에 승계된다고 봄이 타당하다(대판 2023.4.27. 2020두47892).

③ ○ 「행정소송법」 제23조에 따른 집행정지결정의 효력은 결정주문에서 정한 종기까지 존속하고, 그 종기가 도래하면 당연히 소멸한다. 따라서 효력기간이 정해져 있는 제재적 행정처분에 대한 취소소송에서 법원이 본안소송의 판결선고시까지 집행정지결정을 하면, 처분에서 정해 둔 효력기간(집행정지결정 당시 이미 일부 집행되었다면 그 나머지 기간)은 판결선고시까지 진행하지 않다가 판결이 선고되면 그때 집행정지결정의 효력이 소멸함과 동시에 처분의 효력이 당연히 부활하여 처분에서 정한 효력기간이 다시 진행한다(대판 2022.2.11. 2021두40720).

④ ○ 국유재산 또는 공유재산에 대한 점유나 사용·수익을 정당화할 법적 지위에 있는 자에 대하여 이루어진 변상금부과처분의 효력은 당연무효이고, 사업시행계획상 정비구역에 포함된 일반재산이 사업시행자에게 양도되는 것으로 예정되어 있는 경우, 사업시행자는 사업시행인가가 이루어진 때부터 그 일반재산에 대한 사용·수익을 정당화할 법적 지위에 있다(대판 2024.10.8. 2023다210991).

15 정보공개법 – 조문(76), 정보공개대상(78)

「공공기관의 정보공개에 관한 법률」에 관한 설명으로 옳지 않은 것은?

① 비공개결정을 통지받은 청구인은 통지를 받은 날로부터 30일 이내에 당해 공공기관에 서면으로 이의신청을 할 수 있다.
② 정보공개청구인이 정보공개와 관련한 공공기관의 비공개결정 또는 부분공개결정에 대하여 불복하여 행정심판을 청구하려면 「공공기관의 정보공개에 관한 법률」상 이의신청절차를 거쳐야 한다.
③ 정보공개거부처분에 대하여 행정소송이 제기된 경우에 재판장은 필요하다고 인정할 때에는 비공개로 해당 정보를 열람·심사할 수 있다.
④ 공개를 구하는 정보를 공공기관이 보유·관리하고 있을 상당한 개연성이 있다는 점에 대하여는 공개청구자에게 증명책임이 있지만, 공개대상정보를 공공기관이 한때 보유·관리하였으나 후에 그 문서 등이 폐기되어 존재하지 않게 된 것이라면, 그 정보를 더 이상 보유·관리하고 있지 아니하다는 점에 대한 입증책임은 공공기관에 있다.

정답 ②

① ○

「공공기관의 정보공개에 관한 법률」 제18조(이의신청) ① 청구인이 정보공개와 관련한 공공기관의 비공개결정 또는 부분공개결정에 대하여 불복이 있거나 정보공개청구 후 20일이 경과하도록 정보공개결정이 없는 때에는 공공기관으로부터 정보공개 여부의 결정통지를 받은 날 또는 정보공개청구 후 20일이 경과한 날부터 30일 이내에 해당 공공기관에 문서로 이의신청을 할 수 있다.

② ✗ 정보공개법상 이의신청은 임의적 제도

「공공기관의 정보공개에 관한 법률」 제19조(행정심판) ② 청구인은 제18조에 따른 이의신청절차를 거치지 아니하고 행정심판을 청구할 수 있다.

③ ○

「공공기관의 정보공개에 관한 법률」 제20조(행정소송) ② 재판장은 필요하다고 인정하면 당사자를 참여시키지 아니하고 제출된 공개 청구정보를 비공개로 열람·심사할 수 있다.

④ ○ 공개청구자는 그가 공개를 구하는 정보를 공공기관이 보유·관리하고 있을 상당한 개연성이 있다는 점에 대하여 입증할 책임이 있으나, 공개를 구하는 정보를 공공기관이 한때 보유·관리하였으나 후에 그 정보가 담긴 문서들이 폐기되어 존재하지 않게 된 것이라면 그 정보를 더 이상 보유·관리하고 있지 않다는 점에 대한 증명책임은 공공기관에 있다(대판 2004.12.9. 2003두12707).

16 실효성 확보 – 새로운 수단(48), 공통(42), 판결(65), 법령개정시(08)

행정상 제재처분에 대한 설명으로 옳지 않은 것만을 모두 고르면?

ㄱ. 「행정기본법」상 '제재처분'이란 법령 등에 따른 의무를 위반하거나 이행하지 아니하였음을 이유로 당사자에게 의무를 부과하거나 권익을 제한하는 처분으로서 행정상 강제를 포함한다.
ㄴ. 행정법규위반에 대한 제재처분은 행정목적의 달성을 위하여 행정법규위반이라는 객관적 사실에 착안하여 가하는 제재이므로, 반드시 현실적인 행위자가 아니라도 법령상 책임자로 규정된 자에게 부과되고, 특별한 사정이 없는 한 위반자에게 고의나 과실이 없더라도 부과할 수 있다.
ㄷ. 행정청이 여러 개의 위반행위에 대하여 하나의 제재처분을 하였으나, 위반행위별로 제재처분의 내용을 구분하는 것이 가능하고 여러 개의 위반행위 중 일부의 위반행위에 대한 제재처분 부분만이 위법한 경우라도, 법원은 제재처분 전부를 취소할 수 있다.
ㄹ. 법령위반행위가 2025년 1월 20일에 있은 후 법령이 개정되어 그 위반행위에 대한 제재처분기준이 감경된 경우, 특별한 규정이 없다면 해당 제재처분에 대해서는 개정된 법령을 적용한다.

① ㄱ, ㄴ, ㄹ ② ㄱ, ㄷ
③ ㄴ, ㄷ ④ ㄷ, ㄹ

정답 ②

ㄱ. ✗ 행정상 강제(행정대집행, 이행강제금 부과, 직접강제, 강제징수, 즉시강제)는 제재처분에서 제외된다.

「행정기본법」 제2조(정의) 이 법에서 사용하는 용어의 뜻은 다음과 같다.
5. '제재처분'이란 법령 등에 따른 의무를 위반하거나 이행하지 아니하였음을 이유로 당사자에게 의무를 부과하거나 권익을 제한하는 처분을 말한다. 다만, 제30조 제1항 각 호에 따른 행정상 강제는 제외한다.

ㄴ. ○ 행정법규위반에 대한 제재처분은 행정목적의 달성을 위하여 행정법규위반이라는 객관적 사실에 착안하여 가하는 제재이므로, 반드시 현실적인 행위자가 아니라도 법령상 책임자로 규정된 자에게 부과되고, 특별한 사정이 없는 한 위반자에게 고의나 과실이 없더라도 부과할 수 있다(대판 2017.5.11. 2014두8773).

ㄷ. ✗ 행정청이 여러 개의 위반행위에 대하여 하나의 제재처분을 하였으나, 위반행위별로 제재처분의 내용을 구분하는 것이 가능하고 여러 개의 위반행위 중 일부의 위반행위에 대한 제재처분 부분만이 위법하다면, 법원은 제재처분 중 위법성이 인정되는 부분만 취소하여야 하고 제재처분 전부를 취소하여서는 아니 된다(대판 2020.5.14. 2019두63515).

ㄹ. ○

「행정기본법」 제14조(법 적용의 기준) ③ 법령 등을 위반한 행위의 성립과 이에 대한 제재처분은 법령 등에 특별한 규정이 있는 경우를 제외하고는 법령 등을 위반한 행위 당시의 법령 등에 따른다. 다만, 법령 등을 위반한 행위 후 법령 등의 변경에 의하여 그 행위가 법령 등을 위반한 행위에 해당하지 아니하거나 제재처분기준이 가벼워진 경우로서 해당 법령 등에 특별한 규정이 없는 경우에는 변경된 법령 등을 적용한다.

17 행정계획(34), 정비사업(20)

행정계획에 관한 설명 중 옳은 것은?

① 국토이용계획변경신청을 거부하는 것이 실질적으로 당해 행정처분 자체를 거부하는 결과가 되는 경우라도 주민이 국토이용계획의 변경에 대하여 신청을 할 수 있다는 규정이 없으므로 그 변경신청을 거부하는 행위가 항고소송의 대상이 된다고 볼 수 없다.
② 도시계획결정이 고시되면 도시계획구역 안의 토지나 건물소유자의 권리행사가 일정한 제한을 받지만, 고시된 도시계획결정은 특정 개인의 권리 내지 법률상의 이익을 개별적이고 구체적으로 규제하는 것은 아니므로 항고소송의 대상이 되는 처분이라고 볼 수 없다.
③ 「도시 및 주거환경정비법」에 따라 인가·고시된 관리처분계획은 구속적 행정계획으로서 독립된 처분성을 가진다.
④ 도시기본계획은 도시의 장기적 개발방향과 미래상을 제시하는 도시계획의 입안의 지침이 되는 장기적·종합적인 개발계획이므로 일반국민에 대한 직접적 구속력을 가진다.

정답 ③

① ✕ 장래 일정한 기간 내에 관계법령이 규정하는 시설 등을 갖추어 일정한 행정처분을 구하는 신청을 할 수 있는 법률상 지위에 있는 자의 **국토이용계획변경신청을 거부**하는 것이 **실질적으로 당해 행정처분 자체를 거부하는 결과**가 되는 경우에는 예외적으로 그 신청인에게 **국토이용계획변경을 신청할 권리가 인정**된다고 봄이 상당하므로, 이러한 신청에 대한 **거부행위는 항고소송의 대상**이 되는 행정처분에 해당한다(대판 2003.9.23. 2001두10936).

② ✕ (구)「도시계획법」제12조 소정의 도시계획결정이 고시되면 도시계획구역 안의 토지나 건물소유자의 토지형질변경, 건축물의 신축, 개축 또는 증축 등 권리행사가 일정한 제한을 받게 되는바 이런 점에서 볼 때 **고시된 도시계획결정**은 특정 개인의 권리 내지 법률상의 이익을 개별적이고 구체적으로 규제하는 효과를 가져오게 하는 행정청의 **처분**이라 할 것이고, 이는 **행정소송의 대상**이 되는 것이라 할 것이다(대판 1982.3.9. 80누105).

③ ○ 재건축조합이 행정주체의 지위에서 「도시 및 주거환경정비법」(이하 '도시정비법') 제74조에 따라 수립하는 **관리처분계획**은 정비사업의 시행결과 조성되는 대지 또는 건축물의 권리귀속에 관한 사항과 조합원의 비용분담에 관한 사항 등을 정함으로써 조합원의 재산상 권리·의무 등에 구체적이고 직접적인 영향을 미치게 되므로, 이는 **구속적 행정계획으로서 재건축조합이 행하는 독립된 행정처분**에 해당한다(대판 2022.7.14. 2022다206391).

④ ✕ (구)「도시계획법」제11조 제1항에는, 시장 또는 군수는 그 관할 도시계획구역 안에서 시행할 도시계획을 도시기본계획의 내용에 적합하도록 입안하여야 한다고 규정하고 있으나, **도시기본계획**이라는 것은 도시의 장기적 개발 방향과 미래상을 제시하는 도시계획 입안의 지침이 되는 장기적·종합적인 개발계획으로서 직접적인 구속력은 없는 것이므로, 도시계획시설결정 대상 면적이 도시기본계획에서 예정했던 것보다 증가하였다 하여 그것이 도시기본계획의 범위를 벗어나 위법한 것은 아니다(대판 1998.11.27. 96누13927).

18 「행정심판법」(68), 제소기간(61), 거부처분(54)

甲은 2024년 9월 10일에 관할행정청 A에 하천점용허가를 신청하였으나 A는 거부처분을 하였고 그 처분서가 2024년 9월 20일 甲에게 송달되었다. 이에 甲이 행정심판을 청구하고자 하는 경우에 대한 설명으로 옳지 않은 것만을 모두 고르면?

> ㄱ. 甲은 의무이행심판을 제기할 수도 있고 취소심판을 제기할 수도 있다.
> ㄴ. 만약 甲이 2025년 1월 10일에 의무이행심판을 제기한 경우에도 행정심판위원회는 본안심리에 들어가야 한다.
> ㄷ. 의무이행심판에서 인용재결이 있는 경우 행정청은 그 재결의 취지에 따라 다시 이전의 신청에 대한 처분을 하여야 하므로 A는 종전 거부처분 후에 발생한 새로운 사유를 내세워 다시 하천점용허가를 거부할 수 없다.
> ㄹ. 행정심판위원회가 하천점용허가의 이행을 명하는 재결을 하였음에도 불구하고 A가 그 허가를 하지 아니하는 경우에는, 행정심판위원회는 직권으로 기간을 정하여 서면으로 A에게 시정을 명하고 그 기간에 이행하지 아니하면 직접처분을 할 수 있다.

① ㄱ, ㄴ
② ㄴ, ㄷ, ㄹ
③ ㄴ, ㄹ
④ ㄷ, ㄹ

정답 ②

ㄱ. ○ 「행정심판법」은 명문으로 거부처분에 대한 취소심판을 인정하고 있다(「행정심판법」 제49조 제2항 참조). 따라서 甲은 거부처분에 대하여 의무이행심판은 물론 취소심판도 제기할 수 있다.

> 「행정심판법」 제49조(재결의 기속력 등) ② 재결에 의하여 취소되거나 무효 또는 부존재로 확인되는 처분이 당사자의 신청을 거부하는 것을 내용으로 하는 경우에는 그 처분을 한 행정청은 재결의 취지에 따라 다시 이전의 신청에 대한 처분을 하여야 한다.

ㄴ. ✕ 부작위에 대한 의무이행심판은 청구기간의 제한이 없지만 거부처분에 대한 의무이행심판에는 청구기간의 제한이 있다. 2025년 1월 10일은 거부처분서를 송달받은 2024년 9월 20일로부터 90일이 지났음이 명백하므로 甲의 심판청구는 부적법하다.

> 「행정심판법」 제27조(심판청구의 기간) ① 행정심판은 처분이 있음을 알게 된 날부터 90일 이내에 청구하여야 한다.
> ⑦ 제1항부터 제6항까지의 규정은 무효등확인심판청구와 부작위에 대한 의무이행심판청구에는 적용하지 아니한다.

ㄷ. ✕ 당사자의 신청을 받아들이지 않은 거부처분이 재결에서 취소된 경우에 행정청은 종전 거부처분 또는 재결 후에 발생한 새로운 사유를 내세워 다시

거부처분을 할 수 있다. 그 재결의 취지에 따라 이전의 신청에 대하여 다시 어떠한 처분을 하여야 할지는 처분을 할 때의 법령과 사실을 기준으로 판단하여야 하기 때문이다(대판 2017.10.31. 2015두45045).

ㄹ. ✗ 행정심판위원회가 직접처분을 하기 위해서는 당사자의 신청이 있어야 하며, 당사자의 신청이 없는 경우라면 직권으로 직접처분을 할 수는 없다.

「행정심판법」 제49조(재결의 기속력 등) ③ 당사자의 신청을 거부하거나 부작위로 방치한 처분의 이행을 명하는 재결이 있으면 행정청은 지체 없이 이전의 신청에 대하여 재결의 취지에 따라 처분을 하여야 한다.

제50조(위원회의 직접처분) ① 위원회는 피청구인이 제49조 제3항(편저자: 처분이행명령재결)에도 불구하고 처분을 하지 아니하는 경우에는 당사자가 신청하면 기간을 정하여 서면으로 시정을 명하고 그 기간에 이행하지 아니하면 직접처분을 할 수 있다. 다만, 그 처분의 성질이나 그 밖의 불가피한 사유로 위원회가 직접처분을 할 수 없는 경우에는 그러하지 아니하다.
② 위원회는 제1항 본문에 따라 직접처분을 하였을 때에는 그 사실을 해당 행정청에 통보하여야 하며, 그 통보를 받은 행정청은 위원회가 한 처분을 자기가 한 처분으로 보아 관계법령에 따라 관리·감독 등 필요한 조치를 하여야 한다.

19 「개인정보 보호법」 - 조문(80)

「개인정보 보호법」에 대한 설명으로 옳지 않은 것은?

① 정보주체는 자신의 개인정보처리와 관련하여 완전히 자동화된 개인정보처리에 따른 결정을 거부하거나 그에 대한 설명 등을 요구할 권리를 가진다.
② 개인정보처리자의 고의 또는 중대한 과실로 인하여 개인정보가 분실·도난·유출·위조·변조 또는 훼손된 경우로서 정보주체에게 손해가 발생한 때에는 법원은 그 손해액의 3배를 넘지 아니하는 범위에서 손해배상액을 정할 수 있다.
③ 개인정보처리자는 만 14세 미만 아동의 개인정보를 처리하기 위하여 이 법에 따른 동의를 받아야 할 때에는 그 법정대리인의 동의를 받아야 하며, 법정대리인이 동의하였는지를 확인하여야 한다.
④ 고정형 영상정보처리기기운영자는 고정형 영상정보처리기기의 설치목적과 다른 목적으로 고정형 영상정보처리기기를 임의로 조작하거나 다른 곳을 비춰서는 아니 되며, 녹음기능은 사용할 수 없다.

정답 ②

① ○

「개인정보 보호법」 제4조(정보주체의 권리) 정보주체는 자신의 개인정보처리와 관련하여 다음 각 호의 권리를 가진다.
6. 완전히 자동화된 개인정보처리에 따른 결정을 거부하거나 그에 대한 설명 등을 요구할 권리

② ✗

「개인정보 보호법」 제39조(손해배상책임) ③ 개인정보처리자의 고의 또는 중대한 과실로 인하여 개인정보가 분실·도난·유출·위조·변조 또는 훼손된 경우로서 정보주체에게 손해가 발생한 때에는 법원은 그 손해액의 5배를 넘지 아니하는 범위에서 손해배상액을 정할 수 있다. 다만, 개인정보처리자가 고의 또는 중대한 과실이 없음을 증명한 경우에는 그러하지 아니하다.

③ ○

「개인정보 보호법」 제22조의2(아동의 개인정보 보호) ① 개인정보처리자는 만 14세 미만 아동의 개인정보를 처리하기 위하여 이 법에 따른 동의를 받아야 할 때에는 그 법정대리인의 동의를 받아야 하며, 법정대리인이 동의하였는지를 확인하여야 한다.

④ ○

「개인정보 보호법」 제25조(고정형 영상정보처리기기의 설치·운영 제한) ⑤ 고정형 영상정보처리기기운영자는 고정형 영상정보처리기기의 설치목적과 다른 목적으로 고정형 영상정보처리기기를 임의로 조작하거나 다른 곳을 비춰서는 아니 되며, 녹음기능은 사용할 수 없다.

20 법치행정(03), 행정법 일반원칙(06), 손실보상(74)

판례의 입장으로 옳은 것은?

① 한국방송공사가 수신료 징수업무를 위탁하는 경우, 수탁자가 수신료를 징수할 때 고유업무와 관련된 고지행위와 결합하여 이를 행하지 않도록 하는 「방송법 시행령」 제43조 제2항은 의회유보원칙에 위반된다고 볼 수 없다.
② 국가공무원인 교원의 보수에 관한 구체적인 내용(보수체계, 보수내용, 지급방법 등)은 '기본적인 사항'으로서 반드시 법률의 형식으로 정하여야 한다.
③ 甲광역시장이 관내 코로나바이러스감염증-19 누적 확진자 수 급증과 특정 교회에서의 집단감염 사례 등 확진자 증가 사실을 알리면서, 사회적 거리두기를 2단계로 유지하되 사실상 3단계에 준하는 집합금지 확대 등의 조치를 취한다는 취지의 발표와 함께, 구 「감염병의 예방 및 관리에 관한 법률」 제49조 제1항 제2호에 따라 '관내 종교시설에 대한 집합금지' 등을 명하는 예방조치를 한 것은 비례의 원칙, 평등의 원칙을 위반한 것으로서 재량권의 범위를 일탈·남용하여 위법하다.
④ 코로나19의 예방을 위한 집합제한조치로 인하여 일반음식점업을 운영하는 청구인들의 영업권이 제한되었음에도 이에 관한 보상규정을 두지 않은 것은 청구인들의 재산권을 침해한다.

정답 ①

① ○ 수신료 징수업무를 한국방송공사가 직접 수행할 것인지 제3자에게 위탁할 것인지, 위탁한다면 누구에게 위탁하도록 할 것인지, **위탁받은 자가 자신의 고유업무와 결합하여 징수업무를 할 수 있는지**는 징수업무처리의 효율성 등을 감안하여 결정할 수 있는 사항으로서 국민의 기본권제한에 관한 **본질적인 사항**이 **아니**라 할 것이다. 심판대상조항(편저자: 한국방송공사가 수신료 징수업무를 위탁하는 경우, 수탁자가 수신료를 징수할 때 고유업무와 관련된 고지행위와 결합하여 이를 행하지 않도록 하는 「방송법 시행령」 제43조 제2항)은 수신료의 구체적인 고지방법에 관한 규정인바, 이는 수신료의 부과·징수에 관한 본질적인 요소로서 법률에 직접 규정할 사항이 아니므로 이를 법률에서 직접 정하지 않았다고 하여 의회유보원칙에 위반된다고 볼 수 없다(헌재 2024.5.30. 2023헌마820·2023헌마862 병합).

② ✕ 국가공무원인 교원의 보수는 본질적으로 급부적 성격이 강한 국가행정의 영역에 속하는 것으로서 해마다 국가의 재정상황 등에 따라 그 액수가 수시로 변화하고, 교원의 보수체계 역시 국가의 정치·사회·경제적 상황, 시대변화에 따른 교원의 지위 및 역할의 변화, 민간 영역의 보수체계의 변화 등 사회적·경제적 여건에 따라 적절히 대처할 필요성이 있기 때문에 이에 관한 모든 사항을 법률에 규정하는 것은 입법기술상 매우 어렵다. 따라서 국가공무원인 **교원의 보수에 관한 구체적인 내용**(보수체계, 보수내용, 지급방법 등)까지 반드시 법률의 형식으로만 정해야 하는 '기본적인 사항'이라고 보기는 어렵고, 이를 행정부의 하위법령에 위임하는 것은 불가피하다(대판 2023.10.26. 2020두50966).

③ ✕ 지문은 전합 반대의견이다.
- 甲광역시장이 관내 코로나바이러스감염증-19 누적 확진자 수 급증과 특정 교회에서의 집단감염 사례 등 확진자 증가 사실을 알리면서, 사회적 거리두기를 2단계로 유지하되 사실상 3단계에 준하는 집합금지 확대 등의 조치를 취한다는 취지의 발표와 함께, 구「감염병의 예방 및 관리에 관한 법률」제49조 제1항 제2호에 따라 '**관내 종교시설에 대한 집합금지**' 등을 명하는 예방조치를 하자, 관내 乙교회 및 그 대표자인 목사가 위 처분이 비례의 원칙 등을 위반하여 자신들의 종교의 자유를 침해한다며 처분의 취소를 구한 사안에서, 甲시장이 위 처분을 하면서 비례의 원칙과 평등의 원칙을 위반하여 乙교회 등의 종교의 자유를 침해했다고 보기 어렵다(대판 2024.7.18. 2022두43528 전합).

④ ✕ 구체적인 권리가 아닌 단순한 이익이나 재화의 획득에 관한 기회 또는 기업활동의 사실적·법적 여건 등은 재산권보장의 대상에 포함되지 아니하므로, **코로나19**의 예방을 위한 **집합제한조치**로 인하여 음식점을 영업하는 청구인들의 **영업이익**이 **감소**하였다고 하더라도 그 **손실을 보상하지 않는 것**이 청구인들의 **재산권을 제한**하는 것은 **아니**다. 「감염병의 예방 및 관리에 관한 법률」제49조 제1항 제2호에 근거한 집합제한조치로 인하여 청구인들의 일반음식점영업이 제한되어 영업이익이 감소되었다 하더라도, 청구인들이 소유하는 영업시설·장비 등에 대한 구체적인 사용·수익 및 처분권한을 제한받는 것은 아니므로, 보상규정의 부재가 청구인들의 재산권을 제한한다고 볼 수 없다(헌재 2023.6.29. 2020헌마1669).

빠른 정답

2025 국가직·지방직 9급 대비 실전동형 모의고사

1회 유		2회 휘		3회 운		4회 행		5회 정		6회 법	
01	③	01	④	01	②	01	③	01	④	01	④
02	③	02	③	02	③	02	②	02	②	02	②
03	①	03	③	03	③	03	①	03	①	03	②
04	③	04	③	04	②	04	③	04	④	04	①
05	④	05	③	05	③	05	②	05	④	05	③
06	④	06	④	06	④	06	③	06	①	06	②
07	③	07	①	07	④	07	①	07	④	07	②
08	②	08	②	08	④	08	③	08	③	08	③
09	④	09	④	09	④	09	③	09	④	09	①
10	②	10	④	10	③	10	③	10	②	10	②
11	①	11	②	11	③	11	①	11	②	11	④
12	④	12	④	12	③	12	③	12	③	12	③
13	②	13	③	13	③	13	③	13	①	13	④
14	①	14	③	14	①	14	②	14	④	14	②
15	④	15	④	15	③	15	③	15	②	15	②
16	④	16	②	16	②	16	①	16	④	16	②
17	②	17	④	17	③	17	③	17	②	17	③
18	③	18	②	18	④	18	④	18	①	18	②
19	①	19	③	19	①	19	③	19	④	19	②
20	②	20	④	20	③	20	①	20	④	20	①

1회 유		2회 휘		3회 운		4회 행		5회 정		6회 법	
01	③	01	④	01	②	01	③	01	④	01	④
02	③	02	③	02	③	02	②	02	②	02	②
03	①	03	③	03	③	03	①	03	①	03	②
04	③	04	③	04	②	04	③	04	③	04	①
05	④	05	③	05	②	05	②	05	④	05	③
06	④	06	④	06	④	06	③	06	①	06	②
07	③	07	①	07	④	07	①	07	④	07	②
08	②	08	②	08	④	08	③	08	③	08	③
09	④	09	④	09	④	09	③	09	④	09	①
10	②	10	④	10	③	10	③	10	②	10	②
11	①	11	②	11	③	11	①	11	②	11	④
12	④	12	④	12	③	12	③	12	③	12	③
13	②	13	③	13	③	13	③	13	①	13	④
14	①	14	③	14	①	14	②	14	④	14	②
15	④	15	④	15	③	15	③	15	②	15	②
16	④	16	②	16	②	16	①	16	④	16	②
17	②	17	④	17	③	17	③	17	②	17	③
18	③	18	②	18	④	18	④	18	①	18	②
19	①	19	③	19	①	19	③	19	②	19	②
20	②	20	④	20	③	20	①	20	④	20	①

2025년도 9급 공무원 공개경쟁채용시험 필기시험 답안지

2025년도 9급 공무원 공개경쟁채용시험 필기시험 답안지

2025년도 9급 공무원 공개경쟁채용시험 필기시험 답안지

2025년도 9급 공무원 공개경쟁채용시험 필기시험 답안지

2025년도 9급 공무원 공개경쟁채용시험 필기시험 답안지